近代日本教育会史研究

【新装版】

梶山雅史 編著

明誠書林

新装版刊行にあたって

二〇〇七年九月に第一論文集『近代日本教育会史研究』（学術出版会）を刊行した後、二〇一〇年一一月に第二論文集『続・近代日本教育会史研究』（学術出版会）を刊行、さらに二〇一八年三月に第三論文集『近・現代日本教育会史研究』（不二出版）を刊行することができた。「教育情報回路としての教育会研究」は研究対象の広大さ、相次いで浮上してくる多くの研究課題ゆえに現在も共同研究を続行している。二〇〇五年教育史学会第四九回大会以降、毎年学会大会時にコロキウムを設定し研究成果報告を重ね続けてきた。

本第一論文集の序章「教育会史研究へのいざない」において「教育会史研究の視点」を打ち出し、文末に「教育会の実像解明なくしては、近代日本の教育実態の構造的解明は、その深部の核心を把握し損ねるといっても過言ではない」と記した。

幸い日本教育学会、教育史学会、全国地方教育史学会、日本教育史研究会等の機関誌において、書評・図書紹介として取り上げられたことにより、教育行政史、教育内容・方法史、教員養成史、現職教員研修史、教員団体史等の研究領域において教育会に着目する論文が随分多くなったことが感じられる。研究者の幅が広がりつつあることを喜んでいる。

第一論文集を入手したいとの問い合わせが度々あったが、現在、出版社、古書店にも無い状況で再版が要望されているとのこと。この度、明誠書林の細田哲史代表が『近代日本教育会史研究』を新装版として刊行する事を企画してくださった。まことにありがたいことで即お願いをした。一二年前の刊行時は、編著者の東北大学定年退職の時期であり、刊行期限の時間的制約の中、校正に十分な時間をかけることができなかった。今回新装版作成の機会に恵まれ、誤字脱字、表記違いの修正、また第一〇章に有用な資料を追加することができた。

終始細やかな配慮を以て緻密に作業を進め、新装版刊行を実現していただいた明誠書林細田哲史代表に執筆者一同を代表して心からお礼を申したい。

編著者　梶山雅史

目次

序章　教育会史研究へのいざない

梶山　雅史

教育会の系譜

　一八七二（明治五）年「学制」発布に始まる近代教育制度創設の歩みは、相次ぐ試行錯誤の連続であった。明治新政府が打ち出した壮大な学校設立プラン、欧米モデルの教育装置・教育方式の導入は、全国各地の地方官、在地指導者層、そして庶民にとって未知の途方もない新事業の到来であった。まさに困惑と手探りの連続として、教育改革の時代が始まる。

　全国各地に到来した多面にわたる難事業への対処、学校設立・運営・教育事業推進等、教育行財政上の具体的問題処理にあたって、各府県において「学区取締会議」を始め、様々な形態・名称の「学事会議」、「教員会議」、「教育会（議）」が相次いで開設された。

　例えば、岐阜県においては、一八七三（明治六）年以来、県が「学事ニ関ル便否得失ヲ議スル」学区取締会議を年四回開催し、また小学規則・小学試験法について県下の訓導三五名を召集し、一週間に及ぶ訓導会議を設定するなど、行政側から相次いで学事諮問が行われていた。その詳細は『岐阜県教育史　通史編近代一』において叙述したところであり、参照いただきたい(1)。

興味深い例として、長野県水内郡では、一八七五（明治八）年六月、大区内の小学校の教育を同軌にするため、「文部省雑誌第八号ニ摘訳セル独乙小学教員集会ニ模似シ、我ガ二十五大区各小学教員集会ヲ起立シ、実際上ニ於テ功効ヲ奏センコトヲ欲ス」との「小学教員集会」設置を求める願書が県参事に提出された。提出者は副区長と小学教員の連署であり、学区取締の奥印副申書が副えられていた。県は設立を認め、隔月一回の開設、会合には、学務官の臨席のほか、学区取締が区長・戸長の出席を願い、各校からは教員と担当世話役一人ずつが出席する集会が、同年八月に発足した。「学制」期の早い段階で大区レベルの興味深い「教員集会」が現れていたのである(2)。

ここに言及された明治八年四月一九日発行の『文部省雑誌』第八号の原資料を確認しておこう。「独乙教育新聞摘訳　教員ノ集会ハ教育ヲ廣布スルニ於緊要ナリトスルヲ論ス」との記事があり、「学制ハ政府ノ定立スル所ト雖、之ヲ全国ニ施行シテ普ク人民ヲ教育スルニ至リテハ、全ク地方官ト教員トノ尽力勉励ニ由ル（中略）各州各所ニ集会シ以テ教授及教育ノ方法ヲ議定セシガ、近年ニ至リ其ノ会議終ニ合一シテ独乙小学教員集会トナリ、尋テ又中学及諸芸学校教員集会ヲ起立ス。是ニ於テ旧来ノ弊害尽ク掃除シ、教授及教育ノ方法始メテ不変セリ」（引用史料の句読点は筆者による。以下同様）との情報が掲載されていた。文部省が各府県に配布した『文部省雑誌』が、このように現実に地方において読み込まれ、「地方官ト教員トノ尽力勉励ニ由ル」教育会設立の起動因となっていたことは注目すべきことである。岐阜県においても学区取締高木貞正が一八七六（明治九）年段階で、文部省刊行の『教育雑誌』を管轄内の小学校に回覧させ、有志者には目を通すよう、また学校主者には区内の者に口授をもって咄をするように勧めていた記録が、名古屋大学附属図書館所蔵「高木家文書」に遺されている。

学区取締層が、案件処理の手引き、手がかりとして文部省刊行雑誌を重用していたこと、その海外教育情報がリアルに参考にされていたことは、学制期の種々の学事会研究において留意すべき大事な分析枠である。一八七〇年に結成されたアメリカの全米教育協会（National Educational Association of the United States）に関する情報がどの程度わが国に伝達され、日本の「教育会」形成に影響を及ぼしたか、ドイツ情報のみならず今後本格的に照明をあててみるべきである。田中不二麻呂による海外情報も調べてみる必要があろう。

さらに、明治九年から一〇年に相次いで開催された大学区教育会議（議会）第一回会議の成議案について、文部省刊行『教育雑誌』はその詳細を別冊として全国に配布した。第六号（明治九年六月九日）附録「第一大学区府県教育議会成議案」、第二二号（明治九年一二月二三日）附録「督学局申報　第七大学区教育会議成議案」、第二五号（明治一〇年一月二七日）附録「督学局申報　第二大学区教育会議成議案」、第三六号（明治一〇年六月一五日）附録「第四大学区教育議会成議案」は、県を越えた大学区単位での教育会議の会議結果を掲載した。当時の教育行財政上の懸案課題に対するホットな成議案を配布し、各地での教育事業推進上の参考情報として提供した。

各大学区教育会議のこれら成議案をうけて、各県はさらに県下の現実的状況に即した具体的処方箋の作成に取り組むこととなる。県レベル、さらに市町村レベルで、行政担当者と教員ならびに学校役員を構成メンバーとする種々の学事会、教育会が組織されるに至る。教員と学事関係者の諮問会議への動員という諮問会議方式の徹底した運用、学制期日本の教育制度立ち上げは、実に諮問会議方式の奨励、普及によって推進されたと特色づけることが出来る。文明開化期に掲げられた「五箇条の誓文」「広ク会議ヲ興シ万機公論ニ決スヘシ」の方針が、限定付きでありながら、新教育制度創出に当たって適用されたと考えられる。

文部省は一八七五（明治八）年一二月、文部省達第八号によって、「学事年報諸表式」を府県に示し、その一項目に「学事会議ノ概略」を記載することを求めた。『文部省第三年報』（明治八年）から『文部省第八年報』（明治一三年）に至る各県年報に「学事会議ノ概略」が掲載される。最初の『文部省第三年報』には「学事会議」「教育会議」

等について三八県から種々の報告が現れている。会議の構成メンバー、開設方式、回数、会場等、各県によって違いが見られるが、「学制」発布直後から、各地の人材、文化状況そして財力等の現実的条件に規定されつつ、教育問題に取り組む様々な会議や教育関係者の組織が登場したのである。

一方、行政の設定する諮問会議とは異なる教育会の発生として、当然のこととして教育内容・授業法等の教育実践に関わる教育研究会が登場する。「学制」が定める教則と試験による進級制、この新たな教科、教材をいかにして理解し、消化するのか、授業法、試験法をどのように習得するか、いずれも未経験の新しい教育形態に教員としてどう対処すればよいのか、教育実践を日々担う教員にとって切実な欲求として、勉強会、研究会、協議会が必要となる。端的には進級試験、卒業試験を近隣校と合同で実施する上で、数校の教員が集まり共同の研究会を結成する動きが広範に発生する。この場合、新たな小学校の内実形成・教員づくりを緊急課題とする行政側が設定した教員研修機関的な教育会と、有志教員が自主的に結成した教育研究会が登場したのである。石戸谷哲夫は、この二類型を「公設の教員研修集会」と「下からの教員研修集会」と分類し、具体的事例を紹介しており、先行研究として重要な見解を提示している[3]。

なお、長野県の各郡ならびに長野市教育会史、その他府県教育史に学校組合の教員集会等の事例が発掘されているが、全国各地における有志教員による恒常的な教育研究会、教員の職能形成としての自主的な教育会の発生実態についての本格的な解明は、なお今後の課題として残されている。

以上近代日本における教育会のルーツとして、「学制」期において、行政側の学事諮問として設定され展開する教育会と、教育内容・教育方法・教育実践に関する教員研修的教育会として、行政側が設定したものと有志教員が自主的に結成した教育会があり、大きく分類するならば三類型の教育会が存在したことをまず押さえておきたい。

なお、教育会に関する先行研究について、二〇〇五年三月に「教育会研究文献目録Ｉ」を作成し、東北大学大学院教育学研究科『研究年報』第五三集第二号に掲載した。内容は一八九〇年から二〇〇四年までに出版された関係文献を調査収集し、現物を確認し得た文献三九七点（内訳は、Ⅰ個別論文等一五五点、Ⅱ各種教育会史九八点、Ⅲ都道府県史市郡区町村教育史一三九点、Ⅳ年表五点）を収載した。参照いただきたい。

教育令期における県・郡教育会の形成

一八七八（明治一一）年七月、「府県会規則」、「地方税規則」とともに「郡区町村編制法」のいわゆる地方三新法の公布によって、県の行政区域は、大区・小区制から郡町村制になり、郡には郡役所と郡長、町村には戸長役場と戸長がおかれた。郡設置に伴って、従来の教育行政区画の中小学区名称ならびに学区取締は廃止されることになり、郡長のもとに学務担任書記が置かれ、教育行政を担当する体制に変化が生じる。さらに翌年九月には「学制」廃止、全国画一主義から地方民度に合わせる地方分権主義に改める「教育令」が公布される。しかしながら、わずか一年にして翌年一二月に教育令改正となり、再度中央からの教育統制の強化、官主導による教育政策への再転換が図られることになる。一般行政の郡町村制への変化に加え、教育政策の基本方針が転変する混迷状況が訪れる。地方教育行政機構の混乱に対する代行組織として、地方教育会の設置論が急浮上するに至る。

岐阜県において実に興味深い動きが生じていた。『岐阜県教育史　通史編近代』を編集した際、「岐阜県年報」に現れた地方教育会案を詳しく紹介した。その期の歴史状況を確認する上で注目すべき史料として、ここに再引・再述することにしたい。

『文部省第七年報』（明治一二年）所載「岐阜県年報」の一項目「将来教育進歩ニ付キ須要ノ件」に、次のような注目すべき叙述が見える。

客年教育令頒布以来ハ、旧学区取締ノ如キ親シク民間ニ就テ学事ヲ周旋スル者之レ無ニヨリ、往々政府教育上ノ主旨ヲ誤解シ、或ハ校ヲ閉チ、或ハ師ヲ謝スルモノアルニ至ル、是レ人民ノ愚ニシテ然ルナリト雖、亦上下ノ情相通セサルニ起因スト云ハサルヲ得ス、是レニ由テ之レカ処置ヲ為スニハ、宜ク地方衛生会ニ準シ、急ニ地方教育会ヲ開キ、凡管内教育ニ関スル諸法則ハ、盡ク該議ニ付シ、人民ノ意向ヲ斟酌シ、以テ施行セハ、上下ノ情乖違セス、自ラ人心学事ノ帰向ヲ促シ、前陳ノ目的ヲ達スルニ於テ大ナル便益アルヘシ

一八七九（明治一二）年の「教育令」は、過度の干渉を停止し、学校設置、管理、教科内容においても、各地の自治主義の方針をとった。地方分権・自由裁量主義の導入は、現実には逆に、種々の教育事業の一層の停滞、頓挫という事態をもたらす様相をみせた。地方教育制度、行政組織の変動が引き起こしたこの事態に際して、岐阜県は、新たに「上下ノ情相通」じさせ、「自ラ人心学事ノ帰向ヲ促」すために、「管内教育ニ関スル諸法則ハ、盡ク該議ニ付シ、人民ノ意向ヲ斟酌」する機関として、地方教育会を早急に設置することを提唱していた。第一次教育令による地方教育行政機構の改廃、学区取締廃止によって生じた一種失速状況に対して、それを補塡、代替する機関として地方教育会設置を唱え、地方教育会設置が「将来教育進歩ニ付キ須要ノ件」であるとした。

さらに翌年度の『文部省第八年報』（明治一三年）所載の「岐阜県年報」は、前年の明治一二年に、コレラ流行に対して組織された衛生会に言及しつつ、前年度の主張を具体化する教育会構想を打ち出していた。すなわち、「客歳、政府新ニ衛生法ヲ経営セラレ、地方衛生会アリ、中央衛生会アリ、以テ公私官民其気脈ヲ通シ首尾相扶持ス、而シテ未タ教育会ノ設アルヲ聞カス」と述べ、明治一二年七月、内務省に中央衛生会、各府県に地方官の輔翼機関として地

方衛生会を設けた施策に類比させて、「衛生法ノ如ク、先ツ地方教育会ヲ設ケ、府知事県令ヲ輔翼セシメ、尋テ中央教育会ニ及サハ、教育衛生並行スルノミナラス、人民ノ意向益堅ク、教育者モ尚其力ヲ効スヲ得テ、学事ノ盛ナルコト、雲霧ヲ披テ、青天ニ白日ノ昇ルカ如クナルヤ庶幾スヘキナリ、因リテ今地方教育会ノ規則ヲ草シ、以テ参考ニ供スル」と、地方教育会規則を全国に向けて提示するに至っていた。地方衛生会の組織・機能の現実的展開に類比して、地方教育会の設置が提起されていたのである。その論法と草案はきわめて興味深い。注目すべき全文を見てみよう。

　　地方教育会規則

本会ハ一地方学事ノ全体ヲ視察シ、公立小学、中学、師範学校、各種学校等ノ教育法ヲ改良皇張シ、其維持法ヲ鞏固ナラシメ、教育ノ道ヲ普及進歩セシムルノ目的ニシテ、府知事県令ヲ輔翼スルカ為ニ設立スルモノトス

本会ハ左ノ人員ヲ以テ之ヲ編成ス

　公立小学校教員五名以下、学務委員十名以下、府県会議員三名、公立師範学校長、公立中学校長、公立専門学校長、郡区長、学務課長

本会ハ府知事県令ノ管理ニ属シ、其委員ハ知事県令之ヲ命ス、但公立小学教員、学務委員ハ、該地方ヨリ之ヲ公選シ、府県会ヨリ出ス所ノ委員ハ、其府県会ニ於テ、之ヲ公選セシム

会長ハ府知事県令之ニ任シ、副会長ハ委員中ヨリ之ヲ公選ス、

公選委員ノ在任ハ満二ケ年トシ、満期毎ニ之ヲ改選ス、但前任ノ者ヲ再選スルコトヲ得

委員ノ外書記二名ヲ命シ、本会ノ雑務ヲ処弁セシム

委員ハ俸給ナシ、但開会ノ地ヲ距ル三里以外ニ住スル者ニハ、相当ノ旅費ヲ給シ、又無給ノ者ニハ相当ノ手当ヲ給スルコトヲ得

本会ハ毎月一回之ヲ開クモノトス、但臨時又ハ至急ヲ要スル事件アル時ハ、会長ノ召集ニ応シテ、之ヲ開キ、又委員半数以上ノ請求ニ依リテ、之ヲ開クコトヲ得

本会ニ於テ議定スヘキ事件左ノ如シ

教育ニ関スル布告布達等ヲ、地方ニ実施スル方法

府県ニ於テ発スヘキ教育上ニ関スル布達ノ草案

公立小学校、中学校、師範学校、専門学校、其他各種学校等ノ開閉離合ニ係ル事項

学資金改正

校舎建築法

公立小学校、中学校、師範学校、専門学校、其他各種学校等ノ校規教則、小学補助費配当法

府知事県令ヨリ発セル議案並文部省、中央教育会、学士会院及郡区町村ノ尋問ニ係ル事項

本会ハ各郡区役所ヨリ、府県庁へ上申セル教育上ノ諸報告ヲ検察スヘシ

本会ハ地方ニ実施スヘキ教育事項ニ就キ、府知事県令ニ建議スルヲ得

本会ハ地方ノ教育上ニ関スル実況ヲ検察スルカ為メ、担当吏員ノ派出ヲ、府知事県令ニ建議スルヲ得

本会ノ議事筆記ハ時々之ヲ文部省ニ報告スヘシ（二二三～四頁）

この地方教育会案は、まずその機能を、明確に「府知事県令ヲ輔翼スル」機関と位置づけた。会長は府知事県令、委員は公立小学校教員、学務委員、府県会議員、公立師範学校長、公立中学校長、公立専門学校長、郡区長、学務課長となっており、教員、教育専門家、教育行政担当者、郡区行政責任者、府県会議員という層から定員枠を設定して構成されていた。会は「府知事県令ノ管理ニ属シ、其委員ハ知事県令之ヲ命」ずるが、公立小学教員、学務委員は該

地方より公選し、府県会からの委員は府県会での公選によるものとされていた。定例会は毎月一回開設とした。

列挙されている会の任務、「議定」事項をみるならば、まさに地方教育行政の全般に及ぶものであった。文部省の布告布達の地方への具体的実施方法、府県が発すべき教育関係布達の草案、学校の開閉・離合さらに建築法、諸学校の校規教則、予算問題等々の審議、そして諸機関からの諮問・問い合わせに対する答申作成、教育上の諸報告の検察、府知事県令への建議、まさに地方教育行政の全問題に亘って府知事県令を輔翼する高度の調査、審議機関であった。後年の井上毅文相期の「地方教育会」案に先立つ驚くべき「地方教育会規則」案が提示されていた。この時代、府県が前年度の管内学事報告をとりまとめ、『文部省年報』に掲載する報告書を文部省に提出するのは、ほぼ五、六月前後である。この地方教育会規則案が作成されたのは明治一四年の前半期であったと考えられる。「将来教育進歩ニ付キ須要ノ件」として最大限の機能を盛り込んだ理想型が打ち出されていたのであるが、地方教育行政機構においてこのような知事県令の輔翼機関として高度な教育会構想が描かれ、文部省年報に登場していたことは、極めて注目すべきことである。

なお、明治二〇年代後半、井上文相が構想した中央・地方「教育会」案に関する佐藤秀夫の研究は、「教育政策立案に関する〈公議の制度化〉を意図したもの」として克明な分析を加えており、「「世論」の導水路を官側の主導下に設定し、もってこれを体制の強化に資する「公議」へと組織する」試みと位置づける。教育会史研究にとって重要な分析視点が提起されている。必読の先行研究である(4)。

さて、現実的には、教育令、改正教育令にともない、県小学教則、さらに各郡での小学教則制定に当たって県・郡の学務担当者が教員、学務委員等を動員し、県教育会、郡教育会を設定する動きが現れる。長野県では一八七九（明治一二）年、県が各郡代表の教員を招集し、小学校規則改正、小学教則改正について県教育会議を開催しており、県の教育会議を契機に郡単位の教育会議が開かれている。同年一二月八日から一九日まで長野県師範学校で設定された県教育会議において「長野県公立小学校模範教則」が作成され、この教則を施行するにあたって各郡は郡単位の教育会議を開催するに至る。その一つ上水内郡小学教育会議は、郡長が設置を要望し、郡内の全小学校から教員代表が招集されて作成された「上水内郡小学教育会議規則」が、明治一三年四月に県の認可を受けている。第一条は「小学教員相会集シテ、互ニ学事ノ損益ヲ討論シ、実地ノ便否ヲ審議シ、務メテ実理ヲ得ルヲ主トス」と目的を定め、参加議員の資格を、師範学校一期、六か月の卒業以上の資格のある教員とした。会場を長野小学校とし、年二回、五月と一一月に定例会開催とした。明治一二年から一三年にかけて長野県下各郡にあいついで郡の教育行政を補助する組織として郡教育会が設立されるに至ったのである。(5)

文部省の地方教育会対処

よく知られているように、一八七四（明治七）年、板垣退助の民撰議院設立建白を起点とした自由民権運動は、国会開設、地租軽減、条約改正の諸要求を糾合し、専制政府批判の政治運動として、急速に全国的にひろがった。明治政府は一八七五（明治八）年「新聞紙条例」、「讒謗律」を定め反政府言論取締の政策を打ち出す。しかしながら一八七九（明治一二）年秋、愛国社第三回大会を期に、翌八〇年にかけて二四万名以上の署名を集め、国会開設誓願運動が全国的高揚を見せた。政治的自由、政治的権利の獲得を唱える思想潮流は、各地の青年や教員を巻き込み、色川大吉の研究によれば、民権政社を核として全国に塾形態の学習会、読書会といった形式の学習組織が五、六〇〇〇生まれたと言われる。(6)

士族的意識を持った多くの教師が民権運動に参加し、学校が民権思想の学習会の会場、教員集会の教育・学術講演会が政治的演説、プロパガンダの場となる事態が多く現れるに至った。一八八〇（明治一三）年四月、政府は「集会条例」を発し、教員・生徒の政談会への参加・加入を禁止した。

翌一八八一（明治一四）年六月二〇日、文部省は府県に向けて、達第二一号「府県ニ於テ学事ニ就キ諮詢講究等ノ為メ教育会ヲ開設セントスルモノハ其規則等ヲ具シ可伺出、且右開会ノ都度議事ノ顛末可届出此旨相達候事　但従来開設セルモノモ本文同様可心得事」、さらに達第二二号「区長村ニ於テ学事ニ就キ諮詢講究等ノ為メ教育会ヲ開設セントスルモノハ其規則等為伺出調査可致此旨相達候事」との地方教育会に対する監督指令の通達を発した。文部省による府県教育会の設立許可制と議事内容届出制を布き、さらに区町村教育会に対する監督を命じたのである。民権運動の高揚、各地における集会・結社、言論・出版活動の動向に神経を尖らせた文部省が、政談演説会的傾向に走る教員集会への警戒を強め、地方教育会の監督、掌握に乗りだしたのであった。

これを受けて、例えば岐阜県では、七月九日、戸長・学務委員にむけ、「町村ニ於テ学事ニ就キ諮詢講究ノ為メ、教育会ヲ開設セントスルモノハ、其規則等可伺出此旨相達候事　但従来開設セルモノモ、本文同様可相心得事」との布達丙第四一号を発している[7]。文部省はさらにこの年一二月、達第三六号を発し、各府県からの学事年報に「教育会ノ概略」を記す事を指示し、府県の具体的な教育会監督、指導状況の報告を求めた。これにより、文部省年報第九年報から第一三年報まで各県からの報告が掲載されることとなる。

なお、文部省の機構改革で、一八八一（明治一四）年一〇月に普通学務局が設置された際、「教育会ニ関スル事」がその分掌事務として明確に組み込まれるに至っていた。長年文部省に勤務した黒田茂次郎、土館長吉共編の『明治学制沿革史』が、その間の経緯を明確に述べている。

十三年ノ頃ニ至リ、世上ニ政談会等ヲ開クモノ多ク、随ヒテ地方教育者ノ相結合シテ、教育ノ事業ヲ議スルモノアリ、然レトモ往々規則整ハス、或ハ弊習ヲ醸成スルノ恐アルヲ以テ、文部省ハ十四年ヲ以テ、府県教育会ノ規則ハ、文部省ノ認可ヲ経ヘク、且ツ其議事顚末ヲ文部省ニ開申スヘキコトヽシ、又区町村教育会ノ規則ハ、府県ニ於テ之ヲ調査セシム、十五年ノ頃ヨリ、各地方ニ於テハ続々教育会ヲ起シ、各市郡区ニ之ヲ開クモノアリ、一府県下ノ有志者相結ヒテ、之ヲ開クモノアリ(8)

この明治一四年の達第二一号、第二二号が地方教育会の統制、監督強化のみならず、府県のイニシアチブによる教育会設立ならびに組織整備、さらには「有志者」による教育会設立を急速に促すこととなった。自由民権運動に対する抑止策がうちだされる大きな政治状況を迎え、一連の政策動向、時代状況が教育会の設立と展開、その活動内容に大きく影響を及ぼすこととなる。

翌一八八二（明治一五）年一一月二一日から一二月七日まで、文部省は府県学務課長および府県立学校長を東京に召集して、改正教育令実施に向けて基本方針の説明と府県の担当すべき教育諸事項の取り組み状況を聴取する学事諮問会を開催する。諮問事項の第二九に「府県若クハ町村等ニテ開設スル教育会ノ実況」を設定し、会議の席上、参列者に配布した『文部省示諭』には、次のように教育会の現状に強い非難をおこなっていた。

教育会ニ概ネ二種有リ、一ハ、府知事県令郡区長等ニ於テ、教育事務ヲ処理スルニ当リ、其利害得失緩急順序等ヲ諮詢スルカ為メニ開クモノニシテ、一ハ、府県郡区等ニ於テ、学校長教員等ニ授業法管理法等ヲ講究セシメ、教育ヲ改良セントスルカ為メニ開クモノトス、然ルニ、従前開設セル教育会ノ実際ヲ顧ミレハ、其施設宜ヲ得テ、教育上ニ便益ヲ與フルモノナキニ非スト雖モ、所謂諮詢講究ノ旨趣ニ基カサルモノ、亦往々之アリ、甚シキニ至テハ、一ノ演説会場ニ擬シ、或ハ奇僻ノ教育説ヲ唱ヘ、若クハ妄ニ成法ヲ議シテ、一場ノ喝采ヲ博セントスルカ如キモノアリ、或ハ議論精密確実ナラスシテ軽躁詭激ニ渉リ、放言邪詞モ顧ミサルカ如キモノアリ、之ヲ要スルニ、徒ニ学政ノ得失ヲ論議スルニ止テ、実際ノ利害ヲ考ヘス、架空ノ演説ヲ主トシテ、着実ノ講究ヲ旨トセサルカ如シ、故ニ遂ニ教育上害アリテ、益ナキノ譏ヲ来タスニ至レリ、是レ畢竟、規則ノ制定、会長、会員ノ撰挙等、其宜ヲ得サルニ因ルヘシ、是ヲ以テ文部省ハ十四年第二十一号、第二十二号達ヲ発シ、府県郡区町村等ニテ開設スル教育会取締ノ方ヲ示シタリ、宜シク注意改良セサルヘカラス、又有志者ノ私設ニ係ル教育会ニ至テハ、猶ホ之ヨリ甚シキモノアルカコトシ、府県ニ於テ亦宜シク注意ヲ加ヘ、教育会ノ本旨ヲ誤ラシムヘカラス。[9]

元来教育会に二種類あったとし、現在の教育会には、政治的活動に逸脱し、種々教育上害をなす者が現れており、府県は取り締まりに本腰を入れて教育会の規則、組織、運営に十分に注意改良を加えるよう強く示諭したのであった。この文部省達を契機として、一八八〇年前後に地方教育会が全国的に設立あるいは再編され、府県、郡区町村それぞれのレベルにおいて固有の成立経緯、組織形態をもって、種々の教育会が展開してゆくこととなる。

「私立」教育会の設立

「我日本国ニ私立教育会ノ設アルハ千葉教育会ヲ以テ始トス」、『教育時論』第一五号[10]はこのように記している。千葉教育会の設立は一八七九（明治一二）年八月であった。これが日本における「私立教育会」の嚆矢であるか否かは、教育会史研究の進展によって変化する可能性があるが、全国で早期に創立された地方教育会の一つであることは間違いない。千葉教育会に関する優れた研究としては三浦茂一「明治一〇年代における地方教育会の成立過程―千葉教育会を例として―」がある。県内教員有志四五名が「教育会議開設願」を県当局に提出し、原案の「教育会仮規則」が修正をうけて成案「千葉教育会規則」として許可されていく経緯、さらにその後の変容について、次のように分析している。

「千葉教育会は『自奮自発』の教育会議としてその組織形態・体質においてかなり明瞭な『在野性』を示す反面、それが行政要求への下からの呼応であった限りその客観的役割と体質において初発から『官府性』をも併有せざるをえなかった」、「在野性」と「官府性」が「相互に矛盾・競合しからみあいながら、不安定な教育会の二契機としてわかちがたく存在し続ける」が、明治「一五～一六年以降急速に行政機構との癒着を深めて公的性格を濃化させ、官による教育会の統制と育成の方針に積極的に順応しながら、自己を『教育会議』から『組織体』に転化せしめていった」と刺激的な研究を展開している。私立教育会＝「在野性」、公立教育会＝「官府性」のごとき単純な把握、「在野性」→「官府性」の方向における形式的単線的な転移を考えるべきでない、との貴重な見解をすでに提示している。(11) 注目すべき先行研究である。

岐阜県における「私立教育会」の展開にスポットを当ててみることにしたい。

一八八一（明治一四）年一〇月、岐阜県において県教育行政ならびに県教育機関の指導層から私立の「岐阜教育社」設立が企図される。岐阜県一等属学務課長兼華陽学校長井手今滋、岐阜県二等属前師範学校長太田謹、華陽学校教長高須禄郎、華陽学校教諭味岡正義等一〇人が岐阜教育社創立の相談会を持ち、仮規約立案に着手した。一二月に「岐阜教育社設立広告」を県下に配付。設立趣旨として、県内各地の教育状況、教育努力の相互交流を図り、教育事業の改良進歩を促す媒介体として、教育団体結成の必要性を訴え、官民一体として教育関係者の広範な加入を求めた。

翌年二月に「岐阜教育社」発足となり、「岐阜教育社規約」は、第一条に「本社ハ同志相約シ、互ニ知識ヲ交換シ、教育ノ事理ヲ講究シ、管内教育家ノ気脈ヲ通シ、学事ヲ改良拡張スルヲ目的トス」と規定した。本社を華陽学校（明治一三年に師範学校と中学校を合体）に置き、社長は井手今滋、幹事は太田謹と高須禄郎であり、活動は、年二回の大会、月最低一回の委員会、毎月第一日曜日に演説・討論等を行う諮詢会の三形態とし、毎月機関誌を刊行することとした(12)。

この新たな教育会組織は、行政側からの単発的な諮問会議とは異なり、恒常的に教育情報を交換する活動体として設立されるものであり、同志が相約し、会費を以て組織する私立の教育会である点において、従来の公設の学事諮問会的教育会議とは明らかに異なる教育会であった。官側が発起し教育関係者を組織する自費による有志の私立教育会、この方式による教育会が以後主流となって県内に支部を設置し、県教育会として県内諸教育会を合体、統合していくこととなる。

一八八二（明治一五）年七月、「岐阜教育社」は各郡役所下に支社を設けるとの方針を打ち出し、八月には可児郡教育会が支社として設立された。当時の『岐阜日日新聞』（明治一五年八月一九日）の伝えるところによれば、可児郡郡長および郡書記と有志数名が、郡下の教育関係者に「岐阜教育社」への入社を勧め、教員、学務委員、戸長らが多数入社するに至り、人数が七〇余名を数えるや可児郡支社設置の運びとなった。郡行政側からも積極的に支社の設立が図られていた。可児支社の運営形態は、郡会、部落会の二様式とし、拠点校での輪番による年二回の郡会を設定、さらに郡中では部落単位に年四回定例的に部落会が設定されていた。本社との気脈を通して学事改良に新たな回路が形成されることとなった。それはまた同時に教育行政上、一つの明確な網目が紡がれることになった。

岐阜県飛騨地域における飛騨教育会の結成にも、郡部における新たな教育会形成の一つの典型が見て取れる。大野郡・益田郡・吉城郡からなる飛騨には、戸長と学務委員で構成された甲種教育会と教員と学務委員で構成された乙種教育会がすでに存在していた。乙種教育会は授業の得失を論じ、教科用書等を研究する会であった。一八八三（明治一六）年六月、乙種教育会において、師範学校出張所の幹部によって「飛騨教育会設立建議」が出される。建議の趣旨は、甲乙両種教育会は郡立であり、郡衙の諮問に応じて開設される会議である。平時に活動する組織体ではない。教育の隆起を図る主知的同志の結合体として、知識を交換し気脈を交通し、平時に活動する私立教育会を設立し、同盟努力すべきである、と説かれている(13)。

仮規約書の作成には「岐阜教育社規約」が範型とされた。会頭には郡長、副会頭は郡書記、幹事は高山華陽学校出張所訓導と高山町会議員、理事委員に学務担任郡書記、高山華陽学校出張所訓導並びに補助員、吉城郡師範予備学校首座教員、益田郡師範予備学校首座教員、そして小学校の有力教員と学務委員等が役員に選ばれている。つまり、教育行政関係者、教員養成機関のスタッフ、小学校の有力教員の三位一体で構成されたものであり、さらに全文二三条からなる「飛騨教育会規約(14)」が九月一日に県令小崎利準に提出され、八日に認可されている。一一月段階での会員数は三五三名を数えた。ここに郡長神谷道一の意向を受け、郡指導層からの新たな教育組織の造出、教育事業に関わる恒常的連絡・調整網の形成がなされた。

同年九月設立の岐阜県羽栗郡教育会、翌年一〇月設立の安八郡教育会等の議事規則、議事傍聴人取扱規則、議事傍聴人心得は酷似しており、両教育会が下敷きにしたのはやはり先発した「岐阜教育社」の規定であったと思われる。これら教育会の議事規則、討議形式は、当時の府県会規則、区町村会規則の制定とともに、多くの地方民会の議事運営に導入された議事規則に類似するものであった。当時の地方行政制度の大きな改変、地方三新法を受けて実施された地方自治制の流れにそって、教育会の議事規則が作成されていた点は注目しておくべきである。

一八八三（明治一六）年『岐阜県学事年報』「教育会ノ概略」は次のように叙していた。

教育会ノ県設ニ係ルモノハナシ、私会ニ係ルモノハ各郡皆之ヲ開設ス、会員ハ多クハ学事関係ノモノニシテ、或ハ学術授業術ヲ講究シ或ハ教育ノ普及ヲ図ル、其状況ハ時々之ヲ報道セシム、昨十五年ノ私設ニ係ル岐阜教育社

ハ益熾盛ニ趣キ、社員五百余名ノ多キニ至レリ、将来必ス成績ノ観ルヘキ者アラン

この年の段階では、岐阜県では県設置の教育会は存在せず、各郡に全て学事関係者を会員とする私立教育会が設けられていたのである。先導役の「岐阜教育社」は益々盛大となり、社員が五百名を越えるに至った。

岐阜県下、県・郡の行政指導部が企図し形成された「私立」教育会の動向を概観するならば、当時、濃飛自由党等が活発な言論、出版活動を展開し、一八八二（明治一五）年四月、自由党総理板垣退助遭難事件が生じる政治・社会状況にあった。その自由民権運動への積極的対応策として政治結社への結社禁止、政治活動への直接的弾圧措置をとる一方、青年教師層に向けて上から新たな組織を形成し、教員を教育活動内に囲い込んでゆく防衛装置として官主導の有志参加型の教育会ネットワークを投網のごとく設立していった構図がみてとれる。岐阜、大垣、中津川その他各地での政談演説会の高揚、教員の参加はまさに抑止すべき事象であり、対処策として権力的弾圧以上に、教育会組織による自己規制、内部規制こそが有効であり、高度な政策として推進されたといえよう。

同年六月、「岐阜教育社規約」を修正、県行政の第二位にある大書記官白洲退蔵を社長に推戴し、一二月に「岐阜教育社」を「岐阜教育会」と改称する。さらに一八八九（明治二二）年一一月、「岐阜県教育会」と改称し、県下各郡市教育会が連合して「岐阜県教育会」を組織するという統一組織体となるのである。

地方教育会が急速に形成されるに至った大きな契機として、一八八三（明治一六）年八月一八日、文部省が達第一六号を発し、「小学校ノ教員ヲ益々改良スルハ目下緊要ノ事ニ有之候条、或ハ教員講習所ヲ設ケ又ハ督業訓導ヲ置ク等適宜計画シ、其施設ノ規則方法等取調可伺出」と教員改良を地方に促したことが指摘されている。石戸谷哲夫は、各地で教員講習会が設定され、「教員講習の、集合を機として、地方教育会はめざましい発達を示し始め」、多くは私立某々教育会と称する会が、明治一〇年代後半から二〇年代初期にかけて簇生したと達一六号の重要さを指摘してい

る。[15] 教育会形成の要因として大事な論点である。

府県内に県、郡、さらに町村に地方教育会が新たに、しかも急速に形成されるに至った様相を、岐阜県の事例を一つの典型として示したのであるが、一方、それぞれ各県ごとの多様な歴史事情を背景としていることから、県教育会の成立時期、郡、市、町村教育会の成立時期には違いが存在する。各レベルの教育会の組織原理と関係性にどのような特質があったかという点で、各県ごとの教育会形成の実態史研究は、今なお大きな史料的欠落と研究の空白が横たわっている。

『文部省第一八年報』(明治二三年)が示す「教育会」に関する概括をもって、この節を閉じることにしたい。


教育会ノ起原ハ既ニ明治九年十年ノ頃ニアリテ、当時該会ハ概ネ府県ノ設クル所ナリシカ、同十三年ノ頃ニ至リ、往々私立教育会ヲ起スモノアリ、現今ニ至リテハ、各府県到ル処其設アラサルコトナシ、本年ノ調査ニ拠レハ、教育会ノ数無慮七百余会アリテ、其会員十万名以上ニ及ヘリ、然レトモ其内公立ニ係ルモノアリ、私立ニ属スルモノアリ、或ハ広ク一府県内ノ聯合ニ成ルモノアリ、或ハ一郡市ニ限ルモノアリ、或ハ学術会アリ、講習会アリテ、其性質目的ノ如キ亦同シカラス(後略)(六六頁)

府県連合教育会、中央教育会、日本教育会

「教育会」史の以後の大まかな流れに言及しておくことにしたい。

一八九〇年代には、府県レベルを越えた動きとしては、関西地方教育者大集会、九州・沖縄八県教育大会、奥羽六

県・北海道教育大会、関東聯合教育会など、広域ブロックの府県聯合教育大会が次々と開催されるに至る。全国レベルの教育集会としては一八九〇（明治二三）年五月、上野公園内において内国博覧会開会に際し、東京で「全国教育者大集会」が六日間にわたって開催された。「全国教育者ノ気脈ヲ通シ相互ノ懇親ヲ結ビ以テ本邦教育ノ改良上進ヲ図リ、又本邦教育制度上緊要ナル事項ヲ論議シ以テ教育社会ノ公議ヲ発表スルハ最モ裨益アルノ挙[16]」であるとの趣旨のもとに一道三府三八県から八八〇人の参加者を数えた。

この大集会の成功を踏まえ、翌一八九一年四月二六日から三〇日まで、全国の各地方教育会より選出の委員をもって構成する「全国教育聯合会」が開催となる。一道三府三九県から一会一～三人の代表一四一人が参加した。文部省からの諮詢問題を含めて一二議題を討議し、政府、文部省にむけて六本の建議を提出した。注目すべきことに、この会議において中央教育議会と地方教育議会を設立する建議がなされている[17]。当時の教育雑誌『教育時論』は第二一九号（明治二四年五月一五日）社説に「中央教育議会の必要」、第二二〇号（明治二四年五月二五日）社説に「全国教育聯合会の結果」をあいついで掲載し、このような会合を「毎年持続して、上下都鄙の気脈互に疏通」させるべきであり、今や立憲制度の時代を迎え「教育社会の主権を掌握するに至らんことを切望」すると、「公会」としての教育議会設立の必要を唱えていた。

すでに一八八三（明治一六）年に東京教育会と東京教育協会の合体によって結成されていた「大日本教育会」が、一八九六（明治二九）年、伊澤修二が主宰する「国家教育社」と合併、名称を「帝国教育会」と改め、全国教育会として国家の教育政策に一定の影響を及ぼす中央教育団体となる。会長には近衛篤麿のあと、元文部次官であった辻新次が選出されていた。

一八九七（明治三〇）年五月、帝国教育会と台湾道庁府県教育会との同盟によって「全国聯合教育会規定」及び「全国聯合教育会議事規則」を定め、一〇月に第一回「全国聯合教育会」を東京に開会した。帝国教育会代議員二〇名、台湾道庁府県教育会代議員各三名以内で会議を構成し、以後隔年一回東京で開会することとした。討議問題として帝国教育会提出議案、同盟教育会提出議案、文部省諮問案が提出され、時代の教育課題、制度・内容等多方面に及ぶ案件が論議された。

一八九〇年代以降、各府県における地方教育会、広領域で開催される種々の聯合教育会、帝国教育会大会、全国聯合教育会が重なりあっていく様相を思い描いてみるならば、それは全国的に驚くべき頻度であり、そこに形成された縦横の教育情報回路は実に広大なものとなる。教育要求の組織化、教育世論と教育政策形成、そのプロセスと重層構造の解明は、本格的な共同研究によって取り組むべき極めて重要な研究課題となる。

また注目すべきことに、日露戦争後、戦後経営の諸施策の中で、とりわけ郡教育会の性格には変化が生じる。地方改良運動、行政村拡大の動きの中で、地域における学校と教員の機能の拡充が求められた。郡部教育会はその課題を担うことになり、内務省、文部省の地方政策・社会教育政策の翼賛機関的性格を強めるに至る。

一方、一九〇六（明治三九）年には全国小学校教員会議が開催されたごとく、職能団体として小学校長会、教員会等が教育会から分化する傾向が現れる。一九一〇年代には、教員待遇問題、新教育思潮の流入など、各県において新たな教員会の結成、さらに女教員会の結成の動きが顕著となる。一九一七（大正六）年に全国小学校女教員大会が開催され、一九二四（大正一三）年には全国小学校連合女教員会が創立される。注目すべきことに一九二〇（大正九）年には日本教員組合啓明会が結成されるに至っていた。

また一方で、一九一六（大正五）年、澤柳政太郎が帝国教育会の会長に就任以降、地方教育会と帝国教育会を連合体に組織する動きの中で、各府県教育会や各都市教育会八〇団体、そして帝国教育会が加盟して、一九一九（大正八）年には第一回帝国聯合教育会が開催される。澤柳政太郎が指揮した帝国聯合教育会の活動には教育専門家の職能集団としての教育会の機能、その可能性を時代の中で最大限に追求しようとする動きがみてとれる。大正期には新時代の潮流をうけて、中央、地方において教育団体の分化と統合の両面において多様な展開が生じたのであった。なお、教育会は旧外地においても設立されたのであり、一九〇一（明治三四）年台湾教育会、一九〇七（明治四〇）年釜山教育会、一九〇九（明治四二）年南満州教育会、一九一一（明治四四）年朝鮮教育会、一九一二（明治四五）年樺太教育会、一九二四（大正一三）年南洋群島教育会が相次いで設立された。一九二四年一一月には京城において、第一回内鮮満連合教育大会が開催されるに至った。

一九二九（昭和四）年、教化総動員運動の実施が教育会の活動に転機をもたらすことになる。共産党関係者の大量検挙事件にみられる国民思想悪化防止と緊縮財政実現のために、浜口内閣が打ち出した文教政策は、国民精神作興、国体観念培養、冗費節約、勤倹力行の趣旨徹底を唱え、さらに全国の教化団体を総動員して宣伝教育運動を展開することが企図された。教化総動員計画実施の中に教育会は重要な組織として組み込まれていくことになる。

一九三〇年代戦時期に入り、一九三七（昭和一二）には日中戦争開始、国民精神総動員運動実施、翌年国家総動員法公布、さらに一九四〇（昭和一五）年の大政翼賛会発会、翌年太平洋戦争突入、戦時総動員体制が強化される中で、一九四四（昭和一九）年、帝国教育会は、官立私立、幼稚園から大学まで全教職員を会員とする単一教育団体に再編され、様々な教育団体を統合して「大日本教育会」と改称、教育界における全国的な戦時一大翼賛団体となる。府県教育会は「大日本教育会」の支部となった。

敗戦を迎え、一九四六（昭和二一）年七月、大日本教育会総会において定款を変更、「日本教育会」と改称し、各支部は独立体となり、「日本教育会」は連合体となる。戦後民主化の動きとともに全国的に教職員組合結成の動きが高まり、一九四七（昭和二二）年六月、日本教職員組合の結成となった。翌一九四八（昭和二三）年八月、日本教育会総会において、「日本教育会」の解散が可決決定されるに至ったのである。

それとともに府県教育会は約六〇年の歴史を閉じることになるのであるが、日本教育会の解散に反対した長野（信濃教育会）、東京、徳島、茨城、栃木、愛知、鹿児島は新たな教育会を結成することを申しあわせ、翌年一一月、「日本教育協会」を設立、その後一九五二（昭和二七）年一一月、「日本連合教育会」と改称するに至る。

教育会史研究の視点

戦後の教育団体に比して、教育行政担当者、師範学校等の教育機関スタッフ、小学校長・教員そして地方名望家を構成メンバーとした教育会は、日本教育史上全く新たな組織・システムの造出であった。前節で概観したごとく、教育会は各地の教育課題への対処をなし、教育事業振興に深く大きな作用を及ぼした。教育会は、地方における教育政策と教育要求の最も現実的、具体的調整を担った極めて重要な存在であったのである。これまで教員史あるいは教育団体史の章、節内で断片的、一面的に取り扱われてきた教育会史研究は、根本的に視点の転換が必要となる。

明治一〇年代に全国各地に登場した教育会は、多くが「互ニ知識ヲ交換」し、「管内教育家ノ気脈ヲ通」じ、「学事ヲ改良拡張」することを規約に掲げた。演説・討論・談話、教育会雑誌・編纂物刊行、展覧会・博覧会、学術・通俗講演会、さらに図書館設置、教員養成講習等々、実に多様な行事・事業を繰り広げた。教育会は恒常的な運動体として教育情報を収集・循環させ、戦前の教員・教育関係者の価値観と行動様式を方向づけ、さらに地域住民の教育意識形成に大きな作用を及ぼした。教育会は日本社会に学校装置を急速に普及定着させ、社会教育を広範に推進した極めて注目すべき情報回路であったといえる。明治、大正、昭和の戦時にいたる期間、全府県さらに朝鮮、満州、台湾、樺太、南洋群島にも設立されるに及んだ教育会は、近代日本の歴史においては、空間・時間両軸において実に巨大な教育情報回路として機能した。

教育会の登場から解散に至る全プロセスを射程に入れて、この教育情報回路としての教育会が各時代に何をもたらしたか。いかなる変化が生じたか。この情報回路のメカニズムならびに回路を流れた情報内容についてトータルにその歴史的意味の解明にとりくまねばならない。

これまで教育会史研究に現れたいくつか注目すべき視点に言及しておきたい。

渡部宗助は、教育会史の時期区分を一八九〇年前後と一九二〇年前後にそれぞれ画期があるとした上で、「ほぼ一九二〇年代までは曲がりなりにも、府県教育会は、教育に関する地域の『合意』形成機能＝容権力的教育運動の役割を果たしていたのではないか」と、「容権力的教育運動」なる新しいキイワードを提出した。教育会が「府県と府県（議）会からは一応相対的独自に教育の「合意」形成の機能を果たしていた」のであり、教育会が「政府に対置するという意味での反権力的な教育運動とは異なる、容権力的な教育運動とでも称すべきものを担っていた」ことの意味を重視する。「教育会の活動と運動の総体は結局、権力の教育政策、行政を補完するものであった」としても、「その『補完』が従属的・下請け一方のものか、それとも相補的なものかの違いがある」と区分し、「国内の府県教育会の運動が政策、行政と相補的であったが故に却って容権力的に地域としての主体性を主張し得たのではないか」、「『地域としての主体性』なるものの正体を明らかにするのが、府県教育史研究の教育史学的課題であり、目的であろう」と、府県教育会の「主体性」の多様なありようの分析にむけて問題を提起している。(18)

なお、教育会史の時期区分は今後の研究の進展によって、より詳細な段階が設定されることとなろうが、その際、基底において近代日本の地方行政制度の変化を明確に踏まえておくことが必要である。一八七八（明治一一）年の郡区町村制公布、一八八八（明治二一）年の市町村制、一八九〇（明治二三）年の府県制・郡制の制定、一九二一（大正一〇）年の郡制廃止法公布（施行大正一二年四月。大正一五年七月地方官官制の全文改正によって郡役所・郡長廃止）、一九二九（昭和四）年、府県制市町村制の改正。これら戦前の地方制度における一般行政区画、システムの変化に連動して教育行政のありようが大きく変化するのである。その新たな事態への対処、教育行政機関が補い得ない業務の代替、問題処理に向けて地方教育会組織が駆動させられていく。このようにして地方教育会の組織と機能が変化したことによって各エポックにおいてそれぞれの教育会がどのような機能と特質を示したか、各県ごとの具体相が明らかにされなければならない。従来の教育行政史の次元を越えた検討が必要である。

中央教育会について、帝国教育会の「黄金時代」といわれる澤柳政太郎の会長在任期（一九一六～二七）を対象に、帝国教育会が教育政策の形成展開にどのように影響を及ぼしたか、プレッシャーグループとしての教育会の分析を行った阿部彰の研究も興味深い。ここでは澤柳会長の指導のもと、帝国教育会の再編と教育擁護同盟の結成、国家政策に抵抗（地方教育費削減反対運動と岡田文政批判）してその軌道修正を求めた動きを明らかにしている。大正デモクラシーの高揚期に現出した中央教育会の運動の内実を解明した緻密な仕事である。(19)

一九二〇年代以降の教育会について、久保義三は、「全国連合教育会、帝国教育会、各県教育会などが、ファシズム教育を国民的な基盤において支える原動力となり、積極的にその教育を推進し、権力の末端機構となっていったこと」、「これらの団体がファシズム教育の進行において教師や民衆の自発的支持を獲得したという側面があるとはいえ、反面ではかえって権力の強力支持の度合いを深めていったという矛盾」を指摘し、大半の「教師を吸収していった教育会の機能」の分析を、既に一九六〇年代に鋭意試みている。(20)

小川正人は、久保等の先行研究の成果に触れ、その要点を次のように端的に整理している。戦前における教育会は、きわめて官製的性格の強い翼賛的「職能団体」としての性格を強いられながらも、第一に、政府及び地方当局の権力と教育現場の教員とを「直接的」な支配・被支配関係に結びつけるのではなく、教育行政機構と表裏一体をなしつつも、その「職能団体」的性格によって、政策浸透、教員統制の補完機関として位置づけられていたこと、第二に、下からの運動によって生み出されてくる教員の要求や「自主性」を体制的に吸収する形で組織化することによって、権力の教育遂行のための「能動性」を引き出していくという、教育政策実現過程における重要な役割を期待されていたこと、それ故、第三として、教育会が戦前教育政策の推進に果たした役割が大きかったこと[21]。

このような戦前における教育会の特質とその機能についての分析視点は鮮やかであり、多くの研究課題を喚起してくれる。「ファシズムを支える社会的基盤」としての教育会への研究視点を深める研究として、戦前の教員政策の展開を、教育会の位置とその役割に注目して分析をおこなった小川正人論文「一九二〇年代の教員統制の展開」は、一読すべきインパクトのある研究である。戦時期、教育情報回路としての教育会が、情報収集、伝達、操作、加工、さらには情報遮断することによって、どのような情報がどのように流れたのか、教育の戦時動員の実態解明に取り組むべきである。

最後に教育会の一つのルーツであり、教育会の活動内容として主要な位置を占めていた教員養成・研修事業に関する研究について、明らかにすべき大事なテーマに触れておきたい。二〇〇三（平成一五）年七月、第二二回日本教育史研究会サマー・セミナー「教員への道」において、「変則的小学校教員養成ルート―教育会の教員養成事業―」と題して報告を行い、『日本教育史往来』（一四四、一四六号　二〇〇三年）に関連文を掲載したことがある。その問題提起を再度述べておくことにしたい。

学制期以来、小学校教員養成の本体を師範学校におく方針がとられたものの、その卒業生数は限られており、小学校教員の圧倒的多数は、師範学校卒業生以外のものであった。就学児童の増加さらに頻出する教員の転職が、慢性的な教員不足状況を生み出し、教員不足への対処・教員補充が深刻な課題となり続けた。講習と試験検定による変則的な教員養成が行われることとなり、教員補充の課題を担ったのが、まさに地方教育会であった。地方教育会が無資格教員から准教員へ、さらに正教員への種々の講習会を開設し、さらには師範学校への予備校的準備教育のみならず、現職教員の再教育をも担う活動を展開したのである。

その事例研究として、かつて「京都府教育会の教員養成事業」の詳細を明らかにし、地方教育会の種々の教員養成事業が大量の教員を生み出していたこと、府県レベルにおいて師範学校とあい並んで地方教育会の教員養成事業が不可欠の社会システムとして重要な役割を演じていたこと、そのことが持つ意味、さらには検定試験ルートを経た教員の特質について問い直してみるべきであることを、次のように指摘した。「日本教員史研究において、変則的教員講習をうけ、試験検定によって、教員免許資格を取得した圧倒的多数の教員層について、その速成方式とその方式によって生み出された教員層の質が、日本の教員社会の形成にとってどのような作用をもたらしたか、今後、本格的に検討されるべきである[22]」

大きく重いテーマとして、教員としてのプロフェッショナリティに関わって、変則・速成であった負の側面がもたらしたものについて、さらに教員社会の階層構造がいかなるものであったかその実態についても、また深い射程をもって研究に取り組むことが必要となる。教員史研究は師範学校史研究を越えて研究領域を拡大し、各地教育会の教員養成事業に本格的な照明をあてるべきである。教育会の実像解明なくしては、近代日本の教育実態の構造的解明は、その深部の核心を把握し損ねるといっても過言ではない。

注

(1)『岐阜県教育史　通史編　近代一』岐阜県教育委員会刊行　二〇〇三年　三八〜六一頁。
(2) 長野市教育会史編集委員会『長野市教育会史』一九九一年　一四〜一五頁。
(3) 石戸谷哲夫『日本教員史研究』講談社　一九六七年　一二二〜一二五頁。
(4) 佐藤秀夫「高等教育会および地方教育会」海後宗臣編『井上毅の教育政策』東京大学出版会　一九六八年　九〇七頁。
(5) 前掲『長野市教育会史』二〇〜二三頁。

（6）色川大吉『明治精神史』黄河書房　一九六四年、同『近代国家の成立』中央公論社　一九六六年。また「自由民権運動と教育」に関するまとまった著作としては片桐芳雄『自由民権期教育史研究』東京大学出版会　一九九〇年、国民教育研究所「自由民権運動と教育」研究会編『自由民権運動と教育』草土文化　一九八四年　がある。

（7）梶原猪之松編輯『岐阜県布達類纂　五』啓文社蔵版　一八八四年一一月　十丁。

（8）『明治学制沿革史』金港堂書籍　明治三九年一二月（複製　臨川書店　一九六九年）一二五八～九頁。

（9）国立教育研究所刊『学事諮問会と文部省示諭書』一九七九年　一一八～九頁。学事諮問会および文部省示諭の教育史上の意義を明らかにした佐藤秀夫の貴重な「解題」一～三四頁は必読である。

（10）『教育時論』第一五号（明治一八年九月一五日号）時論「私立教育会」一頁。

（11）『地方史研究』第二〇巻五号　一九七〇年一〇月　四八～九、五四頁。

（12）益田郡萩原町 大前久八郎家文書「岐阜教育社設立広告」。岐阜県教育会編纂『岐阜県教育五十年史』一九二三年五二九～五三五頁。

（13）『飛騨教育会雑誌』第一号 明治一六年一一月。

（14）益田郡萩原町 大前久八郎家文書「中呂校　学校件書類」、『岐阜県教育史　資料編　近代一』五八四～六頁に掲載。

（15）石戸谷哲夫　前掲書　一二六～七頁。

（16）『大日本教育会雑誌　号外　全国教育者大集会報告第一・二巻』一八九〇年。

（17）『大日本教育会雑誌』第一〇六号（明治二四年五月）、『大日本教育会概覧』大日本教育会事務所　一八九二年一〇月。

（18）「府県教育会に関する歴史的研究―資料と解説―」渡部宗助　平成二年度文部省科学研究費補助金　一般研究（C）「府県教育会とその機関誌が果たした教育文化的機能に関する歴史的研究」研究成果報告書　一九九一年　四頁。

（19）阿部　彰「大正・昭和初期教育政策史の研究（2）―プレッシャーグループとしての帝国教育会、教育擁護同盟―」『大阪大学人間科学部紀要』第三巻　一九七七年。

（20）久保義三『日本ファシズム教育史研究』第五章「天皇制ファシズム教育を支える社会的基盤（その二）」明治図書　一九六九年　三〇三頁、初出は岩波講座現代教育学第五巻『日本近代教育史』第七章第二節、久保義三「ファシズムをささえる社会的基盤」一九六二年　二四七頁。

（21）小川正人「一九二〇年代の教員統制の展開―教員運動の新展開と体制「再編」への対応を一つの軸として―」『東京大学教育学部紀

要』第一六号　一九七六年。
(22) 梶山雅史「京都府教育会の教員養成事業」本山幸彦編著『京都府会と教育政策』所収　日本図書センター　一九九〇年　四九一頁。

第一章　自由民権運動の展開と教育会の源流小考

千葉　昌弘

はじめに

明治一〇（一八七七）年を前後する時期、「学制」以来の画一的教育政策は一定の後退ないし転換を余儀なくされていたとみることができよう。それはこの時期の教育政策がその基本的在り方・路線をめぐって激しく動揺を招来していたことを意味する。この動揺を必然とした政治的・社会的要因の最大のものとして自由民権運動を指摘することができよう。「学制」政策の事実上の後退施策の展開と「教育令」の制定（明治一二年）、さらに翌年の改定という安定性を欠いた教育政策の展開の過程は自由民権運動の展開の時期とほぼ完全に一致する。小稿は、こうした明治一〇年を前後する時期の教育政策の展開と自由民権運動の連関性を学事（教育）会議等の成立・展開とその教育会への転換ないし移行の過程に着目しつつ、若干の史的考察を試みることを課題としている。

一　明治初期の教育会議等の開設状況

明治初期の教育政策の展開とその地方への具体的浸透ないし定着の過程に対応して、地方の各種の段階において多様な教育関係者が集い会議を開いて、教育に関する諸事項を協議・決定する組織・機関が開設されていたことは佐藤秀夫・金子照基・梶山雅史等の先行研究によって一定程度明らかにされつつあるが、未だその全貌が全面的に明らかにされているとは言い難い現状ではある。ともあれ、これらの先行研究の成果に依りながら、先ず大学区レヴェルでの教育議会（会議）の開催始期とそこでの協議事項を整理しておこう。(1)

第一大学区（東京）……………明治九年一月〜
　人民奨励、教員養成、学資徴収、学校普及、就学奨励、教員等級、学区取締処分、学校世話役、学校建築、生徒養成、小学教則、教場規則、生徒試験法、男女教授方法、教則
第二大学区（名古屋）…………明治九年六月〜
　学校維持法、小学教則、教員養成、奨励法、貧民教育法、学問普及法、教育都鄙ノ別、小学試験規則
第三大学区（大阪）……………明治八年七月〜
第四大学区（広島）……………明治一〇年二月〜
第五大学区（長崎）……………明治九年九月〜
　学校維持法、教育普及、教員養成、学区取締処分、教員処分、小学諸則、学区監督
第六大学区（新潟）……………不明
第七大学区（宮城・仙台）………明治九年四月〜

教育普及、就学奨励、小学教則、貧民就学、就学金積立、学資徴収法、学資金蓄積、生徒生育方法、村落小学教授方法、女子教授方法

これら各大学区レヴェルでの教育議会（会議）の性格やその各大学区構成府県の教育行政施策との関係等の具体相を明確に分析し得ないが、共通するのはその参加メンバーが大学区本部及び構成府県の師範学校教員・学事関係吏員・学区取締・訓導等の当該大学区内府県の指導的立場にあった人物によって構成されていたということであり、また協議・審議された内容は、当時全国府県が共通に当面していた教育行政上の課題であったということである。こうした各府県における教育課題の集約、あるいは大学区レヴェルでの協議を経ての各府県レヴェルでの諸教育施策の推進の為には府県ないし中・小学区段階において何らかの協議・組織が存在していたことが想定ないし要請されていたと考えられる。事実、大学区レヴェルでの教育議会（会議）の開催に先行し、或いはほぼ同時期に個別の府県において各種の学事会議が開設されていたのである。

佐藤秀夫の集計に依れば、「文部省第三年報」（明治八年）では六四府県中の四三府県、「同第四年報」では三八府県中の二九府県、総じて全国七割の府県において各種の学事会議が開設されていたという。その学事会議の規模についてみれば府県単位、中学区あるいは大区、小区・小学区単位ないしその連合等。会議参加メンバーの構成では、学務吏員・学区取締・師範教員および訓導などによる構成が通例。メンバーの構成上の特徴から会議の名称も「学区取締会議」「訓導ないし教員会議」などと呼ばれたり、討議・審議の内容によって「教則会議」、或いはまた「教育議会」などと多様な学事会議が開設されていたことが指摘されているが、その実態は必ずしも明らかではない[2]。大学区レヴェルでの教育議会（会議）、府県レヴェルでの各種の学事会議、さらには中・小学区ないしその連合による各種の多様な教育会議、これらの諸組織・会議は県令・県官などを介しての国の教育政策の権力的施行の補完的装置とし

ての役割を一方的従属的に果たしていたと断ずることには聊かの留保が必要であろう。これらの学事会議の開設は、それを必要とした地域の教育状況についての実態把握と課題認識が存在し、かつこれらの組織・機関を介して地域の停滞した教育状況を打開ないし克服しようとした地域の主体的努力の試みが存在していたことをも看過すべきではないだろう。同時に、その討議・審議の過程と内容において地域・民衆のさまざまな教育要求等が論議ないし反映されていたことが想定される。(3) しかしその実態はこれまでの先行研究では必ずしも明らかにされてはこなかった。史料発掘の困難な事情も反映してのことでもあろうが、地域・民衆を視点とする研究の貧困な状況を反映しての結果であろう。第七大学区に属する岩手と宮城の両県における学事会議の開設状況について考察してみることにしたい。

二　宮城・岩手両県における学事会議の開設

明治一〇（一八七七）年を前後する時期の教育政策の動向を概略辿っておこう。明治九年六月、天皇の東北地方巡行が行われた。「巡行記録」には困窮を極めた東北各地の地域・民衆の生活実相が報告され、不振を極めた学事状況が率直に伝えられている。(4) 文部高官による相次ぐ地方の学事状況の視察が行われたのは、明治一〇年五月から同一一年九月にかけてである。(5)「学制」政策の転換を公的に予兆する田中不二麿の「日本教育令」案の提案が同一一年五月、同年七月は所謂「地方三新法」の制定、同年一二月には田中の「教育国会」の上申が為された。田中案の「教育国会・教育議会」条項を削除した伊藤の「教育令」案の提示が翌一二年二月、そして一二年九月の「教育令」公布、そして一転しての明治一三年一二月の「教育令」改正等など、動揺し安定性を欠いた教育政策が展開されていた。この時期の宮城県において学事会議に類した各種の教育会議・教員授業演習会等が開設されている。関連規則の制定状況によってその動向を跡づけておこう。

明治一一年九月「仙台教員演習会規則」が制定された。[6] 庁下（仙台）の小学校教員が師範学校に集い「授業ノ法ヲ研究シ教育ノ学ヲ講習スル」為に演習・講習の会を開設することを県令に上申し、その認可を得たものである。県内では既に明治九年以降「訓導集会」「大区教育会議」「教育議会」などが断続的ながら開かれていたことが史料的に確認されることから、[7] これらに類した授業演習会の仙台版といえよう。こうした試みが県公認の組織となったことを示すのが明治一二年九月八日付県布達第一六八号「宮城県学規」中の規則「教員演習会ノ事」（第一一章）と題する条項である。[8]「教育令」制定直前（二〇日以前）の県の教育施策上の基本方針を示す「学規」に公的に位置づけられた「教員演習会」の規定である。関連条項のみを以下に掲げておくことにしよう。

第一一章　教員演習会ノ事

第一条　授業ノ法ヲ演習シ及ビ教育ノ道講究セシムルガ為メ小学教員ノ会集ヲ開設シ之ヲ教員授業演習会ト称ス

第二条　一郡区ヲ以テ演習ノ組合ト定メ一年二回或ハ三回区内各教員ヲ会集セシム、其会場時限等ハ学区委員巡回訓導（中略）協議予定シテ報告スルモノトス（以下略）

第三条（全文略）

第四条　演習ノ日数ハ三日ヨリ少カラス一週日ヨリ多カラザル可シ

第五条（全文略）

この「教員演習会」はその後明治一三年二月、「教員演習会規則」（県達第一四号）[9] として独立規則としてその継承をみるが、同時に新たな「宮城県教育会規則」[10] によって直接間接にその公的管理の下に置かれたであろうことが推測される。しかし明治一五年三月の「宮城県学事条令」の制定の段階にいたって教員授業演習会に関する条項は完全に削除・消滅をみている。[11] 同年五月には上述した「教育会規則」の実施延期の県布達が発せられている。[12] 宮城県において改正「教育令」に全面的に対応した施策が進行するのは「学事条令」の制定以降のことである。全国的な各種の教育会への規制を意図した明治一四年六月の文部省布達第二一・二二号の宮城県での具体的浸透を確認し得る動向とみることができよう。[13]

岩手県の主要な動向をみておこう。岩手県において学事会議に類する会議が開設をみたのは明治一一年二月の「共同教育議会規則」[14] 布達以降のことと思われるが、その具体的動向を実証するに足る文献・史料は現在までのところ発見されていない。従ってこの「規則」によって共同教育議会の概要を推測するほかはない。同規則の第一条に「共同教育議会ハ、春秋両次総会……三日間之ヲ開キ学区総監・同取締・学校事務係・教員等ヲ会同ス」とある。議会においては「教育上百般ノ事ヲ討議講究シ以テ学事実施ニ裨補スル」諸方策の協議が県会の閉会後に引き続いて行われ、議決の案件は第五課（学務課）を通して県当局の裁可を得て実施されることとなる。県会に模し準じた教育議会の開催とみることができよう。この教育議会規則の制定に前後して県下各地で学区取締会、訓導集会、郡連合教育会議等が散発的ながら開催されていたことが断片的史料によって窺われる。

岩手県当局がこれら学事会議・教育会議等に一定の規制を開始するのは明治一四年七月のことである。先述した文部省布達（二一・二二号）を承けての「郡村ニ於テ学事ニ就キ諮詢講究等ノ為メ教育会ヲ開設セントスルモノハ其ノ規則ヲ具シ伺出デ認可ヲ経ベシ」との県令の指令である。[15] 岩手県ではこの県令の指令の直後から明治一五年にかけて相次いで教育会が結成されている。気仙郡・南北九戸郡等、郡単位の教育会はやがて全県的な官府制を附与された教育会の結成へと向かっていった。[16] 学事会議・演習会等の開設とそれへの対応を含め、「教育令・改正教育令」政策への宮城と岩手両県の対応には聊か異なった反応があったように思われる。ある意味では対照的なものがあったと言ってもよいだろう。宮城においては教員演習会・教育議会などが「教育令」の制定に先行して比較的活発に開設され、

「改正教育令」公布以後もこうした傾向が継続していた。「教育令」政策への先導的対応と積極的取り組み、対して「改正教育令」への緩慢な対応が鮮やかな対照をなしている。

この宮城県における教育政策への対応に比較して岩手県の場合はどうか。共同教育議会の開催などがあるが、教員演習会・授業演習会等の開設を具体的に示す史料は皆無に近い状況であり、この種の活動が極めて不活発であったことが予想させる。加えて教育政策への即時的とも従属的とも言える対応施策が顕著である。こうした対照的な教育施策の推移を示す事情の一端を、当時の両県の「学事年報」により示しておこう。「教育令」公布を承けての反応である。「宮城県学事年報」には「教育令発行ノ際一時ノ誤解ニヨリテ教則等旧寺子屋流ニ復セントスルノ風潮社会ニ現出シ為ニ学事退歩ノ景況ヲ見シト雖漸ク恢復ノ状アル……町村自治ノ精神初テ起リ小学維持ノ如キニ至テモ又更ニ競争ノ気力ヲ振起スル[17]」と、町村自治の政策転換によって教育状況の好転に期待する見解を披瀝している。対して同年の「岩手県学事年報」は「自由教育ノ主義ナリト誤解シ或ハ妄リニ教則ヲ編成シ或ハ昔日寺子屋風ノ書ヲ以テ子弟ノ教育ニ足ルモノトスルノ弊微ヲ現シ……学事モ退却ノ遺憾ナキ能ハス[18]」と学事退歩に危惧の念を吐露しているのである。「教育令」受容をめぐっての両県の対照的な反応ではある。

ところで、宮城県においては「教育令」公布に先行して教員演習会・授業演習会等が開設されていたこと、それが明治一五年三月の「宮城県学事条令」の制定にいたり全面的に削除されるに至る時期と併行して「教育会」結成の動きが生じていた経緯については上述した通りであるが、この間の事情をダイレクトに伝えてくれる史料を以下に紹介し、若干の検討を試みておくことにしたい。「教育会」の源流を探求するのに資する史料と思われる。

三　教育議会・授業演習会から教育会への転換――外記丁小「教育議会誌」の記録

本記録は、外記丁小学校『教育議会誌』と表記されている。現在の仙台市上杉山通小学校所蔵の史料である。全二〇枚（三九頁）余、全文筆書きの会議録で、記録者は不明である。記載されている内容によれば、一種の校中での教員会議ないし授業演習会議の記録と思われるが、表記に従い「教育議会誌」と呼称することとしたい。当校の創立は明治六（一八七三）年六月、当初「第三小学校」と称し、後「大仏前小学校」（明治八年）、「知類小学校」（同九年）と校名を変遷しつつ、明治一一年から同一九年に至るまでは「外記丁小学校」を校名としていた。明治一九年以降は「上杉山通尋常小学校」と改めている。[19] 本記録は、表記の如く上記の「外記丁小」時代に作成されたものであり、その前後をカヴァーする史料は発見されていない。「外記丁小」限定の、他に類を見ない「教育議会誌」と題する記録なのである。

記録によれば「教育議会」は明治一一年三月から同一三年一一月に至る期間までが継続、その後約一年の空白があって、明治一五年五月の会議録が「教育議会」記録の最後、同年六月には突如として「教育会」の記録に変更され、明治一八年一二月の「教育会決議」が最後の記録となっている。「外記丁小」に限定される事態とも考えられるが「教育議会」から「教育会」への組織変更の経緯を具体的且つ忠実に記録する史料と考えられ得る貴重な史料であろう。凡そ三年余に亙り、通常隔月毎の開催、都合一七回の教育議会が開催されている。議題として取り上げられた主要な事項を列挙しておこう。[20]

生徒罰則、教員罰則、教員ノ欠席遅刻、生徒休業、算術・習字ノ授業、受持チ当番ノ事、暗記法、読方ノ事、書籍貸借規則、裁縫時間、教課書ノ出納、試験表、級長ヲ建ル事、習字時間、硯水ノ扱ヒ、犯則生徒取扱人、分校

設立、退校期限、修身口授ノ改正、地理初歩、生徒監護、教員上校ノ事、校内ニ新聞縦覧所設置ノ事、掲示場設置、生徒係並ニ裁縫教員罰則、日課表、視察教員ノ事、教員ノ事務担当、書籍器械、習字本、女子教育法、学事ニ関ル諸表作成ノ事、試験定規、評点法心得、受持教員交換行程表、教員ノ巧拙、教員盟約書、幹事事務章程、教育議会規則、幹事任期、月次試験、手本書一定ノ事

以上が「教育議会」において取り上げられた議題の主要なものである。学校現場の万般に亙る事項が議題として討議に付され、決議された事項が即刻実施に移され、決議にいたることなく廃案ないし否決されたものも少なくない。議会に於いて自由な討議がなされ賛否の議決を以て決着をみる。結論にいたるその方法がいかにも「議会」の方式を採用しているところに一つの特徴を認め得るのだが、そこには必然的な要素も含んでいた。即ち、この「議会」の主宰者とその参加した教員の構成の問題とも関連する。主宰者真山寛は当時当校の統理訓導（主座教員とも呼称）の地位にあり、同時に宮城の最も有力な民権政社「本立社・共同社」のメンバーであった。同様のことは佐藤時彦が「喈々社」、白石時康が「進取社」、鹿又裕蔵「進取社」、窪田豊次郎「進取社」等、教育議会参加メンバーの過半のものが「外記丁小」の教員であったと同時に民権運動の有力な担い手として活動していたのである。国会開設を主眼とした民権運動に参加するなかで培われた社会的活動の経験が「教育議会」という形を採らせたものかもしれない。そしてこうした状況は「外記丁小」に特有のことではなかった。木町・片平・立町等などの近隣の小学校も同様の状況を呈していたのである(21)。教育議会の開催による学校運営と授業・実践に関わる事項の審議が個別の学校単位において為されていたこと自体に一つの意義を見出だすこともできよう。先の「授業演習会・教員演習会」の「授業ノ法ヲ演習シ教育ノ道ヲ講究セシムル」の趣旨に従えば、外記丁小の記録は将にそのような内容を「議会」運営の方式において討議・決定するかたちで実践していたといえよう。

彼らの民権運動における思想と政治的活動と教育活動・実践との関係についての史的解明の問題も残された課題ではあるが、本記録のもう一つの意義について検討を試みておきたい。それは「教育議会」から「教育会」への転換・移行に関わる時期の問題である。「議会誌」の教育議会の記録の最終は明治一五年五月一二日のことである。前年の明治一四年は完全に記録が欠落している。落丁ではない。記録を残し得ない何らかの事情が生じていたと考え得るが、断定は避けておきたい。次に開かれたのは同年六月一九日、会議の名称が「教育会」と明記され、以後最終頁の記録にいたる明治一八年一二月八日まで「教育会」の記録となっている。[22]

繰り返しになるが、国と県の関連の施策の推移をみておく。明治一四年六月、一連の教育会規制の布達があり、一五年三月の「県学事条令」の制定によって従来その設置が公認されていた「教員授業演習会」の条項が全面カットされた。同年五月一五日には、先に定められていた「宮城県教育会規則」(明治一三年一二月八日付)の実施延期の通達、「教育議会」記録の最終日と略一致する。「教育会」記録の初出は同年六月、未だ全県的な「教育会」が誕生に至ってはいない時期であるが、郡部各地では教育会の設置が推進されつつあった。

同年九月には文部省による「学事諮問会」の開催の通達がなされ、同年一一月から一二月にかけて東京において同会議が開かれた。宮城県から秋山恒太郎学務課長心得と宮城師範学校長和久正辰の二名が列席している。その際文部省によって示された「示論」は改正「教育令」以後の教育体制についての文部省の教育政策上の基本的方針を披瀝したものである。その中で、当時全国各地で設立されていた多様な「教育会」の実態を総括しつつ、「其施設宜ヲ得テ教育上ニ便益ヲ與フルモナキニ非スト雖モ所謂諮詢講究ノ趣旨ニ基カラスモノ亦往々之レアリ」と指摘しつつ、特に「奇癖ノ教育説……軽装詭激ノ方言」等の演説会と化している教育会を「会ノ本旨ヲ誤ラシムヘカラス」と注意を喚起するということがあった。明治一六年以降の宮城県当局の教育施策の推進にあたって、特に「教育会」への対応にあたってはこの点が留意されたことが疑い得ないところであろう。[23]

宮城県において全県的な教育会（「宮城県私立教育会」）が創立されたのは明治一七（一八八四）年二月のことであり、その曲折に満ちた前史の一班を「教育議会誌」の記録が伝えてくれているように思われるのである。

四　自由民権運動と「教育会」の源流との関係——宮城県を事例として

明治初期は、わが国の近代学校の発達の歴史においてその基盤形成の時期であったと言えよう。ほぼ時期を同じく自由民権運動が展開されていた。ともに全国各地の地域・民衆の社会生活の上に不可避の、甚大な関係を有する事柄にも拘らず、なぜかその相互の関連性についての研究はこれまでのところ必ずしも十分に明らかにされてきたとは言えない。関連の研究に細やかながら関わり続けてきた者の一人として遺憾と思わざるを得ない[24]。

ところで、これまで述べてきたように宮城県における学事会議・教員演習会・授業演習会等など、あるいは教育会議・教育議会などを、後の初期「教育会」へと直接的な連結を断定することは当面控えておくが、初期「教育会」に連なる人的要素が含まれていることなどの理由から、これらの組織等を初期「教育会」への一つの有力な源流とみることを仮説的な結論として示しておきたい。双方に関わった人物が多く確認されるからである。

こうした事情に加えて、これらの人物が実は同時期に自由民権運動に参加していたこと。それも政社の代表格ないし中心人物としての参加であること等が一部明らかになってきている。こうした事情の一端について可能な限り以下に述べておくことにしたい[25]。

宮城県における自由民権運動は、明治一一（一八七八）年一〇月の政社「鶴鳴社」の結成に始まる。福島・三春の河野広中等の東北民権活動家の結集の呼び掛けに応じたものである。その中心となったのが箕浦勝人（官立宮城師範教員）と若生精一郎（木町通小学校訓導）等であった。他に首藤陸三（県学務課長師範学校長兼務）、草刈親明（小学校教員)、中原雅朗（師範学校教員）等メンバーの多くは教員・教育関係者によって占められている。「鶴鳴社」の設立を契機として県下各地に民権政社が相次いで結成される。その数は庁下仙台に八社、郡部に二八社余りを数え、社員の総数は二千名余に達している。政談演説会の開催、新聞の発行など活発に展開している。運動は高揚の一途を辿りつつも、明治一三年にいたり国会開設運動推進の方法をめぐる路線の対立から「鶴鳴社」は「本立社」と「進取社」に袂を分かつことになる。若生等は「本立社」に拠りつつ愛国社・国会期成同盟路線を突き進むことになる。明治一三年一一月、東京での第二回期成同盟大会に本立社の若生は宮城県有志一三〇〇余の署名を携えて代表参加している。その後、県下民権政社の再結集が叫ばれるにいたり「本立社」と「進取社」は合併、明治一四年三月「共同社」が結成される。続いての「東北七州自由党」の結成（明治一四年八月）の時期が東北地方の民権運動の最高揚期であり、「福島事件」（明治一五年一一月）以降急速に運動は退潮を余儀なくされていった。こうした宮城の自由民権運動の成立・展開の時期と併行して、宮城・仙台の教員および教育関係者は民権運動に参加しつつも活発な教育活動を続けていたのである。ところで、宮城（仙台）の民権運動に参加した教員及び教育関係者を所属の政社別に大別してみると、「鶴鳴社・本立社」系のグループと「進取社」系のグループとに分けることができる。のち「共同社・自由党」として合流するのだが、勤務先・勤務形態などの相違とも関係して、所属「政社」に違いが生じていることに注意が必要である。[26]

「鶴鳴社・本立社」グループに属する教員・教育関係者としては、首藤陸三（県学務課長師範校長兼務）、箕浦勝人（福沢門下、官立宮城師範教員）、若生精一郎（伝習校卒、木町通小・古川小）、中原雅郎（師範教員）、矢野成文（伝習校卒、木町通小）、白極誠一（宮城師範卒、木町通小）、阿久津成清（木町通小・東二番丁小）、佐藤時彦（外記丁小・登米小）等、ほかに別所巳四郎、草刈親明、矢吹薫、小原保固、小々高強なども現職の教員である。これらの人物のうち首藤は、県の学務官僚のトップの地位にあり、この首藤の下で「教員授業演習会」条項を含めた「宮城県学規」が制定され、「教育令」を先取りした自由主義とも評し得る県の教育施策をリードしていた。明治一三年四月には宮城県の松平県令に対し教則編成の自由化（地方自治）を求めて「教育上ノ意見」と題する上申書を提出している。「教育令」を「専ラ自由主義ニ出ルモノ」との首藤の理解を前提にした意見書の提出であった。(27) 若生は、木町通小学校において裁縫科の設置によって女子教育の振興に努め、また学齢外子女の就学奨励を図るべく同校への夜学を開設、更に東北地方初の幼稚園を開設するなど、幾多の注目される先駆的な教育活動を行っていたことが知られる。このことについては既に筆者の幾つかの著書・論稿において述べているのでここで改めて繰り返さない。この若生とともに同校に勤務し、若生を補佐し活動を共にしたのが矢野成文である。民権運動と教育活動とを併行・統一させた稀な教員の典型的な事例である。(28)

次に「進取社等」グループについてみてみると、真山寛（伝習学校卒、外記丁小・東二番丁小等の校長を歴任）を代表格にして、窪田豊次郎、白石時康、西大条規、鹿又裕蔵、高成田要七郎などは庁下仙台の外記丁小・立町小・東二番丁小等の教員として勤務し、例外的に「鶴鳴社・本立社」グループに属した佐藤時彦の場合は「進取社」にも属している。これらの政社以外の喈々社・時習社等に重複して属している場合もある。これら両グループの殆どの教員はその後「自由党」（明治一五年四月）に加盟し合流している。(29) グループが異なるとはいえ、国会開設という究極の政治的課題においては共通の認識に立っていたことを示す史実であろう。

ここで改めて確認しておきたいのは、真山寛を代表格とする「進取社」グループに属する教員によって、先に述べた外記丁小学校での「教育議会」が開催されていたことである。民権運動と教育界との密接な関係を具体的に示す事実ではある。佐藤秀夫が述べたように「初期の学事会議が、必ずしも全一的な官権の翼賛機構であった訳ではなく、そこには運用のいかんによっては、人民の代議制機構として将来発展しうるであろうような可能性をも含んでいた」という事態は、「教育議会」の試みにおいてもその可能性が潜在していたことを認め得るのではないかとも考えられる。[30] 聊か過大な評価に過ぎるであろうが、私的な仮説として提示しておきたい。

民権運動と初期「教育会」の源流の考察へと論を進めたい。明治一七(一八八四)年二月、「宮城私立教育会」創設の相談会が開催された。この会に参加のメンバーは六〇名、その全氏名が同会の機関誌「宮城私立教育会雑誌」第一号に掲載されている。[31] 中に、師範学校長和久正辰、県学務課長秋山恒太郎等はもとより、当時の県の行政並びに教育界の指導的立場の人物が招聘されていることは当然のこととして、上述した「進取社・外記丁小」に属し、「教育議会」に参加していた教員達の多くがこの「私立教育会」の結成を協議する会に参加している。真山寛、佐藤時彦、窪田豊次郎等である。中でも真山は、「私立教育会」規則の五名の草案作成委員の一人として選出され、開会の発足後は幹事役をも引き受けている。

同時期、民権運動は明らかに退潮を余儀なくされていた時代状況ではある。また、文部省による「教育会」の再編、そして統制強化と全面的掌握の政策意図が推進されつつあった。民権運動の一時的敗走と歩調を共にしながら、「教育会」もまたその初期の自治的自律的性格を失いつつあった状況の到来を確実に告げる事態の招来と映ずる。

注

(1) 教育会に関する先行研究の代表的なものとしては、まず全国的な状況については金子照基『明治前期教育行政史研究』一九六七、佐藤秀夫「高等教育会および地方教育会」(海後編『井上毅の教育政策』所収)一九六八、対村恵祐「明治初期の地方学事会議」(東北大学教育学部『研究年報』第一八集)一九七〇、蛭田道春「明治一〇年代における教育会の成立過程」(第二〇回教育史学会発表配布資料)一九七六、渡部宗助「府県教育会に関する歴史的研究」一九九一等、府県・地方単位での研究としては上沼八郎の長野・愛知、仲新・梅村佳代等による第二大学区・愛知、梶山雅史の京都・岐阜、久原甫の第一大学区、三浦茂一の千葉、竹内敏晴・森川輝紀の埼玉、戸田金一の秋田、片桐芳雄の長野・岡山等などを挙げることができよう。なお、全国の府県教育史の類にも教育会の成立事情やその活動・事業に関する史的叙述が含まれていることは改めて指摘するまでもなかろう。以下の整理はこれらの先行研究の成果に拠りながら大学区毎に整理したものである。なお詳細については最新の関係目録、梶山・竹田編「教育会研究文献目録一」（東北大学大学院教育学研究科『研究年報』五三―二）二〇〇五、がある。なお、協議事項（議題）の記載にあたっては一部簡略化をはかっている。

（2）かかる組織・機関等の名称については統一的に記載し得ないが、前掲佐藤秀夫の論に依拠して「学事会議」と表現するよりは「教育会議」等、と援用すべきが妥当と考えている。少なくとも大学区規模での場合は「教育会議」と称す方が実態に即した名称であろう。

（3）その可能性を見出だし得る事例として、長野県・松本における県教育会議・同教則会議を挙げることができよう。詳しくは有賀義人『上条蟻司の自由民権運動とその背景』一九六七、片桐芳雄『自由民権期教育史研究』一九九〇、を参照していただきたい。特に片桐氏の研究は、自由民権運動との関連に着目しつつ長野の教則自由化の動向を捉えているところに特徴があり、併せて愛知・静岡・岡山等での教則自由化の動向にも論究して、教育の自治・教育自由化を求める動きが自由民権期に全国的な拡がりを持ちつつ展開されていたことを実証する希有な研究であり、民権運動と教育との内的連関の究明を課題とする研究の現段階における水準を示す優れた研究である。なお、拙稿「明治一〇年代における地域教育の自由主義化の動向と教育政策の転換」（拙著『近代日本地域民衆教育成立過程の研究』一九九六、所収）も片桐氏とほぼ同様の課題設定に基づいた研究と考えている。比較検討を希いたい。

（4）明治九年の東北行幸については「東北御巡行記」「東巡録」（以上『明治文化全集』第一七巻皇室編所収）などに拠ってその状況の概要を理解できるが、宮城県については森田敏彦「明治天皇の東北巡行と宮城県」（『宮城県の研究』（六）所収）一九八四、福島県については鈴木しづ子『明治天皇行幸と地方自治』二〇〇二等にその政治的意図を含めた詳しい分析が試みられている。岩手県についてはその随行記者（岸田吟香）による記録が「御巡行記」として纏められている（現盛岡市立公民館蔵）。学事関係視察では概ね都市部の模範的学校の視察に止まり、郡部・僻村の実地視察は殆ど実施されておらず、県官の報告も実態把握に乏しい内容になっている。にも拘わらず、教育不振の実情の一端が述べられているのである。なお蛇足ながら、同記録には当時の地域・民衆の食事・服装・住居等などの生活万般の実態が率直に綴られている箇所も含まれ、興味深いものがある。

（5）この時期の文部高官の相次ぐ地方の学事事情視察については、土屋忠雄『明治前期教育政策史の研究』一九六二、前掲金子照基『明治前期教育行政史研究』一九六七、等が代表的先行研究の成果と言えるが、本稿の課題との関わりで言えば森川輝紀「教育令の成立に関する一考察」（『日本歴史』第二八八号）一九七二、がコンパクトに纏めた好論文で参考になる。「教育令」の成立・改正の過程に対応させて学事視察の意義を検討している視点が重要だと考えるからである。

（6）この点については拙稿『宮城県の自由民権運動と教育』（国民教育研究所発行資料、一九七三）、同「宮城県における教育令公布前後の教育」、「改正教育令以降の本県教育の両一的整備」等（共に『宮城県教育百年史』第一巻所収、一九七六）などの論文において既に論じている。本稿と併せ参照いただければ幸いである。なお、以下特に引用の規則等文書については明記しないかぎり『宮城県教育百年史』第四巻（資料編）所載の資料（史料）を用いることとし、「百年史」（四）頁の順に記載する。

（7）「百年史」（四）二四一―二四三頁所載の関連規則の制定状況などによって確認される。注（6）で示した関連の拙稿においても触れたところである。なお、「百年史」（四）に採録の史料は極めて厳選されたものであり、それ以前の筆者の「宮城県学事文書」調査の際に発掘した貴重な史料の多くが欠落している。例えば「県学事文書」原簿番号五〇三・六八七等の綴に含まれていた大区教育会議・訓導集会等もその一つである。

（8）同　二八一―二八五頁。

（9）同　二九〇頁。

この「教員演習会規則」の主要な条文を以下に記しておく。

第一条　授業ノ法ヲ演習シ及ヒ教育ノ道ヲ講究セシムルカ為メ各小学校教員ヲ会集スル之ヲ教員授業演習会ト称ス

第二条　演習会ハ一郡区或ハ二郡（中略）ヲ以テ其組合ト定メ一年一回或ハ二回開設スヘシ、其開場ノ時間及場所等ハ学務委員及巡回訓導協議ノ上郡区長ニ開申シ而シテ之ヲ報告集会セシムルモノトス（以下略）

先に紹介した明治一二年九月の「宮城県学規」中の「教員演習会ノ事」と内容的には基本的変更が見られないが、郡区長への開申制を導入しているところに注意が肝要であろう。

（10）二八九頁。本規則の第一条に「本会ハ管内学事ノ全体ヲ観察シ教育上ノ増進ヲ謀ルカ為メ設立スルモノニシテ少クモ一年一回開会スルモノトス」とあり、そのメンバーは県学務課長・師範学校長・中学校長の他、各郡区毎に公選された学務委員及び小学教員の代表、加えて県会議員の中から数名が公選されて参加することになっている。

なお、同規則の第一〇条に掲げられている「議事要領」によって当会所管の議事内容が示されている。参考までにそれを列挙しておくと「学資・学校・教員及び授業生・教則・学事諸則・学齢調査・褒賜」など「教育ニ関スル一切ノ事」とされている。この段階に至って、県の教育行政・教育施策に関わる事項を協議する組織としての性格を明確にしつつも、県令・県会の関与を受ける地方教育行政の体制が確実に敷設されつつあったことを窺わせる。

(11) 前掲注(6)に示した関連の拙稿においてこの間の事情の概略は述べてある。
(12) 前掲注(6)で示した拙稿の中でも特に「宮城県の自由民権運動と教育」二〇頁を参照していただきたい。
(13) 同右。
(14) 『岩手県教育史資料』第六集、九八頁。なお岩手県における教育会の成立史については「岩手県近代教育史」第一巻の八七四―八九四頁にその概略が辿られているが、その前史を含めた、あるいはまた自由民権運動との関連を含めた研究という点では甚だ不十分なものであり、関連研究の進展が望まれる。
(15) 『岩手県近代教育史』第一巻、八七四頁。なお関連の動向は『岩手県教育史資料』第六集、九二頁―、同一〇集一〇二頁―等に採録の関連規則・県布達等などの往復文書などによってもその動向の一部は把握し得る。
(16) 同右。
(17) 「宮城県学事報告」(『文部省第7年報』)付録一九七頁。
(18) 「岩手県学事報告」(『同』)二一二頁。
(19) 同校の「沿革」資料の記載による。なお、この「議会誌」資料は、筆者が資料調査を行った一九七〇年代には同校に所蔵されていたものであるが、その後所在不明の扱いとなっている。幸いにして当時のコピーが筆者の手元に残されており、また黒崎勲氏(当時、東大院生)の勧めで国民教育研究所の関連研究の資料集として同史料が関連史料を含め全面的に復刻されている(前掲の拙編「宮城県の自由民権運動と教育」一九七三)。本稿での「議会誌」に関連の以下の記載はこの復刻のものによっている。なお引用などにあたっては「千葉編資料」と略記する。
(20) 同上の千葉編資料。教育議会の開催毎に記載されている議題を簡略に整理するかたちで掲げている。議事内容を概略把握することはできるであろう。
(21) 議会誌に登場の人物については古典的評価の高い菊田定郷『仙台人名大辞書』(一九三三年)に拠って経歴・勤務校・所属政社政党などを照合するかたちで紹介している。なお後に提示する「宮城県における自由民権運動」関連の図書・文献・資料等をも参考にしている。
(22) 千葉編資料。
(23) 「宮城県教育会規則」については、注(10)において触れた。この「学事諮問会」および「文部省示諭」については国立教育研究所刊教育史資料『学事諮問会と文部省示諭』（一九七九年）に拠る。引用も同書によっている。

（24）関連の先駆的・代表的研究者としては坂元忠芳・黒崎勲・片桐芳雄・土方苑子などを挙げることができよう。もとよりこれらの人々の限定され得ない多くの研究者が存在しているが、その研究の課題認識と方法論において筆者と共通する方々のみその氏名をあげておくことにした。この点については、拙著『近代日本地域民衆教育成立過程の研究』（一九九六年）所収（第Ⅱ部第五章）の拙稿「自由民権運動と教育史研究」に詳しく述べている。

（25）宮城県における自由民権運動の展開について、参考としている先行研究の主要なもののみを以下に挙げておく。

森田敏彦「自由民権運動の構造」（中村編『宮城県農民運動史』）一九六八

同「自由民権運動と大同団結」（『宮城県議会史』第一巻）一九六八

吉田勇「東北地方における自由民権運動」（『東北史の新研究』）一九五五

佐藤憲一「仙台の自由民権運動」（『仙台市博物館年報』第二号）一九七四

仙台市博物館『宮城の自由民権運動史料集』一九七四

（26）注（21）に示した菊田定郷『人名大辞書』、注（25）に示した文献・資料等などを照合してその事跡を確認している。なお、木村力雄「森文政期宮城県にみる郷村教育自理運動の限界」（講座『日本教育史』第二巻、一九八四年）にも関連した興味深い史実の提示があり、ユニークな同氏の見解の披瀝があるのだが、自由民権運動陣営が主唱した教育の自由・自立を求めた所謂「自由教育論」と森有礼の「教育の自理」論とを、時空と思想を超えた次元において統一的に把握しようとする論法には即座に首肯し得ないものがある。教育史研究の課題認識と方法論において基本的・根底的な相違が存することを痛感しつつも、多くを学ばせていただいていることは明記しておきたい。

（27）「宮城県学事関係文書」原簿保存番号七一五、その全文は前掲拙編資料二六―二七頁に掲載、国民教育研究所編『近代日本教育小史』（一九七三年）に黒崎勲氏によって再録され、その史料的意義が確認されているにも拘わらず前掲『宮城県教育百年史』第四巻資料編に採録されていない。私的には遺憾の意を表明しておきたい。

なお、首藤は同「意見」の中で府県学務主任官によって構成され、「教育上ニ関ワル一切ノ事件ヲ議定スル……教育会」の開設を要望している。

（28）この点については拙稿「若生精一郎―その培根小学校における教育活動と自由民権運動の軌跡」（仙台市立木町通小学校百周年記念

誌『培根』、一九七四年所収）にやや詳しく述べてある。参照頂きたい。なお、同書には併せて白極・安久津・別所・窪田などの本稿において触れた民権運動に参加した教師の興味ある事跡が略述されている。当時の同校校長（故）大村栄氏の記述に成るものである。大村氏の強い要請によって同誌に拙稿が掲載されたのである。この偶然の出会いが後『宮城県教育百年史』（全四巻）の編集・刊行事業へと連なっていったのである。

(29)明治一三年一月～三月頃の記録とされる「本立社国会設立嘆願手続」「本立社日誌」、明治一五年四月の「自由党組合人名表」（以上、いずれも故逸見英夫氏より筆者へ提供された手書きの稿本）等によって確認される。

(30)前掲佐藤秀夫「高等教育会および地方教育会」九八頁。佐藤氏が提起した課題の可能性を実証し追求する教育史研究の在り方こそ今日的な「中央・地方の教育会」研究の課題であろう。単なる「教育会」の歴史的経緯を辿ることではない、近代日本の教育行政の権力的特徴と質的吟味、更にはそのことを通しての国民教育の質的発展が問われているのである。

(31)前掲『百年史』（四）四二一―四二三頁。なお『仙台義会雑誌』（創刊（明治一七年一〇月一九日発行、東大明治雑誌文庫蔵、黒崎氏提供）第三号（明治一八年一月二五日）にはこの会の発足を歓迎し期待する記事が掲載されている。荒井泰治・佐藤郁二郎・白石時康・首藤陸三等、真山寛らと交流のあった人物の主宰する会の発行に成ることと、併せて本雑誌の発行所が「穎才新誌」社内、と明記されている点が注目される。「穎才新誌」は明治一〇（一八八七）年の創刊、自由民権運動のただ中で当時の全国の小学・中学の生徒や教員たちに投稿を呼び掛けて編集された雑誌であり、民権運動への生徒・教員たちの政治参加の情況等も伝えている。佐藤秀夫は「当時唯一の子ども投稿誌であった」と評している。単なる東京事務所の借用ではない。双方に人的関係があってのことと現段階では考えておきたい。私立教育会およびその後の教育会との関連が注目されるが今後の課題である。なお「義会雑誌」は二七号（明治二〇年一月）まで発行されていることが確認されている。

第二章　福島県教育会議の終焉

――「福島県私立教育会」創立前史――

田島　昇

はじめに

一八八〇年代後半あたりに設立された「教育会」は、戦後教育改革の時期に多くの府県では解体されたが、わが国近代教育界に少なくない影響を与えた。この教育会は多くの府県で「私立」教育会として創設されているが、これまた多くの府県ではそれ以前に「教育会」が存在した。

近代学校制度が生まれて間もない時期に生まれた「教育会」、あるいは「教育会議」は一八八〇年代後半に生まれた「私立教育会」とはどのような関係にあるのか、また「私立」として創設された事情はどのようなものだったのか、そうした問題を福島県を対象にして検討するのが小稿の課題である。

行論に先立って、福島県の概況を若干述べておきたい。福島県が現在の県域になるのは東蒲原郡が新潟県に編入された一八八六（明治一九）年のことであり、それまでの府県統合の経過はおよそ次のようなものである。

「福島県」の名称が初めて登場するのは、戊辰戦争の戦時体制が解消された一八六九（明治二）年旧暦八月のことであり、福島町を中心にした政府直轄地にこの名称が充てられた。その後、錯綜した藩領域が順次統合され、「廃藩置県」後の一八七一（明治四）年一一月に福島・郡山・白河などの旧福島県と、いわき・相馬などの旧磐前県、会津若松を中核とする旧若松県の三県にまとめられた。この旧三県の地域は現在でも、それぞれ「中通り」「浜通り」「会津」と呼ばれており、山岳・丘陵地帯を隔ててかなり大きな地域的まとまりをもっている。

「学制」が公布され、三県が学制に基づく近代学校の設置・運営に取りかかるのは、各県が「大区小区制」を採用した時期にあたっていた。しかし、教育行政の単位でもあった大区や小区は区画再編をくり返し、とくに旧福島県にいたっては改変回数が五回におよんでいた[(1)]。

ところで福島県の近代教育を概観した『福島県教育史』は、福島県教育会が一九三四（昭和九）年に発行した一冊本と一九七二（昭和四七）年から福島県教育委員会が刊行した五冊本の二種がある。そして一九七二年からの新『福島県教育史』が刊行されて後に福島県の教育史を概観できるものはないから、新『福島県教育史』が現在まで福島県教育史の通説をなしていると考えてよかろう。

新『福島県教育史』は「明治十四年、文部省の教育会設立の布達により、福島県内各郡は続々と、郡教育会という会議をおこし、これが明治十八年には『福島県私立教育会』という県組織に発展し、やがて『福島県教育会』となり、県下教育関係者の総意を結集する団体として福島県教育の進展に大きな役割をはたすことになるのである。」と理解されているようである[(2)]。

ところで、新『福島県教育史』が編纂されてから三〇年を経て、市町村史の編纂が進むなかで新たな史料が出現した。そうした新史料を紹介した一つが「『教育令』前の旧福島県の教育会議」であり、若干の考察を加えたのが「『旧福島県』での教育会議の成立」である[(3)]。そこでは一八七九（明治一二）年以前の教員会や学事会議等々を一括して「教育会議」と考えて検討し、およそ次のようにむすんでいる。

①教育会議は「教師の教育行政の決定過程への参加」を実現していた。

②そして、「教員を媒介として地域住民の教育要求を直接・間接に反映」させて、近代教育の形成と定着に少なくない役割を果たした。

そこで小論ではそれ以降の事情を、それ以前と比較しながら検討したい。

一　私立以前の教育会

１「三新法」後の教育会

一八七六（明治九）年に福島・若松・磐前の旧三県が統合されて新福島県が成立したのであるが、それに対応して一八七七（明治一〇）年に「福島県教育事務規則」が公布された。そして三新法が出され、「教育令」が公布された一八七九（明治一二）年五月に、「郡区町村編成法」による「郡」が生まれたのに対応して、「福島県教育事務規則」が改定された。一八七七年規則の第一八号「学校組合規則」は、一八七九年規則では第九号「小学校組合ノ事」と継承され、新たに第二三号で「教育会ノ事」が加わっている。その全文を示すと次のようなものである。[4]

教育会ノ事

第一条　該会ハ専ラ教育ノ主義ヲ討論スルモノニシテ、広ク施政上ニ渉ルヲ得ス。

第二条　委員ハ小学校教員ヲ以テ成立スルモノトス。

第三条　教育会ハ一郡又ハ若干校ヲ以テ成立スト雖、時トシテハ県庁ニ於テ管内ヨリ該委員ヲ招集シ、之ヲ開設スル事アリ。

第四条　会場ノ諸規則ハ一般会議法ニ倣フト雖、多数ノ同議ヲ以テ之ヲ決定施行スルモノニ非ス。

第五条　前条ノ如シト雖、郡役所ニ於テ臨時部内一般又ハ若干校ニ於テ施行セント欲ル要用ノ法案ヲ議セシメ、又ハ委員若干ノ建議ニ依リ、之ヲ開設スル事アルベシ。但此場合ニ於テハ開会・議決共県庁ノ認可ヲ受クベシ。

第六条　開会ノ期限及其日数ハ、郡役所ニ於テ適宜之ヲ定メ、其議題並ニ時日共、開会前、県庁ヘ届出ベシ。

第七条　総テ議案ハ郡役所ヨリ之ヲ下付シ、又ハ委員過半数ノ同意ヲ得タルモノヲ以テ之ニ充ツ。

第八条　教育上ノ主義ニ付、臨時県庁ヨリ要用ナル議案ヲ下付スルトキハ、該会ハ之ヲ討議ス。

第九条　会場書記ハ各委員論理ノ主義ヲ明細ニ記録シ、閉会ノ時郡役所ニ於テ之ヲ取纏メ、県庁ヘ開陳スベシ。

第十条　県庁ニ於テハ各委員論理ノ主義ヲ明細ニ審査シ、其教育ノ趣旨ニ合スルヤ否批評シテ、之ヲ分与スベシ。

第十一条　論理ノ趣旨最モ教育ノ真理ニ適スルカ、又ハ新意ヲ発見スル如キモノアルトキハ、県庁ハ之ヲ郡役所又ハ各学校ヘ報告スベシ。

さて、第三条で「教育会ハ一郡又ハ若干校ヲ以テ成立ス」とされているが、これは同じ「福島県教育事務規則」の第九号「小学校組合ノ事」中の第二条「聯合校ハ教員集會又ハ生徒試験等甲乙相往来スベシ」の「教員集会」もふくまれると考えられる。そして「明治十二年度伊達郡学事景況申報」[5]によると、「授業ノ余課毎月一二次最寄組合校、或ハ連合組合ヘ集会シ、教育法・討論及ヒ輪講会読等研究ス」云々としている。したがって、新『福島県教育史』の記述にもかかわらず、「教育会」が一八七九（明治一二）年から始まっていることは間違いない。

それでは、この「教育会」と以前の「教育会議」との関連はどのようなものだろうか。「教育会議」が教育行政の補助機関で、区での教育行政が教育会議の決議を極めて重要視し、ほとんどの場合は教育会議での議論を経て小学校教育が行われていたことは前稿で述べている。そこで「教育会」の決議や議論がどのように施行されているかを検討することで十分だろう。

一八七九（明治一二）年一二月に伊達郡では「福島県伊達郡普通小学教則」が公布されている。[6]そしてこの教則について伊達郡掛田小学校の沿革誌は次のように述べている。

明治十二年十二月ヨリ当郡各校組合会委員ニ於テ、本県普通小学教則改正決議案御許可ニ付、保原小学校同様右教則施行致シ候[7]

つまり伊達郡「教育会」は県の教則を伊達郡の実情に適応する改定案を決議し、それが実施されたのだから、依然として「教育会議」と同様の機能を維持していたのである。

２　郡区町村編成法と教育行政

三新法の内の「郡区町村編成法」によって、従来の大区小区制が廃止され、「郡」が生まれた。そして、「府県会規則」によって府県会が法的に設置されることになり、「町村会」も生まれたものの、従来各地で設置されていた「区会」に相当する「郡会」は生まれなかった。この三新法による地方制度の改変によって教育行政機関はどのように転換したのだろうか。

従来は各区に「学区取締」が置かれ、「区」の教育行政を担当していた。そして、三新法による地方制度改変に併せて「学務委員」が、小学区ごと、つまり基本的には町村ごとに設置さることになり、学区取締に相当する機関としては各郡の学務担当書記が担うこととされた。

一九二九年に刊行された諸根樟一外『福島県政治史』によると、三県が統合された一八七七（明治一〇）年三月に統合福島県は全県を二六区に区画していたが、三新法による郡は一七郡とされた。伊達郡について見ると一八七七年には三か区に区画されていたのが、一郡に再編成されたことになる。

学区取締から学務担当書記に替わって、担当小学区はおよそ二・五倍に拡大した。交通機関が発達していなかったその頃、広大な郡内を巡回することは難しかったし、学務にそれほど通じていなかった担当書記にとって郡内各小学区を把握することは困難だったに違いない。

そうすると郡内を区分していた学校組合は郡内教育行政を把握するために極めて合理的な区分だったに違いない。そしてまた、学校組合で行われていた「教育会議」は区分されていた組合単位の教育行政を検討するために都合よい仕組みとなり、学校組合の「教員集会」は名称を改め「教育会」となり、さらに郡の教育行政の円滑な施行のために、郡の「教育会」も設置されることになった。このように理解するのが合理的ではあるまいか。

二　その後の教育会

1　教育規則の改定と伊達郡教員講習会

一八七九年五月に「福島県教育事務規則」が公布されてから、「学制」が廃止され、「教育令」が九月に公布され、さらに一八八〇（明治一三）年に教育令が改正されたが、福島県では学務委員に関する規定が付け加えられたほか大きな規則の改定はなかった。そして一八八一（明治一四）年五月に「小学校教則綱領」が公布されたのに基づいて、一八八二（明治一五）年二月に「福島県小学教則」、ついで三月に「福島県教育規則」が公布された。[8] この規則の第十六に「教育会大綱」があり、それは次のようなものである。

教育会大綱

第一条　郡町村ニ於テ学事ニ就キ諮詢・講究等ノ為メ教育会ヲ開設セントスルトキハ、郡ハ郡長、町村ハ学務委員ニ於テ其規則ヲ取設ケ、県令ノ指揮ヲ請フベシ。

第二条　教育会ハ郡・町村ノ区域ニ拘ハラズ、土地ノ実況ニ依リ、一郡役所所轄、若クハ数部ヲ以テ開設スルヲ得ベシ。

第三条　会員ノ選ニ当ルベキ者ハ、小学校長・小学校訓導・準訓導・町村立学校教員・学務委員・其他教育篤志ノ者タルベシ。

但本条ノ外、土地ノ実況ニ依リ、郡長若クハ学務委員ニ於テ特ニ会員タラシメント欲スル者アルトキハ、事由ヲ具シテ県令ノ指揮ヲ請フベシ。

第四条　議事ノ問題、開会ノ時日及其顛末共、郡ハ郡長・町村ハ学務委員ヨリ必ズ県令ニ届出ツベシ。

但議事ノ問題及時日ハ、開会十日前、必ズ届出ツベキモノトス。

第五条　学事ニ就キ要用ノ意見アルトキハ、会議ノ決ヲ経、郡ハ郡長・町村ハ学務委員若クハ会長ヨリ、之ヲ県令ニ建議スルヲ得ベシ。

第六条　郡長若クハ学務委員ニ於テ、会議ノ論説ヲ採リ、之ヲ施行セント欲スルトキハ、事由ヲ具シテ県令ノ指揮ヲ請フベシ。

双方の教育会規定はあまり大きな違いは見せていない。一八七九年規定は教育会委員を「小学校教員」と限定しているが、一八八二年規定では「会員ノ選ニ当ルベキ者」を教員の外に学務委員や教育篤志者にまで広げていることと、郡長や学務委員が必要と考えている場合は「選」によることなく、県令の指揮を得て委員とできること。「要用ノ意見」を前者では県庁が批評を加えて「分与」することになっていたが、後者では「県令ニ建議」することになったこと、などが大きな違いと言えそうである。

ところで、一八八二（明治一五）年は山形県令の三島通庸が兼任ではあったが福島県令に就任して、福島県の民権派との熾烈な対立が始まる年であり、これ以降の福島県近代政治史は両者の対立を軸として展開することになる。しかしながら、三島の就任が二月であることからすると、「福島県教育規則」自体は三島対民権派の対立の中で理解する必要はなさそうであり、六月一日から施行されることになるが、その施行の様相について検討することが必要であろう。

「教育会大綱」によって各郡はそれぞれ郡教育会の規則を作成することになるが、一八八二（明治一五）年六月一九日に示された伊達郡のものは次のようなものである。

丙学第八十八号

学務委員
教　　員

本年県甲第四十七号布達教育規則教育会大綱第一条ニ依リ、一郡教育会規則別冊之通相定、施行候条、此旨相達候事。

明治十五年六月十九日

伊達郡長　吉　田　扶

一郡教育会規則

第一章　総則

第一条　明治十五年県甲第四拾七号布達ニ依リ、郡内学事講究ノ為メ開設スルモノヲ一郡教育会トスル。
第二条　一郡教育会ノ議題ハ郡長之ヲ発ス。
第三条　一郡教育会ノ議決ハ、郡長認可ノ上、之ヲ施行スルモノトス。

但別ニ例規アルモノハ此限ニアラス。

第四条　一郡教育会ニ於テ、会員ノ中一人若クハ数人郡内教育上ノ利害ニ関スル事件ニ付建議セントスルモノアレハ、会長ノ許可ヲ得、之ヲ会議ニ附シ、過半数ノ同議ヲ得タルトキハ、之ヲ郡長若クハ県令ニ建議スル事ヲ得。

第五条　一郡教育会ハ、郡長ヨリ郡内ニ施行スヘキ事件ニ付、会議ノ意見ヲ問フ事アレハ之ヲ議ス。

第二章　選挙

第六条　一郡教育会ノ会員ハ、学務委員・教員中ヨリ、左ノ人員ヲ互選ス。

一、学務委員　拾弐人

一、教員　　拾弐人

第七条　会員ハ投票多数ノ者ヲ以テ当選人トス。同数ノ者ハ年長ヲ採リ、同年ノ者ハ籤ヲ以テ之ヲ定ム。

第八条　会員ノ任期ハ二年トシ、一年毎ニ全数ノ半ヲ改選ス。第一回改選ヲナスハ抽籤法ヲ以テ退任ノ者ヲ定ム。

第九条　会長ノ任期ハ一年トシ、会員ノ改選毎ニ之ヲ公選スヘシ。

第十条　会員選挙ノ手続ハ郡長ノ指揮スル所ニ従フヘシ。

第十一条　会長ハ会員中ヨリ之ヲ公選シ、郡長ニ報告スヘシ。

第十二条　書記ハ会長之ヲ専任シ、庶務ヲ整理セシム。

第三章　議則（略）

第四章　開閉

第廿九条　一郡教育会ハ毎年一度之ヲ開ク。其開閉ハ郡長之ヲ命シ、会期ハ五日以内トス。

但議事ノ条款ヲ議了セサルトキハ日数ヲ伸ル事ヲ得ルト雖トモ、其旨ヲ郡長ニ届出ツヘシ。

第卅条　一郡教育会ニ附スヘキ事アルトキハ、郡長ハ臨時ニ之ヲ開ク事ヲ得。
この規則による教育会などについて、伊達郡の郡役所所在地にあった保原小学校の日誌は六月以降で、次のように記している。

六月二五日　日
本日組合会会員当校ニ集会シ、一郡教育会ノ出席委員ヲ公選候事。
七月一一日　火
本日ヨリ当校楼上ニ於テ、一郡教育会相開候事。
七月一七日　月
本日一郡教育会相終リ、閉場候事。
同　一九日　水
本日ヨリ当校楼上ニ於テ郡内講習相始メ候事、本校在勤上島斉郡役所ヨリ講習委員申付候事、同人儀講習所幹事被命候事。
二〇日　木
本日ヨリ定規ノ夏期休業ニ候事、教員講習ノ都合ニ依リ、後日ト交換スル事トス
八月　三日　木
当校暑中休業トシテ今日ヨリ九月二日迄休業之事。
九月　四日　月
此日当校ニ於テ組合会有之候処、欠員ニ付閉会ノ事。

一一月　四日　土
　組合会有之候処、議員過半数ニ満タサルニ付、閉会トス。

六月二五日に組合会が開かれて、「一郡教育会」の「議員」（または会員）の選挙が行われている。そして七月一一日から一週間にわたって、伊達郡の一郡教育会が開催された。その郡教育会が終了した翌日には保原小学校に講習参加者が集まり始めていて、一九日から教員講習が始まり、九月二日に終了していることが窺われる。
この講習会について、明治一五年度『福島県学事年報』は次のように述べている。

　八月、文部省ニ申請シテ、東京師範学校助教諭若林虎三郎ヲ県下伊達郡ニ聘シ、同郡内小学校教員ニ改正教則授業法講習セシム。……毎郡ヨリ教員両名ヲ限リ、福島師範学校ニ蕭集シ、同校教諭ヲシテ改正教則ノ授業法ヲ講習セシム。是レ管下八百余校ノ小学教員ヲシテ一時普ク講習セシメ難キヲ以テ、先ツ一郡両名ニ教授シ、后此ヲシテ各其郡内各教員ニ伝習セシメン事ヲ期ス。

七月一九日から行われた「伊達郡教員講習会」は、伊達郡教育会が独自に企画して行われたものではなく、福島県が伊達郡に命じて実施されたものであり、伊達郡教育会は伊達郡での準備のためのものであることが判る。そしてこの講習会は、後に師範学校で行われた講習のいわばひな型となったものであることも窺わせる。
ところで、この伊達郡講習会の内容は翌年になって『改正教授術』として出版されることになるが、「改正教則」の伝達にとどまるのではなく、「授業法」あるいは「教授術」までも含まれるものであり、「開発主義教育法」を手法とする教育方法の教科書ともなった。そして少なくとも、福島県ではこの教育方法が公定の教育方法としての地位を確定したとも言わなくてはならない。

2　連合戸長役場制と学校組合

一八八三（明治一六）年二月二六日に、喜多方・福島事件の処理を一段落させた福島県はいわゆる連合戸長役場制を規定する「戸長役場位置」（乙第三二号）を公布する。そしてこの規則に対応する「小学校等位設制法」（乙第六五号）を決め、「福島県小学区学校数・学校等位表」（乙第六六号）を六月一八日に示したが、その伊達郡にかかわる概要は次のようなものである。

小学区	町　村	学　校　等　位
第一番	桑折組一三か村	高中初　桑折校　中初　成田など一〇校
第二番	藤田組一二か村	高中初　藤田校　中初　山崎など六校
第三番	東大枝組四か村	高中初　東大枝校　中初　西大枝など二校
第四番	梁川村組一二か村	高中初　梁川校　中初　八幡など一〇校
第五番	保原村組一五か村	高中初　保原校　中初　伏黒など一四校
第六番	掛田村組五か村	高中初　掛田校　中初　山野川など四校
第七番	大石村組三か村	高中初　大石校　中初　中川など四校
第八番	石田村組二か村	高中初　石田校　中初　山戸田校 初　石田校後丹平分校
第九番	月舘村組七か村	高中初　月舘校　中初　御代田など六校

第　十　番	川俣村組一〇か村	高中初　川俣校　　中初　大綱木など九校
第十一番	飯野村組五か村	高中初　飯野校　　中初　西飯野など四校
第十二番	湯野村組四か村	高中初　湯野・茂庭校　中初　東湯野など三校 初　松原校

伊達郡の戸長は一二人が任命され、それぞれの戸長は戸長役場に常勤し、数人の職員が配置されている。伊達郡の第五番小学区は一五か村の連合村から成り、高等・中等・初等科の小学校は保原校だけであり、伏黒校など一四校は中等・初等科小学校である。学務委員は小学区に置かれ、大抵は一小学区に二人である。保原校などの一五校は一つの小学区だから、学務委員は二人となる。

保原小学校へもたらされた学務委員就任通知は次のようなものである。(9)

保原村学務委員

丙一第六十号

今般丁第五十八号御達ヲ以テ小学区改正相成候ニ付テハ、拙者及ビ後記之者伊達郡第五番小学区学務委員本日拝命候条、此旨相達候事

明治十六年九月廿五日

福島県伊達郡保原村組戸長　　佐野　政休　印

杉原　忠儀

第五番小学区では、戸長の佐野と杉原とが学務委員に任命されたのである。以後第五番小学区の各校へは「伊達郡

第五番小学区学務委員事務取扱所」からの通知が来ることになった。

さて、伊達郡ではこのような学校再編成にともなって、一〇月一八日に次のように小学校組合を編成し直した。(10) なお組合校等は概略を示すことにした。

今般乙第六十六号布達小学区指定相成候ニ付テハ、従前ノ組合ヲ解キ、更ニ小学校組合左記ノ通指定候条、此旨相達候事

明治十六年十月十八日

伊達郡長柴山景綱代理

伊達郡書記　岡　舎巳

桑折組合	第一番、第十二番小学区各校	一五校
藤田組合	第二番、第三番小学区各校	九校
梁川組合	第四番小学区各校	一一校
保原組合	第五番小学区各校	一五校
掛田組合	第六番、第七番、第八番、第九番小学区各校	一八校
川俣組合	第十番、第十一番小学区各校	一五校

これまで度々登場した「学校組合」は一八七七（明治一〇）年頃には生まれており、各区の中心校を中核として、教則の取扱方・教授法・就学奨励・試験法等々を相談して統一理解を得る学校グループであり、教育会議の単位でもあった。伊達郡では一〇月以前には、同数の六組合が設定されており、それが「組合会」あるいは「教育会」の設立単位だったが、「連合戸長役場制」の設定によって組み替えられたのである。

一八八二（明治一五）年の「福島県教育規則」の内には「教育会大綱」とともに「町村立小学校組合規則」がある。

ここでの集会は「組合教育会」とも言えそうなので、「学校組合」とともにその内容を確認しておきたい。

町村立小学校組合規則（福島県教育規則　第十一）

第一条　町村立小学校ニ於テハ組合ノ方法ヲ設ケ、教育ノ興隆ヲ図ルベシ。
　但組合校数ノ多寡ハ、土地ノ実況ニ随ヒ、郡長ノ指定スル処ニ依ルベシ。
第二条　組合学校ニ於テハ、学務委員及教員時々集会ヲ開キ、左ノ事項ノ事務ヲ協議履践スベシ。
　第一項　学齢児童就学督責規則実施ノ手続。
　第二項　定期試験及比較試験ノ手続。
　第三項　書籍・器械整理保存ノ法。
　第四項　校簿及諸統計表整理保存ノ法。
　第五項　教科書若クハ授業方法ノ講究。
第三条　集会ノ期限・位置及規則方法ハ郡長ノ指定スル処ニ依ルベシ。
第四条　組合学校ニ於テハ、学務委員及教員ノ中各一名ヲ以テ幹事トナスベシ。
　但幹事ハ郡長之ヲ選任スベシ。
第五条　組合学校ノ事務ヲ整理スルハ幹事ノ責任タルベシ。
第六条　幹事ノ任期ハ満一箇年トス。任期毎ニ更ニ之ヲ選ムベシ。
　但前任者ヲ再選スルモ妨ケナシ。
第七条　組合学校ノ事務ニ要スル経費ノ支弁ハ、組合学校ノ協議ニ依ルベシ。
第八条　組合学校ノ教員、疾病・事故等ニテ、生徒ノ授業ニ支障ヲ生ジタルトキハ、学務委員相協議シ、甲乙教員ヲシテ補助セシムルヲ得ベシ。

但本条ノ場合ニ於テ、一週日以上ニ渉ルトキハ、甲乙学務委員ヨリ事由ヲ郡長ニ開申スベシ。

第九条　郡長ハ組合学校教育ノ隆替ヲ審査シ、毎翌年ノ始ニ於テ、之ヲ郡内小学校ニ報告スベシ。

第十条　郡長ハ幹事ノ勤怠ヲ査察シ、職務ヲ怠慢若クハ放棄スルトキハ、別ニ幹事ヲ選任シ、其事由ヲ組合学校ニ報告スベシ。

但其功過最著名ナルモノハ、之ヲ県令ニ具申スベシ。

第十一条　町村立小学校ニ代用スル私立小学校ハ、此組合規則ニ従フベキモノトス。

この町村立学校組合規則を伊達郡で具体化した規則が「組合教育会規則」である。その概要は次のようなものである。

①「組合教育会ハ毎月一回一日間ヲ期シ之ヲ開」(第二条) き、「議事会、学術研究会ノ二種ニ区別シ、隔月ニ之ヲ開ク」(第三条)。

②「組合教育会」は学務委員と教員とで編成され、「授業生及助手ハ公事研究ノ件ニ限リ」参加することができる (第五条)。

③議事は県規則の第二条に定めたものとなるが、「教育上緊要ノ事件」も議することができ (第七条)、議案は原則として幹事が提出する (第九条)。

④「決議ハ総テ郡長ノ認可ヲ得テ施行スルモノトス、但シ別ニ例規アルモノハ此限リニアラス」(第二八条)。

⑤「決議ノ条件ヲ郡長ニ上申シ、若クハ建議セント欲スルトキハ、総テ幹事ヲ経由スヘキモノトス」(第二九条)。

さて、「連合戸長役場制」が施行され、組合会が再編されると、この組合会・教育会規定はどのように機能することになるのだろうか。

3　学校組合と教育会

三島県令が赴任してから県学務課の職員は全員が交代し、課長は一八八四（明治一七）年には山形から移った鈴木忠良になった。そして多くの郡職員も概ね交代したが伊達郡では全員が交代した。さらに一八八三（明治一六）年から連合戸長制に変わったが、同時に小学区が連合戸長管内に拡大して学務委員も連合戸長の管内ごとに選任された。

学校組合は、前述した通り、一八八三年に再編成された。伊達郡では六組合となり、梁川・保原の二組合は小学区がそれぞれ組合となり、その他は近接する小学区をいくつか併合して組合に編成された。組合会は学務委員と教員の各一名宛とする幹事を郡長が選任する。そして幹事は「組合学校ノ事務ヲ整理」することが責務とされ（町村立小学校組合規則　第五条）、組合会の学務委員は各小学校の教員が授業に差し支えるような事情が生まれたときには各校の教員に補助させることもできる（同　第八条）。組合会の集会で就学・定期試験・学校設備の整理保存等々が協議され実施されるので、幹事は事実上組合校の教育行政担当者ともなった。

この学校組合は翌一八八四（明治一七）年九月に更に組み替えられて、藤田組合が解体され、第二番小学区は桑折組合へ付けられ、第三番小学区は保原組合に付けられた（「桑折小学校日誌」）。

そして、「教育会」については、まず県の教育会は『福島県学事年報』の記事によると一八八三（明治一六）年から八五（明治一八）年まで開催されていないので、事実上廃止されたと考えてよかろう。ついで郡教育会はいくつかの郡で開設されたが、その詳細は明らかでない。伊達郡については学務委員と教員が各一二名で会員が構成されるから各小学区の学務委員と高等科小学校の首座教員（主長）が参加したと思われる。

ところで、伊達郡の教育会は「一郡教育会規則」で決められたように開かれていたのだろうか。「保原小学校日誌」や「桑折小学校日誌」等々を見る限りは一八八三（明治一六）年には開かれていない。そして翌一八八四年には

〔表 1〕明治 17（1884）年の保原・桑折組合会

桑折組合組合会	1 月 13 日	
	3 月 13 日	15 日より郡教育会　4 月 5 日より春季試験
	5 月 13 日	卒業生数報告　16 日より臨時春季試験
	6 月 26 日	臨時組合会　16 日三島県令の巡回
	（以下「伊達崎小学校日誌」で追加）	
	7 月 6 日	11 日無届欠席者督促　12 日優等生へ賞与
	8 月 3 日	5 日に「試験要則」通知
保原組合会	1 月 4 日	8 日に文部省奨励賞受領通知
	2 月 4 日	学術研究会
	3 月 4 日	15 日より郡教育会　学級編成・春季試験等報告
	4 月 4 日	学術研究会　　定期試験日程通知

「保原小学校日誌」「桑折小学校日誌」による

三月一五日から二〇日まで開催されている。この伊達郡教育会では一八八二（明治一五）年二月に示された「福島県小学校教則」の中等科「読書」の教科書の進度と、「修身」の教科書進度の改定を検討して、県令に建議している（『保原町史』第五巻　教育史料九二）。

しかしながら、同じ年の八月九日に小学教則は改定され、新たな「福島県小学教則」では教科書は数種を指定しているが、その学年や等級による進度は指定されていない。以前の教則への批判の一つとしては意味あるものの、建議は採用されなかっただけでなく、新教則採択への諮問は行われてはいない。県教育会がこの年にも開かれていないので、新教則採用には教育会はかかわりなかったと考えるべきであろう。

学校組合は、既に紹介した規定から考えて、教育会としての側面より教育行政機関として検討すべきかもしれない。〔表Ⅰ〕は一八八四（明治一七）年での保原と桑折の小学校が属する二つの学校組合の組合会の動向を示したものである。ちなみに一八八三（明治一六）年に伊達郡役所は保原から桑折へ移転している。保原小学校の日誌は一八六四年の六月まで、桑折小学校の日誌は六月以降に組合会の記載がないが、同じ組合の伊達崎小学校の八月まで記載している日誌で補っている。

双方とも組合会の内容については記されていないが、表の右欄に直後に行われた事象や通知などを記載したが、これらを勘案すると、試験や調査などの事前打合せのために組合会が開催された可能性がかなり高そうである。

４　小学校の実態と教育行政

『福島県学事年報』は毎年度の学校教育の状況を概観し、行政の課題を記している。明治一七年度の『福島県学事年報』の「将来学事施設上須要ノ件」はおよそ次のように述べている。

将来学事施設上須要ノ件ハ客年ニ於テ、小学督業ノ事、及中学校ノ事、教育会ノ事、教員・学務委員ニ対シ奨励勧誘ト検束督責トノ二法ヲ並行シ努メテ其権衡ヲ均一ナラシムル等ノ数項ヲ申報セリ。……教育会ハ費用ヲ地方税ニ資リ、県下ノ公立教育会ヲ組織スルノ目的ナリシカ、教育熱心ノ徒結合シテ、私立教育会ヲ興起スルノ計画アリ。暫ク其成否ヲ観テ、以テ処置スル處アラントス。教員・学務委員待遇ノ方法ハ十七年中、学事諸規則ヲ改正シ、賞与規則ヲ設ケテ、以テ奨励勧誘ノ途ヲ開キ、教員品行検定規則ヲ実施シテ之ヲ検束督責ス。……将来本県ニ於テ須要ノ件ハ此ノ小学督業ノ設置ヲ第一トス。其他教員養成ノ道ヲ拡張スルニアリ。……

一八八四（明治一七）年の「学事諸規則」改正の内容は、「学事年報」に記された項目以外は、その概要も見いだされていない。しかし、前年からの趨勢はいくつか想定できる。
まず、連合戸長役場制を採用するのにともなって小学区を改正し、県内八六七学区だったものを、連合町村の数に合わせて一七六小学区とした。この伊達郡での状況は既に述べたようなものである。これはただちに学務委員数の大幅な減少となった。
学務委員数が減少しただけではなく、この小学区と学校組合とを連結して、学校組合会の幹事を置き、それを郡と学校との中間をなす教育行政機関と同様の役割を持たせた。この中間機関は各戸長役場管轄単位に設置された「学務委員事務取扱所」を通じて各学校に指示を出す仕組みが生まれた。そして学校組合の幹事から選任した郡「教育会」を組織した。

一方、各戸長役場所在地の小学校は初等・中等・高等科の小学校とされ、一八七四（明治一七）年度の東大枝校を例外として訓導が配置され、学校組合の中心となる学校には比較的多数の教員が配置された。〔表2〕・〔表3〕は『福島県学事年報』の学校表によって作成したものであるが、七人より多い教員を有する学校は総て組合中心校であり、明治一八年に訓導が三人いた学校は組合中心校である。このことは、一八八三（明治一六）年以降に組合中心校や小学区中心校に意図的に教員を配置したことを意味する。そしてまた、その中心校の訓導が複数の学務委員のうちの一人に選任されたことを意味する。

〔表2〕伊達郡の教員数別小学校数

	1883年	1884年	1885年
1人	37	19	12
2人	25	27	27
3人	8	16	16
4人	3	4	9
5人	5	5	6
6人	2	1	3
7人	1	1	
8人		1	
9人		1	4
10人		2	1
11人			1

各年度『福島県学事年報』による

〔表3〕伊達郡の訓導のいる学校数

	1883年	1884年	1885年
1人	41	51	38
2人	4	4	4
3人	3		3

各年度『福島県学事年報』による

つまり、この時期には中心校を核とした、郡内教育行政の体制が成立していたのである。

三　学事諮問会の設置

『福島県学事年報』が企図していた「公立教育会」とはどのようなものだったのだろうか。これを検討する前に確認しておきたいことは、「学校組合会」の費用は各小学校が支弁したし、「郡教育会」の費用は小学区が支弁していたことである。

連合町村制（連合戸長役場制）になって、各小学校の費用は次のように負担されていたようである。初等科や中等科小学校の教育費負担は通学範囲となる「村」あるいは「村々」が負担し、高等科は連合町村に一校しか設置されなかったので、連合町村費から支出された[11]。

ところが、「県教育会」は「郡」か「県」が負担しなければならない。郡の歳入は地方費、つまり県費から支出されるはずである。したがって県費は県会の決議か、それを得られない場合は内務省の承認を得なければならなかった。「県立教育会」について、一八八四（明治一七）年の『福島県学事年報』は次のように述べている。

教育会ノ学事ニ枢要ナル喋々ノ論ヲ待タス、故ニ県立教育会開設ノ議案ヲ客年通常見解ニ下附セシニ、費用減殺ノ点ヨリ、遂ニ之ヲ廃棄セリ

「県立教育会」開設費は県会で廃案となり、福島県の企図した各郡から任命された会員による県教育会を設定することが予算面から不可能となったのである。もちろん県当局が絶対に必要であると考えれば、予算化することは充分に可能だったのだが、そのようにまでして県教育会を開設する必要性を認めなかったと見るべきであろう。

「郡教育会」は郡が任命した学務委員（教員を含む）を中心に組織され、それは「組合会」から積み上げられた議論を郡全体のものとする機関ではなかったし、県の教育諸規則と異なる決議はできなかった。そして県の教育諸規則と異なる提案は県令への「建議」として提出できるだけのものであった。

そうすれば、組合会や郡の教育会と異なった性格の教育会が生まれるはずはなかったに違いない。しかも、教育会は一八八二（明治一五）年からは例外的に県の諮問にたいして答申することも規則上ではあったが、そうした事例はなかった。組合会でも同様と思われる。

実は、「公立教育会」の構想は一八八六（明治一九）年一〇月に至って、「学事諮問会」という名称で実現している。

その規則は次のようなものであり、かつての「教育会」とは似て非なるものであった。(12)

学事諮問会規則

第一条　本会ハ管内教育ノ気脈ヲ通シ、文運ノ振興ヲ企図センカ為メ、之ニ関スル事項ヲ諮詢講究スルヲ以テ目的トス。

第二条　本会ハ本庁ニ於テ、毎年一回之ヲ開設スヘシ。其開会日数ハ凡一週間トシ、期日ハ知事之ヲ定ム。

但時宜ニヨリ数回開設スルコトアルヘシ。

第三条　会員ハ左ノ職員ヲ以テ組織ス。

尋常師範学校長　一名　同　教員　一名

尋常中学校長　一名　同　教諭　一名

学務担任郡書記　毎郡役所　一名

公立小学校長又ハ訓導ノ内　毎郡役所部内　一名

第四条　会員ハ左ノ手続ヲ以テ選挙ス。

尋常師範学校・尋常中学校ノ教諭ハ校長ノ選定スル所ニ依ル

郡書記及小学校長又ハ訓導ハ、郡長ノ選定スル所ニ依ル

第五条　諮問案ハ総テ知事之ヲ発ス。

第六条　会長ハ知事自ラ之ニ任スヘシト雖モ、都合ニ依リ郡長若クハ課長ニ命シ、之ヲ勤メシムルコトアルヘシ。

第七条　書記ハ会長之ヲ選定シ、議事ノ顛末ヲ詳記セシム。

第八条　学務課長ハ員外席ニ就キ、議案ノ旨趣ヲ弁明シ、又ハ意見ヲ陳述スルコトヲ得。

第九条　議事ハ、県官其他教育ニ関係アルモノ傍聴ヲ許スヘシト雖トモ、時宜ニ依リ之ヲ禁スルコトアルヘシ。
第十条　議事細則ハ概ネ一般普通ノ法ニ依ル。
第十一条　公立小学校訓導ノ旅費ハ県庁ヨリ特ニ之ヲ給ス、其法ハ内国旅費規則六等旅費ニ依ル。

まとめに代えて

１　簡単なまとめ

「学制」による小学校が生まれて間もない一八七六年頃に生まれた「教育会議」は、若松・福島・磐前三県が統合した後に至るまで、教育行政の一機関として機能していたらしい。実際に教室に臨んで授業を行う立場から、就学奨励の方法や教材の使い方等々を話し合い、それが学校から「区」の共通認識にまで育てられ、それが小学校教育の定着に少なからず役立っていた。

そして「郡区町村編成法」によって行政区画としての郡が生まれたころから少しずつ性格を転換していった。当初は教育行政の補助機関としてその決議はほぼ実施されていた。各郡の「小学教則」が、その地方の条件を勘案しながら一八七九（明治一二）年末に決められたのが、この段階での達成であるとして良かろう。

「郡区町村編成法」に対応した「福島県教育事務規則」は、こうした教育会議を学校組合の教員集会から郡、さらに県まで広げて、「教育会」と改称した。一八八二（明治一五）年に教育諸規則が改定され、教育会の実際を文部省に報告することが義務づけられることになるが、福島県令に三島通庸が赴任したことは福島県にとってその転換の意味を象徴的に示していた。

教育会の開催は郡や学校組合を単位とするものに事実上なってしまい、しかも県が「原則」と評価する事項については「建議」することしかできなくなり、次第に郡や学校組合の事務連絡会議になっていった。そして教育行政の仕組みは連合町村制（連合戸長役場制）とからみあって、小学区の拡大と学務委員の減員となり、学校組合幹事として学務委員と中心校の首座教員が合体して郡と学校との中間になる教育行政機関となっていった。

「教育会」は有名無実化し、かつての「教育会議」を継承した初期の「教育会」とは似て非なるものに変質し、県が企図した「公立教育会」は「教育諮問会」として結実したが、それは県と郡との行政連絡会にすぎなかったのではあるまいか。

2「私立教育会」の誕生

かつて福島県の教員たちは、日頃の授業や学校運営での諸問題を教育会議や教育会で話し合い、共通理解を得たところで実際の授業や学校運営で実施することができた。三新法が施行され、教育令が出されても規定上では県庁の認可や判断を必要としていたが、各郡で修正された教則さえ施行されていた。

これが一八八二（明治一五）年以降になると、規則上では前とほとんど変わりなかったが、「日頃の授業や学校運営での諸問題」を話し合うことが困難になり、さらに連合戸長役場制（連合町村制）が施行されるようになると、教育行政組織が強化されて、教育行政上の指示や事務連絡の場に郡「教育会」や学校組合会が変質していった。

より新しく、より納得できる教育論を求め、より合理的な教育運営を求めようとする教員たちにとって、そうしたことを話し合い、自らの教育実践を豊かにしようとすることはいわば自然の成り行きだった。既設の「教育会」が行政指示と行政連絡の場に傾くとすれば、せめて「私立」であって、法的な有効性を持たないとしても、話し合う「場」を求めるのは「自然の成り行き」である。

「福島私立教育会」はそのような期待を得て、一八八五（明治一八）年九月に生誕して、たちまち千五百人ほどもの会員が獲得できたのではあるまいか。もっとも、そうした期待を満たす活動内容になったかどうかは、また別の問題である。(13)

注

(1) 旧福島県の大区小区制については「大区小区制と区会議について」(福島『近代史研究』6　一九八三年) および「旧福島県の民会について」『国史談話会雑誌』三三号　一九九二年) などを参照されたい。
(2) 福島県教育委員会『福島県教育史』第一巻　三五九〜三六〇頁。一九七二年。
(3)『日本教育史研究』第三号 (日本教育史研究会　一九八四年)、及び第四号 (同　一九八五年)。
(4) 太田小学校蔵「福島県教育事務規則」。以下、未紹介の文書だけはなるべく全文を記すことにしたい。また便宜のため適当に句読点を付した。なお一八七七年「福島県教育規則」など規則の過半は『保原町史』第五巻に紹介されている。
(5)『保原町史』第五巻　五一九頁。
(6) 同書　五〇二〜五〇六頁。
(7) 同書　五二二頁。原本は「明治十四年七月　再写学校沿革簿」掛田小学校蔵。
(8) 同書　五二六〜五三八頁、史料八二・八三。
(9)「自明治十六年一月　至明治十七年六月　日誌　保原小学校」保原小学校蔵。
(10) 同史料による写。
(11)『梁川町史』第二巻参照。
(12)『福島私立教育会雑誌』一三号 (明治一九年一〇月三一日)、『保原町史』5　教育史料九四。
(13) 一八八五 (明治一八) 年以降の教育行政の実態については「森文政期の福島県の指導行政」(『研究集録』第11号　東北大学教育学部教育行政学・学校管理・教育内容研究室　一九八〇年) を参照されたい。

第三章　森の「自理ノ精神」と福島県での受容

――福島（県）私立教育会の発足から規則改正まで

谷　雅泰

はじめに

本稿は、一八八五（明治一八）年の福島（県）私立教育会[1]の発足から一八八九（明治二二）年の規則改正までの教育会について、主に規則と機関誌の記事を中心に述べようとしたものである。発足直後から、福島県の教育界は、着任した能勢栄の大胆な人事政策により、冷遇された福島県出身者との間に一種の緊張関係が生じた。八七年の森文部大臣の来県はそのような状況下であったが、教育会幹部の福島県出身者は、森の「和働自理」を県出身者に有利に働くものとして現実的に受け止める。それは翌年の規則改正につながっていった。

一　福島私立教育会の発足

福島県域で教育会が最初に組織されたのは一八八一年のことであった。文部省の教育会設立の布達を受けて八郡（信夫郡・伊達郡・南会津郡・大沼郡・東白川郡・西白河郡・田村郡・東蒲原郡）で郡教育会が設立されたのである[2]。後に新潟県となる東蒲原郡も含め、三分の一近くの郡で教育会が組織されたことになる。大沼郡の教育会規則を見ると、通常教育会と臨時教育会があり、郡役所学務課により組織される教育者の協議会的存在であった。(3) 前年、県議会が中学校の廃止を決めていたこともあり、郡教育会はその復活を県議会に要請し、また教員給と学校経費を地方税（県費）の負担とすることを求めて県に陳情した。このような活動の中で県の教育会が必要となり、一八八三年に福島県教育会の設立について県議会に建議したが、否決されている。(4) その後、郡教育会を組織するところは多くなり、一七郡中一二郡で組織されるにいたっている。

福島私立教育会が設立されたのは、一八八五年のことであった。創立式で読み上げられた大村忠二郎の文章によれば、(5) 一八八四年秋の教員講習会で講師の大村忠二郎が「偶々教育会ノ事ニ及ヒ終ニ教育会開設ノ今日ニ必要ナル旨ヲ説キ本県周囲ノ各県ニハ早ク既ニ教育会開設ノ美挙ヲ見ルニモ係ハラス独リ本県ニ於キテ県立ニモ私立ニモ未ダ一ノ教育会ナキハ教育上ノ一大欠点ナルヲ以テ諸君ノ尽力ト熱心トヲ以テ速カニ此必要ナル教育会ヲ開設致シタク思フナリ」と述べたところ賛同が得られ、規則草案に着手した。そこで福島県私立教育会規則を印刷するがその後まもなく修正を加え、県の字も取り、「福島私立教育会」規則を再度印刷したということである。

「私立」と称する教育会は他にも多いが、そこで意味されるところや実際の県との距離は様々であると考えられる。福島県の場合は、創立にあたって総理が県知事、会長が県学務課長であったこと、初代・二代目の創立委員長は県学務課長がつとめていること、創立式に西村貞文部書記官が臨席し、再改正教育令について演説していること、等を見ても、私立教育会が県当局との密接な連携のもとに創立されたことは明らかである。にもかかわらず、私立と称し、一旦印刷した規則を作り直してまで名称から「県」の字を削除することにこだわったのには、二年前に県立教育会の創立の建議が県議会で否決されたことが影響しているとみられる。(6)

この時の教育会規則だと思われるものが【資料一】である。発足当初の規則は『福島県教育史』などにもこれまで紹介されていないので、本稿で全条を紹介することにする。紹介する資料は『福島私立教育会規則』と表紙にある二十頁の冊子（福島大学附属図書館所蔵）で、発行者や発行年月日の記載がない。しかし、五年後の規則改正では後述するように「福島県私立教育会」と「県」の字が入ることを考えると、発足時の規則と断定はできないまでも、少なくともこの時期の規則であると考えられる。(7)

規則では第三条で、教育上に関し県庁より諮問があるときは復申をなし、本会の意見があるときは決議して建議する、とあるように、県との関係が重視されていた。「集会」として年に一度の「総集会」、月に一度の「常集会」と臨時集会があり（第二十七条）、それぞれ議員（半分が公選、半分が会長の推薦）により議事が進められた。また正副会長と七名の幹事が投票で選挙されることになっていた（第二十三条）。総理は会長が「会員一同ニ代リ」名誉会員から推戴する（第二十二条）。また、審査委員と書記とともに郡委員と部落委員が置かれ（第十四条）、それらは総理が「特撰」するものとされた（第二十四条）。先に郡教育会が成立していたことから、それとの関係がどのように規定されているのかが問題となるが、郡委員と部落委員は総理の指揮に従って事務を取り扱う（第二十条）とされたり、会費を集める（第四十八条）とされている程度で、郡教育会とのかかわりでなんらかの役割を負っているとは規則上はみられない。事務所は福島師範学校に置かれた。

それまでの郡教育会と同じく、この時期の福島私立教育会は「協議会的」性格を保持していたと言えよう。

二　創立後の状況

一八八五年九月二七日の福島私立教育会の発足直後に、福島県の教育行政は大きな転換点を迎える。十月に、能勢栄が師範学校長兼中学校長兼学務課長として福島県に着任したのである。着任後は福島私立教育会の会長にも着任し、八七年の二月に文部省書記官として転出するまで大きな影響力を持った。

能勢が積極的に行ったことは、他府県から優秀な教育者を招聘することだった。そのために県出身者が冷遇されることにもなり、福島県の教育関係者のなかには反発もあった。一八八七年の教育会の総会で次のような演説が行われたというエピソードはそれを物語るものだろう[8]。

田村郡の某校長が、明治二十年の教育会の総会で、「ある山国に、小猿が沢山住んで仲よく暮らしていた所に、隣の山国から大猿がそこへ乗りこんできて小猿をいじめ、さては、仲間の猿をつれて来て、少しでも気に入らぬことがあると、忽ち山奥の谷の方に押込め、広場に出ることを禁じなどして大いに暴威を振ったが、この大猿の暴力はいつまで続くか、何れ後は物語りとして次回にこれを述べん」という演説をして、この状態を風刺したことがあり、山猿演説として名高かった。

この演説は機関誌では確認できない。しかし、機関誌に載った齊藤政徳の「教育政策ハ一途ニ出ザルベカラズ」と題する文章はこの時期の緊張感をよく表している[9]。齊藤は、福島県の教育諸氏は是迄他県の教育を視察したことがないので、次のようであるという。

福島県の教育諸氏は他県人の恐嚇を食ひ福島県は教育の最下点だ極低度だと言はれ此言を妄信してなるほどそうだろう兎手も行けぬと自ら放棄した故他県人は図に乗り夫見ろ文部省の就学比較表では東北は群馬県が第一で夫につゞく県は千葉県だ栃木県だ宮城県でさへも此県より上である畏れ入つたかハイ恐れ入りましたと云ありさまですから直に福島県は教育上に活気がないなど丶云はれるのです。

たとえ、「他県より入り込みたる教育者」が自慢をしても、それは確かめることができない。また、

他地方の良教育家が本県に聚りても県下の各校を埋める訳けには行かぬ故多数の教員は是非福島県人に採らなければなりません県下十七郡に散在する諸君一ト奮発して教育世界に頭角を顕はし此県の教育は私共が引請るとい

ふ気組に成りませんか左すれは県下十五万有余の小供達の幸福であります。（中略）在人が評して福島県の学校は鵜学校たなぜといふに机は長野で下駄箱は栃木生徒のお時宜は千葉で教師の音声は九州だといひましたが是等は外部の皮毛で別に精神に関はりあません《（ママ）》只一県多数の福島県出身の教員諸君の奮発勉強が第一緊要です。（傍点は齊藤）

ずいぶんと挑発的にも読めるこの文をしたためた齊藤政徳は、師範学校の資料において一八八七年の三月から四月までの師範学校の書記としてその名が確認できる。(10) また、一八八九年末の時点で福島尋常中学校の書記であった。(11) 尋常中学校が一八八九年に移転するまでは師範学校と同じ敷地内にあったことを考えると、齊藤はこの時期、尋常中学校の書記として同じ敷地内の師範学校にも関わり、一時期なんらかの事情で師範学校の書記を兼任するなどして師範学校生とも交流を深めていたのではないかと推測する。その後、師範学校の同窓会などにもよく出席して発言している。教育会においても重要な位置を占めており、この時期、すなわち一八八七年から八九年まで、福島私立教育会の幹事として雑誌の編集などにあたっている。八九年に福島尋常中学校の桑野村（現郡山市）移転に伴い幹事を降りたが、同時に改正した規則のもと教育会議員に当選した。八八年の年末に齊藤が森文部大臣の演説にどのように反応したかは次節で述べるが、ここでは、教育会の幹部が、他県出身者の厚遇に反発する意見を機関誌に掲載していたということを確認しておきたい。

齊藤の論説には当然ながら反発もあった。千葉県人でその年の二月か三月に上飯坂小学校長に任ぜられた(12)多田満は、「本誌第廿二号齊藤政徳君ノ論説ヲ読テ一言ス」と題する「寄書」で次のように反論している。齊藤は「当県教育者ヲ嘲笑シ去ツテ併セテ外来教員ヲ誹謗」している。「他県ヨリ入込ミタル教育者ハ君ノ言フ如キ大法螺吹キ立テ、恐嚇詐偽ノ手段ヲ借リ当路者ヲ胡麻化シテ壟断ヲ占メタリト云」うのは誹謗であり嘲笑である、と。(13)

三　森文部大臣の巡視と福島私立教育会員の反応

森有礼文部大臣が福島県を訪れ、教育関係者を前に演説を行ったのはこの時期のことだった。森有礼文部大臣が全国の学事巡視を行ったことは周知のことである。『森有礼全集』第一巻の「森有礼年譜」(14)によれば森は計八回にわたる巡視に出ているが、その最後が一八八八（明治二十一）年十月四日から一一月六日の東北地方六県の巡視であった。その最後の行程で森は福島を訪れている。前年の六月にも福島県を訪れて演説を行っていて二年連続の来県であった。森が東京を発ったのが十月四日で、仙台から岩手を回っている。「年譜」には一三日以後のことが書かれておらず、一一月六日に帰京したとあるが、『福島私立教育会雑誌』によれば、十月四日に福島に到着していることがわかる。(15)福島での森の行動は以下のようであった。

○森文部大臣来県
同大臣は奥羽各県の巡視を終られ随行官服部参事官中川秘書官久保普通学務局次長相良視学官其他属官と共に本月四日着福翌五日午前ニ尋常中学校福島小学校尋常師範学校を順次歴巡せられ午餐後三校の職員一同を師範学校に集めて授業を批評せられ或は教育上緊要の事共説示せられたり夫より師範校体操場に到りて師範生の発火演習中学生の体操並三校生徒の綱引き等を視察し再ひ師範学校に到り講堂にて各郡長県庁吏員県会議員各郡教員及三校職員有志者等に対し教育の問題につき演述せられたり夕刻には県会議員一同に旅館に面して懇談せられ夜に入り更に本県高等官並に課長等を旅館に召されて談話ありたり其翌六日には一番汽車にて帰京せられぬサテ講堂にての演述は国勢上より説き起され現今教育上に於て執るべき方針を懇々説示せられたり演述の筆記は追て随行官より配布せらるゝ由なれは本誌に載せて会員と共に熟読するの機遠からさるべし(16)

師範学校の森の巡視を、生徒として経験した渡辺文弥は、後に森の師範学校教員への手厳しい批評を回想している。(17)

「高が知れた師範学校の一教師が、教室で、古今東西に比類のない大聖孔子様のことについて、かれこれ批評し、論議することは、実におこがましいことである。以後十分注意すべきである」と生徒が尊敬していた倫理の教師の授業を切って捨てる森に、渡辺は「異様」さを感じている。英語の授業で教師から教科書を取り上げて教えてみるということも、森に関してはよく聞かれる逸話であるが、教師や生徒からすれば、複雑な思いで受け止めたことであろう。

同じ日の午後、森は師範学校講堂で演説を行った。『福島私立教育会雑誌』は翌月号に長文の演説を全文掲載している。[18]これは、『森有礼全集』第一巻所収の「四三　奥羽六県学事巡視中の演説（明治二十一年）[19]」と同文である。同書の解説で林竹二は、この文章を「四二　奥羽地方学事巡視に際し学校職員に対する演説」と併せ、奥羽地方巡視の時の演説の「総括されたもの、整理されたもの」としている。[20]先の引用文でも、「演述の筆記は追て随行官より配布せらるゝ由なれは本誌に載せて」と述べられていて、『福島私立教育会雑誌』も文部省側から配られた原稿をそのまま掲載したと思われ、その点で福島での演説との異同は正確にはわからない。

上記「解説」は森の演説を八期にわけているが、この演説はその第Ⅶ期に位置づけられている。[21]同期の最初のものが東京での同年九月の演説であった。『福島私立教育会雑誌』は、その前後も森の動向や演説の内容についてはかなりの誌面を割いて紹介してきているが、東京でのこの演説も掲載されている。[22]「解説」の時期区分では、その後の奥羽巡視での演説四本までが同期に該当する。林竹二はこの期の演説の要旨を、「和働自理」の強調と「教育会」の設置と教員の任免の徹底、「教育経済主義」の上に立った小学校就学問題の解決という三点にまとめることができると述べている。[23]

教育会についてのみ、具体的にみてみよう。森は市制町村制の精神を自理和働にあるとしているが、郡区町村立学校の校長・教員の任免については府県知事の裁決によるといえども実際には郡区書記又は学務課員の意見によるものが多く、それは「教育自理ノ精神」に反しているので、今後は改正するべきだとしている。そしてそのための「新制」において重要な位置を占めるのが教育会だとしているのである。教育会はこの地方にもあるがここで「企望」する教育会はそれとは異なるものである。

余ガ企望スル所ノ教育会設立ノ上ハ之ニ任スルニ教育自理ノ事業ヲ以テセント欲ス之ヲ要スルニ各府郡市村ニ教育会ヲ設ケ以テ校長ノ選方ニ与カラシメ兼テ就学勧誘ノ方便ヲ立テシムルヲ期スルモノナリ今仮ニ此県ニ之ヲ設立スルモノトシテ其例ヲ言ヘハ先ヅ其会員ニ選挙サレ得ベキ人ノ資格ハ大概左ノ如クスルヲ可トス

一管内ニ土地家屋ヲ所有シ年齢二十五年以上ノ者

二教員免許状ヲ有シ某年間教育ニ従事シタル者

三管内ノ教育ニ尽力シテ功労顕著ナル者又ハ学校ニ資金等ヲ寄付シタル篤志ノ者

その上で、五名から十名の代表者（委員もしくは議員）を置き、私立であるかどうかは問わず権限を与える。そして校長の選任に付き知事郡長等の諮問に答えさせ、教育会の可とするものを校長に任ずることにしようというのであった。教員の任免は師範学校の現今の方法によるとされ、校長が任命することとされた[24]。そのほか、教育費や就学督責に関しても教育会に委ねるとしている。

校長の任免を教育会の代表者に任せるということは、他県出身者の優遇に不満を持っていた福島県の教育関係者には大きな期待を持って受け止められた。森の巡視自体は先ほど述べたような形で行われたにも拘わらず、森の演説はすぐに誌上で歓迎を以て迎えられる。すぐに反応したのは、先にも登場した齊藤政徳による論説であり、十二月号の森の演説のすぐあとに掲載されている[25]。教育会幹事として雑誌の編集にあたっていたから、原稿として文部省から届いた森の演説に目を通したと思われ、演説と同時に掲載されるのは不思議ではないのだが、おそらく齊藤自身が中学校の書記として、森の演説そのものに触れていただろうと思われる。

○福島県師範学校卒業生諸君ニ望ム　　　会員　齊藤政徳

（前略）過般森文部大臣当県地方ヲ巡視セラレ教育ノ前途ニ向フテ方向ヲ指示セラレタル演説ノ其中ニ自理ノ精神ヲ発揮シ教育ノ普及ヲ図リ小学校教員ヲ撰択スルノ権ヲ郡市町村ノ教育会（以下単ニ教育会ト云フハ即チ此会ヲ指スト知ルベシ）ニ附シ知事郡長市町村長ノ顧問ニ備ハリ又ハ教育事業ノ挙否ヲ参議スルヲ得セシムル意見ナリ云々此事タル早晩挙行セラルヽニ当テハ諸君ハ被撰挙権ヲ有シ教育会ノ名簿ニ上ルベキ人ナレバ我県将来教育上ノ実権ハ一ニ諸君ノ掌裡ニ帰スベシ故ニ余ノ企望ニ堪ヘザルモノハ諸君ノ団結力ノ堅カランコト是ナリ憶フニ郡市町村ノ教育会ナルモノハ最初ヨリ完全ノ成立ニ至ラザルベク随ツテ其教員撰択ノ如キモ各個ノ学術行為ヲ検定スルノ経験ニ乏シクシテ標準ヲ立ルニ苦シムベキハ炳然トシテ火ヲ睹ルガ如シ此時ニ当リ諸君其間ニ周旋シテ高等尋常簡易及分教室等ノ各学校教員ノ配置ヲ正確適当ナラシメザレバ事業ノ軽重ニ権衡ヲ失シ高等校長ニシテ簡易学校先生ニ一籌ヲ輸シ訓導ニシテ授業生ニ一本ヲ参ラルヽ等ノ奇観ヲ呈スルアランカ折角ノ文部大臣ノ計画モ其効ヲ見ザルニ至ラン若シ余ノ杞憂ニシテ真ノ杞憂タラシメハ幸ナリト雖トモ万一真個ニ予想ノ如キ景況ヲ現出セバ自理ノ実何クニカ在ル却テ現今ノ如ク郡吏戸長ノ為スニ任カスルノ勝レルニ如カザルナリ苟モ諸君ニシテ全県教育ノ隆替ニ対シ自ラ責任ヲ負フ以上ハ深ク注意アランコトヲ望ムナリ

従来各地ニ散在スル卒業生諸君ニハ福島同窓会ナルモノヲ設ケ一県或ハ地方ノ運動ヲ試ミラレ団結ノ基礎稍々立ツト雖トモ未ダ全県教育ノ世論ヲ喚起シ同一ノ方針ヲ執リテ進行スル程ノ完成ヲ告ゲズ会津五郡ト沿海七郡トハ関係甚遠ク其同窓者ノ運動及方針等ハ善悪良否共ニ措テ問ハザルモノヽ如シ或ハ卒業ノ前後二三年モ隔タル者ハ其姓名ヲモ識ラザルモノアリ故ニ結合ノ力弱クシテ更ニ福島県教育ノ方針ト認ムヘキモノナシ

自理ノ精神ニ基キテ一県教育ノ国是ヲ定メ郡市町村ノ教育会ヲシテ標準ヲ取ルニ容易ナラシムルハ本県卒業生諸君ニアリ教育会ノ議員如何ニ烱眼ナリト雖トモ全国ヲ通シテ長崎県ニ某々ノ良校長アリ青森県ニ何々ノ善教員アリ之ヲ召ビ寄セテ嘱任セント云フ如キ具通ノ見識ハ到底立ツベキニ非ズ勢ヒ一県内ノ教員中ニ就キテ之ヲ求メザ

ルベカラズ然ラバ諸君ニシテ此必用ニ応ズル準備ハ如何其方法一ニシテ足ラズト雖トモ先ツ直接ニ挙行シテ最便利ナルハ同窓会ノ目的ヲ発揮シ同会ノ世論ヲ福島私立教育会雑誌ニ依リテ県下公衆ニ知ラシメ時ニ福島及二本松郡山等ノ便宜ノ地ニ集会シテ教育ノ事業ニ付会議談論ヲ催フシ新旧卒業生ノ目的ヲ一致シ大ニ運動ヲ試ムルニアリトス

終リニ臨ミテ一言ヲ添ントス今後我県教育ノ隆替盛衰ヨリ来ル文運ノ消長ニ対シテ最モ勇敢ナル耐忍ヲ抱キ目前ノ仮相ニ眩惑セズ斃レテ後巳矣ト決心スルモノハ福島県ニ本籍ヲ据エ福島県ノ空気ヲ吸ヒ福島県ノ水ヲ呑ミ福島県ニ骨ヲ埋メ福島県ニ子孫ヲ遺シ福島県ニ七生シテ此教育ノ為メニ尽サントスルモノ諸君ノ内ニ多カラサルヘカラス嗚呼諸君ノ責任モ亦重且大ト云フベシ

最後の段落に如実にあらわれる福島に対するこだわりの強さには驚かされるが、それも先述したような人事をめぐる強い反発が背景にあってのことであろう。そしてその反発は、そのまま福島師範学校卒業生の「団結心」への要請となってあらわれる。師範の卒業生は教員の被選挙権を有するものとして教育会の名簿に載るべき人なのだから福島県の将来の教育に関わる実権はその掌中にある。郡市町村の教育会は最初はうまく機能しないだろうから、同窓生がうまくその間を周旋して教員の配置を正確適当にすべきだというのである。「自理」という森の理想にうまくのりながら、その実は師範の同窓会で人事を牛耳ろうという呼びかけであった。教育会の議員がいかに炯眼であろうとも、長崎県に良校長がいるとか青森県に善教員がいるから呼び寄せよう、というようなことにはならないだろうから、勢い県内の教員から選ぼうということになる、という後段の文章も、その期待するところが他県出身教員の優遇人事の打破であったことを明らかにしている。

齊藤のこのような受け止めは森の求めるところとは異なっていたのではないかと思われる。しかし、現実主義的な判断からこのような呼びかけが行われ、実際に次の総集会で、福島私立教育会は規則を改正し、福島県私立教育会として組織を整えていくことになる。

四　規則改正

教育会の在り方に関わってはそのほかにも会員からの投書があり、たとえば次のものなどもそのひとつである。

○福島私立教育会ニ希望スルトコロアリ　　会員　上妻忠次

（前略）先ツ其公ニシテ且ツ大広ク諸君ニ計ラント欲スルトコロノモノヨリ陳述シテ諸君ノ高評ヲ乞フ何ソヤ他ニアラズ我等カツネニ親愛セル福島私立教育会ニ付テノ意見之ナリ其組織上ニツキテハ

第一、会員ノ成立

本会ノ会員タルノ人ハ如何ナル人ゾヤ教員ニアラザレハ学務担任郡書記然ラズンハ戸長或ハ用係此等ノ外ニ別種類ノ人アルカ余輩ハ其必ズ之無ランコトヲ疑フ否アリト雖トモ其暁天ノ星モ啻ナラサルヲ信ズコレ豈ニ私立教育会ナルモノ丶真意ヲ得タルモノナランヤ見ヨ見ヨ諸君本会雑誌会員入退会ノ欄ヲ退会セルモノハ退職ノ戸長或ハ教師或ハ用係或ハ学務担任ヲ止メタル郡書記ノ他アリヤ否ヤ又其入会セルモノハ新任ノ教師ニアラズンハ後任学務担任郡書記等ノ外ニ他アリヤ否ヤコレ則チ本会カ年ヲ閲スルコト少ナキニアラズ月ヲ重ヌルコト多カラザルニアラザルニモ拘ラス本県ノ教育上ニ稗益ヲ与フル丈ノ運動ヲナスベキ勢力ヲ養フコト能ハサル所以ニシテ毎月ノ常集会ハ只ニ福島ノ教育会ノ如ク雑誌ハ本会三四ノ役員ノ発兌雑誌ノ如ク拾銭価値高過クルトノ寝言ヲ発セシムル所以ナレハ以後コノ組織ヲ一変シテ専ラ地方有名者ノ会員ヲ増シ文部大臣ノ所謂教育会ノ如キ性質ノモノニ近カラシメザルベカラズ

第二、会員ノ沙汰

本会ノ会員ハ其創立ノ際ニ当リテ所謂命令的ヲ以テ募集セシモノナレハ一時会員数多ニシテ甚タ盛ナルモノ、如キ外看ヲ有セシカ諸君ノ熟知セラル、如ク会員ニシテ会員タルノ義務ヲ尽サヽルモノ多ク今日ニ至リテハ此等ノ会員ハ追々退会ノ途ニ就ケルカ如クナレトモ今ニシテ尚会費ノ収納ヲ怠リ回送ノ雑誌ハ恒ニ帯ヲ解ケルコトナク空ク長火鉢引出ノ塵トナラシムル種類ノ会員猶少ナカラザルモノ、如シ我輩謂ラク本会役員ハ地方重立タル会員等ニ協議ノ上以上ノ如キ会員ニシテ会員ニアラザル景跡アル者ハ悉ク此ヲ退会セシメ（退会ヲ命ズルニ非ズ）新ニ第一段ニ述ベタル精神ヲ以テ会員ヲ募集スルコトヲ勉メザルベカラズ

第三、地方幹事（必要ノ論ナランナレトモ差支ノ筋アリ編集掛ニ於テ省ク）

第四、其他ハ十月三十日発行ノ本会雑誌ニ登載セル川崎韭三君ノ説ニ賛成特ニ雑誌発行度数ヲ減スルカ如キニ至リテハ大声以テヒヤヒヤト称セザルヲ得ス千有余人ノ会員諸君以テ如何トス（本稿ハ十二月末ノ投寄ニヨル）[26]

教育会の目的に賛成すれば「何人ヲ問ハス」会員になることができるというのが規則の定めであったが（第四条）、現実には上妻のいうように教育関係者に限られていた。また義務的に入会しているという意識の者が多かったのも事実であろう。上妻は「地方有名者」の会員を増やすことで森のいう教育会に近づけようと提案している。

その年の総集会で規則が改正された。新規則を【資料二】として掲載する。[27] 内容上、修正をみた点は主に次のようにまとめられる。

第一に、第一条の目的規定に、「福島県」教育の普及進歩を図る、と「福島県」の字が入った。郡の部会との関係が規定されたこともあり、会の名称も「福島県私立教育会」とされた。

第二に、総集会・常集会の他に議員会を置き、公選の議員（三十名）が「重要ナル事件」や「教育上ノ事項」を審議評定する（第十一〜十四条、十八、二十一条）とした。旧規則も、総集会常議員（五十名）と常集会常議員（三十名）が置かれていて、半分が会長の「特撰」、半分が公選となっていた（第廿五条）。総集会・常集会はこれらの議員によ

る会議だったのだが、郡委員や部落委員まで含まれていた「職員」には議員は含まれておらず（第十四条）、議員でない会員も議長の承諾があれば「番外」として集会で発言できた。総集会・常集会とわけて議員会を置いた新規則の方が、議員をおいて権限を持たせようとした森の構想にはより近いと思われる。ここにおいて、それまでの「協議会的」性格から、一定の権限を行使しうる組織へと体制を整えたといえよう。それまで毎月開かれていて特に地方からは出席できないと批判のあった常集会は二ヶ月に一回となった。

第三に地方との関係がはっきりと定められた。郡幹事（第十四条）や町村委員の任意設置（第十六条）に加え、もっとも大きな変更点は郡ごとに部会を設立するとした点（第三十三条）であろう。郡幹事は郡ごとに二名を選出するとされ、三十四名とされたことからも一七郡全部に部会を設けることが予定されていたと言える。部会の規則は会長の認可を経るものとされ、県教育会と部会の上下関係がはっきりと定められたことも、それまでのあいまいな関係とは異なるものであった。また、町村委員を任意で設置することもできた（十六条）。これが機能すれば、森の構想にまさに合致するものとなったであろう。

第三十三条に基づき、各部会の規則が定められ、機関誌で紹介されていく。ここでは一例のみあげることとし、双葉郡の双葉部会の規則を紹介しておきたい（【資料三】）[28]。県私立教育会の会員でなくても会員になれるとされており、また会費は月二銭で十銭の県教育会よりはるかに安かった。もちろん機関誌の経費が県の場合は大きく、二重に支払うことから部会は負担を少なくしようとしたのであることは容易に想像がつく。

以上の規則改正を森の構想と比較してみると、県教育会が代議制を取り、部会を確立しようとした点は森の方針に則ったものであるということができる。しかし議員の数は三十名と多かった。森の五から十名という議員数は部会以下の教育会についての構想であったのだろうが、実際には部会では代議制は取られていない。県教育会と部会の関係は定まったが、現実にはこのあと、人事その他を扱うまで部会以下の教育会が育っていくことはなかった。

おわりに

本稿では、福島県の教育会の一八八〇年代後半の様子を明らかにした。福島の場合、県との密接な関係のもとに教育会は在ったが、内部には人事をめぐる不満が存在した。森の構想は、不満を持った福島県出身者に、意外にもその利害と一致するものとみなされ、うまく利用されようとした。教育会は規則を改正して「協議会的」組織から一定の権限を行使しうる組織へと脱皮しようとした。しかし、結局森の構想が実現することはなかったのである。

注

(1) あとで述べるように、発足の準備過程では「福島県私立教育会」という名称だったが、県の字を取ることとなり、発足時には福島私立教育会と称した。本稿の後半で紹介する規約の改正で、再度「福島県私立教育会」と称することとなった。

(2) 『福島県教育史』第一巻、一九七二年、「第二章第五節　郡教育会の設立とその概況」参照。なお、これに先立つ時期の福島県の教育会議については、次の先行研究がある。田島昇「『旧福島県』での教育会議の成立」、『日本教育史研究』第四号、日本教育史研究会、一九八五年。また、戦前の福島県教育会の役割について通覧したものに注(7)で挙げた新田論文がある。

(3) 同前書、三七七~九頁。

(4) 同前書、三八〇頁。後に述べるように、福島私立教育会の発足にあたってはこのことが大変意識されている。しかし、福島県議会の議事録では、この「否決」は今のところ確認できていない。否決をめぐる事情については今後の課題である。

(5) 大村忠二郎「本会同員ニ望ム所アリ」、『福島私立教育会雑誌』第一号、一八八五年十月三一日、四八~五五頁。

(6) 注(2)書、七四二頁。

(7) 新田勝彦「福島県教育会の県教育に果たした役割」『福島大学学芸学部論集』一七号の三教育・心理、一九六五年は、一八八六年の「教育会規則」を掲載している。全三四条で本稿の【資料一】よりも短い。出典などは不明だが、この両規則のどちらが先のものかについては今後の検討が必要である。なお、新田はこの規則を挙げたあとに、明治三一年、大正二年、昭和九年の規則改正の要点をまとめているが、本稿の【資料二】については注目していない。
（8）福島県公立学校退職校長会『明治百年福島県教育回顧録』、一九六九年、四四頁。
（9）齊藤政徳「教育政策ハ一途ニ出ザルベカラズ」、『福島私立教育会雑誌』第二二号、明治二〇年七月、二七～三二頁。
（10）「旧職員」、『福島県師範学校沿革及一覧』、一九二四年十月、一二二頁。
（11）「福島県教育関係職員録」、『福島私立教育会雑誌』第五一号、一八七九年一二月。ちなみに俸給は二〇円で助教諭等より高い。
（12）「教員進退　新拝命ノ部」の二、三月分による。『福島私立教育会雑誌』第一八号、一九八七年三月、五八頁。
（13）『福島私立教育会雑誌』第二四号、一八八七年九月、六八～七〇頁。
（14）『森有礼全集』第一巻、一九七二年、解説の二〇一頁。
（15）「会長出張」、『福島私立教育会雑誌』第三八号、一八八八年一一月、によれば、福島私立教育会長であった中村恭平は、福島師範学校長として十月二八日に山形県に出張してその後森に随伴、十月四日に帰福している。中村は第五代の校長として能勢のあとを継いだが、基本的にその方針を引き継いだ。
（16）「雑報」『福島私立教育会雑誌』第三八号、一八八八年一一月、四一頁。
（17）福島県公立学校退職校長会『明治百年福島県教育回顧録』一九六九年、四三頁。初出は『福島県教育』一九三四年六月号。
（18）「子爵森文部大臣の説示」、『福島私立教育会雑誌』第三九号、一八八八年一二月、一～二四頁。
（19）同書、六四七頁。
（20）同前書、解説の一八九頁。
（21）同前。
（22）「森文部大臣の演説」『福島私立教育会雑誌』第三七号、一八八八年十月、一～七頁。
（23）注（19）に同じ。
（24）ここでは、「尤学校長選任ノ上ハ其以下ノ職員選任法ハ猶現行ノ師範学校職員選任法ニ於ルガ如クスルヲ可トス」とされているのみだが、ここでいう「現行ノ師範学校職員選任法」については注（21）の演説のなかで触れられている（六頁）。そこでは「学校長ニ直隷スル職員ノ選挙法ハ現今師範学校ニ於テ行フ所ニ則ルヲ可トス即チ教頭幹事ノ撰挙ハ校長ノ専権ニ委ネ而テ教頭ハ教員ヲ撰挙シ幹事ハ書記舎監ヲ撰挙シ（中略）皆校長ヨリ教頭幹事ヲ撰挙スル例ニ依ルヘキモノトシ決シテ此順序ヲ直接ニモ間接ニモ乱ルヘカラス若シ然ラスシテ上司ヨリ命令干渉スルアランニハ情弊ヲ生シ相互ニ責任ヲ全シ得サルニ至ルヘシ」。この撰挙法は一昨年以来各所の学校で行われ、文部省でも実験して成果をみているが、今回発布の「地方自理」の制度に「暗符スル所アルカ如シ」としている。
(25) 齊藤政徳「福島師範学校卒業生諸君ニ望ム」『福島私立教育会雑誌』第三十九号、一八八八年一二月、二九〜三二頁。なお、表紙では「福島師範学校卒業生諸君ニ告ク」となっている。
(26) 上妻忠次「福島私立教育会ニ希望スルトコロアリ」『福島私立教育会雑誌』第四〇号、一八八九年一月。一二〜一四頁。
(27)『福島私立教育会雑誌』第四六号、一八八九年、一〜六頁。
(28)『福島県私立教育会雑誌』第四九号、一八八九年、四〜六頁。なお、雑誌名に「県」の字が加わるのは、同年八月の第四七号からのことである。

【資料一】

福島私立教育会規則

第一章　目的

第一条　本会ノ目的ハ同志結合シテ教育ノ普及改良及其上進ヲ図リ併テ教育上ノ施政ヲ翼賛スルニ在リ
第二条　本会ハ第一条ノ旨趣ニ基キ主トシテ道徳ヲ進メ智識ヲ博メ身体ヲ強ウシ以テ心身発達ノ完全ヲ得セシメンコトヲ要ス
第三条　教育上ニ関シ県庁ヨリ諮問アルトキハ決議ヲ以テ建議スルモノトス

第二章　名称

第四条　本会ヲ名ケテ福島私立教育会ト称ス

第三章　位置

第五条　本会ノ事務所ヲ仮ニ信夫郡福島師範校校内ニ置キ其会場ハ福島町便宜ノ所ニ定ムルモノトス

第四章　会員

第六条　本会ノ目的ヲ賛成スル者ハ何人ヲ問ハス会員タルコトヲ得
第七条　会員タラント欲スル者ハ其申込書ニ住所氏名族籍年齢及業務ヲ記載シ之ニ調印シ部落委員郡委員ヲ経テ本会ニ出スヘシ

但シ入会ノ後住所氏名族籍及業務ヲ変更シタルトキハ其都度届ケ出ヅベシ
第八条　前条ノ手続ヲ経タル者ニハ本会ヨリ会員ノ証票ヲ交付スヘシ
但シ参会ノ節ハ携帯スルモノトス
第九条　会員ハ総集会常集会及臨時集会ニ参シ且ツ本会ニ向テ意見書ヲ出シ又ハ質疑ヲ為コトヲ得
但シ意見書ヲ会議ニ付スルト否トハ会長ノ採択ニ依ル
第十条　会員中退会セント欲スル者ハ其届書ニ会員ノ証票ヲ添ヘ部落委員郡委員ヲ経テ本会ニ出スヘシ
第十一条　会員中本会ノ規則ヲ遵守セズ或ハ本会ノ名誉ヲ汚シ或ハ会員タルノ義務ヲ怠ルトキハ総理ノ意見ヲ以テ退会セシムルコトアルベシ
第十二条　令聞アル教育家学術家又ハ名望アル内外国人ニシテ本会ニ稗益アリト認ムルモノハ名誉会員ニ推薦ス
第十三条　名誉会員ハ本会ノ目的ヲ賛助スルニ止マルモノトス

第五章　職員

第十四条　本会ノ職員ヲ定ムル左ノ如シ
総理　一名
会長　一名
副会長　一名
幹事　七名
審査委員　若干名
書記　若干名
郡委員　若干名
部落委員　若干名
第十五条　総理ハ本会一切ノコトヲ統攝スルモノトス
第十六条　会長ハ総理ヲ輔ケ且ツ集会ノ議長トナルモノトス
第十七条　副会長ハ会長ヲ輔ケ会長事故アルトキハ其代理タルヘシ

第十八条　幹事ハ総理ノ指揮ニ従ヒ庶務会計編輯等ノ事ヲ掌ルモノトス
但シ正副会長トモニ事故アルトキハ其代理タルコトヲ得
第十九条　審査委員ハ総理ノ指揮ニ従ヒ学術上或ハ学務上ノ質疑ニ答フルモノトス
第二十条　郡委員部落委員ハ総理ノ指揮ニ従ヒ事務ヲ取扱フモノトス
第廿一条　職員ハ俸給ナシト雖モ総理ノ意見ヲ以テ臨時報酬スルコトアルヘシ
但シ書記ハ若干ノ俸給ヲ支給スルモノトス

第六章　撰挙

第廿二条　総理ハ会長ニ於テ会員一同ニ代リ名誉会員中ヨリ推戴スルモノトス
第廿三条　正副会長及ビ幹事ハ会員ノ投票ヲ以テ撰挙シソノ任期ヲ満二ヶ年トス
但シ改選ノトキハ前任ノ者ヲ再選スルコトヲ得
第廿四条　審査委員書記郡委員部落委員ハ総理之ヲ特撰スルモノトス
第廿五条　総集会常議員ハ五十名トシ常集会常議員ハ三十名トシ半ハ会長ノ特撰ニ成リ半ハ会員ノ公撰ヲ以テ定メ其任期ヲ満二ヶ年トス
但シ改撰ノトキハ前任ノ者ヲ再撰スルコトヲ得
第廿六条　討議ノ議員ハ議長ニ於テ参会ノ会員中ヨリ別ニ之ヲ定ムルモノトス

第七章　集会

第廿七条　集会ハ総集会常集会臨時集会ノ三類ニ区別ス
第廿八条　総集会ハ毎年七月開会シ左ノ諸項ヲ挙行スルモノトス其期日ハ前以テ報道スベシ
但シ時宜ニ依リ会期ヲ変更スルコトアルベシ
一　諮問ノ復申
一　前年中本会成蹟ノ報道
一　前年中本会会計ノ報道
一　本会職員ノ投票（隔年）

一　教育上ノ建議
一　議題ノ討議
一　会員ノ演説
一　教育上ノ談話
第廿九条　常集会ハ毎月第三日曜日午後一時ヨリ開会シ左ノ諸項ヲ挙行スルモノトス
但シ時宜ニヨリ変行スルコトアルベシ
一　諮問ノ復申
一　教育上ノ建議
一　議題ノ討議
一　会員ノ演説
一　教育上ノ談話
第三十条　臨時会ハ至急ヲ要スル事件アルトキ総理ノ意見又ハ会員二十名以上ノ請求ニヨリ開会スルモノトス
第三十一条　議案及議題ハ予メ本会雑誌ニ報告スルヲ例トス尤時宜ニヨリ開会当日会場ニ於テ報告スルコトアルヘシ

第八章　議事

第三十二条　議員着席ノ順序ハ予メ抽籤ヲ以テ之ヲ定メ毎会其席ニ就キ参会員ニシテ意見ヲ述ベンド欲スルモノハ議長ノ承諾ヲ得テ番外席ニ就クモノトス
第三十三条　凡発言セントスル者ハ先ツ自己ノ番号ヲ呼ヒ議長ノ承諾ヲ得ベシ
第三十四条　会議又ハ討議既ニ尽キタリト認ムルトキハ議長之カ決ヲ取ルヘシ其議決ハ多数ヲ以テス可否同数ナルトキハ議長ノ可否スル処ニヨル
第三十五条　議事ハ第一第二第三次会ニ区別ス
但シ議長ノ意見ニ依リ之ヲ合議スルコトアルヘシ
第卅六条　会場ノ静粛ヲ持スルハ議長ノ責任タルヲ以テ之カ妨礙アリト認ムルトキハ議長ハ相当ノ処置ヲナスベシ
第卅七条　会議又ハ討議ヲナストキ本会ノ旨趣ニ背キ若シクハ抵牾スルモノアリト認ムルトキハ議長ハ直ニ中止退散セシムベシ

第卅八条　会員ハ家族及二人以下ノ知友ヲ誘致シ傍聴セシムルコトヲ得
但シ時宜ニ由リ謝絶スルコトアルベシ

第九章　演説

第卅九候《ママ》　本会ハ総理ノ裁決ヲ経テ令聞アル教育家学術家ヲ聘シテ演説ヲ乞フコトアルベシ
第四十条　会員中演説セント欲スルモノハ予メ其演題ヲ本会ニ出シテ会長ノ承諾ヲ受クベシ

第十章　審査

第四十一条　審査スヘキ事件アルトキハ総理ニ於テ委員中ヨリ其担任者ヲ撰ミ審査ヲ為サシムベシ
第四十二条　審査担当者ハ其審査スヘキ事件ヲ協議断案シ理由ヲ附シ之ヲ総理ニ出スヘシ
第四十三条　総理ニ於テ審査上齟齬或ハ不充分ト認ムルトキハ再審査ヲ為サシメ尚適当ナラサルトキハ更ニ担任者ヲ定メ之ヲ審査セシムルコトアルベシ
第四十四条　審査シタル事件ハ本会ノ意見トナスモノトス
第四十五条　審査ノ方法及其細則ハ審査委員便宜ヲ以テ之ヲ定ムヘシ

第十一章　通信

第四十六条　会員ハ常ニ教育上諸般ノ事項ニ注目シ本会ノ参考トナルベキモノハ勉メテ之ヲ通報スヘシ

第十二章　会計

第四十七条　会員ハ会費トシテ一名ニ付一ヶ月十銭ツヽ二ヶ月分以上ヲ前納スヘシ
第四十八条　会費ハ部落委員ニ於テ取纏メ其月十七日ニ郡委員ニ送付シ郡委員ハ当月廿五日迄ニ事務所ニ送付スヘシ
但シ県外ノ会員ハ直ニ事務所ニ送付スベシ
第四十九条　会費トシテ一時ニ金十円以上ヲ出スモノハ別ニ会費ヲ納メズシテ終身会員タルコトヲ得
第五十条　本会ノ会員ハ確実ナル銀行ニ預ケ之ヲ出納スルモノトス
第五十一条　本会ノ収支勘定ハ一ヶ年毎ニ決算シ翌年ノ総集会ニ於テ之ヲ報道スベシ

第十三章　雑件

第五十二条　本会ニ於テハ毎月一回雑誌ヲ編纂シ教育上ノ布告布達論説記事及報告等ヲ登録シ之ヲ会員ニ頒ツベシ

第五十三条　本会ニ金員又ハ物品等ヲ寄贈スル者アルトキハ本会ヨリ謝状ヲ送呈シ且ツ寄贈者ノ姓名ヲ簿冊ニ録シテ永ク之ヲ保存シ本会ノ雑誌及新聞紙ヲ以テ広告スベシ
第五十四条　コノ規則ハ総理ノ意見或ハ会員二十名以上ノ発議ニヨリ総集会ノ決議ヲ経テ変更スルコトアルベシ

【資料二】
○　会告
○本会規則修正　去ル二十日廿一日ノ総集会ニ於テ左ノ通本会規則ヲ修正スルコトニ議定セリ
福島県私立教育会規則
第一条　本会ハ福島県教育ノ普及進歩ヲ図ルヲ以テ目的トス
第二条　本会ニ於テ挙行スヘキ事業大約左ノ如シ
一、教育上ノ事項ヲ審案シテ一般ノ参考ニ供シ又場合ニヨリ其筋へ建議スルコト
一、教育ニ関スル会員ノ質疑及其筋ノ諮問ニ応答スルコト
一、会員ヲ派出シテ教育上ノ情況ヲ視察スルコト
一、教育ニ関スル通俗講談会諸品展覧会講習会等ヲ開クコト
一、雑誌ヲ発行スルコト
第三条　本会ノ事務所ハ福島町ニ置ク
第四条　本会ノ目的ヲ賛成スルモノハ何人ヲ問ハス会員タルコトヲ得
第五条　会員タラント欲スルモノハ住所、族籍、氏名、業務ヲ記載シ郡幹事ヲ経テ本会ニ申込ムヘシ本会ハ其氏名ヲ雑誌ニ登録シテ入会ヲ証ス但町村委員ノ設アル場合ニハ該委員ヲモ経ルヲ要ス
第六条　会員転居シタルトキハ転居地ノ郡幹事ヲ経テ其旨ヲ本会ニ通報シ同時ニ前住地ノ郡幹事ニ通報スヘシ但町村委員ノ設アル場合ニハ前条但書ニ準ス
第七条　退会セント欲スル者ハ第五条ノ手続ニ準シ本会ニ申込ムヘシ
第八条　会員ハ本会ノ組織及ヒ事業ニ就キ建議ヲナシ又ハ教育上諸般ノ質疑ヲナスコトヲ得但建議ヲ会議ニ付スルト否トハ会長ノ選択

ニ依ル
第九条　令聞名望アル人ニシテ本会ニ裨益アリト認ムルモノハ推シテ名誉会員トス
第十条　本会ハ名誉会員中ヨリ総裁一名ヲ推戴シ永ク其統率ヲ仰クヘシ
第十一条　本会ニ会長一名副会長一名幹事八名郡幹事三十四名議員三十名書記一名ヲ置ク但書記ハ時宜ニ依リ置カサルコトアルヘシ
第十二条　会長ハ本会一切ノ事ヲ統理シ且会議ノ議長トナル副会長ハ会長ヲ輔ケ会長事故アルトキハ之カ代理ヲナス
幹事ハ会長ノ指揮ヲ受ケ会務ヲ分掌ス
郡幹事ハ其郡内ノ会務ヲ担当ス
議員ハ議員会ノ議事ヲ担当ス
書記ハ幹事ニ附属シテ諸務ニ従事ス
第十三条　会長副会長幹事郡幹事及ヒ議員ノ任期ハ各一ヶ年トス但補欠当選者ハ前任者ノ任期継続スルモノトス
第十四条　会長副会長幹事及ヒ議員ハ会員中ヨリ公選ス郡幹事ハ毎郡役所所轄内会員ニ於テ各二名ヲ互選ス
書記ハ有給トシ会長之ヲ採用ス
第十五条　会長副会長幹事及ヒ議員ニ欠員ヲ生シタルトキ投票次数ノモノヲ以テ之ニ充テ郡幹事ニ欠員ヲ生シタルトキハ其都度選挙スルモノトス
第十六条　郡内会員ノ協議ニ依リ一町村若クハ数町村ニ町村委員ヲ置キ其町村内ノ会務ヲ取扱ハシムルコトヲ得
第十七条　会長ハ臨時審査ヲ要スル事項アルトキハ会員若クハ会員外ノ人ニ其審査ヲ嘱託スルコトアルヘシ但此場合ニ於テハ会長ノ見込ヲ以テ報酬スルコトヲ得
第十八条　本会ハ総集会常集会議員会ヲ設ク
第十九条　総集会ハ毎年六月ニ於テ五日以内開会シ大約左ノ事項ヲ挙行ス
一、前年度会務ノ報道
一、会長副会長幹事及ヒ議員ノ選挙
一、規則ノ加除変更及ヒ本会ニ関スル重大ナル事件ノ審議
一、教育ニ関スル談話演説及ヒ討論

第二十条　常集会ハ毎年二月四月八月十月十二月第二日曜日ニ於テ開会シ教育上ノ談話演説討論等ヲナス
第二十一条　議員会ハ会長ノ意見又ハ議員十名以上ノ請求ニ依リ臨時開会シ本会ノ事業ニ関スル重要ナル事件及ヒ教育上ノ事項ヲ審議評定ス
第二十二条　総集会常集会ハ会長ノ意見ニヨリ其期ヲ変更スルコトアルヘシ又至急集会ヲ要スルトキハ会長ノ意見又ハ会員五十名以上ノ請求ニヨリ臨時開会スルコトアルヘシ
第二十三条　議員会ハ議員半数以上出席セサレハ開会セサルモノトス
第二十四条　会議ハ出席員ノ過半数ニ依リテ決シ二説同数ナルトキハ議長之ヲ決ス此他ノ手続ハ議長ノ指示スル所ニ依ル
第二十五条　会員ハ家族及ヒ知友ヲ本会ノ集会ニ誘致スルコトヲ得但時宜ニ依リ謝絶スルコトアルヘシ
第二十六条　本会ハ毎月一回雑誌ヲ発行シテ会員ニ頒ツヘシ
第二十七条　本会ノ会計ハ一般ノ会計年度ニ依ル
第二十八条　会員ハ会費トシテ一ヶ月金拾銭ノ割合ニテ三ヶ月分ヲ三月六月九月十二月ニ於テ郡幹事（町村委員ノ設アル場合ニハ該委員ヲモ経ルヲ要ス）ヲ経テ前納スヘシ但時宜ニ依リ直チニ本会事務所ニ送納スルモ妨ナシ此場合ニ於テハ本会事務所ヨリ郡幹事ニ通知スヘシ
在他府県会員ハ直チニ本会事務所ニ送納スヘシ
新ニ入会シタルモノハ第一項ノ例ニヨリ直ニ入会以後ノ分ヲ前納スヘシ
退会シタルモノハ其翌月以後ノ分ヲ返戻スヘシ
第二十九条　一時ニ金拾円以上ヲ出スモノハ別ニ会費ヲ出サスシテ終身会員タルコトヲ得
第三十条　本会ノ金円ハ確実ナル銀行ニ預ケ之ヲ出納スルモノトス
第三十一条　会計ノ決算ハ定期総集会ニ於テ報告ス
第三十二条　本会ニ金円若クハ物品ヲ寄贈スルモノアルトキハ総裁ヨリ謝状ヲ送リ且寄贈者ノ氏名ヲ会員ニ報告ス
第三十三条　会員ハ本会ノ事業ヲ拡張スルカ為メ其郡役所所轄内ニ於テ部会ヲ設立スルモノトス
最寄部会ノ協議ニ依リ数部会ヲ連合シテ更ニ連合部会ヲ設立スルコトヲ得
部会及ヒ連合部会規則ハ本会会長ノ認可ヲ受クヘシ

第三十四条　部会ハ隔月一回以上其部内ノ教育ニ関スル状況ヲ本会ニ報告スヘシ
第三十五条　会員ニシテ本会ノ規則ヲ遵守セス或ハ本会ノ名誉ヲ汚シタルモノハ総裁ノ裁決ヲ経テ除名スルコトアルヘシ
第三十六条　本則ノ加除変更ハ総裁ノ意見又ハ会員七十名以上ノ請求ニヨリ総集会ノ議決ヲ経ルヲ要ス
『福島私立教育会雑誌』第四六号、明治二二年七月三〇日、一一―一六頁

【資料三】
福島県私立教育会双葉部会規則
第一条　本会ハ福島県私立教育会規則第三十三条ニ依リ之ヲ設置ス
第二条　本会ハ福島県私立教育会双葉部会ト称ス
第三条　本会ハ福島県私立教育会ノ事業ヲ翼賛ス
第四条　本会ノ目的ヲ賛成スル者ハ福島県私立教育会ノ会員ニアラサルモ会員タルコトヲ得
第五条　教育ニ関シテ名望アル者一名ヲ推戴シテ永ク其統率ヲ仰クヘシ
第六条　本会ニ会長副会長各一名幹事三名部落委員六名ヲ置ク
第七条　職員ノ分掌ヲ左ノ如ク定ム
一　会長ハ本会一切ノ事務ヲ統理シ且会議ノ議長トナル副会長ハ会長ヲ輔ケ会長事故アルトキハ之カ代理ヲナス
一　幹事ハ本会一切ノ事務ヲ担当ス
一　部落委員ハ其部内ノ会務ヲ担当ス
第八条　職員ノ撰挙ハ会員中ヨリ互選ス
但シ任期ヲ一ヶ年トシ再撰スルモ妨ケナシ
第九条　本会ハ二月五月九月十一月ノ第一日曜日ニ於テ開会ス
但会長若クハ会員五名以上ノ意見ニヨリ臨時会ヲ開クコトアルヘシ
第十条　毎年九月ノ総集会ニ於テ左ノ事ヲ挙行ス
一　会務ノ報道

一　職員ノ撰挙
一　教育上ノ演説討論談話
第十一条　本会ノ事務所ヲ仮ニ小浜高等尋常小学校内ニ設ク
第十二条　入会セントスルモノハ幹事ニ申込其指揮ヲ受クヘシ
第十三条　会員ハ会費トシテ一ヶ月金二銭宛四ヶ月分以上ヲ前納スヘシ
第十四条　会員ハ本会ノ参考トナルヘキモノヲ務メテ通報スヘシ
第十五条　議事ハ普通ノ法ニヨル
第十六条　此会規ハ会員五名以上ノ発議ニヨリ衆議ヲ以テ改正スルコトヲ得
『福島私立教育会雑誌』第四九号、明治二三年一〇月三〇日、第四九号、四―六頁

第四章　明治期群馬県における教育会の展開

清水　禎文

一　問題設定と先行研究

地方教育会は、国の近代的教育制度の構想と地方の教育実態とを架橋する中間団体であった。その歴史的展開を理念型的に素描するならば、地方教育会は地方の実態に即した教育を構想する相対的に自由な自発的結社として出立し、明治期を通じて次第に官僚化するのと平行して国の教育行政機構のなかに回収され、昭和期には国の教育施策を積極的に担い取る翼賛団体へと変貌する。

先行研究に即してこの過程を辿ってみよう。佐藤秀夫によれば、すでに学制期より「学事会議」と総称される教育諸会議が族生し、それらは「必ずしも全一的な官権の翼賛機構であった訳ではなく、そこには運用いかんによっては、人民の代議制機構として将来発展しうるであろうような可能性をも含んでいた」(1)。また文相森有礼の理念の地方への定着過程を分析した木村力雄は、森の構想は教育行政のラインによる法令上の責任体系を明確にする一方で、「教育に関する自発的任意団体たる教育会を育成助長し……これを「教育ノ自理」主体へと改組し、これに「教育ノ実権」を委譲すること、「和働」の創出を行政の主たる任務とみる発想が読みとられる」(2)としている。これらの研究が指し示している通り、地方教育会には少なくともその成立期においては、地方に根ざした独自の地方教育行政を成立させる余地があったと見てよい。

これらの研究に対して、地方教育会および全国教育会の構造とその歴史的展開全体を俯瞰する梶山雅史は、地方教育会は「教育行政担当者、師範学校等の教育機関スタッフ、小学校長・教員、地方名望家をその構成員として取り込み、各地の教育問題、諸課題への対処をなし、教育振興策への強力な翼賛機関として機能するに至る。教育会の機能を端的に表現するならば、文部省の教育政策を前にして、地方における教育政策と教育要求の最も現実的、具体的な調整をになった独特の団体であった」(3)とし、地方教育会発足当時の可能性や理念よりも、むしろ地方教育会が翼賛機関として機能するに至る構造の客観的・歴史的な解明を試みている。いわば地方教育会の終焉から地方教育会の歴史的展開を照射するスタンスを取っていると言えよう(4)。

問題は、相対的に自由な自発的結社として発足した地方教育会が、いかなるプロセスを経て、最終的に翼賛団体へと変貌していくのか、である。この問題を解明するためには、とくに明治期における地方教育会の展開に焦点を当てる必要がある。むろん、各地における地方教育会の歩みは一様ではない。とくに明治期における地方教育会の組織や機能は、各地域において差異が認められる。しかし全体として眺めるならば——現段階では仮説の域を出るものではないが——、明治期は「教育ノ自理」を担い、「教育ノ実権」を行使する人的・組織的基盤が未成熟であり、その結果として「和働」の創出による教育指導行政よりも、教育行政のラインを通じた権力的な教育行政が浸透していく時期と見ることができよう。つまり明治期は、地方教育会が設立当初の構想から次第に後退していく過程であり、それはまた学制期に族生した自主的な教員研修会が官製研修会へと収斂されていく過程でもある。

本稿においては、こうした過程を群馬県における地方教育会の展開を通して検証しようと試みるものである。なお、群馬県下の教育会史に関するまとまった先行研究は存在しない。『群馬県教育史』のほか、各郡市の教育史が刊行されており、それらのなかに教育会の章が設けられているものの、いずれも教育会それ自体に焦点を当てた記述にはなっていない。したがって、群馬県下における地方教育会組織および活動実態の消長については必ずしも明確ではないのが現状である。

二　明治期における群馬県下教育会の動向

群馬県における教育会は、当初教育議会として発足する[5]。群馬県教育会は明治一五年（一八八二）の夏に開催され、明治一六年、一七年と三回開催されたが、明治一八年には開催されなかった。そして明治一九年（一八八六）一月五日に、私立教育会としての上野教育会が発足する。一方、郡教育会も教育議会として開設されたと推測できる。史料的に確認できるのは、碓氷郡、北甘楽郡、緑野・多胡郡である[6]。郡教育会も明治一八年（一八八五）頃から私立教育会に転換する[7]。そのさい特徴的なのは、県教育会と郡教育会との関わりである。群馬県においては、いくつかの郡教育会が県教育会に先行して発足し、県教育会と郡教育会とは組織的な関連を持たずに展開していた。上野教育会発足後に成立した郡教育会も、少なくともそれらの教育会規則を見るかぎり、やはり組織的には上野教育会と関連を持たずに独自の展開をする。郡教育会同士の関連も明治四〇年（一九〇七）の郡市連合教育会まで組織的には存在せず、多元的な状況にあったと推測できる。

本稿において検討の対象とする時期は、明治一九年（一八八六）の上野教育会成立後から明治末までとする。明治二三年（一八九〇）に公布された府県制・郡制は、群馬県においては明治二九年（一八九六）に施行され、明治三〇年代にはその機能を発揮し始め、教育行政に関しては県（県視学官）―郡役所（郡視学）―小学校長会というラインが確立する。こうした垂直的な行政体制が確立する中で、上野教育会は、その機能の重心を次第に雑誌発行、社会教育に移行させていったと考えられる。

またこの時期、郡市教育会の活動は郡によって濃淡が認められる。しかし、全体としては郡市教育会が積極的かつ組織的に機能し、各郡市独自の教育世論の形成、教育施策の調整に貢献したとは言えない。その根拠として、各郡市教育会の雑誌は必ずしも継続的に刊行されていないこと、教員の自主的な講習会などは郡よりも狭い範囲内で営まれていたことが挙げられる。さらに、明治二八年（一八九五）の市町村学事会規程により、官製の教員研修会とも言うべき乙種学事会が発足し、教員はもっぱら教授法、学校管理法の研究に集中することになる。そして明治三〇年代半ばからの行政ルートの確立により、教育会、とりわけ郡市教育会の果たすべき固有の機能は、いっそう狭隘化していったと考えられる。

1　上野教育会のスタッフと財政

群馬県における私立教育会としての上野教育会は、明治一九年（一八八六）一月五日、群馬県師範学校において発足する。発足時の会員は五三名であり、そのうち県学務課員が四名、師範学校関係者が一一名であった。会長は県学務課長の土屋重雄、副会長は師範学校教諭の篠田利英、幹事は篠田利英、師範学校教諭・瀧澤菊太郎、県学務課員・白井茂八郎の三名であった。上野教育会は、県学務課及び師範学校関係者の強力なイニシアティブで発足したと言えよう。

しかし、その後の人事異動を追ってみると、〔表1〕、〔表2〕に示すとおり県学務課員及び師範学校関係者には異動が多いことがわかる。明治一九年（一八八六）九月八日に師範学校教頭の篠田利英が高等師範学校に転出し、その二日後の九月一〇日に瀧澤菊太郎が教頭に就任する。この前後、師範学校教諭から相次いで辞表が提出されている。海老沢左七郎が九月一六日、岡部新三郎が九月二一日、上野教育会発足時には名前を連ねていないが、林昇と大貫粛の両人が九月二二日にそれぞれ辞表を提出している。この他、瀧澤が教頭に就任する以前には、柳生寧成が明治一九

〔表１〕上野教育会発足当時の会員（県・師範学校関係者のみ）とその後の異動

氏名	所属郡	所属	異　動
土屋重雄	東群馬郡	学務課員	M21.11.12 辞表　11.26. 辞職 11.28 神奈川県へ
小林正義	東群馬郡	学務課員	M23 の県官吏現員表になし
朝倉政行	東群馬郡	学務課員	M30 まで師範学校教諭心得
白井茂八郎	東群馬郡	学務課員	M25.11.4　依願免官
林　光徳	東群馬郡	師範学校教員	M18.12.26. 熊本師範より転入、 M22.11.22 依願免職
利根川浩	東群馬郡	師範学校教員	M19.4.2. 北甘楽郡へ
岡部新三郎	東群馬郡	師範学校教員	M19.9.21 辞表
瀧澤菊太郎	東群馬郡	師範学校教員	M19.9.10. 教頭に M25　高等師範へ転出
山口酉三郎	東群馬郡	師範学校教員	M32 女子高等師範へ転出
保岡亮吉	東群馬郡	師範学校教員	M23 の県官吏現員表になし
海老沢左七郎	東群馬郡	師範学校教員	M19.9.16　辞表
坂部林三郎	東群馬郡	師範学校教員	M32　転出
篠田利英	東群馬郡	師範学校教員	M19.9.8　高等師範学校へ転出
鈴木棟一	東群馬郡	師範学校教員	M34 まで師範学校教諭
加藤元吉	東群馬郡	附属校教員	M23 の県官吏現員表になし
加藤勇次郎	京都		M19.4.2　師範学校教諭辞表

〔表２〕師範学校教員の異動

五十嵐敬作	M21.9.14　辞表
林　　昇	M19.9.22　辞表
大貫　粛	M19.9.22　辞表
柳生寧成	M19.1.21　徳島師範へ転出

師範学校教員及び県学務課員

M30	M32.1	M33.1	M34.1	M35.1	M36.1	M37.1	M38.1	M39.1
大東重善	大東重善	矢島錦蔵	矢島錦蔵	矢島錦蔵	堀井覚太郎	羽田貞義	羽田貞義	羽田貞義
坂部林三郎	坂部林三郎	塚原常之助	塚原常之助	渡邊真一郎	渡邊真一郎	渡邊真一郎	佐藤穂三郎	佐藤穂三郎
渡邊真一郎	渡邊真一郎	渡邊真一郎	渡邊真一郎	佐藤穂三郎	佐藤穂三郎	佐藤穂三郎	鈴木利平	鈴木利平
鈴木棟一	加藤栄蔵	加藤栄蔵	佐藤穂三郎	中曽根鷲三郎	鈴木利平	鈴木利平	齋藤惇	新井儀蔵
大戸栄吉	鈴木棟一	鈴木棟一	中曽根鷲三郎	佐藤元蔵	齋藤惇	齋藤惇	新井儀蔵	小関源助
倉塚源太郎	角田傅	佐藤穂三郎	佐藤元蔵	利根川与作	熊代彦太郎	唐木歌吉	小関源助	竹村兼十
山口西三郎	山口西三郎	中曽根鷲三郎	利根川与作	齋藤惇	羽生庚午郎	小関源助	竹村兼十	武居芳成
角田傅	佐藤穂三郎	齋藤惇	齋藤惇	熊代彦太郎	唐木歌吉	竹村兼十	武居芳成	佐藤廉蔵
内田粂太郎	内田粂太郎	内田粂太郎	加藤幸重郎	内田粂太郎	小関源助	佐藤廉蔵	佐藤廉蔵	小林連
竹添吾麓	竹添吾麓	高野清雄	内田粂太郎	羽生庚午郎	佐藤廉蔵	島田民治	小林連	岩城寛
齋藤惇	齋藤惇	加藤幸重郎	高野清雄	小関源助	高野清雄	岩城寛	岩城寛	高橋栄五郎
			毛利可久	高野清雄	林盛太郎	西山清澄	西山清澄	藤井節三
				林盛太郎	藤井節三	林盛太郎	高橋栄五郎	林盛太郎
				毛利可久	毛利可久	藤井節三	藤井節三	藤田郁太郎
						北島孝志	林盛太郎	石井清之助
						西村秀三郎	武田鈴三	角田音吉
						十河元八	吉原亀之助	小笠原実成
			安元久雄	安元久雄				
徳重半四郎	加藤幸重郎	林盛太郎	林盛太郎	北島孝志	北島孝志			水谷亀三郎
林盛太郎	林盛太郎	喜多嶋孝志	喜多嶋孝志	西村秀三郎	西村秀三郎			
長澤半作	長澤半作	長澤半作	照井広司	照井広司				
		根岸ラク	根岸ラク	岡村ナミ				
		岡村ナミ	岡村ナミ					
折原佐助	折原佐助	折原佐助	林久重	林久重	林久重	林久重		林久重
林久重	林久重	奥村直康						
宮本英一郎	宮本英一郎	林久重						
古荘嘉門	古荘嘉門	古荘嘉門	小倉信近	関清英	吉見輝	吉見輝	吉見輝	吉見輝
永井環	三橋勝到	三橋勝到	三橋勝到	三橋勝到	青木良雄	青木良雄	青木良雄	堀信次
柴田駒三郎	柴田駒三郎	大東重善	大東重善	大東重善	大東重善	大東重善	大東重善	大東重善
吉田輪三郎	山崎金四郎	山崎金四郎	山崎金四郎	山崎金四郎	山崎金四郎	山崎金四郎	澤口蔦五郎	澤口蔦五郎
山崎金四郎	澤口蔦五郎	澤口蔦五郎	澤口蔦五郎	澤口蔦五郎	澤口蔦五郎	澤口蔦五郎	岩崎広次	近藤常政
澤口蔦五郎	岩崎広次	岩崎広次	岩崎広次	岩崎広次	岩崎広次	岩崎広次	近藤常政	牧雄力
岩崎広次	牧雄力	牧雄力	天笠久真三	牧雄力	牧雄力	近藤常政	牧雄力	狩野虎千代
牧雄力			牧雄力	大久保精一	大久保精一	牧雄力		高橋梅太郎
								黛宅次郎
			雇	鹿沼龍平	鹿沼龍平		高橋登喜彦	渡邊三郎
								大場仙七郎
	視学	堤乕造	堤乕造	堤乕造	高橋梅太郎	高橋梅太郎	高橋梅太郎	
	視学	高橋菊三郎	高橋菊三郎	高橋菊三郎	高橋菊三郎		黛宅次郎	
	雇	伊藤小三郎	伊藤小三郎	伊藤小三郎	伊藤小三郎	早川儀雄	早川儀雄	
	雇	入喜代吉						
				女子師範校長	山高幾之丞	山高幾之丞	山高幾之丞	山高幾之丞

〔表３〕「県官吏現員表」による

	M23.12	M24.12	M25.12	M26.12	M27.12	M28.12	M29
校長	滝澤菊太郎	滝澤菊太郎	大東重善	大東重善	大東重善	大東重善	大東重善
教頭	欠	欠					
教諭	滝澤菊太郎 坂部林三郎 毛利廣居 山口西三郎 鈴木棟一	滝澤菊太郎 坂部林三郎 鈴木棟一 毛利廣居 山口西三郎	坂部林三郎 毛利廣居 鈴木棟一 小林晋吉 山口西三郎 内田粂太郎	坂部林三郎 渡邊真一郎 鈴木棟一 小林晋吉 渡邊千治郎 山口西三郎 山田文太郎 内田粂太郎	坂部林三郎 渡邊真一郎 鈴木棟一 小林晋吉 渡邊千治郎 山口西三郎 山田文太郎 内田粂太郎 室伏力次郎 堀捨次郎	坂部林三郎 渡邊真一郎 鈴木棟一 小林晋吉 渡邊千治郎 山口西三郎 山田文太郎 大戸栄吉 内田粂太郎 室伏力次郎 竹添治三郎	坂部林三郎 渡邊真一郎 鈴木棟一 大戸栄吉 倉塚源太郎 山口西三郎 角田傳 内田粂太郎 竹添治三郎 齋藤惇
教諭心得			山田文太郎 朝倉政行	朝倉政行	朝倉政行	朝倉政行	朝倉政行
助教諭	内田粂太郎 林盛太郎	内田粂太郎 林盛太郎	林盛太郎 若松釜三郎	服部元彦 林盛太郎	林盛太郎 高林璞蔵	林盛太郎 高林璞蔵 折原佐助	武谷佐一 林盛太郎 高林璞蔵 長澤半作
助教諭心得							折原佐助 林久重

	M23.12	M24.12	M25.12	M26.12	M27.12	M28.12	M29
知事	佐藤与三	中村元雄	中村元雄	中村元雄	中村元雄	中村元雄	石坂昌孝
書記官（内務部長）	佐藤暢	島田宗正	島田宗正	荒川義太郎	武田千代三郎	武田千代三郎	薄定吉
第三課長	横山三郎	大庭寛一	横尾純喬	横尾純喬	横尾純喬	横尾純喬	桒原八司
学務係（属）	榎田一郎 白井茂八郎 吉田輪三郎 岩神正矣 森孝則 中島尚友 清水金八	久野久 吉田輪三郎 岩神正矣 山崎金四郎 辻鉀三郎 加藤新作	岩神正矣 吉田輪三郎 石井拡 山崎金四郎 吉井紀男 伊藤□治	岩神正矣 吉田輪三郎 石井拡 山崎金四郎	岩神正矣 吉田輪三郎 山崎金四郎 野澤幸之助	岩神正矣 小出雅雄 吉田輪三郎 野澤幸之助 高岡譲	吉田輪三郎 石井拡 山崎金四郎 石田勝太郎 澤口蔦五郎 堀口安馬 野澤幸之助 石倉貞
（技手）		鹿沼雷吉					
（雇）	鹿沼雷吉 井内健二郎	吉井紀男		野澤幸之助			

※　明治23年から同28年までは12月31日現在、同32年からは1月1日現在。
　　明治29年・同30年は表紙が欠落。12月31日現在のものと思われる。

※　下線は兼任を示す。

年一月二一日に徳島師範へ転出、加藤勇次郎が同年四月二日に辞表、利根川浩が同年四月二日に北甘楽郡に転出している。

また県学務課に属していた会員を見ると、上野教育会初代会長で県学務課長であり師範学校長を兼ねていた土屋重雄は、明治二一年（一八八八）一一月に健康上の理由で辞職する。[8] 明治二三年（一八九〇）一二月三一日付で作成された県官吏現員表を見ると（〔表3〕を参照）、学務課員の小林正義、師範学校教諭の保岡亮吉、加藤元吉の名前はすでに見当たらない。上野教育会発足時の会員であり、同現員表にも名前を連ねている県・師範学校関係者は、発足当時の一五名のうち、瀧澤菊太郎、坂部林三郎、山口酉三郎、鈴木棟一、白井茂八郎の五名であり、この五名も明治二五（一八九二）年に瀧澤が高等師範学校に転出、同年に白井が依願免職するなど、五年あまりの間にほとんどの会員が県学務課および師範学校から去っている。こうした人事異動の状況から、上野教育会の活動はほんの僅かな者、おそらく数名の県学務課・師範学校関係者によって担われていたと推測してよいであろう。

明治二五年（一八九二）、瀧澤菊太郎が高等師範学校に転出し、後任として大束重善が師範学校長に着任した（明治三二年（一八九九）からは県視学官）。大束は、着任直後に上野教育会会長に就任し、明治三九年（一九〇六）に学習院教授に転出するまでの一四年間にわたり、上野教育会会長を務めた。この間、副会長は師範学校教諭・坂部林三郎（明治二六年〜同三一年）、師範学校長・矢島錦蔵（明治三二〜同三五年）、師範学校長・堀井覚太郎（明治三六年）、師範学校長・羽田貞義（明治三六年〜同四一年）が務め、相対的に安定した人事が行われていた。

財政的には、上野教育会は、明治二六年（一八九三）、「雑誌刊行による啓発、功労者表彰による奨励、教育上の問題討議、学事視察、諮問に対する答申」による県教育への寄与、また今後の「教授法の改良調査、教科書調査、教員講習の開設等」の実施を理由に、県会に対して二百円の県費補助を要求した。この年は補助を受けられなかったものの、翌明治二七年（一八九四）からは、百円の県費補助を受けられるようになった。[9]

これらのことから、上野教育会が組織的、財政的に安定した活動を展開できるようになるのは、大束重善が会長に就任した明治二五年（一八九二）以降と考えてよいであろう。

2　上野教育会の事業

昭和一二年（一九三七）に刊行された『社団法人　群馬県教育会五十年略史』（以下、『五十年略史』と省略）によれば、上野教育会の事業は「創立より明治三十年頃までは事多く初等教育に関係し、明治三十一、二年頃より次第に中等教育、社会教育に及べるものの如し、これ蓋し当代教育の進歩社会の情勢と役員当局の本職の然らしめたるものならん」[10]とし、時代状況に応じて、また教育の普及状況に応じて、その事業内容が転換していることを指摘している。『五十年略史』によれば、明治期の上野教育会の主な活動は、概ね次の通りに分類することができる。

㈠　教育問題に関する諮問・調査研究など
㈡　雑誌の刊行
㈢　図書の編集発行
㈣　講習会及び講演会等の開催
　①　教員の修養に関するもの
　②　教員養成講習会
㈤　その他の事業
　①　附属図書館の設置
　②　附属訓盲所の設置

③　県外視察
④　表彰
⑤　救済慰問・寄附

本稿においては、上野教育会の諮問・調査研究、教員養成事業、他機関との連携の三つの視点から上野教育会の動向に焦点を当てることにしよう。

（一）　教育問題の調査研究・諮問案の答申

『五十年略史』によれば、教育問題の調査研究および諮問案の答申は「本会の主要事項なり、創立以来教授訓練に関する問題を初めとし、学校設備、学校衛生、教育行政問題に至るまで之を研究討議して、或は直に取つて教授訓練の改良上進に資し、或は当事者に建議してその参考に供し、或は諮問案に答申し県教育延いては国家教育の発達に貢献せり」[11]とし、その対象が教育全般に及んでいたことを示している。

教育内容に関わる案件としては、「郷土地理及郷土史談を編纂する件」（明治二六年）、「小学校生徒をして簡易なる楽器を使用する楽隊を組織せしめ運動行軍等の際活発なる軍楽を吹奏せしむるの可否」（明治二九年）、「唱歌を国民教育の必須科とするの件」（明治三三年）、「方言を矯正する方法如何」（明治三四年）、「国語教育を完成せんには将来の小学校用国語教科書は如何に編纂するを可とするか」（明治三四年）、「図画科を尋常科第二学年より必須科として課するの可否」（明治三六年）、「小学校に於ける書方図画算術の三科目につき教科書を持たしむる可否」（明治三八年）、「本県下出身にして明治三十七、八年戦役に於て修身科の教授材料となすに足るべき軍人の伝記を編纂するの件」（明治三八年）、「教具展覧会開催に関する件」（明治四〇年）、「県訓令に基づき各町村に於て調査したる郷土誌を教育と自治とに活用する方法如何」（明治四三年）などがあり、ほとんどが国の教育課程改革や時局を反映した教育内容・教材の開発に関わる案件となっている。

学校行事に関わる案件としては、「大祭祝日儀式施行手続の件」（明治二五年）、「御真影並に勅語謄本保存に関する件」（明治二五年）、「教育勅語の御趣旨を市町村民に貫徹せしむる方法」（明治四一年）、「戊申詔書の御趣旨を実行する方法如何」（明治四二年）などがあり、ここでも国の教育政策を忠実に反映し、実施するための議論がなされている。

学校外の教育に関わる案件としては、「県立図書館設置の件」（明治三二年）、「青年教育の普及発達を図るに於て簡易にして有効ならしむる方法如何」（明治三八年）、「巡回図書館に関する件」（明治四〇年）、「家庭に於て児童に適当なる遊戯及玩具調査の件」（明治四一年）、「実業補習教育をして最有効ならしむる方法」（明治四一年）、「通俗教育の施設をして最有効ならしむる方法如何」（明治四四年）、「農村に於ける適当なる娯楽を調査するの件」（大正元年）などがあり、明治末期から検討課題として取り上げられている。

なおその他の検討課題としては、学校教育の接続の問題、女子教育（あるいは男女共学）の問題などが取り上げられている。これらは、とりわけ明治三〇年前後からの就学率上昇に伴い、学校教育が質的に変容してゆく中で、必要に迫られた検討課題と言えよう。

本稿においては上述の案件を個別的に検討することはできない。しかし、これらの案件を全体として眺めると、上野教育会における調査研究・答申は、国の教育施策を群馬県下において確実に実施するための具体的調整と見ることができる。かつて明治一五年に開催された第一回群馬県教育会の議事録に見られる県側と郡選出議員との間で交わされた激しい議論――それは、県の教育方針と地域住民あるいは教育関係者の教育に対する要求と齟齬に由来する――は影を潜め、上野教育会はいわば下からの教育要求を吸い上げる機能を次第に失っていったと考えられる[12]。

〔表４〕群馬県における師範学校卒業者数および小学校教員数

	師範学校卒業生		本　科 正教員	本　科 准教員	代　用 教　員	専　科 正教員	本　科 正教員 比率（％）
	卒　業 生徒数	上級学校 入学者数					
明　治 14 年							
明　治 15 年							
明　治 16 年							
明　治 17 年							
明　治 18 年							
明　治 19 年							
明　治 20 年							
明　治 21 年	13	1					
明　治 22 年	17	1					
明　治 23 年	12	5					
明　治 24 年	24	2					
明　治 25 年	14	2					
明　治 26 年	25	3					
明　治 27 年	21	1					
明　治 28 年	22	2					
明　治 29 年	25	3					
明　治 30 年	17	3					
明　治 31 年	17	3					
明　治 32 年	19	1					
明　治 33 年	17	2					
明　治 34 年	24	2					
明　治 35 年	29	5					
明　治 36 年	29	2					
明　治 37 年	32	4					
明　治 38 年	72	9					
明　治 39 年	98	4	1281	544	530	131	51.53
明　治 40 年	104	5	1367	534	530	138	53.21
明　治 41 年	94	6	1428	509	690	135	51.70
明　治 42 年	117	2	1508	536	789	156	50.45
明　治 43 年	135	5	1636	477	795	162	53.29
明　治 44 年	120	6	1750	505	774	205	54.11
明　治 45 年	145	6	1815	474	594	227	58.36
大　正 2 年	141	7	1897	435	517	236	61.49
大　正 3 年	177	6	2046	406	515	220	64.20
大　正 4 年	188	9	2127	340	491	226	66.80
大　正 5 年	160	3	2221	286	508	232	68.40
大　正 6 年	123	5	2207	246	545	232	68.33
大　正 7 年	100	7	2212	310	462	263	68.12
大　正 8 年	109	9	2159	384	530	274	64.51
大　正 9 年	105	9	2116	431	615	282	61.44
大　正 10 年	78	12	2179	439	630	327	60.95
大　正 11 年	135	10	2171	494	662	328	59.40
大　正 12 年	113	7	2254	467	669	354	60.20
大　正 13 年	154	7	2407	467	599	359	62.81
大　正 14 年	250	3	2610	401	522	359	67.06
大　正 15 年	296	1					
昭　和 2 年	297						

「昭和２年　臨時教育調査会資料」　田部井家文書より作成

（二）　教員養成・研修事業

明治期を通して、慢性的に教員不足に悩まされたのは、群馬県ばかりではなかった。師範学校卒業者数は限定されていたからである。（〔表４〕を参照）。そのため地方教育会が教員講習会を開設し、教員養成事業に関わる事例も見られる[13]。しかし、群馬県の場合、教員養成講習会は明治一七年（一八八四）五月の丁第一二号「小学校教員講習会規程」に基づき、各郡において開設され、これによって教員養成―主として尋常小学校本科准教員養成―は担われていた[14]。その一方で明治二七年（一八九四）九月に小学校教員講習科規程が定められ、師範学校に小学校教員講習科が設置された[15]。

こうした郡主催の講習会および師範学校における講習科に、上野教育会会員である師範学校教諭が講師として招聘されることはあったものの、明治期の上野教育会は直轄事業として教員養成事業に携わることはなかった。例外は裁縫科教員の養成である。上野教育会は、明治二八年（一八九五）に小学校裁縫科教員伝習所を開設した。しかし、この裁縫科教員養成事業も、わずか三回の講習で終了している[16]。

教員養成と並び、教員研修もまた上野教育会の重大な関心事であった。たとえば、体操科や国語科の講習会開設を県当局に建議し[17]、じっさい県学務課主催の体操科、国語科、唱歌、また明治三〇年代後半には農業、商業、手工などの科目の講習会が開かれている[18]。

また『上野教育会雑誌』においては、各種教員講習会の情報提供、各種師範学校の入学試験問題、小学校教員検定試験問題の紹介を頻繁に行っていた。こうした県当局への建議、雑誌による情報提供を介して、上野教育会は教師の力量形成と教員免許上伸のため研修機能を間接的な形で担っていたと言えよう。

（三）　他団体との関わり

他団体との関わりは、明治二四年（一八九一）に帝国教育会の主催する全国連合教育会への加盟から始まる。翌明治二五年（一八九二）四月三〇日、五月一日の上野教育会第七回総集会において、全国連合教育会への議員派遣が諮られた。そして、『上野教育会雑誌』第五五号には、議員として派遣された田中美名人の報告が掲載されている[19]。そこでの議題は、「第二　公立小学校教員汽車汽船運賃銭割引の建議」、「第七　各地諸会合体の名義を以て発行する雑誌報告等は第三種郵便物として逓送の便利を与へられんことを当局者に建議する事」など、教員及び教育会への優遇策の建議と並んで、「第三　府県に学務部を設置せられんことを文部省に建議する事」、「第四　市町村立小学校教員給料を府県費にて支弁し其補助を国庫より支出するの法を設けられんことを政府に建議し及び帝国議会へ請願する事」、「第五　前回全国連合教育会の議決を以て文部大臣に呈出したる建議の成行に関し訪問委員五名を派出する議」、「第六　小学校教員中年功加俸に係る費途は市町村費に依らず国税を以て支出せられんことを建議する事」など教育財政、教育行政に関わる問題も掲げられている。しかし、これらの議題は、上野教育会内部で検討された形跡はほとんどない。

こうした議案に対する上野教育会の立場は、必ずしも明らかではない。たとえば、伊澤修二による教育費国庫補助請願書に対して、「同請願書は一萬百六十二名の同盟者を得て、伊澤修二氏の手より貴族院及衆議院へ提出せられたり。紹介の労を取りたるもの貴族院にては近衛侯爵、谷子爵、岡部子爵、松浦伯爵、楫取男爵、衆議院にては、河野広中、島田三郎、渡邊洪基、安倍井磐根、楠本正隆、鈴木萬次郎諸氏にして、諸氏は何れも熱心尽力する由、承諾せられたる趣なれば、国庫補助の前途、頗多望なるものなり、賀すべきの至りと云ふべし[20]」と事実を短く伝えているのみである。

なお、こうした全国教育会との関わり方について、上野教育会の内部において積極的に議論された形跡は認められない。常集会において議題として取り上げられるものの、会長の大束重善に一任されることが多かったようである。たとえば、明治二九年（一八九六）の大日本教育会からの照会に対しては「第一條第三項中に左の一件を加ふる事と決し尚他に一二の企望を述ぶる者ありしが其は会長の取捨に任ずる事として其他は原案に決せり」とされた[21]。また、明治三二年（一八九九）の全国連合教育会（議員は大東の他二名）において、上野教育会は、「各府県に学務部を設置せられん事を建議する事」、「小学校教員俸給を国庫支弁となすことを全国教育会に交渉して政府及次期の帝国議会に建議する事」の二議案を提出しているが、これらの議題提出についてもやはり、常集会や総集会で議論した事実は確認できない。全国連合教育会に対する態度決定は、下からの要望、つまり個々の小学校教員や郡教育会の要望に由来するものではなく、もっぱら会長を中心とする上野教育会の執行部に委ねられていたとも考えられる。

関東連合教育会への加盟は、明治三五年（一九〇二）である。『上野教育会雑誌』には、明治三八年（一九〇五）に開催された第三回関東連合教育会の決議事項が掲載されている[22]。ここでも、「第三　小学校教員俸給の平均義務額を高められんことをその筋に建議すること」、「第四　小学校教員俸給を国庫支持にせられんことを文部大臣に建議し併せて貴衆両院に請願すること」、「第五　視学任用令中に師範学校訓導を加へられんことを其筋に建議すること」、「第八　市町村立小学校基本財産国庫補助法を速に制定せられんことを其筋に建議すること」、「第十　高等教育会議に小学校長を加へられんことを其筋に建議すること」など、待遇改善要求と並び、教育費国庫負担、教育行政に教育の専門家を加えること等、政治色の濃い決議事項が認められる。

しかし、『上野教育会雑誌』の紙面を見る限り、教育費国庫負担問題、あるいは小学校教員の教育行政への参画などについて、上野教育会が一丸となって取り組んだ様子は伝わってこない。

なお、県内の各郡市教育会との関わりは、明治四〇年（一九〇七）九月に連合教育会が開催されたのが始まりであり、ここにおいて緩やかな統一組織としての連合教育会が成立した。しかし、県教育会が郡市教育会を下部組織として統一するのは、大正九年（一九二〇）であり、なお先のことであった。

3　上野教育会への批判・改革案

『上野教育会雑誌』上には、いくつかの批判ないし改革案を見て取ることができる。もっともその数は限られている。ここでは、堤辰二の「教育集議会」案（第六五号、明治二六年（一八九三））、「しづの山がつ」の「雑誌改良案」（第一四一号、明治三二年（一八九九））、「Tm生」の「漫言」（第一四八号、明治三三年（一九〇〇））を取り上げ、上野教育会に対する批判を確認することにしたい。

明治二五年（一八九二）から一年間、上野教育会の副会長を務めた群馬県教育界における重鎮、堤辰二の「教育集議会案」は、「県下教育界の与論を十分に発表すると能はざりし事」とし、その一因を県下教育会組織の有り様に求めている。そして堤は八つの改革案を提示している。以下はその改革案である。[23]

一　教育集議会は全県教育上の与論を集むる為め又教育上に関し可成同一の運動を為さしむる為め各郡教育会の同盟を要する事

一　会員は各教育会の委員より成立するも其会長及該会に属する事務費用等は本会に於て負担すべきと

一　本会は委員十名以下各地教育会は委員三名以下を公撰出席せしむべきと

一　該会に於て議すべき議案は県下教育一般に関するもの又県知事よりの諮問案たるべき事

一　該会は毎年一回之を開く但本会長に於て緊要の場合と認むるときは臨時に開会する事あるべし又各教育会長より開議を請求せしときも之に同じ

一　教育会長より該会の開議を請求せしときは本会長之を審査して其開否を決するものとす但し二三の教育会連合して開会を請求せし場合には本会に於ては直に開会の準備をなすべし

一　該会に出席する各委員は公然県知事又は町村長の承諾を受くるものとす各委員に関する費用は各会の決議に

任ず

一　会議場は尋常師範学校又は県会議事堂を以て之に充て毎回三日以内開会するものとす但し議事に関する件は一切本会の細則に依る

堤の教育会改革案は、『上野教育会雑誌』に掲載されたこの短い文章に認められるに過ぎず、彼の教育会像は闇の中である。しかし、ここで注目すべきは第一項である。堤は「教育集議会は全県教育上の与論を集むる為め又教育上に関し可成同一の運動を為さしむる為め各郡教育会の同盟を要する事」（傍点筆者）とし、「教育集議会」の結成と各郡市教育会組織の連携とを提唱している。この短い一文には、①県教育会と郡市教育会との連携、②現行の私立教育会よりも公的性格を帯びた「教育集議会」の創設――組織的には明治一五年（一八八二）に開設された群馬県教育会に近いものかも知れない――、そして③「全県教育上の与論を集」めること、という堤の教育会の理想像が開陳されている。こうした理想の裏側に、堤の上野教育会に対する現状認識が垣間見られる。つまり、群馬県における教育会は、①相互の連携を欠き、②「全県教育上の与論を集」めることができない、という厳しい現状認識である。

明治三二年（一八九九）、ペンネーム「しづの山がつ」の「雑誌改良論」は、直接的には『上野教育会雑誌』の改良を訴えるものである。編集者が困難な条件の中で編集に当たっていること、それにも関わらず「予は幸に各府県の教育会雑誌を見るには最もよき都合を有する故に、それ之れ見比て見るが、先づ本県の雑誌などは体裁の上からも内容の上からも頁数の上からも上等に位する者と見える」とする。[24] しかし、いくつかの改善すべき点があり、それらを具体的に列挙する。その中で、「今一の考は各郡にある小教育雑誌をやめて、其力を本誌に合同せしむることである、之は勿論上野教育会の強制することは出来ぬことにて、各郡教育会にていやだといふ時はそれまでのことなり、併し失敬ながら二三の郡の雑誌も拝見したが殆ど見るに足るものはない、皆材料に窮して其記事は全然読むに堪へぬものが少くない、之れは決して無理のなき次第である、かく不完全の者を幾個もおくよりは悉く打ち固めて一つとして、全県の教育者が挙て一雑誌中に相見えて、交際しては如何なるものか、而して特に一郡丈に限る事項でも本雑誌に於て之を掲載する事とせは、何等の不都合もなきことであらう[25]」とし、郡市教育会の雑誌の廃止、県教育会雑誌への統合を唱えている。たとえ貧弱であったとしても、郡市教育会にとって雑誌は、会員に帰属意識を喚起させる有力なメディアである。雑誌が廃止されれば、郡市教育会の活動はいっそう衰退することにもなりかねない。にもかかわらず、あえて雑誌統合を提案する「しづの山がつ」は、堤辰二と同様、県下教育会連携案に与するものと解釈できる。

明治三三年（一九〇〇）の「邑楽 Tm 生」の「漫言」は、学事会と教育会とについて論じ、教育会について次のように述べている。「凡そ教員に限らず、農商工の如き業迄、斯会の改良上進、発達を計らんが為、其等各に就ての智識を有する人々の、相集会して、己が経験を談じ、或は其意見を吐き、或は其道に関する研究を為すは、当に然るべき処、敢て疑を挿むの余地はなし、こゝを以て、吾教育社会に於ても、各郡夫々教育会の設けありて、些の効績を表はしつゝあるが如しと雖も、中には如何なる業務を為さざるのみか、年余も之か総会を催さず、殆ど有耶無耶の間に存するものありと聞くかくては余り冷淡なる事にはあらざるか、宜しく研究すべき題目を擇び、定期に之が集会を催うし、斯道の為貢献する処ありたきものなり、更に進みては、各郡の教育会は、本県の教育会と気脈を通じて、相須□其扶くるに至らば更に妙なるべし[26]」（傍点筆者）。「邑楽 Tm 生」もまた、郡教育会の活動の停滞を指摘し、県教育会と郡市教育会との連携を提案している。

以上のように、いずれの論者も、県教育会と郡市教育会との連携を訴えている。しかし、郡市連合教育会が開催されるようになるのは、明治四〇年（一九〇七）である。また県教育会と郡市教育会との統合はさらに遅れる。大正七年（一九一八）の『上野教育』に田部井鹿蔵の論文「県下各教育会の合同を希望す」が掲載され、その後群馬県下の教育会は統一へと動き出すことになるが、最終的には大正九年（一九二〇）、社団法人・群馬県教育が発足するまで待たねばならなかった。社団法人・群馬県教育会は、個人会員制を廃し、郡市教育会を団体会員とすることによって、県下の教育会を統一することになる。

三　郡市教育会の活動と学事会の成立

1　郡市教育会の動向

群馬県においては、私立の郡教育会は、明治一七年から二三年にかけて相次いで成立する。明治二九年（一八九六）に前橋市教育会が東群馬南勢多教育会から独立するまでの間、一〇の郡教育会が存在した。そして明治三〇年（一八九七）、最後に利根郡教育会が発足し、県下全域に郡市教育会が開設されるに至る。明治三九年（一九〇六）には高崎市教育会が群馬郡教育会から分離独立し、一一の郡教育会と二つの市教育会となる。(27) しかし、発足後から継続的な活動を確認できるのは、教育会雑誌が継続して発行されていた吾妻郡と山田郡であり、その他の郡教育会については継続的な活動を史料的に裏付けるのは困難である。

雑誌の刊行状況について見ると、邑楽郡では明治四〇年（一九〇七）に『邑楽郡教育会雑誌』第三号が刊行されている。その巻頭の「邑楽郡教育会雑誌復興の辞」によれば、明治二一年（一八八八）に第一号が刊行されていることが記されている。第二号が発行された後、二〇年近くの間、雑誌の刊行は滞っていたと推測できる。群馬郡においては、明治二三年（一八九〇）刊行の『群馬教育会雑誌』第三八号が確認できるが、大正一二年（一九二三）刊行の『群馬教育』第一一号には、やはりしばらく休刊していたことが記されており、「創刊号」とも記されている。多野郡においては、明治二一（一八八八）に『協同教育会雑誌』第一号が刊行されたが、その後の雑誌は大正一五年（一九二六）の『多野教育』第一四号まで確認できない（以後毎年一回刊行されていることから、『多野教育』の創刊は一九一〇年前後と推測できる)。これらの事実から、郡教育会雑誌は、多くの郡で教育会成立直後に間もなく休刊となり、継続的に雑誌を刊行できるようになるのは、明治末期から大正初期にかけて(一九一〇年前後)であったと考えてよいであろう。教育会雑誌はたんに情報を伝達するだけではなく、会員に組織への帰属意識をひき起こすメディアである。その雑誌が定期的に刊行されなかったことは、郡教育会のメディアを通した教育世論の形成が必ずしも活発に行われていなかったことの証左であろう。

もっとも、郡教育会では雑誌の刊行がなされなくとも、定期総集会、講演会等は行われていた。じっさい、『上野教育会雑誌』には各郡教育会の活動を伝える記事が散見される。しかし、それらの記事から、郡教育会が日常的に独自の活動を展開していた様子は伝わってこない。先に引用した「邑楽 Tm生」が指摘するように、郡教育会の活動は停滞していたと言えよう。

2 郡市における教育団体、教員会、講習会の動き

郡市教育会の活動は必ずしも活発ではなかったものの、教員の自主的な講習会、あるいは郡市教育会とは別の教育関係団体は活発に活動していた。ここに郡市教育会の不振の一因を求めることができるかも知れない。ここでは、三つの事例を取り上げよう。

第一の事例は、利根郡である。利根郡は群馬県北東部の山間地に位置し、郡役所は沼田町に設置された。郡教育会の設立は明治三〇年(一八九七)であり、他の郡教育会に比べて一〇年ほど遅れている。しかし、郡教育会成立以前からすでにさまざまな教育団体、教員会が活動していた。『上野教育会雑誌』第二七号(明治二三年(一八九〇))によれば、「利根郡教員中有志ノ諸氏協議ヲ遂ケ昨年末ツ頃教員会ナルモノヲ組織シ教育上枢要ナル諸件ヲ研究スルノ目的ナリト聞ク所ニヨレハ会長ハ岡村正義氏(同郡高等校長)ニシテ熊澤怡一郎、廣瀬久明、小倉久照、堀口米三、

峰屋虎尾ノ五氏幹事ニ当選セリト云フ是迄該部ニハ如何ナル教育会ノ成立セシヤ又如何ナル教員会ノ組織アリシヤ詳細ニハ承リ及バザレトモ随分入リ込ミタル事情ノ存スルアリテ兎角ハカハカスク□リ難キ傾向ナキニアラサリシガ今後彌鞏固ナル一ノ教員会ナルモノ、生レ出テタルハ実ニ該部ノ為ニ賀セサルベカラズ[28]」とし、利根郡における高等尋常小学校の設置された沼田町を中心にした有志者による教員会が発足したことが伝えられている。

さらに『上野教育会雑誌』第三二号（明治二三年（一八九〇））には、「教育社界に一の有力なる会合なく往々識者をして教育事業に冷淡なりとの嘆を惹起せしめたるは去る廿一年中本郡の実況なりしに非ずや当時に当つて月夜野町近村学校職員諸氏熱心奮起外観を飾らず浮華に流れず専ら教育の改良を謀るの主義を以て一の会を設立す名けて利根西部教育改良会と云ふ爾来同心協力学事の奨励に尽力せり幸にして小野善兵衛、秋山平右エ門氏等の有志者大に此挙を賛助し率先して奔走の労をとらるゝに会ふ即春秋二回を以て総集会を開き隔月に常集会を開きて教育上の要件を議し其決議の事項は細大成るべく実行することを約せり[29]」（傍点筆者）とし、月夜野町を中心に「利根西部教育改良会」が発足したことを伝えている。

また同じ記事の中で、「私立沼田教員会は旺盛なりと云ふにはあらざるも毎月開会し居れり已に三月中本会は東京より色川日下部両氏を招聘し沼田町舞台に於て演説会を開きたりしが生憎色川氏は公務多忙とて来沼の運に至らず依て日下部氏は教育と殖産の関係教育制度の要領の二題を演ぜられ其他会員の演説あり聴衆実に千有余名に達しさしもに広き舞台も満場立錐の地なく而して終始に至つて静粛にして無事に散会せり[30]」とし、沼田の教員会の動向も伝えられている。

山間地であり、広域に及ぶ利根郡においては、行政区域としての郡よりも狭い区域において教育会、あるいは教員会が自主的に結成されていたことを確認できる。

第二の事例は、佐位郡赤堀村（後に佐波郡、郡役所は伊勢崎町）の事例である。赤堀村は、前橋、伊勢崎、桐生の三都市の中間に位置する。『上野教育会雑誌』第六二号（明治二五年）は、「赤堀の教育会」と題し、以下の記事を報じている。「吾赤堀村には此際一般人民の教育思想を振起し新学令実施上の便を謀らんとの旨趣にて学校職員役場吏員発起者となり本間千代吉中島祐八等の有志者に謀り東京感化院長高瀬眞卿本県師範学校長大束重善の両先生を聘し本月十一日を以て同村大字市場村大林寺に於て教育大演説会を開きたり今其模様を記さんに同日午前第十一時開会大束校長新小学校令の実施につきてと云へる題にてイト懇切に学令改正の依て来る所より其実施上殊に注意すべき諸点に就き縷々演述せられ次に鈴木善吉君の教師と父兄との関係と云へる演説ありて第三次に高瀬院長登壇教育と犯罪の関係、学校教育と家庭教育との関係、家庭教育の実験談等に就き極めて卑近に理を説き例をひき二時間余の長演説ありたり聴衆は重に生徒父兄にて無慮六七百名に達し而も終始静粛に謹聴し充分感動したる様に見えたり午後四時三十分閉会を告げたり思ふに此会や赤堀人民の教育思想を振起せしや偉大なり必ずや吾地将来の教育上一進歩をみるあらん[31]」。

　この記事の報じる出来事は、私立教育会としての組織的活動ではなく、赤堀村主催の単発的な教育講演会と見なすべきかも知れない。しかし、ここでは郡という行政単位ではなく、村が単独で学事振興のために講演会を開催している事実に注目したい。

　第三の事例は、多野郡の事例である。多野郡は群馬県の南西部に位置し、元来、緑埜郡・多胡郡・南甘楽郡の三郡から構成されていた。郡役所は藤岡町に置かれた。すでに述べたように、多野郡では明治一八年には私立の郡教育会が発足していたと推測される。しかし、『上野教育会雑誌』を見る限り、郡教育会としての実態は希薄であったように思われる。たとえば、『上野教育会雑誌』第二九号（明治二三年）には、「緑野北部の四学区即岡之郷、新町、立石、中、の各尋常小学校にては是迄四学区連合会なるものありて毎月一回或は隔月一回各校長新町尋常小学校に相会し授業上の打合諸規則の討議試験問題の相談等を為し来たりしか今や更に其の区域を拡め去月十一日の紀元節を期し各校職員尽く新町尋常小学校に相会して教育茶話会を開き種々の有益なる談話ありて午後四時頃散会せり[32]」と記されている。この記事は、郡教育会の活動を報じているものではなく、緑埜郡北部の四学校長及び職員の集まりについて報じているものである。注目すべき点は、これらの四学校は徒歩で一時間程度の範囲に設置された学校であり、その狭い範囲の中で定期的に「授業上の打合諸規則の討議試験問題の相談等」がなされていたことである。

また『上野教育会雑誌』第五一号（明治二五年）には、「緑埜多胡郡両郡教育一班」と題する以下の記事が掲載されている。「両郡に於ける町村立小学校は高等七尋常二十其教員訓導五十七名なり私立学校は藤岡新町に各一校ありて一は専ら漢学を教へ一は主として英語を授く○訓導以下講習会は毎月一回藤岡并に吉井の二ヶ所に開き本県尋常師範学校又は尋常中学校の教諭を聘して之れが教授を受くるの外毎年二月四月九月十一月各五日に校長会を開設して授業上の打合及び其得失を商議す（中略）○藤岡町に教育振興会あり吉井町に名義会あり共に教育熱心者の団結にして教育上に尽すの利益も亦少なからずと聞く[33]」。藤岡町と吉井町では別々に講習会が開催されていたこと、また藤岡町には「教育振興会」、吉井町には「名義会」が存在したことを伝えている。両町は同じ郡内に属しながら、別個の動きをしていたことがわかるであろう。

以上、三つの事例を紹介したが、いずれの事例においても郡よりもさらに狭い範囲で教育団体、教員会あるいは教員講習会等の活動が行われていたことを確認できる。

3　市町村学事会規程

前節において郡市教育会よりも狭い範囲内で自主的な組織が活発に活動していた状況を点描したが、明治二八年（一八九五）七月の県甲第七二号による市町村学事会規程は、郡単位ではなく、市町村単位で新たな教育組織の形成・再編を促した。「普通教育ノ改良ヲ図ル」ことを目的とするこの規程により、甲種学事会と乙種学事会の二種類の学事会が開設された。

甲種学事会は、市町村長、学務委員、学校医および市町村立小学校教員から構成され、「専ラ学校ノ設備ヲ完整ニシ学令児童ノ就学ヲ勧誘シ学校衛生ニ関スル事項ヲ研究」することを目的とする。これに対して乙種学事会は、市町村小学校教員から構成され、「専ラ教授法、管理法ノ改良ヲ企画シ併セテ教育学科ノ研究ヲナス」ことを目的とする。[34]これらは、急速な就学率上昇による学校教育の変質に対応するための協議会、研究会であろう。

しかし、「市町村学事会ハ其会ノ評決ヲ以テ教育上ニ関スル意見ヲ知事若クハ郡長ニ建議スルコトヲ得」とし、既設の教育会に類似した機能を持っていた。もっとも甲種学事会は機能した史料は散見されるに過ぎず、じっさい大正期には消滅してゆく。しかし教員会である乙種学事会は第二次世界大戦敗戦まで存続することになる。

この市町村学事会規程は、既存の教育関係団体にどのような影響を与えたのか、多野郡を事例に検討してみよう。

多野郡においては、教員有志による自発的な研究会が存在していた。『上野教育会雑誌』第四九号（明治二四年）には、「緑埜郡北部私立講習会の景況」として、以下の記事が掲載されている。「本郡北部の講習会は□に第一講習会区と称せしものにして其区域は元来緑埜多胡第一高等小学校及藤岡、岡之郷、新町、立石、中、本動堂、白石、大塚、神田、本郷、山名等の諸尋常小学校の職員より組織し来りしが一昨年講習会廃止の県達に接するや爾来数月休会を告げしが右区域の職員には昨年五月一二日を期し藤岡尋常小学校に相会し商議の上私立講習会なるものを組織することに決し夫れより毎月一回づゝ藤岡尋常小学校内に開会し講師には本県師範学校より鈴木教諭を聘し教授上直接なる教科書の質疑及国語の二科を講習しつゝ来利子が已に国語中の文典及竹取物語等の二科は講了し目下徒然草なん呼べる書物の専攻中なりき[35]」。

しかし、市町村学事会規程を受け、「緑野多胡郡乙種学事会細則」が定められた。[36]そして『上野教育会雑誌』第九九号（明治二九年一月）において、「緑野郡有志講習会の解散」と題する記事が掲載されている。「本郡教員有志講習会の状況は曩に本会雑誌の余白を仮りて報導致し置たる如く藤岡（高等尋常）岡之郷新町小野（高等尋常）山名動堂白石大塚美九里（高等尋常）平井村等の学校職員の有志者より組織せられ毎月一回づつ来りしが今回講師の都合により本会講師の任を辞されたるを以て已むなく協議の上昨年限り開山する事となりき因に記す鈴木教諭の本郡講習会の講師として招聘せられたるは過る二十一年十月にして其後会の組織には多少変更ありたれども其間絶間なく引続き懇切熱心に講師の労を執られたることは本会員一同の深く感謝するところなり又仮令会は解散を告ぐると雖も此八有余年の間氏の懇篤なる教授を受けたる諸君に於ては必ず其の鴻恩を追想して決して忘るゝことなかるべしと信ず今講師の教授せられたる諸学科目をあぐれば第一植物科第二手工科第三国語科にして之を区別すれば国語筆記語法指南竹取物語土佐日記方丈記徒然草古今和歌集保元物語平治物語平家物語等」[37]。この記事に記されている教員有志講習会解散の理由は、講師の鈴木棟一師範学校教諭の都合である。しかし、県訓令甲第七二号により、既存の自発的な教員講習会は廃止され、官製の乙種学事会に転換していったと解釈できるのではあるまいか。それはまた、教員の研究活動が「教授法」、「管理法」、「教育学科」という狭い領域に限定されることを意味した。

４　箝口訓令

市町村学事会規程と時間的には前後することになるが、明治二六年（一八九三）一〇月の文部省訓令第一一号（いわゆる箝口訓令）および明治二七年（一八九四）一月の文部省訓令第三号は、教育会の史的展開を検討する上で等閑視することはできない。訓令第一一号は、「教育ハ政論ノ外ニ立ツヘキ者タルニ因リ学校教員タル者ハ明治二十二年十月九日文部省訓令明治二十五年十二月十五日内訓ノ旨ヲ注意スルコトニ怠ラサルヘシ教育会ノ名称ニ於ケル団体ニシテ純粋ナル教育事項ノ範囲ノ外ニ出テ教育上又ハ其他ノ行政ニ渉リ時事ヲ論議シ政事上ノ新聞雑誌ヲ発行スルハ一種ノ政論ヲ為ス者ト認メサルヲ得ス因テハ其ノ団体ハ法律上ノ手続ヲ履ミ相当ナル政論ノ自由アルト否トニ拘ラス学校教員タル者ノ職務上ノ義務ハ此等団体ノ会員タルヲ許サヽル者トス[38]」とし、教育会の活動を厳しく規制する。

上野教育会は、『上野教育会雑誌』第七三号（明治二六年一一月）において、「教育会取締の訓令」と題する記事を掲げているものの、直接的な論評を避け、日本新聞の記事をそのまま転載している。その一部を引用しよう。「教育家も亦一個人として政論の自由を有す（教員職務上の紀律を除く外）文部大臣たる某氏を非難するも可なり唯た一の為すべからざる禁條を守らざるべからず曰く教育会を利用し教員を連累して政論の区域に近からしむべからず今日に於て能く貴重なる教育の前途を顧念し既往十年の成績を空しくせずして更に百年の為に教育団結及教育者の正当なる模範を為し教育と政事との混同を明劃するの実を挙け併せて其の意思を世に表明し正條の規定を設けて将来を保証するの途に出ては当局者は瑣細の事情に拘らず反正の教育会に向て公明の意思を以て保護の道を執らん[39]」（傍点筆者）。これは、教育会に対する活動の自重と当局による教育会の保護への期待が込められた文章である。

『上野教育会雑誌』中には、義務教育国庫負担に向けた運動が高まっていた様子も、またこの箝口訓令によって教育会の活動が何らかの規制を受けたことについても報告されていない。しかし、市町村学事会規程を経て、自発的な教員会の活動は乙種学事会に再編され、専ら教授法、管理法、教育学の研究に収斂していった。この事実から、明治二〇年代半ばから、教育会・教員会は次第に行政のコントロール下に置かれるようになったと推測できる。

四　郡長主催の小学校長会

群馬県において府県制郡制に基づき郡制が施行されたのは、明治二九年（一八九六）である。しかし郡制施行と同時に郡視学が設置されたわけではなかった。『明治二十九年群馬県学事年報』によれば、「郡会ハ郡制施行ノ始ナレハ特ニ記スヘキモノナシト雖モ二郡ハ既ニ郡視学ヲ置クコトニ決セリ[40]」としている。明治二九年に郡視学設置が議決されたのは一一郡中二郡に過ぎない。翌明治三〇年（一八九七）には、多野郡、吾妻郡、山田郡、邑楽郡において郡視学設置議案の否決が伝えられている。また碓氷郡においては郡視学俸給が議決されたものの、郡視学の設置効果は不明であり、廃止を求める意見も出されていた。

しかし、明治三一年（一八九八）七月一〇日、群馬県令第三五号「郡視学職務規程」によりその職務規程が定められ、明治三二年（一八九九）には全郡において郡視学が設置される運びとなった。

こうした紆余曲折を経ながら全郡に郡視学が設置され、また同明治三二年（一八九九）に大束重善が師範学校長から県視学官に転じると、県視学官─郡視学─小学校長会という教育行政ラインが強力に駆動し始める。『上野教育会雑誌』によれば、明治三五年（一九〇二）、吉見輝が県知事に着任した以降、県知事・県視学官による郡視学会議、郡長主催の小学校長会が頻繁に開催されるようになったことが記されている。

たとえば、『上野教育会雑誌』第一八四号（明治三六年）には、以下の記事が掲載されている。

過般県庁に開かれたる郡視学会議に於て吉見知事より訓示ありし要旨及び協議会の項目は左の如くなりきといふ
諸氏は日常郡市長の指揮命令に従ひ教育事務に鞅掌せられつゝあることなれども亦各主管の事務に就ては県郡市当局者間に種々打合を要することあるに依り本日諸氏を召集したる次第なる但詳細の事は視学官より協議し又指示することもあるべけれども大要に関し本官より特に一言すること左の如し
諸氏の職務は学事の視察と学事に関する庶務との二様にして学事の進歩と共に逐年事務も繁忙に赴くものなれば極めて精密なる注意を以て其職務に服すべし左記の項に就ては特に注意あらんことを要す
一　学校の教授法と管理法とに注意するは勿論常に教員たるものゝ精神のある所を視察して其学校教育の結果が果して世の進運に伴ふや否又国民教育の目的を達するに足るや否に注意すべきこと

一　今日の小学校は正教員の数非常に不足し□に准教員代用教員を以て補充し居るの有様なれば学校を視察するに方りては啻に其短所を責むるのみならず宜しく之を誘導開発するの方法に出づべきこと
一　実業思想の発達を計ると女子教育の進歩を計るとは教育界の与論なれども未だ希望の点に達せざること遠しとす是等の件に関しては常に十分の注意あるべきこと
一　国運の進歩すると共に益強健有為の国民を養成せざるべからざるに依り学校衛生の点に関しては特に注意あるべきこと
一　学齢簿の整理及児童の就学の督促等に就き町村役場吏員の如きは多くは教育事務に不熟練なるに依り宜しく之を誘導指示して事務を挙げしむる様に注意すべきこと
一　学事に関する統計表簿類の如き従来精密を欠き又調査時期を誤るの弊少しとせず自今極めて精密なる注意を以て調査に従事すべきこと
小学校教員の月俸を定日に渡さざる所ありとの説あり如何▲教科書供給の状況▲補習科の状況▲新学年に於ける就学の情況▲特別学級の情況▲実業補習学校の情況▲学事会の事業の情況▲小学児童貯金の情況▲夏期講習会開設につきての件▲生徒出席簿中半途退学生のある場合の計算方▲表簿中尋常小学校に備はりて高等小学校に備はざるものあり之を同一に備へしむる件▲体操遊戯中穿き物に関する件▲小学校令第二十條第三項の教科目を加ふる場合には何れを主とすべきか▲郡市立尋常小学校本科准教員講習期限延長に関する件▲国民教育の実績を挙げんには尋常小学校卒業のみにて退学したる者に時々温習せしむるの必要ありと認む其方法如何(41)

長い引用になったが、「但詳細の事は視学官より協議し又指示することもあるべけれども」と言うものの、県知事自身が郡視学を前にして詳細な指示を直々に出している様子が伝えられている。

こうした県知事直々の指揮の下、各郡役所において郡長の召集する小学校長会が開催され、郡長から詳細かつ具体的な指示が出されるようになった。たとえば、明治三六年（一九〇三）四月二五日の勢多郡小学校長会において、福田郡長は「学事諸法令達に関する件」から始まり、「出席督責に関する件」、「学級編制教員は一に関する件」、「宿直に関する件」、「修学旅行に関する件」、「校外児童取締に関する件」、「授業訓練に関する件」等二五項目に及ぶ訓示を行っている。また明治三八年（一九〇五）の勢多郡小学校長会における同郡長からの訓示は、「戦局の開展」と並んで「教案調製」の督励、「書き方科」教授法など、教育の内的事項にまで及ぶ。[42]なお、各郡の小学校長会においては、県視学も同席している場合もあった。[43]こうした事実から、明治三〇年代半ばから、県（県視学官）―郡（郡視学）―小学校長会というルートを通して、教育の外的事項ばかりではなく、内的事項にまで及ぶ県主導の均質的な教育行政体制が確立したと言えるだろう。この間、上野教育会の会長は県視学官の大束重善が、副会長は師範学校長の矢島錦蔵、堀井覚太郎、羽田貞義が務めており、上野教育会は県と一体になって県下教育の整備に努めたと見ることができる。

五　おわりに

明治一九年（一八八六）に発足した上野教育会は、明治二〇年代半ばには組織的、財政的に安定した活動のできる条件が整う。しかし、明治二六年（一八九三）の箝口訓令による教育会活動に対する規制、明治二八年（一八九五）の市町村学事会規程、明治三〇年代半ばからの県知事の陣頭指揮による各郡小学校長会により、教育会独自の活動領域は狭められてゆくと言ってよい。上野教育会発足当時の規則第一条によれば、「本会ハ本県教育ノ改良上進ヲ謀ルタメニ設クルモノニシテ左ノ三項ニヨリ其目的ヲ達スルモノトス。第一議事。第二教育談義。第三雑誌刊行[44]」とされていた。しかし、外的事項はもとより、内的事項の一部にまで及ぶ強力な教育行政のラインが確立して行く過程で、上野教育会の最も中心的機能は雑誌刊行に移行したと言えよう。もっとも、上野教育会附属図書館の設置（明治三三年（一九〇〇））、同訓盲所の設置（明治三八年（一九〇五））など、教育会発足時には想定されていなかった新たな事業に進出し、その活動領域は拡大されていった。

この間、上野教育会の会員数は漸増してゆくが、明治三三年（一九〇〇）に作成された『群馬県学事関係職員録』を見るかぎり、各学校における上野教育会員は校長の他、平均して二～三名程度であり、小学校教員の過半数は上野教育会に加入していない。上野教育会は事実上、小学校長会あるいは群馬師範の同窓会に近い組織であったと言えるかも知れない。また上野教育会は郡市教育会と関連を持たない組織であったため、その組織的基盤は脆弱であり、「全県教育上の与論」（堤辰二）を集め得ない状況にあった。さらにその郡市教育会も、実質的には空洞化の危機に曝されていた。上述のように利根郡や多野郡では主たる会員であるべき教員は行政単位としての郡よりも小さな範囲で自主的な講習会を開いていたこと、市町村学事会規程以降、教員は乙種学事会への加入が義務づけられたこと、また県（県視学官）―郡長（郡視学）―小学校長会というルートが確立されたこと、さらに雑誌の定期的公刊が困難な郡市教育会が多かったことなどから、郡市教育会の活動は必ずしも活発ではなかったと考えられる。少なくとも郡を単位とする一元的な教育組織たりえず、また雑誌というメディアを積極的に活用し、それぞれの郡市独自の教育世論形成を行う力も未成熟であったと考えられる。

もっとも『上野教育会雑誌』には、明治三〇年代半ばから地元出身の若いライターが登場してくる。田部井鹿蔵はその代表格であろう。田部井は明治三四年（一九〇一）に群馬師範を卒業後、邑楽郡、新田郡、群馬郡などにおいて小学校教員を務め、昭和一〇年（一九三五）から一〇年間、全国小学校長会副会長を務めた。昭和九年（一九三四）、彼は群馬県郡市連合小学校長会長として、県学務部長に対して「文政刷新ニ関スル調査報告書」を提出している[45]。その内容は、教育改革全般に及ぶものであるが、教員の待遇改善、視学制度の改革、「教権ノ確立」、さらには内閣の更迭等により教育政策が変更することのないように「有力ナル教育審議会又ハ教育院ノ如キ独立セル機関」を設けることを要求している。こうした教育制度改革構想、とりわけ教権独立論は明治から大正を通じて教員会および地方教育会の中に伏流してきた政治的・教育的欲求と言えるのではあるまいか[46]。

注

(1)佐藤秀夫「高等教育会および地方教育会」、海後宗臣編『井上毅の教育政策』、東京大学出版会、一九九二年所収、七九八頁。
(2)木村力雄「森文政期宮城県における教育指導行政―その成立条件・課題的実態及び限界について―」、岩下新太郎『明治啓蒙期における地方教育指導行政―宮城・福島両県の場合を中心として―』、東北大学教育学部、一九七〇年、一〇〇頁
(3)梶山雅史「岐阜県下地方教育会の研究―安八郡教育会の発足状況―」、『地方教育史研究』第一八号、一九九八年、一六頁。また梶山雅史「明治前期岐阜県教育会の研究（一）」、『岐阜県歴史資料館報』第一六号、一九九二年、二頁。
(4)なお、先行研究の分析については、清水禎文「群馬県における教育会の歴史的研究―私立上野教育会成立まで―」、『東北大学大学院教育学研究科研究年報』第五四集第一号、二三一―四二頁を参照。
(5)群馬県における教育会の発足当時の状況については、清水、前掲論文を参照。
(6)現在確認できている史料は、明治一五年九月二六日付けの「碓氷郡教育会決議録」、明治一四年一二月二一日付けの「北甘楽郡町村連合会御認可願」、明治一五年三月の「北甘楽郡教育会規則」、同年三月の「北甘楽郡教育会議事細則」、また日付は付されていないものの内容的に「北甘楽郡教育会議事細則」に酷似しており、それゆえほぼ同時期に起草されたと推測できる「協同教育会議事細則」がある。
(7)たとえば、県会議員から後に衆議院議員を務めた高津仲次郎の日記は、明治一八年三月一五日に「協同教育会ニ於テ伊澤修二ヲ招聘シ、藤岡学校ヲ以テ会場トナシ演説会ヲ開ク」と記されており、緑埜・多胡郡においてはすでに明治一八年の段階で私立教育会が発足していたことを伝えている。丑木幸男編『高津仲次郎日記１』、群馬県文化事業振興会、一九九九年、二一頁を参照。また『北甘楽郡教育史』によれば、やはり明治一八年三月、「県令の許可を得て、北甘楽郡私立教育会を設立す」と記されている。群馬県北甘楽

郡教育会編『群馬県北甘楽郡教育史』、一九一九年、六一一頁。

（8）『県官吏履歴書』によれば、土屋重雄は鹿児島県（旧延岡県）士族であり、宮崎県、神奈川県を経て明治一三年（一八八〇）八月二四日より群馬県に出仕した。明治二一年の『進退録』によれば、明治二一年（一八八八）一一月二六日に群馬県を辞し、二八日に神奈川県に採用される。この間、土屋は県学務課長、師範学校長を務めた。上野教育会発足時には、師範学校長が欠員となっており、実質的に土屋が学務課長と師範学校長とを兼任していた。

（9）『上野教育会雑誌』を参照。

（10）群馬県教育会『社団法人　群馬県教育会五十年略史』、昭和二一年、八頁。

（11）同上。

（12）第一回群馬県教育会の議事録分析については、清水禎文、前掲論文を参照。

（13）たとえば、梶山雅史「京都府教育会の教員養成事業」、本山幸彦『京都府会と教育政策』、日本図書センター、一九九〇年。

（14）明治三〇年代になると郡教育会による教員養成事業も認められる。たとえば、群馬郡においては、明治三〇年（一八九七）に、「小学校教員の不足を憂ひ無資格者の便を計り本月一日より向ふ五週間正教員の修むべき科目全体に就き講習会を開かれたり」とし、尋常小学校本科正教員および尋常小学校本科准教員の養成を目的として、八ヵ条からなる講習会規則を定めている。『上野教育会雑誌』第一一六号（明治三〇年六月号）、三三頁。また同年、吾妻郡でも郡教育会による准教員養成所の設置が議論されている。『上野教育会雑誌』第一二一号、明治三〇年一〇月号、二四頁。

（15）小学校教員講習科規程は、県知事より上野教育会に対する諮問を受け、上野教育会会長大束重善の名で明治二七年（一八九四）九月一九日に答申されたものである。「本県尋常師範学校ニ小学校教員講習科ヲ置ク　但臨時郡市ニ之ヲ行フコトアルベシ」（第一条）とし、師範学校に設置された。その対象は、「小学校教員免許状ヲ有スル者又ハ曾テ免許状ヲ有セシ者」（第二条）とし、「一回ノ講習員ハ凡四十人ヲ以テ定数トシ其講習期限ハ六十日以内ニシテ一日ノ講習時間ヲ凡五時間」（第三条）とするものであった。なお、この講習会が免許状の上進に関わっていたことを伝える記事として、『上野教育会雑誌』第一九一号（明治三六年九月号）の「師範学校の講習科」を参照。

（16）『五十年略史』によれば、「教員養成を目的としたる講習会は明治二十八年九月より同二十九年八月に亘り前後三回、裁縫教員伝習所を曲輪町日本赤十字社群馬支部内に設けたるを初めとして、昭和二年より尋常小学校本科正教員講習会、翌三年小学校本科正教員検定試験準備講習会を開き爾来年々計属す」と記されている。『五十年略史』、一五頁。

(17) たとえば、明治二二年（一八八九）一月七日付けで、上野教育会会長曽我部道夫は、群馬県知事佐藤與三に宛てて、小学校教員国語科講習会開設について以下の建議を行っている。「国語科ノ内今日普通文ノ語法ニ関セル知識ヲ有スルコトハ読方作文等ノ如キ必須科ノ教授上極メテ緊用ニ有之候処従来ノ慣例トシテ教員中是等ノ学習ヲ受ケタル者甚ダ少ナク為ニ授業上不便ヲ感ズルハ目下ノ方法ニ依リ至急県下各小学校教員ヲ召集シ右国語科講習会御開設相成候ハバ教育上尠カラザル功益可有之ト存ジ候此段及建議候也」。『上野教育会雑誌』第二七号、明治二三年一月号、一五頁。

(18)『上野教育会雑誌』第一九一号、明治三六年九月号には、農業商業手工の三科の講習会が開かれ、手工に関してはこの時が最初の開催であったことが報告されている。

(19)『上野教育会雑誌』第五五号、明治二五年五月号。

(20)『上野教育会雑誌』第六三号、明治二六年一月号、三四頁。

(21)『上野教育会雑誌』第一〇一号、明治二九年三月号、六四頁。

(22)『上野教育会雑誌』第二一八号、明治三八年一二月号、五七―五八頁。

(23)『上野教育会雑誌』第六五号、明治二六年三月号。なお、堤辰二（一八五六―一九〇五）は、高崎藩士の子弟であり、明治一〇年（一八七七）に東京師範学校を卒業。群馬県出身者では、東京師範学校に学んだ最初の人物と思われる。東京師範学校卒業後、群馬県師範学校教諭になるものの、明治一三年（一八八〇）には辞任、以後西群馬片岡郡の小学校の教員となる。多数の教科書を編纂し、明治二五年（一八九二）には大日本教育会から表彰された。

(24)『上野教育会雑誌』第一四一号、明治三二年七月号、四〇頁。

(25) 同上、四一頁。

(26)『上野教育会雑誌』第一四八号、明治三三年二月号、三二頁。

(27) ちなみに大正一〇年（一九二一）に桐生市教育会が山田郡教育会から分離独立し、以後三市一一郡教育会体制が第二次世界大戦敗戦まで継続する。

(28)『上野教育会雑誌』第二七号、明治二三年一月号、三〇頁。

(29)『上野教育会雑誌』第三一号、明治二三年五月号、三七頁。

（30）同上、三八頁。
（31）『上野教育会雑誌』第六二号、明治二五年一二月号、三三頁。
（32）『上野教育会雑誌』第二九号、明治二三年三月号、二一頁。
（33）『上野教育会雑誌』第五一号、明治二五年一月号、四三―四四頁。
（34）市町村学事会規程については、『群馬県教育史　第二巻　明治編下巻』一九七三年、六九〇―六九七頁を参照。
（35）『上野教育会雑誌』第四九号、明治二四年一一月号、二七頁。
（36）『上野教育会雑誌』第九八号、明治二八年一二月、五〇頁。
（37）『上野教育会雑誌』第九九号、明治二九年一月号、四七頁。
（38）『明治以降教育制度発達史』第三巻、九七八頁。
（39）『上野教育会雑誌』第七三号、明治二六年一一月号、製本のため裁断されており頁数は不明。
（40）『明治二十九年群馬県学事年報』、九頁。
（41）『上野教育会雑誌』第一八四号、明治三六年二月号、四六―四七頁。
（42）『上野教育会雑誌』第一八七号、明治三六年五月号、三四―三九頁。
（43）郡長の召集する小学校長会に県視学の同席した例として、明治三五年（一九〇二）一月の多野郡小学校長会。「本郡長には一月二十日二十一日の両日間各小学校長を郡衙に招集せられて左の事項を訓示並諮問せられたり堤県視学には当時本郡巡回中なるを以て両日間臨場せられ最後に各科教授上につき注意すべき諸件及教員の心得を縷々訓話せられたり」（傍点筆者）（『上野教育会雑誌』第一七二号（明治三五年二月号）、四七―四八頁）。また明治三八年一二月の群馬郡小学校長会（『上野教育会雑誌』第二一九号、明治三九年一月号、四九―五三頁）、明治三九年三月の勢多郡小学校長会（『上野教育会雑誌』第二二二号、明治三九年四月号、四五―四八頁）などの記事が挙げられる。
（44）『上野教育会雑誌』第一〇号、付録。
（45）田部井家文書。群馬県総合教育センター所蔵。
（46）教権独立論については、佐藤秀夫「高等教育会および地方教育会」、海後宗臣編『井上毅の教育政策』、東京大学出版会、一九九二年を参照。

第五章　宮城県教育会の教員養成事業

笠間　賢二

はじめに

本稿は、府県教育会の事例のひとつとして宮城県教育会をとりあげ、その組織と事業を分析することによって、小学校教育の普及と上進に果たした教育会の役割を解明しようとするものである。

郡市教育会を含む地方教育会に関してはこれまで多くの研究が蓄積されてきた[1]。概していえば、そこにはつぎのような傾向が指摘できるように思われる。ひとつは、研究が地方教育会の成立時に偏する傾きがあること、もうひとつはその活動内容にまで立ち入って分析した研究が少ないことである。いい方を換えれば、地方行政当局の補助的組織に組み込まれてしまうまでの時期に研究関心が集中し、また、そこで究明された地方教育会の性格規定をもってその後の時期を類推的に眺めてしまうために、成立時以降の事業内容にまで立ち入って分析することが少なかったように思われる。しかし、地方教育会はその後も厳然と存在し続けてさまざまな事業を展開していくのであって、当然のことながらその役割は冷静に分析され検討されなければならない。本稿では、地方教育会に関するこのような研究動向に鑑み、宮城県教育会が基礎的体制を整えた時期以降に分析対象を設定し、なおかつ、事業内容の分析に力点をおいて検討を進めようとするものである。

とはいっても、地方教育会の事業内容は多方面にわたりその活動内容は雑多性を帯びていたとさえいえる。それらをすべてとりあげて網羅的に検討してみても、教育会の役割を検証するには必ずしも有効とはいえない。たいていの場合、それはことがらの軽重を欠いた羅列的記述に終わってしまうことの方が多い。それよりはむしろ、個別事業をとりあげてそれに教育会がどうかかわったのかを分析することの方が、教育会というものの役割をリアルに描き出すことにつながると思われる。本稿では、この個別事業として、教員養成事業をとりあげることにした。教員養成事業は、それが教育会の事業のなかでも比較的継続的に展開されたものであり、それゆえに、教育会の役割も検証しやすい事業といえる。しかし、それだけではなく、つぎのような文脈において、日本教員史研究にとってもきわめて重要だと考えられるからである。

戦前日本における小学校教員の最たる供給源が師範学校であったことはよく知られているが、その師範学校卒業者の小学校教員免許状取得者全体に占める単年度当りの割合は、一九三〇年代に至ってもなお三割台を占めるに過ぎなかった。しかも師範学校（本科）は、基本的には、有資格最上位の小学校本科正教員の養成と供給を任務としていたのである。残りの六〜七割の教員、そして小学校本科正教員以外の教員のほとんどは、非師範学校系統の教員養成、つまりは小学校教員検定による免許状取得者だったのである。その意味では、この教員検定による免許状取得者の存在がなければ、そもそもわが国の小学校教育自体が成り立ちゆかなかったとさえいえるのである。しかしながら、この非師範学校系統の教員養成に関しては、その研究の必要性が指摘されながら、これまで立ち入った分析が十分になされてこなかった。とりわけ「一発試験」ともいわれた試験検定において、受験者がどのような修学歴をもって試験に臨んだのかは未だ十分に解明されていないことがらに属している。小学校教員検定は、学力検定を要しない無試験検定と試験検定とからなるが、その運用実態の研究からは、恐らく今日考えられる以上に、多様な方法（ルート）で免許状を取得したものがいたことが明らかになるはずだし、また、実際に多様な修学歴をもつものが小学校教員になっていったことも明らかになるのではないかと思われる。戦前日本における小学校教員の輩出と供給方法、さらにはその教員の質を解明するためには、その前提作業として、小学校教員検定の運用実態の解明が不可欠なのである[2]。その作業は教員社会の内実を照らし出すことにもつながっていくかも知れない。そして、本稿の課題に引き戻してこのことを論ずれば、小学校教員検定（とりわけ試験検定）において決定的役割を果たしたのが、他ならぬ教育会の教員養成講習会なのであった。教育会の教員養成事業は、こうした非師範学校系統の教員養成という文脈からも、冷静に検討してみることが重要なのである[3]。

本稿では、右のような課題意識を下敷きとしつつ、まず宮城県教育会の組織と事業を検討し、ついでとりわけ教員養成事業に焦点を絞ってより詳しく教育会の事業に検討をくわえ、教育会が果たした役割を解明することに努めたい。

一　宮城県教育会の組織と事業

宮城県教育会は、どのような組織形態をとり、どんな事業を展開する組織であったのか。まずこの点の検討からはじめたい。

宮城県教育会が、その後に続く基礎的組織体制を整えるのは、一八九九（明治三二）年であった。同年に開催された年次総会において、それまでの「宮城県教育会中央部」という名称を「宮城県教育会」に改め、それに伴う規則改定を行ったのが基礎となっていた。しかし、このふたつの規則の間には、単なる名称変更に止まらない組織上の原則的ともいえる違いがあった。「宮城県教育会規則」（一八九九年。以下、教育会規則と略記[4]）を、改定対象となった「宮城県教育会中央部規則」（一八九〇年。以下、中央部規則と略記[5]）との違いに着目しながら、検討してみたい。

まず、その目的が「本会ハ宮城県各郡市教育会ヲ聯合シ県内教育ノ普及上進ヲ図ルヲ以テ目的トス」（第一条）と規定された。郡市教育会を「聯合」して県内教育の普及上進を図ること、それが宮城県教育会のめざすところであった。しかし、中央部規則と比較した場合、同じように管内教育の普及上進を図ることを目的としていても、郡市教育会との関係においては原則的ともいえる違いがあった。すなわち、中央部規則では「本部ハ各郡市教育会ヲ聯合統轄シ」と規定されており、「中央部」が郡市教育会を「聯合」し「統轄」するものであるという位置づけが明確にされていた。そして、中央部規則には、この「統轄」の文言に対応する形で、「郡市教育会規則準案」(以下、規則準案と略記)がその一部として示され、本文にもつぎのような基本的関係を規定する条項が用意されていた。(一)各郡市教育会の規則は中央部の「総理ノ認可ヲ経ヘシ」(中央部規則第二六条)と規定され、それが規則準案に倣うべきであることが想定されていた。(二)その規則準案においても、目的規定において、郡市教育会が中央部の組織的一部を構成するものであることが明定されていた。「本会ハ宮城県教育会中央部ニ属シ本郡(市)教育ノ普及及ビ上進ヲ図ル」。(三)さらに、郡市教育会は、挙行事項や議決事項等を「直チニ本部ニ申報」すべきことが義務づけられていた(中央部規則第二一条)。

一八九九(明治三二)年の教育会規則では、右の(三)はほぼそのまま引き継がれるが、「統轄」という文言に対応した(一)および(二)はすべて削除され、郡市教育会用の規則準案もまた示されることはなかった。目的規定から「統轄」の文言が削除されたことに伴って他の関連条項にも変更がくわえられたのであった。このことはつぎのことを意味していた。すなわち、目的に同意する者は「何人ヲ問ハズ会員タルコトヲ得」とされた郡市教育会を、中央部の「支会」的位置においてこれを「統轄」していこうとする組織形態の修正である。もっといえば、県下の教員を郡市教育会のうちに糾合して、教育会という組織をとおして「統轄」していこうとする方針の変更であったということができる。

この変更がいかなる事情によってなされたのかは、現段階では明らかにできない。しかし、推測できることは、郡制施行に伴う地方制度の整備が大きく関係していたのではないかと思われることである。宮城県では、一八九四（明治二七）年に郡制が施行され、翌年には郡視学が全面設置され、それに伴って県教育行政当局による「監督指導」体制が構築されていくことになる[(6)]。恐らくはそのことが、教育会をとおした教員掌握体制の必要性を薄めていったのではなかったかとも推測される。各郡市教育会も、その会長はたいていの場合郡長が務め、郡視学が要路を占めていたことも付けくわえておきたい。

いずれにしても、ここに、それ自体独立性を建前とする郡市教育会を基盤としつつも、会としては独自の会員をもつことのない、聯合体としての県教育会が形づくられることになるのであった。教育会規則は個別会員に関する規定をもっていなかったのである。それは、役員組織を中核とした運営組織のみをもつ県教育会でもあった（後述）。

なお、会の運営経費については、「各郡市教育会ノ出金ト其他ノ収入金トヲ以テ之ニ充ツ」（教育会規則第二三条）とされ、各郡市教育会からの出金と県費からの事業費補助（年間五百円）[(7)]、その他の収入によって運営されていた。

では、その役員組織（運営組織）はどのようなものであったのか。役員は、会長（一名）、副会長（一名）、議員（若干名）、評議員（三〇名）、理事（五名）、書記（若干名）から構成されていた。議員は郡市教育会から二名ずつ公選によって選出され（合計三四名）、これに各郡市教育会長をくわえて議員会を構成し、この議員会において、会長、副会長、評議員が投票によって選出される仕組みになっていた。理事は評議員会の互選である。基本的には公選による代議員制と投票による役員選出の方式がとられていた。こうした組織のもとに、年一回の総会、年一回の議員会、必要に応じた評議員会、そして理事会が開催され、会の運営がなされていた。総会と議員会は毎年六月に開催され、（一）議員会では、庶務報告、予算と決算等に関すること、事業に関すること、教育上の諮問と議題に関する審議、役員の選挙が挙行され、（二）総会では、会の成績報告、諮問事項の審議、教育上の演説談話討議等を挙行することになっていた。議員会が実質的な審議機関であり、郡市教育会から選出される議員によって運営の基本的事項が決定されること、これが郡市教育会の聯合体であることの建前上の保証であった。

しかし、役員組織の実際は、県当局者、県教育界の重鎮とおぼしき者が中枢部分を占める寡頭支配の様相をもっていた。一九一二（明治四五・大正元）年をみてみると、会長を県知事が、副会長をときの衆議院議員が務め、評議員三〇名は小・中学校および高等教育機関の教員が務め、理事には教育事務官（学務課長）、視学、師範学校長などが就いていた。(8) さらに、規程上は議員会が審議機関であったが、実際には、理事会が会の運営を仕切っていたようである。会議の開催回数がそれを物語っていた。この年は、理事会が毎月一回、評議員会が必要に応じて随時召集、雑誌編集委員会が毎月一回、等となっていた。ここからは、会長＝知事のもとで、師範学校長を含めた当局者によって構成される理事会が、会の日常業務を仕切っていたことが窺える。こうした役員組織の人的構成と会の運営実態からして、宮城県教育会は、何よりも、県教育行政の補助的業務を遂行する組織という性格を濃厚にもっていたということができる。

では、宮城県教育会は、会としてどのような事業を展開していたのか。注（8）の資料に基づいて、明治末期の五年間（一九〇八年～一九一二年）の事業内容を摘記するとつぎのようになる。（一）総会・議員会等の開催、（二）知事諮問への答申、（三）知事への建議、（四）講習会の開催、（五）調査部による調査研究、（六）機関誌の発行、（七）代議員の派遣、である。（二）知事諮問は、この間五件なされており、総会での討議→郡市教育会からの意見聴取→調査部での検討→答申という手続きを踏んでいた。これは、行政への参与意識を掻き立てる効果はもっていたにしても形式的なものであり、むしろ、行政当局が施策遂行に当たって関係者の意識を事前に喚起し調達する意味合いの方が強かったと思われる。（三）知事への建議はこの間二九件なされていた。郡市教育会提出案→議員会での討議という手続きを踏んでなされていたようであるが、その内容は、教員の生活者としての側面にかかわる事項と教員の職務遂行にかかわる微細な事項が主なものであった。教員層にとっては、自分たちの意向を行政施策に反映させるか細いルートであったが、その実、意見表明の制度的枠づけという色彩が濃厚であったと思われる。（四）講習会は、小学校教員講習会と教員養成講習会から構成され、そのうち前者は、「新知識」啓蒙による教員の職能向上という意味合いをもって開催されていた。教員養成講習会については後述する。（五）調査部は、一九〇九（明治四二）年に、四分野（初等教育、中等教育、実業教育、社会教育）をもって設置され、喫緊の教育課題について調査研究を行い、その成果を会員に周知しようとするものであった。（六）機関誌の発行とは、一八九四（明治二七）年に創刊された『宮城県教育雑誌』（のちに『宮城県教育会雑誌』と改称）をさし、その掲載内容は「講演、研究、論叢、片々録、雑編、会報」の諸分野からなり、教員等への啓蒙と教育会の活動の周知を図る、情報誌ないし広報誌という性格をもつものであった。（七）代議員の派遣は、文字どおり、全国聯合教育会等への代議員の派遣である。

こうした県教育会の事業を一括りにしてしまうことは困難であるが、より焦点化して整理するならば、一つは行政施策への軽微で穏便な参与とそれによる意識の事前の喚起調達であり、二つには「新知識」の啓蒙による教員の職能向上であり、三つ目は行政施策と喫緊の教育課題に関する情報提供であり、そして四つ目として、行政の肩代わりとしての教員養成事業であったと捉えることができる。このうち、教員養成事業は、県教育行政当局からすれば、もっとも緊急を要し、かつそれなしには小学校教育を十全に遂行しえない、重要な政策事項なのであった。

二　宮城県教育会の教員養成講習会

宮城県教育会という組織が初等教員養成という公的事業に深く関与することになるのはいかなる事情によるものだったのか。いうまでもなくそれは、有資格教員（とりわけ正教員）の慢性的不足という、戦前日本の教育社会がほぼ恒常的に抱えこんでいた事態に起因するものであった。宮城県教育行政当局は、明治三〇年前後からさまざまな教員補充策を試みるが、それもこの事態を解消するのに十分な成果をあげることができなかった。そのことが、県教育会に教員養成事業を担わせていく実際上の理由だったのである。まず、この点を跡づけてみることにしたい。

1　教員不足とその補充策

有資格教員の慢性的不足という状況は宮城県の場合もまったく同様であった。〔表1〕に示したのは、年度ごとの正教員数を学級数で除して得た教員配置における正教員充足率とでも呼ぶべき数値である。充足率は徐々に上昇して、大正末年には八割近くにまで達するが、明治期は六割台にとどまっていた。単純に考えれば、法令にしたがって本科正教員が配置された学級は六割台にとどまっており、それ以外は「本科正教員ヲ補助」することを職務とした准教員（小学校令第三九条）や無資格代用教員が配置されていたことになる。このことが、とりわけ正教員の補充を緊急の課題としていったのであった。

〔表1〕正教員配置状況（宮城県）

	学級数（a）	正教員数（b）	充足率（b/a）
1900	2045	1214	59.4%
1901	2276	1385	60.9%
1902	2361	1421	60.2%
1903	2323	1428	61.5%
1904	2055	1336	65.0%
1905	2104	1355	64.4%
1906	2111	1405	66.6%
1907	2162	1412	65.3%
1908	2275	1436	63.1%
1909	2411	1522	63.1%
1910	2512	1656	65.9%
1911	2581	1727	66.9%
1912	2622	1798	68.6%
1913	2590	1866	72.0%
1914	2583	1963	76.0%
1915	2595	1981	76.3%
1916	2628	2023	77.0%
1917	2684	2134	79.5%
1918	2791	2211	79.2%
1919	2849	2236	78.5%
1920	2941	2249	76.5%
1921	3023	2278	75.4%
1922	3085	2350	76.2%
1923	3200	2454	76.7%
1924	3296	2538	77.0%
1925	3362	2678	79.7%

注1：『文部省年報』より作成。
注2：学級数は尋常科と高等科を合わせた数（補習科を除く）。
注3：教員数は尋常と高等の正教員を合わせた数。

『宮城県統計書』所載の学事年報の記述（教員の需要供給に関する記述）を経年的にみていくと、教員不足に対処するさまざまな方策が試みられていたことがわかる。主な施策を摘記してみよう。

その第一は師範学校による教員補充策の実施である。宮城県師範学校は、簡易科や小学校教員講習科を活用した教員養成の他にも、応急策として、夏期講習会を開催して尋常小学校本科正教員[9]の養成に努めていた。一九〇一（明治三四）年度には、「尋・准」を対象とした「教育国語算術理科体操ノ五科目」の講習会を、一箇月（八月一日〜三一日）の講習期間で開催していた。定員一五〇名に対して、郡市長からはそれをはるかにこえる三四一名の推挙者があったという。この数字からは、「尋・正」確保が郡当局にとってきわめて急を要する課題であったことを読みとることができる。実際には一六九名に絞り込み、終了後に臨時試験検定を実施して、八一名の全科合格者を輩出していた[10]。しかし、この師範学校による「尋・正」養成講習会も、一九〇四（明治三七）年には「経費ノ都合」により「中止」されてしまうのであった[11]。

第二は高等女学校卒業者の吸引による教員補充策である。これは、高等女学校に「補習科」を設け、教員志望者に「実地授業法ノ練習ヲナサシメ以テ教員トシテ実地ニ必要ナル技能」を習得させ、無試験検定で「尋・本・正」免許状を授与するものであった。「高等女学校卒業者ニシテ教員ヲ志望スルモノ益々多キヲ加ヘ」といった趨勢に目をつけた教員補充策であり、一九〇四（明治三七）年度から開始されていた[12]。

第三は郡市単位の教員補充策である。「郡市ニ於テハ准教員養成ノ目的ヲ以テ夏期講習会及予習会ヲ開設シ教員ノ補充ヲ図レルモノ多ク」と記されていたように、郡ないし郡教育会が「尋・准」養成の講習会を開設して、教員補充を行うものである。その講習期間が「二ヶ月以上ノモノニ対シテハ臨時試験検定ヲ施行」する措置もとられていた[13]。こうした講習会と臨時試験検定が実際に行われていたことは、免許状の授与結果からも確認できるし[14]、この後も比較的頻繁に開設されていたことを確認することができる[15]。有資格最初級の「尋・准」は、こうした郡市レベルの教員養

1911（明44）	1912（明45・大元）
尋常小学校准教員養成	尋常小学校准教員養成
1911.9.11 〜 1912.2.17	1912.10.1 〜 1913.3.20
(同左)	(同左)
(同左)	(同左)
宮城県師範学校および第二中学校教諭	宮城県師範学校および東北中学校教諭
(同左)	高等小学校卒業若シクハ之ト同等以上ノ学力ヲ有スル男子ニ限ル
(同左)	(同左)
71名	64名
28名	28名

1915（大4）	1916（大5）
尋常小学校正教員養成	尋常小学校正教員養成
1915.8.3 〜 8.25	1916.7.25 〜 9.10
	修身、教育、国語、算術、歴史、地理、理科、図画、体操、音楽 裁縫（女子ニ限ル）
	宮城県（男女）師範学校教諭
	代用教員准教員其他中等学校卒業生
	宮城県師範学校・同女子師範学校
169名（男110名、女59名）	163名（男93名、女70名）
34名（男11名…うち中卒3、女23名…うち高女卒20名	40名（男10名…うち中卒0、女30名…うち高女卒21名）

1919（大8）	1920（大9）
尋常小学校正教員養成	尋常小学校正教員養成
1915.8.1 〜 9.14	第一部 1920.7.25 〜 9.12 第二部 1920.8.29 〜 9.12
	第一部修身、教育、国語、算術、歴史、地理、理科、図画、体操、音楽、裁縫（女子ニ限ル） 第二部教育、音楽
	宮城県（男女）師範学校教諭
	第一部代用教員准教員等ノ現職ニアル者又ハ其ノ他相当経歴ヲ有シ教員タルニ適当ナル者 第二部中学校高等女学校卒業者ニ限ル
(同左)	(同左)
175名（内訳は不明）	
72名（男45名、女27名）	

注2：記事については、とくに講習会開催の広告、県教育会の年次総会での報告を用いた。
注3：表中の記載のない部分は不明であることを示す。

〔表２〕宮城県教育会の教員養成講習会

	1909（明 42）	1910（明 43）
目的	尋常小学校准教員養成	尋常小学校准教員養成
講習期間	1909.7.1 ～ 12.19	1910.8.1 ～ 12.23
講習科目	修身、教育、国語、算術、歴史、地理、理科、習字、体操	（同左）
時数	毎週 30 時間	毎週 31 時間
講師	宮城師範学校および第一中学校教諭	（同左）
対象者	高等小学校卒業者	（同左）
会場	元寺小路中教院	宮城県師範学校
講習修了者	76 名	45 名
検定合格者	27 名	19 名

	1913（大 2）	1914（大 3）
目的	尋常小学校准教員養成	尋常小学校正教員養成
講習期間	1913.9.15 ～ 1914.2.20	1914.8.1 ～ 8.25
講習科目	修身、国語、教育、歴史、地理、数学、理科、習字、体操	修身、国語、教育、歴史、地理、算術、理科、図画、習字、体操
時数	毎週 32 時間	
講師	宮城県師範学校および東北中学校教諭	宮城県（男女）師範学校教諭
対象者	高等小学校卒業若シクハ之ト同等以上ノ学力ヲ有スル男子ニ限ル	尋常小学校准教員ノ資格ヲ有スル者若クハ之ト同等以上ノ学力ヲ有スル男女
会場	宮城県師範学校	宮城県師範学校・同女子師範学校
講習修了者	27 名	308 名（男 242 名、女 66 名）
検定合格者	15 名	66 名（男 48 名、女 18 名）

	1917（大 6）	1918（大 7）
目的	尋常小学校正教員養成	尋常小学校正教員養成
講習期間	1917.7.25 ～ 9.11	1917.7.25 ～ 9.11
講習科目		修身、教育、国語、算術、歴史、地理、理科、図画、体操、音楽、裁縫（女子ニ限ル）
時数		
講師		宮城県（男女）師範学校教諭
対象者		代用教員准教員中等学校卒業者及其他等
会場	宮城県師範学校・同女子師範学校	（同左）
講習修了者	142 名（内訳は不明）	151 名（内訳は不明）
検定合格者	64 名（内訳は不明）	62 名（男 27 名、女 35 名）

注１：『宮城県教育会雑誌』および『宮城教育』の各号掲載記事より作成。
No.155、166、172、184、185、196、206、207、216、226、227、240、251、254、264、270、272 の各号。

成講習会において、もっとも多く輩出されていったと見て差し支えない。

以上のように、教員不足に対処する応急的補充策として、小学校教員検定を前提としたさまざまな施策が試みられていたのであった。しかし、それでもなお、つぎにみるように、教員不足という事態の解消にはほど遠い状況にあった。これこそが、県教育会に大規模かつ継続的な教員養成講習会を開催させていく、実際的理由なのであった。


本科正教員数千三百九十人ヲ学級数二千百八（補習科ヲ除ク）ニ配当スルトキハ七百十八人ヲ不足セルヲ以テ准教員若クハ代用教員ヲ以テ之ヲ補充セリ〔中略〕是等検定ニ依リ小学校本科正教員ノ資格ヲ得ルモノ頗ル少ナク且ツ近来小学校教員ニシテ他ノ官職又ハ北海道及其他ノ府県ヘ転スルモノアルヲ以テ之カ補充モ亦主トシテ師範学校生徒ノ養成ニ俟タサル可カラサルヲ認ム(16)

2　宮城県教育会の教員養成講習会

宮城県教育会が教員養成講習会の開設にのり出すのは一九〇八（明治四一）年からである。この講習会は、それが大規模かつ継続的に実施されたというだけでなく、終了後に臨時試験検定がセットにされた講習会であったという点で、教員補充（教員養成）という明確な意図と目的をもって開設された講習会であった。実施初年度こそ臨時試験検定が実施されなかったが(17)、翌年度からは、県教育会の「稟請」にもとづいた臨時試験検定が県当局によって実施され、またその旨をあらかじめ告知することによって、受講者の参加意欲を掻き立てようとしたのであった。

〔表2〕は『宮城県教育会雑誌』を基礎資料として作成した講習会開設一覧である。これによって、この時期の教員養成講習会の概要を知ることができる。講習会は、その目的によって、大きく二つに区分することができる。対象者という要素をくわえれば、さらに細分化することもできるが、ここではその目的にしたがって、「尋・准」養成を目的とした第一期（一九〇九～一九一三年）と、「尋・本・正」養成を目的とした第二期（一九一四年以降）に分けて検

〔表3〕教員養成講習会講師職氏名（1912年度）

修身	宮城県師範学校教諭	鈴木礼助
教育	同	大庭儀三郎
国語	同	小林圭三
同	東北中学校教諭	船越文教
算術	宮城県師範学校教諭	岡専治
同	同	長嶺力
歴史	同	宮本藤
地理	同	野口吉郎治
理科	同	安蘇善四郎
同	同	前川原蔵
同	同	阪庭清一郎
習字	同	四竈仁邇
体操	同	木村甚四郎
同	同	高橋五郎

注：『宮城県教育会雑誌』No.196、1913年7月による。

〔表4〕教員養成講習会・科目別教授時数（1912年）

科目	教授時数
修身	45時
国語	134時
教育	63時
歴史	42時
地理	42時
数学	130時
理科	100時
習字	40時
体操	76時
計	672時

注：『宮城県教育会雑誌』No.196、1913年7月による。

討することにする。

まず第一期である。対象者は高等小学校卒業者およびこれと同等の学力を有する者であり、男子に限定されていたようである。講習料は一箇月一円であった[18]。受講者の自己負担によって免許状を取得させることがこの講習会開設のねらいでもあったのである。講習期間は、年度によって若干のばらつきがあるものの、五〜六箇月の長期にわたっており、しかも毎週教授時数が三〇時間強であったことを考えあわせると、かなり本格的な講習会であったということができる。講習科目は、明らかに、法令に規定された「尋・准」の試験検定科目である（小学校令施行規則第百十二条）。このことは、この講習会が、試験検定対策という明確な目的をもって開設されていたことを示す事実である。講師は師範学校教諭（一部は中学校教諭）が嘱託として担当し、終了後には、宮城県教育会の稟請にもとづいて臨時の試験検定が用意されていた[19]。

一九一二（明治四五・大正元）年度の講師の職氏名と科目ごとの教授時数は〔表3〕と〔表4〕のとおりである[20]。ここで注意しておきたいことは、講師が一名を除いて師範学校教諭であったことであり、また、のちに検討するように、臨時試験検定の問題作成者も師範学校教諭であったことである。県教育会主催の講習会は、この点において郡ないし郡教育会主催の「尋・准」養成講習会と比べて、受講者にとってははるかに「魅力的」な講習会であったはずである。この点はのちに改めて検討することにしたい。講習人員(講習修了者)は、これも年度によってばらつきがあるものの、たとえば一九〇九(明治四二)年度には七六名を数えていた。これはけっして少ない数ではない。毎週三〇時間強で五箇月強に及ぶ講習期間と、会場が師範学校(仙台市)であったことを考えると、受講者は仙台市ないしその近郊在住の者に限定されざるを得なかったとも推測される。しかし、このことと、郡部での公設・私設教員養成講習会の頻繁な開設とを併せ考えると、「尋・准」免許状の取得を求めるものが多数存在していたことを窺うことができるのである。

つぎに第二期である。県教育会の教員養成講習会は、一九一四(大正三)年度からは、「尋・本・正」養成に格上げされる。恐らく、有資格最初級の「尋・准」養成は郡ないし郡教育会に任せ、郡市教育会の聯合体である県教育会はその任務の重点を「尋・本・正」養成に移していったのだと推測される。「尋・本・正」養成は県教育会の講習会が担い、「尋・准」養成は郡ないし郡教育会の講習会が担うという、広い意味での教員養成の役割分担が実態として形成されていったとみて差し支えない。

この「尋・本・正」養成講習会は、当初の二年間は夏季休業中に三週間強の期間で開催されたが、一九一六(大正五)年度以降は期間が五〇日弱に延長された。講習料は三円であった[21]。対象者は、当初は准教員中心であったが、講習期間が延長された一九一六年度以降は、その対象を代用教員や中等学校卒業者にまで拡張し、一九二〇(大正九)年度には、代用教員・准教員を対象とした第一部と、とくに中等学校卒業者を対象とした第二部とに分けて実施されていた。時代が降るにしたがって、中等学校卒業者を講習対象にくわえる傾向が強まっていったことを知ることができる。講習科目はいうまでもなく「尋・本・正」の試験検定科目であり(小学校令施行規則第百十一条)、男女両師範学校教員が嘱託講師としてこれを担当したのであった[22]。

この講習会の受講者数（講習修了者数）も、「尋・准」養成講習会と同じように、けっして少ない数ではなかった。一部年度を除き、毎年一五〇名をこえる受講者が応募していた。とりわけ、「尋・本・正」養成の初年度であった一九一四（大正三）年度には、三〇八名（男二四二名、女六六名）[23]もの応募者が押し寄せ、急遽会場が増やされたほどであった。その理由は、終了後に臨時試験検定が組み込まれた講習会であったこと、その講師が試験問題の作成にも当たる男女師範学校教諭によって担われる講習会であったこと、にあったといえよう。くわえて、この受講者の多さは、教育社会のなかに、免許状の上進希望者を含めた正教員資格を求める者が多数潜在していたことを物語るものであった。

三　小学校教員検定の実施過程

それでは、教員養成講習会はどの程度の成果を収めたのであろうか。端的には、終了後に一体となって実施された臨時試験検定の結果の如何である。このことを事実に即して冷静に見定めるためには、この時期の試験検定の実施過程をまず検討してみる必要がある。

小学校教員検定は、大雑把にいえば、第一次小学校令で「学力検定試験」として制度化され、第二次小学校令ではそれが「甲種」（認定）と「乙種」（試験）に分けられ、一九〇〇（明治三三）年の第三次小学校令以降は「無試験検定」と「試験検定」から構成されることになる。[24]このうち、甲種検定（無試験検定）とは、「甲種検定即チ学力試験ニ依ラス単ニ従来ノ資格等ニ依リテ認定スルモノ」「学力ヲ試験セス便宜検定シテ免許状ヲ與フル」[25]方法だとされた。ここでは試験検定が検討の対象となる。[26]第三次小学校令の施行規則では、免許種別ごとにその試験科目と程度が定められ（第百八～百十二条）、一九一一（明治四四）年の改定で、その目的に「学力、性行及身体ニツキ之ヲ行フ」

〔表5〕臨時試験検定日時割（1921年）

9月12日（月）	
教　育	8:30～10:30
音楽筆記	10:40～11:30
音楽実地	13:00～
9月13日（火）	
算　術	8:30～11:30
修　身	13:00～14:00
習　字	14:10～15:00
9月14日（水）	
国語（講読作文）	8:30～11:50
理　科	13:00～15:30
9月15日（木）	
歴　史	8:30～10:30
自在画	10:40～11:50
体操筆記（男）	13:00～14:00
体操実地（男）	14:10～14:00
体操筆記（女）	13:00～13:30
裁縫筆記	13:40～15:30
9月16日（金）	
地　理	8:30～10:30
体操実地（女）	10:40～12:00
裁縫実地	13:00～16:30

注：「告示」第606号、1921年9月1日から作成。

という文言が追加された。「尋・本・正」の場合は「師範学校簡易科ノ学科程度ニ準ス」とされ、「尋・准」の場合には修身から体操までの九科目についておおよその程度が示された。その際の程度の確保は、実際の運用をみるかぎり、府県当局に設けられた小学校教員検定委員会（会長、常任委員、臨時委員から構成）の判断に委ねられていたようである。

では、試験検定はどのように実施されていたのか。ここでは一九二一（大正一〇）年度の場合を検討することにしたい。まず実施回数について。施行規則（第百六条）では年一回以上と規定されていたが、宮城県ではこの年度、定期検定二回（五月と一一月）と臨時検定一回（九月）の合計三回実施されていた（郡市での実施を除く）。臨時試験検定とは、組織的な教員養成講習会が実施された直後に、主催者の稟請に基づいて、その修了者に限定して「臨時」に実施される試験検定であった。規定回数以上の実施は、有資格教員の不足解消という県当局の現実対処策であったことはいうまでもない。

三回の試験検定のうち、九月に実施された臨時試験検定の実施過程をより詳しくみてみよう。時間の経過に沿って整理するとつぎのようになる。[27] まず、（一）県教育会会長（知事）の稟請に基づいて、臨時試験検定を実施する旨の公示がなされる（九月一日）[28]。〔表5〕に掲げたのはそこで示された日時割である。ついで、（二）試験問題の作成にあたる「臨時委員」（施行規則第九九条）が知事によって任命された。この臨時検定では、男女両師範学校長の推薦に基づいて、師範学校教諭と教員九名、女子師範学校教諭二名、庶務にあたる県属二名が臨時委員として任命されていた。そして、これに「常任委員」（施行規則第九九条）五名を加えた合計一六名が試験問題の作成にあたっていた。（三）試験問題は、施行規則の科目と程度にしたがって作成されることになるが、ここで指摘しておきたいのは、問題作成者が教員養成講習会での担当講師と全く重なっていたことである。講習会の講習科目と担当講師は〔表６〕のとおりであるが、それぞれの担当講師が、臨時試験検定においても自らの担当科目の問題作成と評定に当たっていたのであった。[29]（四）受験者のうち学科成績合格者に対して、後日（九月二四～二五日）、「実地授業」と「身体検診」を内容とする「実地検定」が実施されていた。関係文書中に編綴されている採点表をみるかぎり、この「実地授業」は、男女両師範学校において実際に授業を実践させ（教科や学年は必ずしも同じではない）、その巧拙が評定されていたようである。そして、（五）小学校教員検定委員会（常任委員会）で最終的な合否判定がなされ（一一月二二日）、免許状が授与されていた（一二月一五日付）。この臨時試験検定では、実地検定で不合格となった者はいなかった。[30] したがって、学科成績合格者四〇名に対して「尋・本・正」免許状が授与され、その他三三

〔表 6〕教員養成講習会学科課程および講師（1921 年度）

科　　目	教授時数	担 当 講 師
修身科	10	○柴垣　易義
教育科		
教育学	15	＊秋葉　馬治
教授法	15	○藤波　國途
学校管理法	8	同
心理学	12	○佐藤　東間
国語科		
購読	15	○長岐　朗吉
作文文法	10	○松木　友則
算術科	18	○野口　秀敏
歴史科	15	○津田　儀作
地理科	15	＊栗田　茂治
理　科		
物理・化学	15	○岡　健壽
博物	15	○渡部　茂
図画科	10	○宮森正三郎
体操科		
体操遊戯	20	＊東海林　實
教練	10	中島豊三郎
裁縫科	10	＊西方はるの
音楽科	10	○市川佐左衛門

注１：「宮城県庁文書　学校教職員　大10　2—0024」から作成。氏名については『職員録』等で補っている。

注２：氏名の前の○印は宮城県師範学校教諭であることを、＊印は宮城県女子師範学校教諭であることを、それぞれ示す。中島豊三郎だけは宮城県師範学校教員である。

名に対しては「一部学科成績佳良」の証明書が授与された[31]。ちなみに、この臨時試験検定の受験者総数は二〇八名であり、その合格率は一九・二%であった。臨時試験検定の実施過程は以上のようなものだったのである。

では、教員養成講習会はどのような成果をあげたのだろうか。立ち戻って改めて検討してみよう(〔表2〕参照)。まず第一期であるが、終了後の臨時試験検定の合格率は五五・六%(一九一三年度)から三五・五%(一九〇九年度)の間であった。この間の宮城県全体の「尋・准」の試験検定の合格率が高い年度でも一七・七%(一九一三年度[32])に過ぎなかったことと比べると、この臨時試験検定の合格率が際立って高かったことを知ることができる。教員養成講習会が「尋・准」輩出に大きな貢献をしていたことを認めなければならない。つぎに第二期であるが、臨時試験検定の合格率はけっして高いとはいえず、それは年度によっても異なっていた。一九一四(大正三)年度から一九一六年度までの三年間は二〇%台前半に止まり、その後は上昇して一九一九(大正八)年度まで四〇%台を維持することになる。もちろん、この間の宮城県全体の「尋・本・正」の試験検定の合格率(一九一四年一九・三%、一九一九年三七・八%)に比べれば、講習会受講者の合格率は相対的に高かったことは事実である。しかしより重要なことは、各年度の試験検定合格者の過半を、この講習会修了者が占めていたことである。たとえば、一九一四年度では、「尋・本・正」合格者七七名のうち六六名(八五・七%)を、同じように一九一九年度では八八名のうち七二名(八一・八%)を占めていた。右にその実施過程を検討した一九二一年度の場合は、五月の定期試験検定で三名[33]、一一月のそれで六名[34]の授与者を輩出したに過ぎなかった。つまり、同年度の試験検定によって「尋・本・正」免許状を授与された人員四九名(『文部省年報』の数値)のうち四〇名(八一・六%)までが、教員養成講習会とセットになった臨時試験検定受験者によって占められていたのである。合格者の内訳(性別や中等学校卒業者であるか否か)をすべての年度にわたって明らかにすることはできないから、断定的なことはいえないにしても、この事実が暗示していることは重要である。つまり、独修や独学だけでは、とりわけ正教員の免許状取得はかなり困難であったことを示していたからである。やや先立つ時期のことではあるが、一九〇七（明治四〇）年八月の試験検定に立ち会った「委員諸氏」の語るところによれば、その成績は「頗る遺憾」であったという(35)。

> 教育科　本科は抽象的の事項多く、自修困難なるが為か、いづれ《ママ》も不成績なりしが、就中小学校及尋常科正教員受験者が教育史の修養不十分にして〔中略〕噴飯に堪へざる答案を出したる者少からざりし〔中略〕一般に受験者の知識の不確実にして、或は知るが如く、或は知らざるが如く、曖昧の答案を出すもの甚だ多きは修養上又深く注意すべきところとす。正教員受験者中には最近出版の二三の教育書を読みて、其意を記述したる者少からざりしが、其答案いづれも只此等の新刊書を一読したりと云ふに止り、毫も之を咀嚼し消化して自己の知識となすに至らずして一知半解の状に止るが如き有様を呈したるは、又頗る遺憾とするところなり。

教員養成講習会は、こうした試験検定受験者の成績不振を打開するために開設されたものであったことは間違いない。教員養成講習会の開設は、講習内容や講習期間、そして講師陣の陣容、さらには試験検定の結果からいっても、免許状の取得に大きな役割を果たしていたのであった。まさしく教員検定（とりわけ試験検定）は、教員養成講習会の開設なしには有効に機能し得なかったといっても過言ではないのである。

結語

以上、宮城県教育会の組織と事業、そして事業のなかでもとりわけ教員養成事業に焦点を当てて、それぞれ検討をくわえてきた。小学校教育の普及と上進に果たした教育会の役割の全体像解明にはまだまだほど遠いが、本稿の検討から指摘できることをまとめておきたい。

まず、一八九九（明治三二）年に基礎的体制を整えた宮城県教育会は、それ自体は独自の会員をもたない、郡市教育会の聯合体であったことである。ここでいう聯合体とは、独立性を建前とする郡市教育会を基盤としつつもそれを組織的一部として統轄下におくものでなかったことを意味しており、郡市教育会の代表によって構成される議員会と総会によって会運営の基本的事項が審議決定されるというその運営の仕組みにおいて、聯合が担保される組織体であった。その意味では、実体としては、役員組織を中核にした運営組織から構成される事業体とでもいうべき性格をもつものであったといってよい。こうした組織形態がとられるに至った経緯と意味については、他分野の職能的団体の組織のあり方との比較検討を踏まえた吟味が必要だろうし、それが教育会の事業展開と活動内容にいかなる影響と制約をもたらしたのかについても、なお検討をくわえてみる必要がある。

第二は、県教育会による教員養成講習会の開設が有資格教員の輩出に大きく貢献したことである。この講習会は、県当局のいくつかの応急的教員補充策実施の後に一九〇八（明治四一）年から開始され、以後、毎回多くの応募者を募って継続的に開催された。その際重要なことは、この講習会が臨時試験検定と一体として実施されていたことであり、しかもその結果において、講習会修了者が当該年度の試験検定合格者の過半を占める結果を収めていたことである。その事実からすれば、講習会→臨時試験検定という施策が、師範学校による教員養成を補完する、有資格教員輩出策の最たるものであったということができる。師範学校は、基本的には、有資格最上位の小学校本科正教員を輩出するに止まり、それ以外の有資格教員はこうした小学校教員検定によって供給されていたのである。このことはまた、小学校教員検定制度が教員養成講習会の開設なしには有効に機能し得なかったことを意味しており、さらにいえば、教育会の講習会の開設がなければ、そもそも小学校教育自体が成り立ちゆかなかったことをも意味していたのである。

第三は、教員養成講習会から臨時試験検定に至る一連のプロセスにおいて、実質的な役割を担ったのが師範学校であったということである。講習会の講師は師範学校教諭ないし教員であったし、臨時試験検定において問題作成から実地授業の評定までの一連の業務を担ったのも、同様に彼・彼女等であった。表看板こそ県教育会主催の教員養成講習会であったが、その講習会の内実と臨時試験検定の内実にまで立ち入って検討してみると、その一連のプロセスはむしろ、師範学校による第二の教員養成場面であったと見た方が的確なのである。このことに、県教育会の要路を県教育行政関係者が占めていた事実を重ねてみると、それはまさしく、県当局による、県教育会という組織を利用した、きわめて簡便な（お手軽な）有資格教員輩出策であったということができる。

地方教育会は、教員養成事業という視角からみると、多くの教員志望者ないしは教員資格上進希望者の必要と要求に結びついた吸引装置としての役割を果たすべく、県教育行政の代行的業務を担わされていったのであって、まさしくそうした事実と意味において、県教育行政の補助的業務を遂行する組織であったということができるのである。

注

（１）梶山雅史・竹田進吾「教育会研究文献目録Ⅰ」（東北大学大学院教育学研究科『研究年報』第五三集第二号、二〇〇五年三月）を参照。

（２）小学校教員検定の運用に関しては、拙稿「小学校教員検定に関する基礎的研究」（『宮城教育大学紀要』第四〇巻、二〇〇六年三月）を参照していただきたい。なお、本稿はこの拙稿と内容的に重複する部分があることをあらかじめお断りしておきたい。

（３）地方教育会の教員養成事業に関しては梶山雅史の先駆的な研究がある。梶山雅史「京都府教育会の教員養成事業」（本山幸彦編著『京都府会と教育政策』日本図書センター、一九九〇年）。梶山には、この他にも、①「変則的小学校教員養成ルート―教育会の教員養成事業―」（日本教育史研究会・サマーセミナー（二〇〇三年七月三〇日）での配付資料）、②「もう一つの教員養成システム―地方教育会教員講習会が投げかけるもの―」（日本教育史研究会「日本教育史往来」第一四六号（二〇〇三年一〇月））がある。本稿はこの一連の研究から多くを学んでいる。

（４）宮城県教育会中央部の総会（明治三二年七月）で決議され、同年八月に知事宛に届出がなされている（宮城県公文書館所蔵「宮城県庁文書　学校　明治三二年度　二―〇〇一一」。「宮城県庁文書」の簿冊名については、『宮城県公文書館　収蔵資料管理台帳』にしたがって表記することとする。「学校」は小分類名を示し、「明治三二年度」は簿冊の所属年度を示し、「二―〇〇一一」は配架番号を示す。以下同じ。」。

（5）一八九〇（明治二三）年七月一八日付で知事から認可されている〔「宮城県庁文書　学校　明治二三年度　二―〇〇一〇」〕。なお、同会自身の後年の記録によれば、その成立事情がつぎのように記されていた。「本会ハ明治二十三年六月管内各郡市教育会ヲ聯合統轄シ以テ県内教育ノ普及上進ヲ図ラン為メ郡市ノ教育会長及郡市教育会選出ノ議員会合ヲ催シ時ノ県令松平正直ヨリ仮規則ヲ提案シ出席者ノ審議ヲ経テ茲ニ宮城県教育会中央部ノ創設ヲ観ル」〔「宮城県庁文書　学校　大正〇二年度　二―〇〇六二」〕。しかし、ここに記されてあることがすべて事実かどうかはなお検討してみる必要がある。

（6）郡レベルでは、小学校長会等が郡長召集のもとに開催され、管内小学校全体を規律する公的規則を定めていく事例が認められる。「宮城郡学事の状況」〔『宮城県教育雑誌』第一六号、一八九五年一二月〕、「加美郡教育施設事項」〔『宮城県教育雑誌』第一七号、一八九六年一月〕など。

（7）県会議決によって、一八九九（明治三二）年から、県費補助がなされていた〔『明治三五年　宮城県統計書　第一巻』五八頁〕。

（8）この文書は、文部省による教育会の効績調査（一九一二年一一月一八日付普通学務局通牒発普四四三号）に対応するために、同年一二月一七日付で、宮城県教育会から県当局に回報された文書である〔「宮城県庁文書　学校　大正〇二年度　二―〇〇六二」〕。

（9）以下、教員免許状に対応した教員呼称にはつぎの略称を用いる。尋常小学校本科正教員（「尋・本・正」）、尋常小学校准教員（「尋・准」）。

（10）『明治三四年　宮城県統計書　第一巻』二一頁。

（11）『明治三七年　宮城県統計書　第一巻』四頁。

（12）『同右書』四～五頁。

（13）『明治三四年　宮城県統計書　第一巻』九頁。

（14）たとえば、「伊具郡ニ於テ施行セシ小学校教員試験検定ニ合格シタル小学校准教員免許状ヲ授与セシ人名」（告示第百九号、一九〇一年四月三〇日）、「柴田郡ニ於テ臨時施行ノ小学校教員試験検定ニ合格シタル小学校准教員免許状ヲ授与シタル人名」（告示第百九六号、一九〇一年八月一三日）。

（15）明治末期の開設状況を拾い出しておくとつぎのようになる。①「准教員養成講習会」（登米郡＝公設、一九〇九年七月一九日から二箇月間、講習人員九〇名）、②「准教員養成講習会」（伊具郡教育会＝私設、一九〇九年七月一九日から三〇日間、講習人員三〇名）、③「准教員養成講習会」（刈田郡教育会＝私設、一九〇九年の二箇月間、講習人員三〇名）〔以上、『明治四二年　宮城県統計書　第

一巻』）。④「准教員養成講習会」（登米郡＝公設、一九〇一年七月二三日から三一日間、講習人員九五名）、⑤「伊具郡教育会尋常小学校准教員養成講習会」（伊具郡教育会＝私設、一九一〇年八月一日から三〇日間、講習人員二九名）、⑥「遠田郡教育会尋常小学校准教員養成講習会」（遠田郡教育会＝私設、一九一〇年八月一日から二一日間、講習人員二七名）〔以上、『明治四三年　宮城県統計書　第一巻』〕。⑦「尋常小学校准教員養成講習会」（登米郡＝公設、一九一一年の四九日間、講習人員七〇名）、⑧「伊具郡教育会尋常小学校准教員養成講習会」（伊具郡教育会＝私設、一九一一年の二八日間、講習人員二三名）〔以上、『明治四四年　宮城県統計書第一巻』〕。

（16）『明治三九年　宮城県統計書　第一巻』六〜七頁。
（17）注（8）と同資料。
（18）「広告第四回尋常小学校准教員養成講習会」『宮城県教育会雑誌』第一八五号、一九一二年八月。
（19）注（8）と同資料。
（20）「庶務報告」『宮城県教育会雑誌』第一九六号、一九一三年七月。
（21）「尋常小学校本科正教員養成講習会広告」『宮城県教育会雑誌』第二二六号、一九一六年六月。
（22）すべての年度にわたって講師の職氏名と科目ごとの教授時間数を明らかにすることはできない。ただし、一九二一（大正一〇）年度については後述する。
（23）数値は、上記の准教員の場合も含めて、『宮城県教育会雑誌』に掲載されている数値である。正確かどうか、現段階で確認する術がないので、そのまま用いることにする。講習会に関する数値は、とくに断らないかぎり、以下も同じ。
（24）これ以前にも、「小学校教員免許状授与方心得」（文部省達第六号、一八八一年一月三一日）によって、師範学校卒業証書を持たない教員志望者に教員免許状を授与する方法があった。
（25）「文部省令第十九号小学校教員検定等ニ関スル規則　説明」『明治以降教育制度発達史』第三巻、八〇六頁。
（26）無試験検定を含めた小学校教員検定全体については、前掲拙稿「小学校教員検定の基礎的研究」を参照していただきたい。
（27）この臨時試験検定の実施関係文書は、「宮城県庁文書　学校教職員　大正一〇年度　二一〇〇二四」に編綴されている。
（28）告示第六〇六号（一九二一年九月一日）。
（29）試験問題には作題者の氏名ないしは氏名と押印が記されてある〔「宮城県庁文書　学校教職員　大正一〇年度　二一〇〇二四」に編綴〕。

(30) 定期の試験検定の場合には、学科成績合格者がそのまま実地検定合格者とはなっていない。不合格の理由が「実地授業」の巧拙によるものなのか「身体検診」の結果によるものなのかは確認できないが、ともかく実地検定の段階で不合格者がいたという事実を指摘しておきたい。前掲拙稿「小学校教員検定に関する基礎的研究」を参照のこと。
(31) 告示第七八一号および第七八二号(一九二一年一二月一五日)。
(32) 『文部省年報』の数値から算出。合格率＝合格者／検定人員とした。以下も同じ。
(33) 告示六二七号(一九二二年九月七日)。
(34) 告示二〇一号(一九二三年三月二三日)。
(35) 「小学校教員検定試験の成績に就きて」『宮城県教育会雑誌』第一三五号、一九〇七年一一月。

第六章　広島県私立教育会による教員養成事業

大迫　章史

はじめに

本稿の目的は、広島県私立教育会による教員養成事業を事例として取り上げ、地方教育会がその道府県の教育に果たした役割を明らかにすることにある。

広島県私立教育会は、一八八七（明治二〇）年七月に設立された。その設立について「本会は、明治二十年春四月、地方の教員中、小学校教員学力検定志願のため広島に来る者の多きを好機とし、広島尋常師範学校に集会して、教育会設立を協議し、満場一致の賛成を得た事に創まる」[1]とある。広島県私立教育会は、他道府県に比べて、設立時期が比較的遅いが、これはすでに一八八三（明治一六）年設立の広島教育協会が類似組織として存在しており、談話会（月一回）や講演、雑誌発行などの活動を行い、これが広島県の教育に貢献していたためであると述べられている[2]。

広島県私立教育会は「県下教育ノ改良上進ヲ翼賛スル」ことを目的として掲げた団体で、その役員には総理、会長、理事等がおかれ、総理には広島県令・知事（初代総理は千田貞暁）が、会長には広島県尋常師範学校長（初代会長は大河原輝剛）等が就くことが多かった[3]。

本会が行う事業は一八八七（明治二〇）年四月の「広島県私立教育会規則」によれば、談話、演説、討論会、雑誌の発行などがあげられている。(4) そして同年九月には、同会の機関誌である『広島県私立教育会雑誌』(一八九二(明治二五)年五月に休刊。一九〇四(明治三七)年五月に『芸備教育』として再刊)の第一号を発行している。また、その教育関連事業として、本稿で取り上げる教員養成事業の他、各種講習会の実施、工業補習夜学校(一九〇四(明治三七)年九月開校)、商業補習夜学校(一九〇五(明治三八)年一一月開校)、移民補習夜学校(一九〇六(明治三九)年九月開校)の設立・経営にあたった。

本稿で取り上げる広島県私立教育会の教員養成事業は、一八八九(明治二二)年九月三〇日の常議員会の記録に「私立教育会講習部設置の件」とあるように、本会設立の約二年後に提案された。本事業について、『広島県教育会五十年史』には、「本会が、その事業の一大部面として、会の創立早々に於てすでに教員養成機関を設置したことは、まことに誇るに足るべきものであつて、名づけて『講習部』といふ(5)」と記されている。そして本会講習部は、小学校教員養成を主な目的として、その後名称・組織変更を伴いながら、約四〇年もの間、時代とともに発展し一九三一(昭和六)年に廃止・閉鎖された。(6)

なお、広島県で地方教育会が教員養成に関わった事例としては、広島県私立教育会以外に広島県北部の高田郡私立教育会が設立した小学校教員講習所と広島県東部の私立御調郡教育会が設立した三原教員養成所等がある。高田郡私立教育会による小学校教員講習所は一九〇一(明治三四)年に設立された。(7) また三原教員養成所は、当時の御調郡教育会会長であったと考えられる沼田良蔵により一九〇〇(明治三三)年に創設されたものである。(8)

地方教育会による教員養成事業に関する先行研究を確認しておく。地方教育会による教員養成事業を扱った論文は、管見の限りほとんどみあたらないが、代表的なものとして、梶山雅史の「京都府教育会の教員養成事業」、佐藤尚子の大分県教育会による教員養成事業に関する研究がある。また、小学校教員検定を扱った研究として笠間賢二による研究をあげることができる。(9) ここでは、本稿に直接関わるものとして、梶山と佐藤による論文を取り上げる。梶山の研究は、京都府会と京都府教育会の関係に着目しつつ、京都府教育会による教員養成事業の実態を明らかにしようとしたものである。とくに、京都府教育会の教員養成事業が、師範学校による正系のルートではなく、傍系・変則的な教員養成ルートであったが、これが京都府の教員養成に果たした役割に着目している。

梶山は、京都府師範学校の動きと連動する形で、京都府教育会が各種教員講習会・師範学校予備校・教員講習所といったさまざまな教員養成事業を展開し、尋常・高等小学校教員養成に取り組んだことを指摘する。そして、こうした取り組みをとおして、京都府教育会による教員養成事業が変則的でありながら、京都府の教員供給に大きな貢献をしたことを明らかにしている。また京都府教育会によるこの取り組みは、全国における典型になるであろうと結論づける。

佐藤の研究は、大分県教育会による教員養成事業が、大分県が抱える教員不足問題に果たした役割を明らかにしようとしたものである。そして、佐藤は、大分県教育会が、長期講習会の実施、ついで常設講習会の実施、そして臨時教員養成所を設けることで大分県の教員不足解消に大きく寄与したことを明らかにしている。その上で、今後の課題として、戦前日本における教員養成は各地方で多様な形で展開されており、地方のレベルからの教員養成の実態解明の必要性を述べている。

先行研究でも指摘されているが、小学校教員養成は、師範学校をはじめとして、基本的に道府県を単位として行われており、この点で教員養成それ自体がそれぞれの地域が抱える問題から色濃く影響を受け得るような環境におかれる。これは地方教育会による教員養成事業も例外ではない。そうであるとすれば、各地方に固有の教員養成に関わる特徴が出てくることとなる。このようななかで各都道府県に存在した地方教育会もまた、それぞれ設置された地域の教育に関与していったのである。

そこで、本稿では、地方教育会が地域の教育問題、とくに教員養成に果たした役割を、広島県私立教育会による教員養成事業を事例に、広島県私立教育会講習部など教員養成事業を担った組織のあり方、養成対象とした教員の種類等の変遷を中心に明らかにしていく。本論文で広島県私立教育会の教員養成事業を取り上げるのは、本事業がその誕生から終焉までを辿ることができ、地方教育会が都道府県の抱えた教育問題にどのように対応し、その役割を果たしたのかを一連の流れとして捉えることができるからである。なお、広島県私立教育会による教員養成事業の特徴として予め指摘しておきたいのは、本事業は大きく①師範学校への予備校的性格と②独自の教員養成機関としての性格を有していたが、②の側面がやや強かった点である[10]。

本稿で用いる文献・資料として『広島県教育会五〇年史』と『広島県私立教育会雑誌』及び『芸備教育』をあげることができる。広島県私立教育会が発行した雑誌『広島県私立教育会雑誌』と『芸備教育』では、広島県私立教育会による教員養成事業について述べた記事は散見されるが、それほど多くはない。また雑誌休刊による史料的制約もある。ただし一九二二（大正一一）年の『芸備教育』第二一〇号は「広島県教育会事業記念号」と題し、まさにこの年は「本会設立広島教員講習所第三十年記念」にもあたり、教員養成事業が大きく取り上げられている。また『広島県教育会五〇年史』では、教員養成事業を通史的に詳しく取り上げているため、これらを用いて、本稿の課題を明らかにしていく。なお『広島県教育会五〇年史』は歴史的記述に若干の異同があるため、この点を広島県内務部学務課発行の『広島県教育小史』、『広島県教育施設概要』等により補っていく。

一　広島県私立教育会による講習部の設置

1　広島県私立教育会講習部設置とその目的

広島県私立教育会では、小学校教員養成を目的とする広島県私立教育会講習部（以下、講習部と略記）が一八九一

（明治二四）年五月に設置された。

この取り組みは、当時広島県尋常師範学校が設置されていたにもかかわらず、あわせて地方で雇い入れた教員に講習会を受けさせ教員資格を得させるといった「彌縫策を講じてゐる状態にあつた」広島県の小学校教員不足を背景に始められた[11]。

このような状況で、広島県私立教育会常議員会に教員養成機関設置の議案が出されたが、これは一八八九（明治二二）年九月のことであった[12]。『広島県私立教育会雑誌』によれば、教員養成事業の具体案として「広島県私立教育会講習部設置要項案」（以下「要項案」と記す）が常議員会の席上で示されたが、常議員の間で種々議論が交わされ意見がまとまらず、まずは修正委員をおき、「要項案」を修正する方向で決定した[13]。

常議員の間で議論された「要項案」では、どのような形で教員養成が企図されていたのかを確認していく。講習部の目的に「小学簡易科教員たらんと欲する者を養成する」ことが掲げられ、一年間に一回から三回の講習会を開催することが定められていた[14]。そして、講習部の講習生は、広島県私立教育会あるいは各郡などで開かれる月次練習会に申し込み、これらの志願者の中から選出するとされていたが、その条件は一八歳以上で「本部生徒たるに相当する学力を有し体質強壮品行方正」の者とされた[15]。県下教育の改良上進を翼賛するという広島県私立教育会の目的とも関係していると考えられるが、講習生は各郡・市から一定の割合で選抜・確保することが想定されていた[16]。また、講習部修了生のうち、相当の学力を有する者には無試験による教員免許状の授与[17]が構想されていた。

以上にみた「要項案」には修正が加えられ、さらなる整備が進められ、一八九〇（明治二三）年七月に広島県の認可を得て[18]、「広島県私立教育会講習部規則・細則」が制定された[19]。

このとき認可された「広島県私立教育会講習部規則・細則」を「要項案」と比較しながらみていく。講習部の目的は小学簡易科教員の養成[20]とされており、これは「要項案」と変わっていない。講習部の講習期間について、毎年一回から三回の講習会を開催する点は「要項案」と変わりないが、より詳細に一回の講習期間が二ヶ月ないし三ヶ月となった[21]。

講習部定員は講習会一回につき四〇名[22]とされ、その選出方法は「講習生タラント欲スルモノノ撰出方ハ各郡市へ依頼スルモノトス」とされた。また講習部教員は、講習部が広島県尋常師範学校内に置かれたことも影響していたのであろう、「本部ハ広島県尋常師範学校ト協議シ該校教員若クハ本会会員ニ講師ヲ嘱託ス[23]」とある。

かくて、一八九一（明治二四）年五月八日に講習部の初めての授業が開始される。『広島県私立教育会雑誌』には「講習部の始業」の記事がある。これによれば、講習部が広島県尋常師範学校内に設けられ、教員はすべて嘱託で五名、そして、これら五名はすべて師範学校教員であり、かつ一名を除いて広島県私立教育会の常議員であった。講習生は各郡市の学務主任の選抜により四二名が入学したことが報告されている[24]。

また第一回の講習の終了については『広島県私立教育会雑誌』第四六号につぎのような記事がある。「本会第一回講習は五月二八日始業七月二五日終了せり最初入部を許せしもの四四名中中途退部せしもの一名卒業試験の際不合格の者七名にして去月二五日終了《ママ》証書を授与せしもの三六名なり（後略）[25]」。四四名の講習受講者のうち、およそ七二％にあたる三六名が修了している。第一回講習修了者の出身地は広島市、賀茂郡、豊田郡、恵蘇郡、神石郡、芦田郡などであり、広島県内のさまざまな郡・市から本講習に参加していた[26]。

講習部における小学簡易科教員の養成は広島県の小学校教育のあり方を反映したものであり、これと密接に関わってのことであった。

一八八六（明治一九）年四月の小学校令第一七条では、土地の事情により尋常小学校の代用として「小学簡易科」を設けることができる旨の規定があった。これは、初代文部大臣の森有礼が初等教育の普及・定着を企図して小学校令に盛り込んだものである。『文部省年報』によれば、一八八七（明治二〇）年段階で広島県には高等小学校一七校、尋常小学校一三七校、小学簡易科七二四校があり、在籍児童数は高等小学校二、三八八人、尋常小学校二八、二一七人、小学簡易科六八、二一一人であった[27]。このように、小学簡易科に関わる費用は区町村費負担であり、区町村費財政の圧迫が考えられたにもかかわらず、全国的にみて広島県、岐阜県、石川県の順で小学簡易科の設置が多かった[28]が、広島県の場合は、小学校就学不振の克服を目指したためであった[29]とされる。

このような小学校教育を取り巻く状況が、講習部において、小学簡易科教員を養成する背景となっていた。小学簡易科教員免許状については、一八八六（明治一九）年六月の「小学校教員免許規則」には、その第一四条で「小学簡易科教員及小学校授業生免許規則ハ府知事県令之ヲ定ムヘシ」とあり、これを受け、広島県では「小学簡易科教員及小学校授業生免許規則[30]」が同年一一月に出されている。これによれば、小学簡易科の教員免許状の授与条件として、一八歳以上であること、また小学簡易科学力試験に及第することがあげられ、学力試験は毎年三月、六月、九月、一二月の四回実施するとされた。講習部の終了時期は、これら学力試験にあわせたものと考えられる[31]。検定科目は「修身」、「読書」、「作文」、「習字」、「算術」、「教育」の六科目で、小学簡易科の教授科目と同じであった[32]。

2　一八九一年「広島県私立教育会講習部規則」改正の意義

一八八九（明治二二）年七月に制定された「広島県私立教育会講習部規則・細則」は、一八九一（明治二四）年に改正された。講習部の目的は「尋常小学校本科准教員タラント欲スル者ヲ養成スル[33]」ことに変更されたのである。また講習会の一回の開催期間が四ヶ月ないし六ヶ月に延長された[34]。

本改正により、講習部の養成対象教員の種類が「尋常小学校本科准教員」となったが、その理由は尋常師範学校入学資格の変更によるものとされている。すなわち「翌二十六年度募集の本県尋常師範学校生徒は尋准免許状所有者若しくは之と同等以上の学力を有する者から選挙されることとなつた[35]」ためとある。ここに述べられている広島県尋常師範学校の入学資格の変更は、一八八六（明治一九）年五月の「尋常師範学校生徒募集規則」の入学資格で、その一つに「高等小学校卒業以上ノ学力ヲ有スルモノ」と定められていた条項が、一八九二（明治二五）年七月の改正により「尋常小学校ノ本科准教員タルヘキ免許状ヲ有シ若クハ之ト同等以上ノ学力ヲ有スル者」に改正されたことを受けていた。これは、尋常師範学校入学者に対し、学力のみならず、教員としての「志操」を重視し教職経験者を原則としたものであったが、「之ト同等以上ノ学力ヲ有スル者」とあったように、尋常小学校本科准教員免許状を有する教職経験者に限定していたわけではなかった。[36]

そして、この変更に伴い、尋常師範学校の動きを意識しつつ、「師範入学志願者のその資格を得ようために本講習部への入学者が多くなる筈[37]」と考え、講習部もまた規則改正をしたのである。この点、最初の頃の講習生が師範学校へのステップとして入学した例は少なかったが、「一漸次星霜を経るに従ひ、講習部は実に師範学校予備校の観を呈するに至つた[38]」とある。なお広島県尋常師範学校には一八九三（明治二六）年に小学校正教員不足解消のため、小学校本科正教員を養成する簡易科が設置されている。[39]

しかしながら、講習部における養成教員の種類の変更は、上記の理由のみならず、一八九〇（明治二三）年一〇月の小学校令改正のうち、①小学簡易科の廃止、②尋常小学校における教員の種類の明確化の二点を背景としていたと考えられる。①について、森有礼が小学校の普及を期待して設けた小学簡易科は先にもみたように、広島県ではある程度の普及をみたが、全国的には住民から貧民学校として認識され敬遠されがちだったこともあり、一八九〇（明治二三）年小学校令改正では規定から姿を消した。

実際には講習部は小学校令改正の後も、一八九二（明治二五）年まで小学簡易科教員の養成を目的に掲げていたが、これは広島県における市制町村制の実施と関係している。広島県は、市制町村制を一八八九（明治二二）年四月から施行したが、小学校令改正の施行時期は、「小学校令中第四章小学校ノ設置」が一八九一（明治二四）年四月とされ、これ以外の部分は一八九二（明治二五）年四月からとされていた[40]。

②については、小学校令改正により、その第五三条で小学校教員が、専科教員と本科教員、准教員と正教員に明確に区別された。

その後、講習部規則について大きな改正は行われていないが、修業年限や組織等に関係した改正が若干ある。修業年限が一九〇〇（明治三三）年五月に九ヶ月[41]、一九〇一（明治三四）年一〇月に一年に延長された[42]。また一九〇三（明治三五）年六月には、講習部に女子部が新設された[43]。講習部教員についても、師範学校教諭が兼務している状態であったが、一八九八（明治三一）年九月にはじめて専任教員が二名おかれている[44]。

二　講習部から広島県私立教育会設立私立講習所へ

1　日露戦争後の尋常小学校本科正教員不足と広島県私立教育会設立私立講習所の役割

講習部は、教員養成事業を明治二〇年代半ばから展開してきたが、明治三〇年代には幾度かの規則改正を行いながら、より一層整備されていく。この点について、「本会が第一期（創業時代―執筆者注）になした事業中最大のものは、教員養成機関たる講習部の経営であるが、同部は今期（明治三七年～大正四年―執筆者注）に至り一大活躍時代を画した[45]」と述べられている。

広島県私立教育会では、一九〇六（明治三九）年、「日露戦役戦勝後に於ける時勢の進運に伴ひ、組織内容向上の必要を認め」、従来の講習部を発展解消する形で「広島県私立教育会設立私立講習所」（以下、私立講習所と略記）として独立した教員養成機関を設けた。初代の所長には、広島県私立教育会会長であり、広島県尋常師範学校長であった弘瀬時治が就いた[46]。

推測ではあるが、右記の「日露戦役戦勝後に於ける時勢の進運」には、教育に関していえば、日清・日露戦争前後の広島県民の小学校就学率の上昇、そして小学校令改正による義務教育年限の延長を指していると考えられる。実際広島県の学齢児童就学率を確認してみると、一八九八（明治三一）年には男子が八〇・六二％、女子が五七・七一％で全体七〇・一〇％、一九〇一（明治三四）年には男子が九五・四四％、女子が八五・八七％で全体九〇・九一％であったのが、一九〇六（明治三九）年には男子が九九・五一％、女子が九九・一五％で全体九九・三四％とかなりの伸びを示している。[47]

私立講習所はその名称変更に止まらず、さらに組織内容面において充実を図っていく。すなわち、一九〇七（明治四〇）年四月には私立講習所では尋常小学校本科准教員に加え、尋常小学校本科正教員をも養成することとなった。これは「本所のエポックメーキングとして特筆すべきもの」であると、『広島県教育会五十年史』では評価されている。[48] 以下、この点を少し詳しくみていく。

右にみた養成対象の教員変更に伴い、私立講習所における教員養成は、甲科で尋常小学校本科正教員を、乙科で尋常小学校本科准教員を、それぞれ修業年限一年で養成する形が採られた。[49] 甲科の入学資格は一五歳以上で講習所乙科卒業者あるいは入学試験合格者とされ、また乙科の入学資格は一四歳以上で講習所の入学試験合格者とされた。このように甲科と乙科の教員養成に連続性をもたせつつ、両科はそれぞれ別種の教員を養成する形を採った。甲・乙科ともに、定員は二学級一〇〇名で[50]、また、甲科の教授内容は師範学校簡易科に準ずるとされた。

本改正の背景には、〔表1〕に示したように、広島県における尋常小学校の本科正教員不足があったと考えられる。これは一九〇七（明治四〇）年三月の小学校令改正による義務教育年限の延長と、これに伴う正教員不足である。日露戦争期、広島県では学童保護会、児童就学奨励会などの就学援助団体を設け、就学督励策を展開しており[51]、また二部教授などの方法で、小学校における准教員等を淘汰し、市町村教育費の削減を図っていたが[52]、このような状況に加えての義務教育年限延長であり、小学校の正教員不足が大きな問題となったと考えられる[53]。

広島県の尋常小学校本科正教員不足について、早くは一九〇三（明治三六）年に安佐郡私立教育会が第一一回連合教育会にその養成の必要性を提案している[54]が、これはどのような形での解消が企図されたのであろうか。時代はやや下るが、一九一一（明治四四）年一〇月に開催された第二回郡市連合教育会で広島県の尋常小学校本科正教員不足に対する建議案を提出した豊田郡私立教育会を事例にみていくことにする。豊田郡私立教育会は「尋常小学校本科正教員養成ノ講習科設置ノ儀ニ付建議」を提出した。この建議では、義務教育年限が四年から六年に延長され、学校の設

〔表１〕広島県下小学校の学級数及び正教員数

年度	学級数	正教員数	学級数 / 正教員数
1895	1977	1239	62.7
1896	2077	1279	61.6
1897	2151	1423	66.2
1898	2288	1444	63.1
1899	2405	1502	62.5
1900	2599	1624	62.5
1901	2859	1727	60.4
1902	3006	1873	62.3
1903	3115	1974	63.4
1904	3064	1999	65.2
1905	3192	2111	66.1
1906	3396	2212	65.1
1907	3512	2257	64.3
1908	3829	2450	64
1909	4112	2581	62.8
1910	4270	2738	64.1
1911	4421	2725	61.6
1912	4481	2872	64.1
1913	4484	2969	66.2
1914	4495	3142	69.9
1915	4550	3263	71.7
1916	4659	3393	72.8
1917	4816	3481	72.3
1918	4958	3531	71.2
1919	5178	3675	71
1920	5174	3879	75
1921	5314	3987	75
1922	5390	4174	77.4
1923	5493	4305	78.4
1924	5575	4650	83.4
1925	5676	4812	84.8
1926	5787	4940	85.4
1927	5832	5345	91.6
1928	5964	5761	96.6
1929	6124	5894	96.2
1930	6144	6016	97.9
1931	6152	6068	98.6

学級数は、尋常小学校と高等小学校を合したもの。正教員は、尋常小学校と高等小学校教員を合したもの。補習科は除く。『文部省 第23～59年報』より作成。

備等は整い、就学児童も増加したことで小学校学級数が激増し、このため多くの教員が必要となっている。しかし、「我ガ広島県ノ現状ヲ見ルニ学級数約三千八百余ニ対シ本科正教員ノ不足数実ニ千四百余名ナリ而シテ其ノ大部分カ尋常科正教員ナル（後略）」[55]と、尋常小学校本科正教員が不足状態にあることが述べられている。[56]さらには全国平均でみれば、尋常小学校本科正教員の不足は学級数の三分の一であるが、同様に広島県の教員不足を算出すれば「千二百余名ノ不足ナルベキニ事実ハ之ヲ超ユルコト約二百名ナリ」[57]と、全国平均以上に尋常小学校本科正教員が不足している現状が報告されている。

しかしながら、豊田郡私立教育会では、尋常小学校本科正教員不足が単純に師範学校の卒業生を増やすことで解消できるとは認識されていなかった。つまり「町村経済ノ状態ハ尋常小学校ニ多数ノ師範学校卒業生ヲ入ル、ヲ許サヾル」[58]状態にあることが述べられており、安価で供給される尋常小学校本科正教員が求められたのである。教員給与平均は、一九一一（明治四四）年の場合、小学校本科正教員資格保持者の給与が二三・七〇一円（男）であったのに対し、尋常小学校本科正教員資格保持者は一八・〇八八円（男）と、両者には約六円の開きがあった。[59]また日露戦後のこの時期の市町村財政をみると広島県における市町村財政の歳出・歳入構造に変化を生じていた。とくに歳入については、それまでと比較して租税収入の占める割合が減少したが、これに伴って増加した租税外収入は公債費、手数料、財産収入などであり、広島県の市町村財政の厳しい状況を反映していた。すなわち、公債費の増加は、市町村財政が借金財政へと転換したことを、また手数料の増加は多くの町村で督促手数料条例を設けたことによる手数料の増加を意味しており、財産収入は将来的に収益を生じる財産がこの時期の町村に蓄積されたことを意味するものではなかった。[60]

一九一〇（明治四三）年五月には、私立講習所の目的、修業年限に関わる学則改正が行われた。甲科、乙科の区別を廃止し、第一学年（三学級）、第二学年（二学級）、第三学年（二学級）の形で生徒定員三五〇名（各学級五〇名以下）の学年制がとられた。[61]また私立講習所の目的は尋常小学校本科正教員養成のみに限定された。[62]『芸備教育』に「今回の改正は時勢の進運に伴ひ准教員の需用減じたるに依り主として正教員養成に当たらんが為なり」[63]とあるように、私立講習所の目的はこのときに至って、完全に尋常小学校本科准教員から尋常小学校本科正教員の養成にシフトしたのである。また、私立講習所教員は、一九〇七（明治四〇）年四月に専任教員が四名となり[64]、兼務教員も師範学校教員に限定せず、中等学校教員に対しても嘱託されるようになった[65]。

2　私立講習所に対する特典の附与と夏期講習会の開催

明治四〇年代になると、私立講習所の卒業生に対していくつかの特典が附与される。一九〇七（明治四〇）年五月には甲科の卒業生に「臨時検定」の特典が附与された[66]。「臨時検定」とは「試験検定第一回ハ管内私立松本学校御調郡私立小学校教員養成所ノ前年度卒業者ニ限リ尋常小学校本科正教員ノ検定ヲ行ヒタルモノ[67]」とあるように、試験検定の一種ではあるが、ある特定の教員養成機関の卒業者に対し一般の試験検定とは別に、臨時に試験検定を行うものであった。

また、一九一四（大正三）年には、私立講習所の卒業生に、尋常小学校本科准教員免許状の無試験検定と尋常小学校本科正教員免許状の「特別検定」が行われることとなった[68]。これは「本所編制上の大改正であり、卒業生に対する有利なる特典であ[69]」ったと述べられている。あわせて、これまで尋常小学校本科正教員免許状を得るには、臨時検定の形で卒業後に試験が行われていたが、一九一三（大正二）年度卒業生からは尋常小学校本科正教員の試験検定が「特別検定」で行われることとなった。すなわち、「特別検定」とは、私立の教員養成所等の卒業生に対し「卒業期ニ於テ特ニ各校ニ臨ミ尋常小学校本科正教員ノ検定試験ヲ施行ス[70]」ることである。尋常小学校本科正教員の小学校検定試験（試験検定）合格状況は、〔表２〕に示したとおりである。なお、本特典は『広島県教育会五〇年史』に一九一〇（明治四三）年五月からの実施と記されているが、『広島県統計書[71]』の「教員検定及免許状授与」の項には、一九

〔表２〕広島県の小学校検定合格状況
（尋常小学校本科正教員）

年度	師範卒（人）	無試験（人）	試験（人）
1895	18	65	81
1896	8	74	65
1897	26	157	113
1898	3	52	92
1899	1	46	48
1900	32	92	68
1901	32	131	69
1902	42	60	78
1903	28	3	62
1904	0	61	20
1905	0	50	62
1906	0	81	94
1907	0	84	173
1908	0	61	25
1909	0	85	174
1910	0	85	101
1911	0	77	66
1912	0	107	71
1913	0	15	114
1914	0	95	86
1915	0	70	62
1916	0	71	104
1917	0	70	91
1918	0	84	108
1919	0	56	211
1920	0	64	223
1921	0	71	142
1922	0	103	285
1923	0	19	286
1924	0	25	356
1925	0	244	166
1926	0	226	295
1927	0	34	30
1928	0	16	92
1929	0	51	99
1930	0	64	90
1931	0	86	95

『文部省 第23～59年報』より作成。

一三（大正二）年度に私立講習所卒業生に対する尋常小学校本科准教員免許状の無試験検定に関する記述が表れ、また「広島教員講習所沿革」にも特別検定は一九一四（大正三）年から行われたとの記述がある。これらからすれば、尋常小学校本科正教員免許状特別検定の特典は一九一四（大正三）年からと推測される。

また私立講習所では、これまでの小学校教員養成事業に加え、新たな事業として一九一一（明治四四）年八月私立講習所主催で夏期講習会への取り組みを始めている。「夏期講習会本会設立の同所にては卒業生及び其の他のため第一回夏期講習会を開催せしが、講師の熱心と会員の奮励とに依り頗る有効に予定の教材を修了し、手工科講習員三六名、音楽科講習員六一名に対しそれぞれ修了証書を授与したり[72]」とある。この後、私立講習所が主催する夏期講習会はほとんど開催されていないが、これは広島県私立教育会主催で夏期講習会が開催されていたためとも考えられる。[73]

三　広島県私立教育会広島教員講習所と教員養成事業の終焉

１　広島県私立教育会広島教員講習所の設置とその組織編成

私立講習所は、一九一四（大正三）年四月、広島県私立教育会広島教員講習所（以下、広島教員講習所と略記）と名称変更を行った。これに先立つ一九一三（大正二）年四月に組織編制について、学年制を廃止し、予科と本科の二本立てに変更し、予科は修業年限一年で一四歳以上の師範学校入学希望者および本科進学希望者を、本科は一五歳以上の尋常小学校本科正教員希望者を対象とし、修業年限は二年間とされた。[74]このような予科・本科のあり方は、広島教員講習所が一九三一（昭和六）年に廃止されるまで続いている。[75]

広島教員講習所には、講習部として発足して以来、師範学校入学希望者の入学が多かったが、今次改正により、予科は「判然と師範入学の予備教育を施す」ための課程となった[76]とある。広島教員講習所は①尋常師範学校進学の予備校的性格と②尋常小学校本科正教員の二つの目的を明確に兼ね備えることとなったのである。また、今次改正により、管理の点から狭隘な校舎に男子部と併置するのは難しく、また女子部志願者が減少したため、女子生徒募集を停止した。[77]女子教員養成については、すでに一九〇九（明治四二）年四月に御調郡三原町に広島県女子師範学校が設置されていた。[78]

この時期の広島教員講習所卒業生への特典をみると、一九二〇（大正九）年三月に本科卒業生に対して「卒業試験を以て検定試験を兼行する」[79]とある。これは、広島教員講習所に本所教員を兼務する師範学校教員をおいたことによるものであった。[80]『芸備教育』に掲載された広島教員講習所の募集広告にはつぎのようにある。

大正九年三月十一日　臨時検定試験開始せらる本年度より検定試験及び卒業試験は同一のものとなり当所教師の内若干名は検定委員に任命せられ問題は当所検定委員の名に依りて学校に於て調製し委員長の認可を受け試験を施行採点を為し合格不合格を決定して委員長の指揮を受け県に於て成績の発表を為すべきものとなれるに依り卒業生に取りては好個の福音なりとす。[81]

また、つぎのような広告も掲載されている。「大正九年三月ノ卒業生ヨリ検定試験ヲ以テ卒業試験ニ代用セラレタルガ成績良好ニシテ尋常小学校本科正教員免許状ヲ授ケラレタル者卒業生ノ九割二分ニ当レリ又予科修了生ニシテ師範学校其他中等学校相当学年へ入学セシ者約八割ニ当レリ[82]」。これによると、広島教員講習所が、本科においては尋常小学校本科正教員養成を、予科においては師範学校進学の二つの役割を果たしていたことがわかる。とくに尋常小学校本科正教員資格については、講習所の卒業試験と検定試験が同一となり、その検定結果が良好であったことを特典としてアピールしている。

2　広島県師範学校と広島教員講習所

広島県では、大正期に入ってからも尋常小学校本科正教員を含む正教員不足は改善されない状況が続いていた。このような正教員を取り巻く状況のもと、広島県では師範学校を含めた教員養成機関の整理・役割分担が行われる。広島県師範学校に設置され、尋常小学校本科正教員を養成していた乙種講習科が一九一九（大正八）年に廃止され、「県は之（「師範学校乙種講習科」における事業のこと—執筆者注）を本所（「広島教員講習所」—執筆者注）の事業に委ねられたる意味に於て」、広島教員講習所は広島県から毎年二、〇〇〇円の補助を受けることとなった。[83]広島県からの補助金は、一九二〇（大正九）年度には三、〇〇〇円、一九二一（大正一〇）年度には四、〇〇〇円と増額されている。

広島県師範学校の乙種講習科が廃止され、これが担った役割を広島教員講習所に委託された経緯の一端は、一九一八（大正七）年の広島県会における安河内麻吉知事の予算説明にみることができる。小学校の正教員の不足は「現時我邦国民教育界の通患」であるが、とくに広島県は「学級数が四千七百五十七でありまして、之に対する正教員の不足数は実に千三百三十五人の多に達して」おり、全国のなかでも小学校の正教員不足が著しいことを統計をもって説明する。そして、小学校の正教員不足解消策として、広島県師範学校の定員を増加して「四箇年毎年本科一学級宛を増募」し、これに伴って従来師範学校に設置していた乙種講習科を廃止すると述べている。一方で、乙種講習科の代替手段として、「現在の乙種講習科に教習中の尋常正教員の養成は便宜手段として之を私設教育団体に嘱託すること」とし、これにより、広島県の小学校正教員の割合は、一〇〇学級に対して、五年後には八〇人に、一〇年後には八八人に達することができるとしている[84]。

広島県師範学校と広島教員講習所の二つを柱に小学校正教員需要を満たそうとしたのである。なお、尋常小学校本科正教員は、〔表3〕に示したような形で供給されていた。乙種講習科廃止の影響とも考えられるが、一九一九（大正八）年以降、尋常小学校本科正教員の試験検定合格者に増加傾向がみられる。

大正期広島県における小学校正教員不足の状況を確認しておく。一九一三（大正二）年度の『広島県統計書』中の「教員ニ関スル状況」の箇所に「学級整理ノ結果学級数ノ減少シタル」との記述が表れ、上記方法に加えて学級数の減少でもって小学校本科正教員不足の解消を目指したことがわかる。実際、一九一三（大正二）年度、広島県では「一部ノ児童ヲ二部ニ分チテ教授スル」二部教授を行う学校数三八、学級数三〇二、児童数にして二、一一六名という状況であり、二部教授導入により学級数の減少を図ったと考えられる[85]。尋常小学校本科正教員養成は制度的に充実されつつあったが、小学校教員を雇う市町村の経済状況は依然厳しいものがあった。

寺田祐之知事は一九一五（大正四）年広島県会の予算説明で師範学校における小学校の准教員を正教員にするため

の講習と関わって、「本県は誠に正教員の欠員が多くて唯今の有様では随て埋めれば随って減ずる」といった状態で、師範学校卒業生でも教員従事義務年限を終えると他の職種に流れてしまう状況にあると述べている[86]。

　実際、『広島県統計書』で一九一六（大正五）年度の市町村立小学校正教員（本科・専科共）在職年数を確認してみると、教員総数が三、四三五人で、このうち在職五年未満の者が一、五三一名、満五年以上一〇年未満の者が八七一名で、在職十年未満の教員が、七〇％を占めている。また、小学校正教員不足数は「尋常小学校高等小学校ヲ通シテ一二六二人ノ不足ヲ示[87]」しているような状況にあった。

　一九二四（大正一三）年の予算説明では「教育費整理中主なるものは師範学校の学級減少であります」とあるように、師範学校の学級数を減らすことが述べられている。その理由は、師範学校は主として「小学校本科正教員」を養

〔表３〕広島県の試験検定合格状況
（尋常小学校本科正教員）

（年度）	出願者（人）	合格者（人）	合格率（%）
1895	373	81	21.7
1896	444	65	14.6
1897	320	113	35.3
1898	317	92	29
1899	176	48	27.3
1900	377	68	18
1901	653	69	10.6
1902	871	78	9
1903	490	62	12.6
1904	90	20	22.2
1905	273	62	22.7
1906	290	94	32.4
1907	702	173	24.6
1908	509	25	4.9
1909	1023	174	17
1910	856	101	11.8
1911	681	66	9.7
1912	544	71	13.1
1913	321	114	35.5
1914	927	86	9.2
1915	752	62	8.2
1916	820	104	12.7
1917	682	91	13.3
1918	837	108	12.9
1919	749	211	28.2
1920	735	223	30.3
1921	660	142	21.5
1922	753	285	37.8
1923	1905	286	15
1924	2358	356	15.1
1925	2397	166	6.9
1926	2206	295	13.4
1927	1156	30	2.6
1928	1538	92	6
1929	1126	99	8.8
1930	1399	90	6.4
1931	1074	95	8.8

『文部省 第 23 ～ 59 年報』より作成。

成する機関であり、従来の広島県の方針は「殆ど百分の百に至る迄悉く本科正教員を以て充たさむとする理想的」なものであった。しかしながら、このような方針は「市町村の財政を考へざるものであって、今日市町村が何れも教育費の負担に苦しみつつある現状に鑑みるときは、余りに理想に奔りて、財政を顧み」ないものであると述べられている[88]。このように、地方財政、とくに市町村の財政状況は改善されておらず、小学校本科正教員を雇うには厳しい状況があり、県が示す教員補充の方針と市町村経済の実態との齟齬を指摘しているわけであるが、この点について、大正期の広島県の町村の財政状況をみておく。例えば、大正期広島県の町村の財政規模は、一九一七（大正六）年度の歳出総額が三七〇万一、三九七円であったのに対して、一九二四（大正一三）年度は一千一五万一、六二四円に増大している。とくに一九二二（大正一一）年が歳出総額のピークでその後漸次減少しているにもかかわらず、教育費歳出は増え続けた。すなわち、歳出総額に占める教育費の割合は、一九二二（大正一一）年度が四二・八％、一九二三（同一二）年度が四八％、一九二四（同一三）年度が四九・八％となっており、町村財政を圧迫していた一面がうかがわれる[89]。

あわせて広島県は「一般緊縮方針」を取っており、学校増設問題に関する説明に際して、「一般行政整理の見地並県費総額中教育費の歩合より観察して、相当の整理節約を加ふるは真に止むを得ざる」ところと、議会においても地方財政の緊縮が述べられている[90]。

３　広島教員講習所の終焉

講習部に始まり、広島教員講習所となるまでに発展した広島県私立教育会による教員養成事業であったが、昭和に入るとその事業が不振に陥り始める。その主な原因は、広島教員養成所の財務的な経営難というよりも、教員の供給過剰と不景気によるものであった。つまり、「やがて満天下に不景気が到来し、教育界亦教員過剰・就職難の声かまびすしくなると共に、一九二九（昭和四）年度から従来の四千円の県費補助の内壱千参百の減額[91]」がされる状況となり、「理事会の決議により、昭和六年三月を以ていよいよ廃所」との決定が行われた。不景気という点について、一九三〇（昭和五）年に金解禁が実施されたが、これはすでにニューヨーク市場の大暴落に始まっていた「世界恐慌の嵐の渦にわが国の経済を放り込む結果」を招来し、日本の市場も株価が暴落し、いわゆる昭和恐慌に入っていった。とくに広島県内の生産力でみると、その落ち込みは一九三一（昭和六）年に底となっている。[92]また、教員過剰の点については、一九三一（昭和六）年度の時点で、尋常・高等小学校本科正教員は六、〇六八名、尋常・高等小学校の学級数は六、一五二学級であったことからもわかるように、小学校正教員不足は解消されつつあった。[93]あわせて、〔表3〕に明らかなように、一九二七（昭和四）年から尋常小学校本科正教員の試験検定合格者数が減少しており、これもまた教員過剰状態を表していると考えられる。郡市連合教育会の協議題・建議を確認してみても、教員養成に関わるものはほとんど提出されていない。

小学簡易科の教員不足補充目的からスタートした広島県私立教育会による教員養成事業は、昭和に至りその役割を終えたのである。そして、一九三〇（昭和五）年三月二七日の広島県教育会理事会の議題には「広島教員講習所廃止の件」[94]があがり、ついに四〇年間に及ぶ広島県私立教育会による教員養成事業は、一九三一（昭和六）年三月三一日の広島教員講習所の閉鎖とともにその役割を終え幕を閉じた。

四　まとめ

以上、広島県私立教育会による教員養成事業が、広島県という地域が抱えていた教員不足をはじめとする教育課題にどのように対応してきたかについてみてきた。

一では、講習部における教員養成事業を確認した。講習部は、広島県における小学簡易科の普及およびこれに伴う教員不足と関係して、小学簡易科教員の養成を目的として発足した。その後、小学簡易科の廃止および尋常師範学校の入学資格変更等に伴い、養成対象教員を尋常小学校本科准教員へと変更することで、講習部はこれへ対応した。

二では、講習部から組織変更を行い、一つの独立した教員養成機関となった私立講習所での教員養成事業についてみた。とくに、日露戦後期の広島県における小学校就学率の向上と義務教育年限延長を主な要因とする正教員不足のなかで、私立講習所はその養成対象教員を尋常小学校本科正教員へとシフトさせ対応した。広島県の市町村財政の状況から、師範学校卒業生よりも安価な形で供給される正教員が求められていたこともその背景にある。あわせて、この時期には私立講習所卒業生の小学校教員試験検定に対して臨時検定、あるいは特別検定の特典が与えられている。

三では、私立講習所から組織変更を行った広島教員講習所での教員養成事業について確認した。広島教員講習所は組織を予科と本科に分け、予科で師範学校入学希望者を吸収し、本科で尋常小学校本科正教員希望者を養成した。大正期に入っても、広島県の市町村財政は厳しい状況にあり、これを背景に広島県師範学校乙種講習科における尋常小学校本科正教員養成事業を廃止し広島教員講習所に委託することで師範学校との役割分担が明確にされた。この点で広島県教員講習所の教員養成事業は広島県から認知されたといえる。また、広島教員講習所には、その卒業試験をして小学校教員検定試験とみなす特典が与えられた。

広島県私立教育会による教員養成事業が約四〇年間にもわたって継続できたのは、小学校教員志望者等に対して、師範学校の予備校的機能とそれ自体が有する教員養成機能の二つを提供することができたためと考えられる。そして、表四に示したように、約四〇年の間に数多くの小学校教員を送り出した。

本事業は、師範学校とは異なる変則的教員養成であったが故に、これとの棲み分けを行いつつ、例えば市町村の状況を背景とした養成対象教員の変更にみられるように、時代の要請のなかで正教員不足をはじめとする広島県の抱える教育課題に柔軟な対応を求められ、またこれに応えることができた。そして、昭和に至って広島県における小学校教員供給が過剰となり、正教員不足問題が解消された状況において、その役割を終えることとなったのである。

〔表４〕広島県私立教育会講習部・講習所等卒業者数

年度	尋常小学校 本科准教員㊚（人） （小学簡易科教員を含む）	尋常小学校 本科正教員㊚（人）	尋常小学校 本科准教員㊛（人）	尋常小学校 本科正教員㊛（人）
1892	129			
1893	94			
1894	93			
1895	45			
1896	88			
1897	216			
1898	218			
1899	169			
1900	166			
1901	178			
1902	97			
1903	91		41	
1904	82		82	
1905	84		49	
1906	82		100	
1907	50	49	49	48
1908	0	51	0	42
1909	17	51	50	44
1910	26	53	74	0
1911	0	40	0	33
1912	0	62	0	30
1913	0	33	0	28
1914		45		
1915		33		
1916		31		
1917		30		
1918		27		
1919		37		
1920		46		
1921		38		
1922		49		
1923		47		
1924		52		
1925		53		
1926		9		
1927		47		
1928		50		
1929		56		
1930		44		
総計	1925	1033	445	225

松井善一編『広島県教育会五〇年史』154 頁より作成。
注）1911 年度については、尋常小学校本科正教員の統計数が不明であるが、総計がわかるため、そこから逆算して算出した。また、広島県教育会『芸備教育』第 210 号には、卒業者名簿がある。これと本表には、卒業者数に若干のずれがある。

注

（1）松井善一編『広島県教育会五〇年史』、昭和一六年、六頁。

（2）同右書、三〜六頁。広島教育協会は一八八三（明治一六）年二月から一八八五（明治一八）年六月までの約二年半活動していた。なお広島教育協会の役員の一部は、広島県私立教育会の役員を務めている。また『広島県大百科事典』（中国新聞社、一九八二年）では、広島教育協会から広島県私立教育会の設置が一連の流れとしてとらえられている。広島教育協会の内実の解明については、今後の課題としたい。

（3）同右書、七頁。なお、広島県私立教育会は、一九一五（大正四）年一〇月に社団法人広島県教育会と改称している（同上書、一一一頁）。

（4）同右書、七〜八頁。

（5）同右書、三五頁。

（6）同右。名称については、「広島県私立教育会講習部」、「広島県私立教育会設立私立講習所」、「広島県私立教育会設立広島教員講習所」と変更された。

（7）高田郡私立教育会『高田郡私立教育会報』第一号、明治三七年一月、一頁。

（8）私立広島県御調郡教育会『私立広島県御調郡教育会員名簿』。これは一八九九（明治三二）年頃のものと推測されるが、会長として沼田良蔵の名前を確認することができる。三原教員養成所について、つぎのような記事がある。「教員養成機関としては故沼田良蔵氏の設立にかかる私立三原教員養成所がある明治三十三年創立以来九百名の卒業生を出して居る現在生徒数男一四四女五〇之を五学級に編制して義務者を合して十三名の職員が教授の任に当つて居る近時は内容充実して卒業生の成績も大に面目を改めて来た」。（「御調郡通信」広島県私立教育会『芸備教育』第一一八号、大正三年二月五日、一六頁）。

その他にも、当時の教員不足を解消するために、広島県尋常師範学校簡易科がおかれていた。「然しこれ（広島県尋常師範学校―執筆者注）のみを以てしては、本県小学校教員を充し得ざる上に地方経済はこれ等卒業生のみにての教員組織をなし得ざるの状態を考慮して設けられたるものが明治二十五年の尋常師範学校簡易科規程である」。すなわち「本県に於ては同年県令甲第十号を以て広島県尋常師範学校簡易科規程を制定し、女子部廃止の年明治二十六年四月一日より一学級四十人、修業年限二年四ヶ月として生徒募集をなしたるに始まり、明治三十八年十二月の卒業生を出したるまで継続して居」たのである（広島県教育会『広島県師範教育七十周年記念誌』、昭和一九年、一七頁）。

（9）梶山雅史「京都府教育会の教員養成事業」本山幸彦編『京都府会と教育政策』日本図書センター、一九九〇年、四三七～四九八頁。佐藤尚子「その他の方法による教員養成」野村新・佐藤尚子・神崎英紀編『教員養成史の二重構造的特質に関する実証的研究―戦前日本における地方実践例の解明―』溪水社、平成一三年、一八一～二〇六頁。笠間賢二「小学校教員検定に関する基礎的研究―宮城県を事例として―」『宮城教育大学紀要』第四〇巻、二〇〇六年、二二九～二四四頁。本論文を執筆するにあたり、これら先行研究から多くの教示を得た。

（10）広島県私立教育会が設置した教員養成機関から師範学校へ進学した者の数は、史料等から明らかにできなかったが、『広島県大百科事典』によれば約一、〇〇〇名であったと記されている。これは、広島県私立教育会が設置した教員養成機関全卒業者（男）数の約三分の一にあたる。

（11）松井前掲書、三五頁。

（12）同右。

（13）広島県私立教育会『広島県私立教育会雑誌』第二四号、明治二二年一〇月、一～二頁。

（14）同右。

（15）同右。

（16）同右。

（17）同右。

（18）松井前掲書、三五頁。

（19）講習部の会計は、広島県私立教育会とは別立てで行われていた（同右書、四四頁）。

（20）広島県私立教育会『広島県私立教育会雑誌』第三三号、明治二三年七月、一頁。

（21）同右。

（22）同右。

（23）同右。

（24）広島県私立教育会『広島県私立教育会雑誌』第四三号、明治二四年五月二八日、三〇頁。

（25）広島県私立教育会『広島県私立教育会雑誌』第四六号、明治二四年八月二八日、一頁。『広島県私立教育会雑誌』第四三号に記され

た入部者数と第四六号に記された入部者数には若干の差異がある。
(26) 同右。
(27) 『文部省第一五年報』。
(28) 国立教育研究所編『日本近代教育百年史』第四巻、昭和四九年、一〇五頁（佐藤秀夫執筆）。
(29) 同右書、一〇七〜一〇八頁。『広島県史』によれば、就学不振克服のために設けられた小学簡易科であったが、その設置状況については、広島県内でも町村財政、地理的条件などで地域的な差があった。また、一八八九（明治二二）年の全国公立小学校費の財源中市町村費比率は四九・九％であったが、広島の場合、六四・七％にのぼっていた（広島県『広島県史』近代一、昭和五五年、一一〇七〜一一〇八頁（生馬寛信執筆））。
(30) 「小学簡易科教員及小学校授業生免許規則」『広島県県令訓令告示全報』第八五号、明治一九年一二月、二二頁。
(31) 例えば、第一回講習は一八九二（明治二五）年六月、第二回講習は同年一一月、第三回講習は一八九三（明治二六）年三月、第四回講習は同年七月、第五回講習は一八九四（明治二六）年一二月二六日、第六回講習は一八九四（明治二七）年六月三〇日に終了している（「広島教員講習所沿革」広島県教育会『芸備教育』第二二〇号、大正一一年一月二六日、一六〜一八頁）。
(32) 「広島県小学教則」（明治一九年九月）では「小学簡易科ハ読書作文習字算術珠算トス」とされていた（「広島県小学教則」『広島県県令訓令告示全報』第八三号、明治一九年一〇月、二七頁）。
(33) 松井前掲書、三八頁。
(34) 同右。
(35) 同右。
(36) 国立教育研究所前掲書、七三四頁（佐藤秀夫執筆）。
(37) 松井前掲書、三八頁。
(38) 同右。当時広島にあった師範学校予備校として、『広島教育雑誌』につぎのような広告がみられる。「第二回予修生募集広告」「第一回予修生卒業試験ヲ結了ス来ル十一月一日ヨリ第二回予修生ノ授業ヲ始ム　入学志願者ハ前日迄ニ申込ム可シ　二十五年十月廿日」として、「認可　広島小学校教員検定師範学校入学予修校」（阪本武雄『広島教育雑誌』第三号、明治二五年一〇月二六日）。「広島小学校教員検定師範学校入学予修校」の内実を明らかにすることはできないが、師範学校入学のための予備校が存在していたことがわかる。なお、『広島教育雑誌』は、民間で発行されていた雑誌で、一八九二（明治二五）年六月分から休刊となった『広島県教育会雑誌』の代用として会員に配付されていた（松井前掲書、七七頁）。

(39) 広島県『広島県史』近代一、一一五九〜一一六〇頁（生馬寛信執筆）。注（8）参照。

(40) 同右一一二四頁（生馬寛信執筆）。広島県での小学校令改正の適用は「まず小学校設置、管理監督などに関する事項が明治二四年四月一日から実施され、残りの小学校の編成、修学、小学校長および教員、授業料徴収などの条項は二五年四月一日から実施された」とある。

(41)「広島教員講習所沿革」前掲、一一頁。

(42) 同右。

(43) 松井前掲書、三八〜三九頁。これにより、講習部は男子部二組一〇〇名、女子部一組五〇名の組織となった。

(44)「広島教員講習所沿革」前掲、一二頁。なお一九〇一（明治三四）年の『広島県私立教育会会報』（広島県私立教育会『広島県私立教育会会報』第三号、一九〇一年、四一頁）には、定まった校舎を有していなかったこと、講習生は合宿所に寄宿していたこと、講習部の教員は専任の者もいたが、なお師範学校教員との兼務が多かったことが述べられている。

(45) 松井前掲書、七九頁。

(46) 同右。また、藤村延太郎が一九〇七（明治四〇）年から一九一三（大正二）年四月まで所長事務取扱を、一九一三（同）年四月から所長を勤めた。

(47)『文部省第二六、二九、三三年報』。

(48) 松井前掲書、八三頁。

(49) 同右。

(50) 同右書、八三〜八四頁。

(51) 広島県『広島県史』近代一、一一二七頁（生馬寛信執筆）。

(52) 同右書、一一二五頁（生馬寛信執筆）。

(53) 同右書、一一三〇頁（生馬寛信執筆）。また、就学者の増加に対しては、一九〇七（明治四〇）年に広島県が、二部制等による対応を訓令として出したとある。

(54)「第二回連合教育会」広島県私立教育会『広島県私立教育会会報』第九号、二八頁、明治三六年二月二五日。その他にも、第六回郡市連合教育会（一九〇六（明治三九）年一〇月）では、西備私立教育会が「尋常准教員を招集し、一年間の講習を師範学校に開き、速成に正教員を養成すること」（松井前掲書、七一頁）を協議題として提出している。他にも郡や市の教育会から正教員養成に関する協議題がかなり出されている。

(55)広島県私立教育会『芸備教育』第九三号、明治四五年一月五日、一七頁。

(56)『広島県統計書』第二編（明治四四年度）によれば、広島県の尋常小学校本科正教員の不足者数は、一九〇九（明治四二）年度が一五二七名、一九一〇（明治四三）年度が一五三七名、一九一一（明治四四）年度が一六六七名であった。また、『文部省年報』によれば、一九〇九（明治四二）年度が一五三一名、一九一〇（明治四三）年度が一五三三名、一九一一（明治四四）年度が一六九六名となっており、若干の差異がある。

(57)広島県私立教育会『芸備教育』第九三号、一七頁。

(58)同右。

(59)「教員ニ関スル状況」『広島県統計書』第二編、明治四四年度。

(60)広島県『広島県史』近代一、七〇九〜七一五頁（甲斐英男執筆）。

(61)松井前掲書、八七頁。

(62)「教員養成所」広島県内務部学務課『広島県教育小史』大正一一年、二七頁。

(63)広島県私立教育会『芸備教育』第七三号、明治四三年五月一六日。

(64)「広島教員講習所沿革」前掲一一頁。

(65)同右。

(66)同右。『広島県教育施設事項』（広島県内務部学務課、明治四三年、一四〇頁）にも同様の記述がある。

(67)「教員検定及免許状授与」『広島県統計書』第二編、明治四四年度。

(68)松井前掲書、八六頁。

(69)同右。

(70)「私立小学校教員養成所」広島県内務部学務兵事課『広島県教育概要』大正四年、一八頁。

(71)「教員検定及免許状授与」『広島県統計書』第二編、大正二年度。
(72)広島県私立教育会『芸備教育』第八九号、明治四四年九月五日、一八頁。
(73)一九二〇（大正九）年七月二七日に「向十日間数学国語地理歴史につき夏期講習会を開く」（「広島教員講習所沿革」前掲、一四頁）という記事が確認されるのみである。
(74)「広島教員講習所沿革」前掲一二頁。この点、『広島県教育会五〇年史』には、一九一五（大正四）年からの組織変更である、と述べられている（松井前掲書、八七頁）。また、『広島県教育小史』には「大正二年四月学級編制を改正して予科及本科と為し予科は県師範学校に入学せんと欲する者或は本科に入らんと欲する者のために必須なる教育を施すを目的とし前者は修業年限を一ヶ年後者は二ヶ年とす」（「教員養成所」広島県内務部学務課『広島県教育小史』二七頁）と述べられている。
(75)松井前掲書、八七頁。
(76)同右書、八八頁。
(77)「広島教員講習所沿革」前掲一三頁。
(78)広島県『広島県史』近代一、一一六一頁（生馬寛信執筆）。
(79)松井前掲書、一五二頁。
(80)同右書、一四七頁。
(81)「広島教員講習所沿革」前掲一四頁。なお、広告中に「臨時検定」とあるのは、「特別検定」の間違いと考えられる。
(82)「広島教員講習所入学案内」（広告）『芸備教育』第二〇〇号、大正一〇年三月一〇日。
(83)「広島教員講習所沿革」前掲一三頁。なお、広島県私立教育会による教員養成事業への県費補助は、「明治三十一年度以来校舎ノ借入レ代及器械器具ノ買入並ニ教員給トシテ金六百圓御補助ノ恩典ヲ蒙リ本会講習部ノ事業モ益々隆盛ニ趣キ候段深ク感謝罷在候就テハ明治三十三年度ニ於テモ一層奮励事業ヲ拡張致度」（「地方税御補助ノ儀ニ付請願」『広島県私立教育会報』第二号、明治三三年一一月、六一頁）とあるように、一八九八（明治三一）年度から行われていたものと推測される。また、広島県師範学校乙種講習科は「大正六年三月を初めとして大正九年三月まで四回の卒業生を出してゐるがこれ等は皆尋常小学校本科正教員の養成を目的とし」ていた（広島県教育会『広島県師範教育七十周年記念誌』一七頁）。
(84)『通常広島県会議事日誌』（広島県立文書館蔵）。

(85)『文部省第四一年報』。
(86)『通常広島県会議事日誌』(広島県立文書館蔵)。
(87)「教員ニ関スル状況」『広島県統計書』第二編、大正五年度。なお、『文部省第四四年報』によれば、一九一六(大正五)年度の小学校本科正教員は三三九三名となっている。
(88)『通常広島県会議事日誌』(広島県立文書館蔵)。
(89)「町村歳出累年比較」『広島県統計書』第一編、大正一三年度。
(90)『通常広島県会議事日誌』(広島県立文書館蔵)。
(91)松井前掲書、一五二頁。
(92)広島県『広島県史』近代二、昭和五五年、二三三〜二三五頁(高橋衛執筆)。
(93)『文部省第五九年報』『広島県統計書』によれば、尋常・高等小学校本科正教員は五、九八八名、同学級数は六、一〇一学級となっている(「教員ニ関スル状況」『広島県統計書』第二編、昭和六年度)。
(94)松井前掲書、二五三頁。

第七章　教員統制と地方教育会

――一九二〇年代後半から一九三〇年代前半における千葉県教育会を事例に――

山田　恵吾

はじめに

本稿は、一九二〇年代後半から一九三〇年代前半までの千葉県教育会を通して、地方教育行政当局が地方教育会を掌握し、教員統制の基盤を形成していく過程を明らかにするものである。

第二次大戦前の府県等の地方教育会が、総じて教育行政と強い関わりを持ちながら普及、展開し、教育政策の効率的・効果的浸透や行政の代行的業務の運営、教員統制など、教育行政の補助的機能を果たしてきたことは一般に知られている。(1)

たしかに地方教育会は、教育行政の多くの業務を請け負い、また会の役員に府県知事や官吏が就くことが一般的であったことも事実である。しかしながら、そのことをもって直ちに、地方教育会が行政当局の統制下に置かれたものとして、教員社会独自の性格や役割を否定し尽くしてしまうことには問題がある。

本稿が対象とする、一九二〇年代後半から一九三〇年代前半における千葉県教育会に関していえば、政党勢力が教育会に深く入り込み、また教育会の会長に就くことが一般的であった知事も中央政治の情勢に応じて頻繁に交代が繰り返されるなどしていた。さらに県内の諸勢力との緊張関係も存在しており、教育会の状態は不安定な要素が多く、地方教育行政当局の下部組織たる「御用団体的性格」も決して自明のものではなかった。

これまで、この時期の地方教育会に関しては、小川正人と、森川輝紀・竹内敏晴の研究がある。小川は、主として一九二〇年代前半の普選実施に向けた、いわゆる体制「再編」期の教育会を教員統制の観点から検討している。この時期の「自主的」な教員運動の展開に対して、教員会の設置奨励と、そのことによる教育会の「官製的」「翼賛的」団体から「自治的」「立憲的」職能団体への移行を図ることで体制化していったことを明らかにしている。また森川・竹内は、行政当局の教員組織化政策の動向との関わりから、特に一九二六（大正一五）年に結成された埼玉小学校教員会に教員の自主的な活動の組織化とその体制化の役割を見出している。いずれも「官製的（「半官的」）」教育会とは異なる教員会の設立によって、大正期の教員の自主的な活動が体制化していったとする成果が示されている。[2]

本稿では、小川や森川・竹内らの研究に認められた、地方教育会の「体制化」への関心とその成果を踏まえながら、この時期の教員統制の一端を明らかにしたい。ここで教員統制の視角について述べておく。これまで体制―運動の二項対立的枠組みの中で、体制側の「弾圧」「抑圧」のありようやその過程を捉えようとする研究成果が積み重ねられてきたことは、あらためていうまでもない。しかしながら、地方教育行政当局と教員社会が結びつき、教員社会が積極的に行政機能を果たす過程を明らかにしようとするとき、従来の研究視角では不充分である。なぜなら、「弾圧」「抑圧」は、体制側の強権の発動を示すものであったとしても、最終的に両者の関係の破綻として現れるものであり、むしろ統制の失敗、権力基盤の脆弱さを示すものだからである。[3] 両者が静かに、しかし強力に分かちがたく結びついていく過程を明らかにしなければ、教員統制の本質に迫ることはできないのではないか。本稿ではこのような教員統制の観点から、一九二〇年～一九三〇年代を教員社会が行政基盤として成立していく画期として捉えてみたい。

具体的には、千葉県学務当局の県教育会への対応に焦点を当て、学務当局と政党勢力、地元教員社会の三者の関係が変容していく過程を通じて検討する。

一　一九二〇年代前半までの千葉県教育会と学務当局との関係性

まず、一九二〇年代前半までの千葉県教育会に関して、学務当局との関係性について概観しておきたい。従来、「御用団体的性格」の根拠とされることの多い、学務当局の教育会に対する諮問に注目したい。千葉県においては、県教育会への諮問は、一九一六（大正五）年以降、毎年なされており、年一回開催される県教育会総会で答申に関する協議が行われている。それ以前は一九〇九（明治四二）年、一九一二（明治四五）年の二件のみ確認できる。つまり、千葉県教育会との諮問―答申という関係に基づいた、県教育行政の施策浸透の試みは、一九一〇年代半ば以降に定着していくといえる。

それ以前には、たとえば一九〇九（明治四二）年までは、県教育会本会と郡教育会との間で千葉県連合教育会が開催され、県教育会の代表者と各郡教育会の代表者が議題を持ち寄り、討議の結果を知事や文部大臣に建議することが慣例化していた。つまり、この時期の千葉県内の教育会の活動は、必ずしも県教育会を頂点とする系列的な組織によって展開されてはいない。

それでは、定着しつつあった諮問―答申の内実はどうであったのか。一九二一（大正一〇）年六月一八・一九日に開催された第四七回千葉県教育会総会での審議を通して両者の関係を見ることにする。総会二日目、議題が県諮問案の検討に及ぶやいなや、同会「元老」の原庫二は、司会である会長折原巳一郎（千葉県知事）に対して質問した。「何か会則の中に、県教育会が県庁の諮問に対して答申するといふやうなことが書いてありますか」「本会が県庁の諮問に答申すべきか否かをも討議せぬのが私の疑問」などと発言し、県教育会は県の諮問に答えるべきか否かについて問題を提起した。[4] 折原会長は「疑問を挿む以上の慣例ではないでせうか」と応じたが、広瀬渉会員からも「本会そのもの丶議案といふのは無いのであります。これは本会としては、むしろ恥づべきであらうと思ひます。（拍手起る）」と、原会員の発言を擁護した。そこには、教育会は、自らが自らの課題を自律的に認識し、解決すべき集団であるという、専門家としての自負を認めることができる。これを発端に、答申案の実効性に対する論議が起こり、また、各郡代表者による答申案の発表の進め方に対する批判が出て、折原の議事も二転三転するなど、議事進行が混乱を極めていく。[5] このことは、諮問―答申の実施が定着してもなお、教育会においては教員の発言力が確かに存在し、学務当局の意向が容易に議事運営に反映しなかったことを示している。

二　千葉県教育会主事選挙と学務当局――教員社会が信任する教育会――

一九二六（大正一五）年勅令第一四七号地方官官制改正（郡役所廃止と学務部設置）により、県の県下各校に対する直接的な監督指導が行われる形となり、郡長の有していた教育に関する職務権限の多くが県に委譲されることとなった。[6] しかし、実際には郡長・郡視学といった、これまで各校の運営状況を直接把握し、指導してきた中間機関を失ったことによる県の統制力の弱さが問題とされるに至った。学務当局は、直接的な監督体制の確保とは裏腹に、まずそこにどのような内実を与えていくのかという課題に取り組むことになる。学務当局にとって、県と各校とを結ぶ教育者団体（県教育会・郡教育会）を把握することが、施策を円滑に遂行するための有効な手だてとして浮上することは自然なことであった。特に郡役所廃止後、学務当局は、「自由教育」に代わる新たな教育活動の基準（「小学校教育改善要項」一九二七年八月）によって県下各校の指導を強化する課題に取り組んでおり、施策を遂行していく上でも教育会の掌握は必要なことであった。

手塚岸衛を中心とする附小「自由教育」が、学務当局による異動命令（一九二六年）、「大多喜中学事件」（一九二七年）の処理によって消滅させせられる過程に関しては、既に多くの研究が明らかにしているので省略する。大多喜中学を辞職した手塚は、ただちに千葉県を後にしたわけではなく、辞職した一週間後には、千葉県教育会主事選挙への出馬を公にした。学務当局の対応に納得のいかない手塚が、学務当局の処遇の当否や「自由教育」を中心とする自説の正当性を問う意味で、県内教員が直接投票を行う主事選に立候補したものであった(7)。つまり、手塚の認識においては、教育会は学務当局に対抗しうる世論として一定の影響力を持つものとして捉えられていたのである。

ここで主事を含めた県教育会の役員について触れておく。一九二七（昭和二）年の時点で定款により定められた役員は、会長、副会長それぞれ一名と主事一二名、監査三名であり、主事のうち常務主事（三名）、専務主事（一名）が互選により選ばれた。すべての役員は本来、会員の「連記無記名投票」（千葉県教育会役員選挙第一条）により選出されるが、「総会ノ決議ニ依リ指名又ハ推薦ヲ以テ投票ニ代フルコトヲ得」（第二条）の規程を適用して慣例的に千葉県知事が会長に、学務部長が副会長にそれぞれ就任していた。常務主事は主事の中でも獲得票数の多い比較的有力な人物が就任している。この時期には、学務課長の岩瀬甚蔵、政友派県会議員の渡辺英三、多田房之輔が就いており、学務当局、議員、地元教育界有力者によって占められていた。

選挙戦は、学務当局と「自由教育」派の対立を軸に展開した(8)。学務当局は、同選挙にあたって当初、六名の候補者を擁立していた。これは主事定員一二名中の半数を占めることを意図しており、主事三名の現体制からの強化をねらうものであった。さらに県との協力関係を結んだ千葉県師範学校校長根岸福弥や、女子師範学校校長を加えれば、主事定員一二名に対しその過半数を占めることとなり、県教育会における学務当局の指導力は決定的なものになるはずであった。

他方、この時、学務当局は「自由教育」の克服を図るべく策定していた「小学校教育改善要項」制定の最終的な調

〔表1〕1927年千葉県教育会主事選挙投票結果

	1927年6月主事選（定員12名）		改選前（1927年1月）
主事当選	岩瀬　甚蔵（学務部）	2025点	岩瀬　甚蔵（学務部）
	椙村辰之助（教育会専務主事）	1986点	渡辺　英三（県会議員）
	高橋　正之（学務部）	1830点	多田房之輔
	中川　良助（学務部）	1748点	根岸　福弥（男子師範校長）
	多田房之輔	1621点	九鬼　三郎（学務部）
	岩瀬　長吉（県視学）	1526点	山中　竹樹（香取郡長）
	渡辺　英三（県会議員）	1456点	小松原伊十郎（女子師範校長）
	伊藤　貞蔵（農業）	1434点	小林庄太郎（県視学）
	木村　康哉（佐倉小校長）	1322点	御園生卯七（元教育会専務主事）
	三山　春次（千葉市小校長）	1269点	三山　春次（千葉市小校長）
	根岸　福弥（男子師範校長）	1239点	杉浦　邦司（元県視学）
	板倉　忠蔵（茂原小校長）	1221点	福村辰之助（教育会専務主事）
次点	川名貞次郎	1165点	
	加瀬幸之助（船橋小校長）	1106点	
	小松原伊十郎（女子師範校長）	895点	
	手塚　岸衛	713点	
	中島　義一（男子師範附小）	672点	
	魚地　半助（津田沼小校長）	572点	

［備考］『千葉毎日新聞』（1927年6月11日）、『千葉教育』（第417号、1927年1月、p.1）より作成。「改選前（1927年1月）」の主事の順序は、同上『千葉教育』の記載通り「いろは順」とした。なお、同年10月に副会長の定員が一名増員となったため、主事の多田房之輔が就き、小松原伊十郎（女師範校長）が杉浦邦司（元県視学）の推薦により無投票で主事にくり上げられた（『千葉教育』第428号、1927年12月、p.54）。

整段階に入っており、県下各校に対して、いかに効果的にその主旨を徹底させるかは焦眉の問題であった。脱「自由教育」を推進したい学務当局にとって、大多喜中学事件後もなお県内の教育界に影響力を有していた手塚が、県教育会の主事として当選することは、施策推進上、大きな障碍となることは明らかであった。[9]このことは教育会に対する学務当局の影響力が必ずしも所与ではなかったことを示している。影響力を確保するためには教員社会の信任が必要であった。

選挙結果〔表1〕は、学務課長岩瀬甚蔵、学務部社会課

長高橋正之、学務課主席属中川良助、県視学岩瀬長吉の四名の立候補者が上位当選を果たすという圧勝であった[10]。しかし、学務当局は、行き過ぎた選挙への介入に対する批判の高まりに配慮して、投票日の五日前に二名の立候補（いずれも県視学）を取り下げており[11]、また小学校長の主事が一名から三名に増加していることなども県教育会内の指導力の確保という点では決して安心できる状況ではなかった。以後、県教育会指導部における基盤形成が、学務当局の課題となる。

なお、このような結果が教員社会の信任に基づくものとはいえ、次のような、教員の置かれていた状況については指摘しておく必要がある。すなわち、元県視学であり前教育会主事であった杉浦邦司が、主事選挙直前に「[学務当局は―引用者] 右手に任免進退の剣を擁し左手に投票の要求を示して学校教員は望まんか直に軟化するもの未だ少くないから選挙の結果は収められやう[12]」と指摘したように、投票の背後には任免異動などがちらつかされていた。

三　千葉県教育会の政党化と官僚化――特選主事と各郡割当主事の設置――

学務当局は、主事選挙の後、県教育会の指導体制の改革に着手する。一九二七（昭和二）年六月には定款を改正し（第一〇条）、従来一名であった副会長を二名とし、翌一九二八（昭和三）年にはあらたに「顧問」二名を置き、「重要ナル会務ニ付キ会長ノ諮問ニ応ス」とした。いずれも、頻繁な地方官更迭に伴う会長・副会長の不在状況への対策であった。

さらに、従来の主事選出方法を改め、特選主事および各郡割当主事を設定したことは、特に重要なことであった。すなわち、一九二九（昭和四）年の定款改正（第一二条）により、会長が「特選」することで一般会員による選挙を経ずして選出できる特選主事七名と、一般会員の投票により「各郡ヨリ一名宛」選出される主事一三名との、計二〇

〔表2〕1930年千葉県教育会主事選出結果

会長	後藤多喜蔵 (知事)					
副会長	竹田武男 (学務部長)			多田房之輔		
特選主事	岩瀬甚蔵 (学務部学務課長)＊			高橋正之 (学務部社会課長)		
	栢村辰之助 (教育会専務主事)＊＊			渡辺英三 (県会議員－政友会)＊		
	根岸福弥 (男子師範学校長)			西村房太郎 (千葉中学校長)		
	吉堀正雄 (県会議員－民政党)＊			—		
各郡割当主事(獲得票数)	千葉市	市川儀平 (千葉市視学)	134票	千葉郡	魚地半助 (津田沼小校長)	120票
	市原郡	伊藤貞蔵 (戸田村長)	199票	東葛飾郡	楠本権三郎 (船橋小校長)	172票
	印旛郡	木村康哉 (佐倉小校長)	204票	香取郡	小笠原正之 (多古第一小校長)	153票
	海上郡	川名貞治郎 (本銚子小校長)	90票	匝瑳郡	青木倉吉 (八日市場小校長)	41票
	山武郡	作田彦 (大網小校長)	156票	長生郡	板倉忠蔵 (茂原旭幼稚園主事)	173票
	夷隅郡	渡辺八三郎 (勝浦小校長)	61票	君津郡	中山武三 (君津農林学校長)	94票
	安房郡	石崎常夫 (北条小校長)	54票	—		
監査	神谷良平 市野義雄 郡仁司					

［備考］「＊」は常務主事、「＊＊」は専務主事。「本会第六拾三回総会概況」『千葉教育』第459号、1930年7月、pp.16-17他より作成。

名の体制としたことである。[13] 特選主事の設定は、一九二七（昭和二）年の主事選挙時のような、教育会内部の対立的構図を避け、会長つまり学務当局の施策意図に合致した教育会指導部の編成を容易にするものである。

一方、各郡割当主事の一三名は、県下一三の市郡に対応している。一九二七（昭和二）年主事選挙では木村康哉（印旛郡）、三山春次（千葉市）、板倉忠蔵（長生郡）の三郡の小学校長から主事を出しているが、同改正により一三郡すべてから主事を選出することになった。それは「一層地方との連絡を密にする必要上[14]」と説明されたが、特選主事に比して低い位置付けがなされたことは明らかであり、従来、教員社会の信任によって選出されていた小学校長の主事を教育会内の事務連絡機関として制度化するものであった。これらの改革が実際に指導部の陣容にどう現れているか、定款改正後の最初の主事選出結果を〔表２〕によって確認しておく。

特選主事には、学務部二名、県会議員二名などとなっており、西村、吉堀以外は前回主事選挙で当選している人物が選任されている。なお、現職の小学校長は選出されていない。

ここで特に注目すべきは、民政党の吉堀正雄が選出されている点である。これは、前年中央政界で民政党内閣が成立したことを背景として、政友会の渡辺英三に対抗し、教育会における民政党の影響力を確保する意味で送り込まれたものであった。[15] 政党側からすれば、県内全域に配置され、各地に一定の影響力を持つ学校・教員の組織を把握することは、実際の選挙運動を展開する上からも有利であり、教育会の組織、運営に党勢拡張機能を期待することは当然のことであった。

ところで渡辺英三は、政友会所属の有力な県会議員ではあったが、経歴の上では千葉県師範学校を卒業後、県内小学校長を勤めるなど教員経験があり、前回選挙においても教育界から厚い支持を得ていた。すでに永く主事の地位にあり、特選主事として選出されることには説得力があった。これに対して、教育経験もなく県内教育界では知名度の決して高いとはいえない吉堀が選出された。このことは、教育会内における両政党の均衡を保ち、政治的な安定を得るために特選主事の制度が適用されたということである。

さらに常務主事三名は会長指名となり、前者にはこれまでの岩瀬、渡辺とならんで吉堀が選任されたのである。以上のような主事決定方法の改変とその結果としての教育会の政党化と官僚化という事態は、教員会員からすれば学務当局、教育会指導部に対する距離感を感じさせるものとなった。

四　地元教育界勢力の抵抗——県教育会会長選任問題①——

一九三〇（昭和五）年八月、石田馨[16]が千葉県知事に就任する。この時期、唯一の民政派知事の就任によって、学務当局と県会の多数派政友会との対立構図が鮮明となる。さらにそのことは県教育会にも波及し、学務当局と政友会・地元教育界勢力との間の対立となって現れる。

問題の発端は、石田知事就任五ヶ月後の一九三一（昭和六）年一月、県教育会専務主事椙村辰之助が『千葉教育』巻頭に発表した論考であった。その内容は、学務当局主導の教育会体制に対する厳しい批判であった。「本会は私設団体である。私設団体には私設団体の使命がある。官権の干渉を脱し、官僚の手を離るゝは其の一である。他の後援助力をたよりとせず自主独立其の目的の遂行を期するは其の二である。団体員全部が協同一致して団体員全部の総意を其の施設の上にあらはすは其の三であつて而して最も大なる使命である[17]」とは、行政側の論理に規定され、一般会員の意思が十分に反映されない教育会の現状打破を主張するものであった。

たしかに、その主張の背景に、一九三〇（昭和五）年が県教育会五〇周年という節目にあたり「先般五十周年記念式を挙げて過去を追懐し其の長運を祝福した。［中略］五十年はまさに人生の一大転機である、本会たるもの又再生の門出につかねばならぬ時である」というように、また記念行事の一環として県下七〇〇〇名の教員が月俸の一％ずつ三年間寄附するという「本会会員一同の協同一致、犠牲奉仕の大精神」の上に、同年千葉県教育会館が落成するなど、教員の手による教育会独立の機運が生じていたことは確かである[18]。

しかし、棡村の主張の中身は明らかに学務当局に対する批判であり、それを教育会専務主事の立場で会誌に発表することは、学務当局との対立をも辞さない覚悟があったということになる。そこに、民政派による教育会掌握を阻止しようとする政友会の強力な後押しがあったことはいうまでもない。

これに対して石田知事と竹田学務部長が掲載取り消しを要求したが、棡村は「頑として」これに応じることなく、「会長改選問題につき県当局と教育会との間に意見の一致を欠き兎角の評ある今日更に両者の溝かくを一層深からしめた観がある[19]」という事態となった。

さらに、教育会の内部では、民政党が送り込んだ吉堀主事と、政友会の渡辺主事とを窓口として両党の対立も明らかとなったが、教育会における政友会勢力の優位は明らかであった。こうして、県教育会会長のあり方に関する論議は、一九三一（昭和六）年六月の県教育会総会時に実施される、会長選出に向けた官選派と民選派の対立という形で激化していく。すなわち、従来通り知事が会長に就任すべきとする官選派（学務当局、民政党）と、棡村の主張のように民間団体の本来の姿として行政の干渉を受けるべきではない、つまり会長は行政当局から選出すべきでないとする民選派（政友会、地元教育界勢力）が、会長選任をめぐって政治活動を展開するに至ったのである。そして、このような学務当局と地元教育界勢力との対立は、一校長の転任の発表を契機に、さらに激しいものとなっていく。

五　木村康哉主事に対する資格剥奪——県教育会会長選任問題②——

一九三一（昭和六）年、学務当局は印旛郡佐倉小学校長木村康哉《こうさい》の香取郡佐原小学校への転任を発表した。それは木村の教育会主事の資格を剥奪することを意味していた。なぜなら、千葉県教育会定款第一二条第四項「主事ハ住所ヲ他ノ郡市ニ転シタルトキハ其ノ資格ヲ失フ[20]」という規程が、印旛郡から香取郡に移転することになる木村に適用されるからである。

木村康哉は一八七九（明治一二）年千葉県生まれ。小学校卒業後、授業生を経た後に千葉県師範学校に入学する。同校卒業後、一九〇三（明治三六）年から印旛郡佐倉西尋常小学校勤務（一九一〇年に佐倉尋常高等小学校に校名変更。同年木村は校長となる）となり、一九三一（昭和六）年に転任となるまで二八年の間、同校の教育に従事した。その間、佐倉実践女学校や佐倉家政女学校、佐倉幼稚園を創設するなど、女子教育、幼児教育にも力を尽くした。「教権の確立」を目指し、学校・教員の地位向上を唱えた木村の教育活動は、軍郷佐倉の軍人や旧藩士といった既成勢力に臆することなく展開され、地元の厚い信頼を集めていたとされている[21]。

一九二六（大正一五）年六月郡役所廃止と同時に、従来郡長が就いていた印旛郡教育会会長に就任し[22]、また一九二七（昭和二）年、一九三〇（昭和五）年の主事選挙でも、県内小学校長としては最多得票で選出される[23]など、木村は県内教育界において広く認められた存在であった。

一九二六（大正一五）年一一月、埼玉県教育会主催第一二回関東連合教育会に際して千葉県教育会が提出した議題「学務部独立の趣旨を一層徹底普及貫徹するの良法如何[24]」に対して、木村を委員長とする調査委員会が報告書を提出している[25]。「学務部独立ノ趣旨ヲ一層徹底セシムル為ニ左記事項ニ関シ官制ヲ改正セラレンコトヲ其ノ筋ニ建議スルコト」として挙げられた内容は、①「府県予算ノ編成ハ内務部ヨリ之ヲ遷シテ知事官房ニ直属セシムルコト」、②「学務部長ハ教育ニ経験アル適任者ヲ内務文部両大臣ニ於テ合議ノ上之ヲ選任スルコト」、③「各府県ニ専任視学官ヲ置キ教育ニ実際経験アル者ヲシテ之ニ充ツルコト」、④「府県視学ヲ増員シ其ノ半数ヲ奏任トナスコト」であった。教育が時の政治的動向に左右されない独自の課題と専門性を持った固有の営みであること、すなわち「教権の確立」

を主張し実践してきた木村の考えが端的に示されたものであった。問題の一九三〇（昭和五）年会長選任に際しては「教育会の会長に、知事がなるのはおかしい。民間団体であるから、公平に県下の教育を考える者が会長になるべきである」「教権の確立のためには、身を粉にしてもたたかわなければ、今後の教師の地位が心配される」として、上記のような考え方を貫き、「学務課挙げての反対にも屈せず、節を曲げ」なかったという[26]。

ところで一九二六（大正一五）年以降、県内教員の異動数は急増し、教員社会ではそのことへの不安や不満、あるいは批判は確かに高まっていたが、教育会主事の地位にある校長の郡外への転任の例もこの時期、他にいくつかあり、その点では印旛郡の一校長の転任も珍しいことではなかった[27]。しかし、学務当局が「自由教育」に対する統制策の一環として一九二六（大正一五）年三月、千葉県師範学校附属小学校主事手塚岸衛を転出させたように、施策推進のための人事権の積極的行使が常套手段であったことも事実である[28]。さらに「既に一地に十年乃至二十年三十年の長年月を在住し昔々倦まずして一意教育の事に従ひつゝある教育家が土地に於ける根ざしは余程に深いもので之を根扱ぎにすることは其の土地に大きな疵痕を残すばかりでなく根扱ぎされた教員其の人の受くる所の創痍も亦可なりに深く大きいわけである[29]」と、そのことの弊害は指摘されていたし、木村を二八年ぶりに突然転任させるだけの積極的理由を認めることはできない。加えてこの異動が「会長選挙に備ふるための県学務課の意志の発動」や「政党的偏見から出た忌はしき策謀」を背景としているという話は、一般に広く受け止められていたようである[30]。

以下、木村や、当時学務課長として木村と直接向かい合うことになる岩瀬甚蔵に近かった人物の証言によってこのような政治的意図や厳しいやりとりの経過を裏付けることにしたい。

佐倉小学校で木村に教えを受け、後に佐倉小学校の校長となる阿部三郎は、「当時、権力の座にある学務課を相手にしたので、弾圧はきびしく、賛成・反対の波は、ついに県会議員まで動き出すさわぎとなったといわれます。学務課の面目にかけてもと争いは頂点に達した時、『佐倉から遠くへとばせ。』『それはならない。』との岐路に立たされた先生は『退職しよう。』と思われたと当時を感慨深く語ってくださいました。［中略］石田知事も『君のように偉大な教育者を辞令一本で動かすことは申しわけないが、将来の面目の立つようにするから、佐原小へ行ってくれ給え。』と辞を低くして懇願されたと聞いています」[31]と述べている。

一方、岩瀬甚蔵については、岩瀬と交流のあった作田彦（一九三〇年山武郡枠選出の主事。当時大網小学校長）が、「昭和四、五年のころであったか、県教育会長を知事か民間人かで教育界が二分し拮抗したことがある。［中略］時の官僚がその会長をうかがうなどもってのほかと民選論者の鼻息は荒い。当時の役員である主事は各郡からの選挙によった人々である。当時、官僚幕下にある先生の立場は苦しい。上からの圧力に心ならずも三月末の異動で郡選出の役員失格を講ずる以外に道はなかった。佐倉小に二十九年勤続の木村康哉氏が香取郡佐原小へ、市川小の近藤洋雄氏が銚子の高神へ飛ばされたのもその時のことである。［中略］ただし、この措置に対する波紋は大きかった。各地から官僚打破を叫んで県庁に押しかけ、果ては暴力ざたにまで及んだ。［中略］教育責任者たる先生は県教育平穏のためにと潔よく責を引いて退職した。嵐のあとの清風光月、先生と木村氏はともに県教育を憂うる友であり、一夜親しく酒盃を手に懇談されたとの秘話がある」[32]などと述べている。

以上のことから木村の転任は、県内教育界に広く支持を集めていた木村の、教育会主事としての影響力を警戒した学務当局の弾圧であったということができる。木村は、異動後においても、一九二八（昭和三）年から就いていた千葉県小学校長会会長の席にあるなど、県内の教育界の木村に対する信頼や期待も依然として大きいものであった[33]。しかし、木村は翌一九三二（昭和七）年、県会議員に当選し、教職を辞した。学務当局は、異動の決定によって教育会における木村の影響力を完全に抹消したのである[34]。そして、そのことは単に一有力教員の問題にとどまらず、教員社会の求心力を低下へと向かわせる、教育会の基本的性格の変容を意味するものであった。

人事権を行使してまでも教育会への指導力を保とうとした学務当局の姿勢が、会員である県内教員に厳しく受け止められたことは想像に難くない。自説を曲げることなく、学務当局との対決をも辞さなかった木村自身が、「教育会を守るためには現職だけでは弱い[35]」という理由から、県会議員に立候補したことからもうかがえるように、「教権の確立」すなわち、教員社会による自律的活動を基盤とする教育会の運営は、もはや期待し得ない状況となっていたのである。

六　官選派と民選派の対立――県教育会会長選任問題③――

官選派と民選派の対立は、会長選出に向けてそれぞれが会長候補者を擁立することで一層激しさを増していく。官選派は石田知事、民選派は堀田伯爵を立てた。堀田の擁立は「郡市選出の主事全部が満場一致」で申し合わせたものであった[36]。当初、渡辺英三らは多田房之輔を推薦したが、「先般主事の懇談会で、どうも会長問題が斯くの如く紛糾して来ては甚だ困るが、何とか円満の方法はないかと、鳩首協議の結果［中略］堀田伯爵の本県とは離るべからざる関係あり、本会とは従来最も深き関係あり、その社会的地位名望閲歴性行共に此の上無き方である」として堀田擁立に一本化された[37]。この民選派の会長擁立は、地元縁の権威のある人物を看板とすることで、石田知事に対抗するものであり、また、学務当局との決定的な対立を避けた妥協策であった。その意味では、後述するように教育経験の豊かな人物を教育行政につけるべきであるという教育の論理を展開した木村とは、一線を画するものであった。

それにもかかわらず、両派の選出に向けての運動は、激しいものとなった。民選派ではたとえば、渡辺英三が東葛飾郡教育会総会に臨み、「教育会長には民選がよいと思ふ　夫れには二つの理由がある、一つは超政党的であり度いといふことゝ　今一つは知事の更迭は余り頻繁で、一昨年の如きは一年に三人も更迭した、之□《で》は落付いて会の進展を図るなど□《と》いふことは全く出来ぬ　此の点については自分は固く信ずるので石田知事にも篤と自分の意見を述べて置いた」など、「縷々知事会長の不適任なることを述べ」、会員の支持を求めた。また、渡辺の同会参加は、堀田擁立を申し合わせ「各主事は其の方針を以て円満的決行」を図るはずであった東葛飾都選出の主事楠本権三郎（船橋小校長）が、「主事会の申し合せを会員に報告せざるのみか、却つて一味同臭の石渡、尾高、石倉その他と共に暗々裡に知事推薦の運動をなしつゝ」ある状況への対策でもあった。[38]

一方、官選派も『千葉毎日新聞』の報ずるところによれば、学校視察や学校経営研究会等の名を借りて各地に出張し、「露骨に」官選を求める運動を展開するなど対立姿勢を鮮明にした。[39] 教育会が両党の熾烈な政争の場となっていたのである。

しかし、こうした事態も石崎常夫（北条小校長、安房郡選出主事）の発議により、「顧問一任」による選出の道が模索され、会長問題に関する役員会（竹田、多田両副会長、岩瀬（甚）、渡辺、吉堀の常務主事、椙村専務主事、発議者石崎主事）で顧問の折原巳一郎（元千葉県知事。一九一七年から一九二二年まで在任。政友会系）に一任することが決定された。[40] そして、折原が六月二〇日、教育会総会において「会平和のため」に決選投票を避け、石田推挙の意を公にすることでこの会長選任問題は落着したのである。[41]

七　大久保留次郎知事による千葉県教育会の脱政党化

石田知事時代に表面化した会長選任問題は、堀田鼎（上記の堀田伯爵とは別人）・岡田周造両知事時代には落ち着きを見せ、知事が会長に就くことが大きな問題になるということはなかった。石田が、会長就任七日後の一九三一（昭和六）年六月二七日に内務省寺社局長に転任（会長辞任は七月一二日）、次の堀田知事は、会長に就任した九月二六日の二ヶ月後の一一月一〇日に依願免官（会長辞任は一二月四日）、岡田知事に至っては一二月一九日、知事就任後三九日で更迭となり、会長に就任することなく山口県知事に転任となった。

以前にも増して短期日のうちに会長交代が繰り返され、会長空席という事態もしばしば生じたわけだが、それでも会長の選任が大きく問題化することはなかった。このことは、たとえば「県教育会長の問題は知事のかはる毎に問題になる　而して教育会の所謂幹部と言はれている人達は如何なる理由に依るか、政友知事の場合は官選論を主張し時の知事が民政党の知事であつた場合は民選論を盛にとなへる。之は面白い習慣だが極めて質の悪い教育会幹部の政党化を物語るものである。〔中略〕結局教育会の幹部諸公なるものは政友会の知事ならねば会長に選むことを潔とせないのである。〔中略〕此の辺に県下教育界の堕落腐敗の因が潜存しているのではないか。此の際幹部は猛省をなし会長問題に関し一貫した主義主張を持するの必要なきか[42]」と指摘されるように、何よりこの会長選任問題が、教育会運営における両党の主導権争いに起因としていることを意味している。なぜなら、石田の後の堀田・岡田の両知事は、政友派知事であり、県会で多数派を占める政友会にとって、知事が会長となることに反対する民選論を貫くことは、自党に不利になるからである。ただし、教育会内部では、会の安定性、自律性の確保などの観点から民選論は継承されていくことになる。

以上のような、地方政党勢力の意向が、会長選任を含めた教育会の運営を左右する事態を打開し、教育会を学務当局の強力な指揮下に置こうとしたのが、大久保留次郎知事であった。

一九三一（昭和六）年一二月、大久保留次郎が千葉県知事に就任した。同月、内務部・警察部・学務部のすべての部長が更迭され、県行政の陣容は一新された。翌年三月、教育会では会長空席状態を解決すべく、多田房之輔副会長と相村主事が会内部の民選論を押さえ、大久保に就任の内交渉をおこなったが、大久保は「最早会長官選時代でもあるまいから適当な人物さへあれば寧ろ民間から選出すべきである[43]」と民選論を披瀝した。それでも教育会では、会長に大久保、一名欠員の副会長に留岡学務部長を推す多田らの意向に統一された。

ところが、就任依頼の意志が固いと見るや大久保は、「民間団体は民間から会長を出すべきが至当である、若し強いて就任方を受けろと云ふならば交換条件として副会長以下役員は全部辞表を提出して貰ひたい」と教育会の改革をおこなう考えを明確にした(44)。

一九三二（昭和七）年四月一〇日、正式に会長に就任した大久保は、その日のうちに特選主事の辞任要求を提出した。大久保のねらいは、政党の影響力を排した教育会指導部の再編に他ならない。先にも述べたが、この時点で七名の特選主事には、渡辺英三（政友会）、吉堀正雄（民政党）ら両政党を代表した県会議員が常務主事として在任しており、そこに在任期間の短い知事が会長に就いたところで、実質的に教育会を主導していくことは困難であった。

この大久保の要求に対して、七名中渡辺英三を含む六名までが、ただちに辞任の意を明らかにした。残る一名の吉堀は「自分の一存では進退を決する訳には行かぬから追つて鵜沢民政支部長外同党幹部に諮り決定する(45)」と即答を避けたが、その翌日辞表を提出した。吉堀は一九三〇（昭和五）年若槻内閣当時の教育会役員選挙の際に、「教育会浄化の為めと称して政友派の渡辺氏に対抗の意味」から特選主事に就いたとされ、「若し渡辺氏さへ辞職すれば何時でも手を引くと豪語して」いたというから、渡辺が辞表を提出した以上、民政党側でも引かざるを得なかったのである(46)。

両党がともに主事辞任を決断するに至ったのは、大久保の「一人と雖も辞表提出を拒否する場合は約束に依り会長就任は断る(47)」と断乎とした改革の姿勢を貫いたことによるものであったが、その背景には、政党勢力が凋落していく政治状況もあった。

こうして大久保が指名した主事（特選主事）は、根岸福弥師範学校長、小畑寅吉女子師範学校長、豊澤藤一郎千葉高等女学校長、永野俊雄学務課長、松山隆野田小学校長、中川良助佐倉高等女学校長、西村房太郎千葉中学校長であり、学務課長を除いて中等学校を中心とする現職校長で固められた(48)。この人選に関して「従来の政党的色彩を排して教育者のみを起用してゐるあたり当を得たもの(49)」と評されていることからもわかるように、教育会が政党の動向に左右されるべきではなく、教育者によって教育会の運営がなされるべきだとする世論も味方に付けるものであった。

以上のように、教育会の指導部から政党色が排されることとなり、学務当局の意向が教育会に通じて教員社会に直接的に反映する仕組みが整えられていったのである。

おわりに

一九二〇年代後半から一九三〇年代前半において、学務当局が千葉県教育会を掌握していく過程を検討してきた。一九二〇年代前半までの千葉県教育会は、必ずしも学務当局の「御用団体」としての内実を持つものではなかった。そこには、教育会は、教員自らが自らの課題を解決すべき集団であるとの教員社会の専門家としての自負が存在していた。このような教育会の性格は、一九二七（昭和二）年に開催された教員社会の信任を基盤とする主事選挙にも認められる。その後、学務当局は政党勢力を教育会の指導体制に組み込むと同時に、教員社会の信任は地域との連絡機関として制度化された。教育会の政党化と官僚化を批判し、「強権の確立」を唱えた木村康哉の転任は、一教員の排除にとどまるものではなく、教員社会が自律的に運営する教育会の終焉を意味するものであった。一九三一～一九三二（昭和六～七）年の県教育会会長選任問題に象徴される政党勢力の影響力は、大久保知事による教育会の改革によって削ぎ落とされた。こうして、それまで不安定であった学務当局が実質的に教育会の指導部として位置付き、また教員社会は学務当局の意向を直接受け取る対象として行政機構の枠内に位置付けられていったのである。

学務当局の教育会の掌握という事態が、教育会の機能として具体的にどのような変化をもたらすものであったのかについては、今後詳細に検討していく必要がある。ただし、一九二〇年代前半までは見られなかった、県の公立校に対する直接的な監督指導が、一九三〇年代前半に成立したことは重要である。たとえば一九三二～三三（昭和六～

八）年に県と県・郡教育会が開催した千葉県郷土教育展覧会は、県が教育方針を示し、全県レベル（一～三郡を開催単位とした）で県視学が各学校の取り組みを評価・指導する方式がとられたが、これは千葉県では初めてのことであった。そのことによって、千葉県下の公立校はすべての学校が県の方針の下に継続的に郷土教育に取り組むこととなり、「自由教育」は実質的に消滅した。また、一九三八（昭和一三）年に制定され、千葉県の戦時下教育体制の方向を規定した「千葉県初等教育綱領」の制定・実施において、教育会は千葉県小学校長会とともに、国や県の教育施策を先取りする形でそこに内実を与えていくなど、重要な役割を果たしていった。つまり教員社会が学務当局と強く結びつくことで教育政策がより効率的・効果的に具体化していったのである。(50)

注

（1）石戸谷哲夫『日本教員史研究』（講談社、一九六七年）、久保義三『日本ファシズム教育施策史』（明治図書、一九六九年）など。

（2）小川正人「一九二〇年代の教員統制の展開—教員運動の新展開と体制『再編』への対応を一つの軸として—」（『東京大学教育学部紀要』第一六巻、一九七六年）。小川は、主として一九二〇年代前半の普選実施に向けた、いわゆる体制「再編」期の教育会を教員統制の観点から検討している。この時期の「自主的」な教員運動の展開に対して、教員会の設置奨励とそのことによる教育会の「官製的」「翼賛的」団体から「自治的」「立憲的」職能団体への移行を図ることで体制化していったことを明らかにしている。森川輝紀・竹内敏晴「埼玉県における啓明会運動と小学校教員会の成立」（『埼玉大学紀要　教育学部（教育科学）（Ⅰ）』第三一巻、一九八二年）。森川・竹内は、行政当局の教員組織化政策の動向との関わりから特に一九二六（大正一五）年に結成された埼玉小学校教員会に教員の自主的な活動の組織化とその体制化の役割を見出している。

（3）この点で、組織における人々の協働調達の仕組みに関する盛山和夫の指摘が示唆に富む。盛山は、協働調達の仕組みとして「物理的暴力」「サンクション」「水路づけ」などを挙げている。「サンクション」による「コントロール」は、「相手の合理性に訴えるやり方であり「相手の自主的な合理的計算が、その行為の自律的な修正に導くことを想定している」ものであり、「否定的サンクション（脅し）」と「肯定的サンクション（誘い）」に分けられる。「水路づけ」とは、特に政策手段として有効な方法であり、「あるタイプの行為を容易にしたり困難にしたりする操作」であって、「相手の認知や行為がなされる前提状況そのものの影響を通じてその行為選択に影響しようとする試み」の一つである。盛山は「物理的暴力は消極的なものであって積極的な調達にはむかない」、「否定的サンクションを使わざるをえない羽目に陥ったのであれば、それはサンクションによるコントロールに失敗してしまったことを明白に表明している」と述べ、これらを有効性の低い協働調達の方法として位置付けている（盛山和夫『権力』東京大学出版会、二〇〇〇年）。本稿は、盛山の指摘を踏まえて、地方教育行政当局が教員社会から協働調達をするという点で「肯定的サンクション」や「水路づけ」などを「教員統制」概念に包摂し、教員統制史の再構成を試みるものである。

（4）「千葉県教育会第四十七回総会議事録」（『千葉教育雑誌』第三五一号、一九二一年七月、二〇頁）。

（5）複数の会員から、答申案発表を中止し関係者がとりまとめをすべきとの提案がなされた。折原会長は、いったんはその提案を了承したが、木村康哉会員の反対意見で再び答申案発表を継続することとなった（前掲「千葉県教育会第四十七回総会議事録」）。

（6）大霞会『内務省史』第二巻（地方財務協会、一九七〇年）一八五～一八六頁。一九二六年地方官官制改正と県学務当局の教育課題の関係については、拙稿「一九二六年地方官官制改正と『自由教育』への統制」（日本教育学会『教育学研究』第六六巻第四号、一九九九年）を参照のこと。

（7）手塚は大多喜中学の送別式の際、生徒を前に「只職をやめたといふ事で持《以カ》つて一般からは負けたやうに思はれているが自分は決して負けて居ない。〔中略〕自分は今日自分の主義が誤解されていても、又迫害されても屈せない」と語った（『千葉毎日新聞』一九二七年六月一四日）。

（8）杉浦生「今次の県教育会総会を何と観る㈡」（『千葉毎日新聞』一九二七年六月二四日）。なお、杉浦生は、この主事選挙前まで主事を務めていた元県視学杉浦邦司である。

（9）前掲拙稿「一九二六年地方官官制改正と『自由教育』への統制」七〇頁。

（10）『千葉毎日新聞』一九二七年六月二一日。

（11）杉浦生「今次の県教育会総会を何と観るか㈣」（『千葉毎日新聞』一九二七年六月二六日）。

（12）杉浦生「千葉県教育会の危機㈢」（『千葉毎日新聞』一九二七年六月一六日）。

（13）柴田隆「本会役員選挙に就いて」（『千葉教育』第四五八号、一九三〇年六月、五―六頁）。

（14）『千葉教育』第四三五号、一九三〇年六月、五頁。

（15）『千葉毎日新聞』一九三一年五月五日。
（16）石田馨（宮城県知事より）山口県出身。一九一三年東京帝大卒。「警視、理事官、警察部長で一通り地方を廻つてから、十三年本省に入り、地方局府県課長となつたが、病気のため一時休職となり、その後復活して栃木県警察部長、岡山県内務部長から警視庁官房主事（太田総監の下に）同保安部長を勤め、昭和二年田中内閣で京都府内務部長となり、大海原知事を授けて、御大典の御儀に奏任した、その功もあつた民政党内閣の大更迭に宮崎県知事に栄進した」（栗林貞一『地方官界の変遷』世界社、一九三〇年、四九二頁）とされている。
（17）『千葉教育』第四六五号、一九三一年一月、一頁。
（18）同右、二頁。教育会館建設にかかわる教員の寄附に関しては、作田彦「県教育会館建設に活躍された人々」（『千葉県の教育に灯をかかげた人々』第一巻、千葉県教育会館維持財団文化事業部、一九八九年。初出は『千葉教育』第九九号、一九六四年三月）。
（19）『千葉毎日新聞』一九三一年二月二八日。
（20）『千葉教育』第四八〇号、一九三二年四月、六八頁。
（21）阿部三郎「教育界の重鎮、佐倉の鎮台　木村康哉先生」（『千葉県の教育に灯をかかげた人々』第一巻、千葉県教育会館維持財団文化事業部、一九八九年。初出は『千葉教育』第一三〇号、一九六七年二月）、秋山保編著者『佐倉地方の教育』別冊　明治教育と五人の教員』（佐倉市教育委員会、一九九一年）、千葉県議会史編さん委員会編『千葉県議会史　千葉県会議員名鑑』（千葉県議会、一九八五年）などを参照した。なお、県教育会会長選任をめぐる政治的状況については、拙稿「一九三一―三二年千葉県教育会会長選任問題―千葉県当局の行政課題と教育会改革の展開」（『茨城大学教育学部紀要（教育科学）』第五一号、二〇〇二年）で検討している。
（22）千葉県教育会館史編集委員会『千葉県教育会館史』第二巻（千葉県教育会館維持財団、一九八四年）五〇七頁。
（23）前掲拙稿「一九二六年地方官官制改正と『自由教育』への統制」七〇頁。
（24）『千葉教育』第四一六号、一九二六年一二月、九三頁。
（25）木村康哉（委員長）他七名の委員が関東連合教育会議長市森守圀に宛てた報告書。「大正十五年公文書類」（一九二六年一一月一二日、千葉県文書館所蔵）。
（26）阿部前掲論文、二九九頁。

(27) 一九三一年四月の異動の総数は一、二七〇名。その内訳は、休退職二九一名（校長三七名、訓導二二二名、その他三二名）、転任七二七名（校長五六名、訓導六五〇名、その他二一名）、新卒採用二五二名となっている。この時期の人事異動の状況とその問題性に関しては、拙稿「千葉県小学教育研究所の創設過程―一九三〇年代前半における教員統制の一断面―」（日本教育史研究会『日本教育史研究』第二三号、二〇〇四年）で検討している。
(28) 前掲拙稿「一九二六年地方官官制改正と『自由教育』への統制」を参照のこと。
(29) 大観生「小学校長の更迭問題」（『千葉毎日新聞』一九三一年四月一二日）。
(30)『千葉毎日新聞』一九三一年四月一二日。
(31) 阿部前掲論文、二九九頁。
(32) 作田彦「本県教育開拓の功労者　岩瀬甚蔵先生」（『千葉県の教育に灯をかかげた人々』第一巻、千葉県教育会館維持財団文化事業部、一九八九年。初出は『千葉教育』第一二六号、一九六六年一〇月、二七〇頁）。
(33)『千葉教育』第四八一号、一九三三年五月号。
(34) 木村は佐原小在任中の一九三二年一月の県会議員選挙に政友会から立候補、当選する。「教員が県議となった第一号」（前掲『千葉県議会史』議員名鑑、三一〇頁）であった木村は、県会では特に教育問題に取組み、活発な発言を重ねることとなる（二期八年務めた。一九六七年逝去）。一方、岩瀬甚蔵も同月、木村の県会議員当選を見届けるようにして学務課を依願退職し、一九三四年に千葉市会議員に出馬し当選、三年後の一九三七年には同市会議長となる。岩瀬・木村は教育会会長問題で期せずして対立する立場となり、それが起因となってそれぞれ教育行政官、教育実践家を辞したが、以後ともに議員の立場から県内教育界の是正・発展に尽くしていくことになった。
(35) 作田彦「県教育会館建設に活躍された人々」（『千葉県の教育に灯をかかげた人々』第一巻、千葉県教育会館維持財団文化事業部、一九八九年。初出は『千葉教育』第九九号、一九六四年三月、七三頁）。
(36)『千葉毎日新聞』一九三一年六月一〇日。
(37) 同右。
(38) 同右。
(39)『千葉毎日新聞』一九三一年六月一一日。

(40)『千葉毎日新聞』一九三一年六月一八日。
(41)『千葉毎日新聞』一九三一年六月二一日、二三日。
(42)『房総日日新聞』一九三二年八月一一日。千葉県『千葉県史』(大正昭和編、一九六七年)によれば、同紙は廃刊・復刊を繰り返し、紙名、発行形態も変わるが、基本的には憲政会・民政党系。これに対して『千葉毎日新聞』は一貫して政友会系である(一三一―一四四頁)。
(43)『千葉毎日新聞』一九三二年三月四日。
(44)『千葉毎日新聞』一九三二年四月九日。
(45)『千葉毎日新聞』一九三二年四月一七日。
(46)同右。
(47)同右。
(48)『千葉毎日新聞』一九三二年四月一九日、同二二日。唯一の小学校長松山隆は、一八八五年野田市生まれ。千葉県師範学校卒業後、県内小学校教員を経て、広島高等師範学校に入学。山口、愛媛両県の師範学校教諭を勤めた後、一九二四年に千葉県師範学校教頭に就任。しかし、同校附属小で隆盛を誇っていた「自由教育」への批判強く、在任一年で野田小学校に転出した。一九三一年小学校長会副会長(吉井孝次郎「教育者の権化　松山隆先生」『千葉県の教育に灯をかかげた人々』第一巻、千葉県教育会館維持財団文化事業部、一九八九年。初出は『千葉教育』第一一三号、一九六五年八月、一六九―一七七頁)。
(49)『千葉毎日新聞』一九三二年四月二〇日。
(50)拙稿「総力戦体制下の教員統制の構図―『千葉県初等教育綱領』の制定・実施過程の分析を中心に―」(『茨城大学教育学部紀要(教育科学)』第五六号、二〇〇七年)。

第八章　農村小学校の学校経営と村教育会

――宮城県名取郡中田村を事例として――

板橋　孝幸・佐藤　高樹

はじめに

本研究では、重層的に組織された地方教育会の最末端に位置し、学校教育と地域社会に最も密着した教育会の一つである村教育会を取り上げ、学校経営・郷土教育実践に着目しながらその果たした役割について考察する。

これまで、地方教育会研究は主に県・郡教育会に焦点があてられてきた。これは、比較的史料が残っており、活動実態が把握しやすいという理由によるだろう。一方で、そうした組織の末端にあり、地域の教育や学校の実践に密着していた町村教育会に関する研究は、自治体教育史における一部の記述を除き、史料的制約もあって蓄積されていない。村教育会が学校と地域の連携を促進し、「地方における教育政策と教育要求の最も現実的、具体的調整をになった(1)」最末端の教育会であると捉えるならば、「地域」の主体性を検討する観点からも、重要な意義を有する研究対象と考える。

村教育会に焦点をあてた研究は、管見の限り、中村慎一郎による茨城県菅間村教育会の分析のほかには見あたらない(2)。中村は、一九一五（大正四）年一二月に発足した同教育会を村民の組織化といった観点から考察している。「村教育会は、講習会、講話会、娯楽会、各種宣伝といったような『教化事業』を通しての成人機関として、また、児童学用品供給事業に見られるような学校教育の『後援機関』として教員にとってその役割が重視されていたといえる」と、教育会の機能についてまとめている。つまり、中村の研究では、村教育会は村民の組織化、学校教育に対する父母の理解を促すもの、「成人教育機関」、学校教育の「後援機関」としての役割を担っており、学校教育に対する村民の理解を促す機能を有していたと結論づけている。

自治体教育史における町村教育会についての記述は、『岐阜県教育史』を例に取りあげると、次のようなものがある。「市町村教育会が、学校教育外の通俗教育・社会教育を推進する主体となるとともに、教育行政や学校経営面の諮問にも答える機能を有していた[3]」と、大野郡宮村教育会を事例に、教育に関する補助・諮問機関としての役割を担った任意団体と位置づけている。さらに、「町村教育会は、会長に町村長または小学校長を推し、その事務所を役場内または小学校内に置いている場合が多かった。県・郡教育会の支援を得つつ各町村の通俗教育推進の中心となって、善良な公民的資質の高い国民の育成のために地域住民に働きかけていた。この際、各事業の企画や指導については、小学校長をはじめとする学校職員が当たっていた[4]」と、その通俗教育・社会教育的機能について重要な役割を担っていたとまとめている。

自治体教育史の町村教育会記述からも、中村が指摘するように村民の組織化、「成人教育機関」、学校教育の「後援機関」といった機能を有していたことを確認できる。こうした町村教育会に関する先行研究では、明治末から大正期にかけて、地方改良運動の中で設立された事例が取りあげられている[5]。その後の大正末から昭和戦前期における町村教育会の動向については、史料的制約があるためか考察の対象となっていない。加えて、教員の教育研究活動についても、町村教育会との関わりで「地域」の主体性を捉える観点から必要な検討内容と考える。

中央・地方教育会は、半官半民の「翼賛団体」として一般に評価されてきた。とりわけ、昭和戦前期においては、ファシズム化を下から支える役割を担ったと論じられている。しかし、そのような評価だけでは教育会の多様な活動と機能を把握することはできない。町村教育会は、各小学校の教員が日常的な教育活動の中で運用していた組織であったことから、学校の方針や実践の方向性が運営にも強く表れていたと考えられる。

本章では、上記のような先行研究を踏まえ、主として大正末から昭和戦前期における村教育会の機能変化と新たな活動の展開について、一九二六（大正一五）年に設立された宮城県名取郡中田村教育会を取り上げる。この事例を通して、地方教育会の最末端に位置する村教育会が地域の教育に果たした役割について分析する。

（板橋　孝幸）

一　中田村・中田小学校の概要―中田郷土教育実践の背景―

１　中田村の概要

中田尋常高等小学校（以下、中田小と略称）の所在地である宮城県名取郡中田村（一九四一年に仙台市と合併、現仙台市太白区中田地区）は、一八八九（明治二二）年の町村制施行に伴い、前田、柳生、袋原、四郎丸の四ヶ村を合併し、新たな行政村として誕生した。村内には、国道四号線（旧奥州街道）や東北本線が南北に貫いて走っている。中田村に位置する陸前中田駅（昭和三八年五月南仙台駅と改名）は、一九二四（大正一三）年九月に建設された。このように、中田村は仙台市近郊の交通の便に恵まれた地域であった。また、この一帯は名取耕土の北端にあたり、名取川下流域に沿ってひらけたところから、全体としてはもともと純農村的な性格が強いところであった。

戦前期の中田村における概要を論じた主要な先行研究として、仙台都市科学研究会による『地域社会組織化に関する研究―仙台市中田地区のコミュニティ形成の事例―』と中田の歴史編集委員会による『中田の歴史』がある。[6]これらの先行研究を踏まえると、当時の中田村の農業における特徴として次の二つが提示できる。

第一は、耕作面積の中で畑の占める比率が高いことである。全耕地面積のうち、水田化率は四八・二%であった。田面積に比べて、畑面積が優位であることがわかる。村全体の農産物生産額に米の占める割合は四八・三%で、総生産額に対するそれは四五・九%と、生産額の面でも米の比重は畑作物を下回っている。中田村は古くから蔬菜の産地と称せられ、その産出量は名取郡第一の地位を占めていた。農産物の多くは長町市場（明治二五年頃に開設）に出荷され、仙台市を主要な供給先とした蔬菜地帯の基盤を築きあげていた。

第二は、二人の大地主がいた他は比較的フラットな土地所有になっていたことである。三〇〇町歩の大地主佐藤亀八郎は、明治期に入ってから土地の集積を著しく伸ばしている。中田村をはじめ宮城・名取郡内に土地を所有していた仙台在住の寄生地主別所某が醸造業に失敗した際、別所の所有地の大部分を佐藤が購入し、大地主へと成長、発展していく基盤を築き上げたといわれる。その後、名取郡はもちろんのこと県内の他町村にわたって土地集積を進めていく。佐藤は卓越した経済力を背景に貴族院議員に選出され、政治の場面においても大きな権限を有していた。この佐藤亀八郎は、名取郡農会長、宮城県農会長の他、名取郡教育会長をしていたことも確認できる。もう一人の大地主は四〇町歩を所有する佐藤祐之で、一九二五（大正一四）年七月〜一九三〇（昭和五）年三月まで六代目助役、一九三六（昭和一一）年八月〜一九四一（昭和一六）年九月まで五代目村長を務めた人物である。その他の地主は、一〇〜二〇町歩規模程度で小規模である。昭和期の村内小作地率は田四八・〇%、畑四五・五%であった。小作率はやや高いが、一戸あたりの小作地面積はおよそ田畑あわせて一町歩前後と比較的大きかった。

2　中田小の概要

一九二五（大正一四）年に刊行された『名取郡誌』には、中田小の沿革が次のようにまとめられている。「学制頒布当時は宝泉寺に仮校舎を設け授業を開始したりしも、四郎丸は東多賀村高柳、大曲、牛野の三字に合し一小学校を設けられたるにより、四郎丸光西寺を仮校舎となし児童を収容せり。後、種々の事情ありて四郎丸は高柳校より分離して一校を設け、袋原も亦中田校より分離し高舘村吉田、熊野堂と連合せるにより、中田校は大字前田部落のみのものとなり、一村に四ヶの小学校を現出するに至れり。後、四郎丸は袋原と合して校舎を建て袋原小学校と称し、吉田小学校より分離す。爾来新築改築多額の費用を要するを以て一村一校の説起り議纏まりて、中田に一大校舎を新築し全部之に合し中田尋常高等小学校と称し、袋原及柳生の両校を分教場となし以て今日に及べり(7)」と記されている。こうした記述のある『名取郡誌』、中田小に残る『学校日誌』、『仙台市立中田小学校開校百二十年記念誌中田のあゆみ(8)』、『中田の歴史』等の資料から、次のような沿革がわかる。中田小は、一八七三（明治六）年に四十番小学校として名取郡前田村の宝泉寺を仮校舎として開校、その後いくつかの変遷を経て、一九〇一（明治三四）年に中田尋常高等小学校となった。一九〇八（明治四一）年には、村内の柳生小学校と袋原小学校を統合し、それぞれを柳生分教場、袋原分教場として、分教場を二つ持つ村内唯一の小学校となった。

『名取郡誌』には、一九二〇年（大正九年）五月一日現在における郡内全一五小学校の在学児童数が掲載されている。これによると、中田小の児童数は、尋常科男子三五三名、女子三六九名、尋常科計七二二名、高等科男子七六名、女子四九名、高等科計一二五名で、全校児童数は八四七名であったことがわかる。学級数は、尋常科一二、高等科三、計一五であった。

本章では、一九二一（大正一〇）年の真田清之助校長着任時から、石川謙吾校長、齋藤富《あつし》校長へと代替わりをしながら学校経営と郷土教育実践が発展していく経緯を、村教育会との関係から分析する。とりわけ、大正期以降における中田小の学校経営は、一九二六（大正一五）年と一九三四（昭和九）年頃を機に大きく変化する。一九二六（大正一五）年には中田村教育会をはじめ、中田中等学園、中田村青年訓練所が設立され、郡役所が廃止される。校長もその前年に交代し、それまで小学校内の実践に限られていた郷土教育が社会教育までも含む村全体を対象とした実践へと変容する。その後、中田村教育会は教員の研究活動を側面から支える教育「後援」会的な性格を強めていく。以下、こうした変化に着目しながら検討を進める。

（板橋　孝幸）

二　中田小の各科「郷土化」実践・校内研修体制

1　郷土教育の実施を可能にした中田小教員の質

初等教育学会主催・宮城県教育会後援の下、一九三〇（昭和五）年に県内初の試みとして第一回郷土教育研究会が中田小で開催される。(9) 昭和期に、多数の参観者を得るほどの県内郷土教育の研究拠点校となる。中田小がこうした県内郷土教育の先進的実践校となり得た理由の一つに、教員の質の高さがあったと考えられる。

『名取郡誌』によると、一九二〇（大正九）年五月一日現在において、中田小は他小学校に比べて本科正教員の割合の高いことが確認できる。教員数では郡内六番目（一八名）であるが、本科正教員数は増田小の一〇名につぎ二番目の九名である。九名の本科正教員を擁する学校は他にも岩沼小と長町小があるが、いずれも町に位置する小学校である。村に位置する小学校で、九名もの本科正教員を擁する学校は唯一中田小だけであった。教員の（免許上の）質においては、郡内上位校であったといえる。

その一方で、高等科の設置時期は必ずしも早くはない。中田小の高等科設置は、一九〇一（明治三四）年であり、設置時期が不明な下増田小を除く郡内一四小学校中八番目だった。郡内小学校における高等科設置時期は、小学校令等の改正にあわせて以下の五つに区分できる。(10)

第一の時期は、岩沼小、増田小、長町小が高等科を設置した一八八六（明治一九）年である。この年、第一次小学校令が公布された。第一次小学校令では、小学校の正規の制度が、義務教育である尋常科とそれ以上の高等科の二段階に区分される。この時、高等科は四年制とされ、設置区分は郡区規模を原則とした。そのため、この時期の高等科は「水準の高い学校」であり、中学校令の規定により尋常中学の設置が制限されていたので、高等小学校が中等教育にかかわる上級教育機関として位置づけられる傾向もあった。これらの三つの小学校は、郡内でも町に位置する比較的発展した地域にある。

第二の時期は、玉浦小が高等科を設置した一八九五（明治二八）年である。この五年前に第二次小学校令が公布されている。第二次小学校令では、二年制、三年制、四年制の三種の高等科が定められる。そのため、高等小学校の種別化が進んだ時期であった。

第三の時期は、愛島小、生出小、秋保小、六郷小、中田小、東多賀小、高舘小が高等科を設置した一九〇〇（明治三三）年から一九〇四（明治三七）年である。この時期に高等科が設置されたのは、一九〇〇（明治三三）年に公布された第三次小学校令を受けてのことであった。第三次小学校令では、尋常小学校と高等小学校併置のものを尋常高等小学校とすることを規定し、義務教育六年制の布石として、二年制高等小学校を尋常小学校に併置して増設する方針をとった。そのため、五年もの間に郡内七つの小学校で高等科が設置されたのである。中田小でも、この第三次小学校令を受けて高等科を設置した。

第四の時期は、館腰小が高等科を設置した一九〇七（明治四〇）年である。この時期に高等科が設置されたのは、義務教育年限が六ヶ年に延長されたことにあわせてのことだったと考えられる。この改正は、尋常小学校の課程を義務教育としていた法論理に従って、高等小学校の前期二ヶ年の課程を尋常小学校の第五・六学年の課程とすることにより実施したものだった。

第五の時期は、千貫小、西多賀小が高等科を設置した一九二〇（大正九）年である。この前年に小学校令が改正され、高等小学校における実業科目をはじめとする仮設科目の設置とその教授時数を、各地域や学校ごとに柔軟に設定できるようになった。尋常小学校卒業者の高等小学校への進学は、一九一九（大正八）年度には五〇パーセントを超えている。同様のことは、中田小をはじめ名取郡各小学校においてもあてはまる(11)。

同時期における郡内小学校の児童在籍状況では、中田小は郡内一五小学校中、尋常科で六番目（七二二名）、高等科で五番目（一二六名）に多い。全学級数は六番目（一五学級）、尋常科学級数は六番目（一二学級）、高等科学級数は三番目（三学級、ただし三学級設置小学校は四校）である。児童数、学級数から見ても、中田小は郡内中程度であった。分教場も二つ持っていたが、郡内に分教場をもつ小学校は一五校中九校あり、特別規模の大きな学校であったとはいえない。中田村に隣接する長町と増田町は、仙台市にもより近く、大規模校もあり、中等学校進学者も多い。中田小は近隣小学校と比べて昔からの郡の中心校でなく、農村のごく一般的な中規模校であった。

このような小学校で本科正教員を集めるには、多くの学校予算が必要である。中田村は、郡内他町村と比べて中規模校の割に小学校予算がやや多い。本科正教員の月俸も、町に位置する郡内最高俸給の増田小と比べると一人あたり平均二円ほど安いが、郡内他小学校と比べるとやや高く設定されていた。仙台近郊に位置する名取郡第一の蔬菜の産地で、比較的豊かな村であったことが、こうした学校予算を支えていたと考えられる。近郊町村と比べやや高い俸給、村内大地主である郡教育会長との関係から、本科正教員を集められたとする史料は、管見の限りみあたらない。しかし、齋藤校長のように、前任校において郷土教育の実績をあげていた人物が中田小に着任するという人事異動は確認できる。

2 村教育会設立以前における校内実践と研修体制

本項では、(免許上) 質の高い教員が集まった中田小において、村教育会設立以前に展開された教育について考察する。この時期の中田小では、地理科を中心とした「各学年教授細目配当表」を作成し、各科「郷土化」による校内実践が開始される。この各科「郷土化」では、郷土の社会事象を子どもたちに認識させることを目的としていた。さらに、真田校長が中田小に着任した翌年、一九二二(大正一一)年一一月二八日に機関誌『体験』の発行が始まる。この『体験』に、教員たちは実践や教育論を発表することにより、相互の取り組みと理解を省察し、郷土教育を構築していく。校内研修の意味合いも含んだ機関誌であった[12]。

中田小における郷土教育の取り組みは、学校史によると一九二六(大正一五)年頃とされている[13]。しかし、中田小所蔵資料を丹念に見ると一九二六(大正一五)年よりさらにさかのぼって、大正前期に開始されていたことを読みとることができる。一九一六(大正五)年からまとめられたとみられる『地方教授資料　附中田村年中行事[14]』には、すでに各科「郷土化」の「各学年教授細目配当表」が掲載されている。つまり、学校史にある一九二六(大正一五)年よりも前から郷土教育が開始されていたことがわかる。こうした早い時期から各科「郷土化」による郷土教育を開始できた理由には、前述のように有能な教員を多く抱えることができたという背景があったと考えられる。

村教育会創設以前の中田小における教育には、二つの特徴がある。一つは、各科「郷土化」による校内郷土教育体制の構築を目指した取り組みである。各科「郷土化」の「各学年教授細目配当表」は、位置、地勢、気候、面積、山川池沼、道路交通、社寺殿堂、生産、戸数人口、人情風俗、言語習慣、教育、宗教、衛生、行政、租税、公債、警察事項(附犯罪者)、生産力ト年齢、生産職業、補習教育、陸海軍、男女青年、計二三項目の郷土事象を学習内容「資料要項」として、それぞれ尋常科一年から高等科二年までの各教科目に組み入れたものである。高学年では地理科を中心に修身科、算術科、読方科、歴史科、理科で、低学年では読方科と修身科を中心に「郷土化」が行われた。例えば、地理科の「位置」に関する単元では、中田村の「位置」を事例にして経緯度の学習をするといった国定教科書の内容に郷土事象を組み込んで理解を促していくものであった。

もう一つは、真田校長が中田小に着任した翌年の一九二二（大正一一）年一一月から始まった機関誌『体験』の刊行である。同機関誌の「発刊の辞」において、真田校長は「自己を見出し自己の郷土を発見するといふことは最もありがたい尊い（ママ）と事と思はれます。私共はこの意味から貧弱ではありますけれども日頃実地の経験に成りました所の主に地理科に関する研究を集めてこれに『体験』と名づけこの学校公開の日にあたりまして其の創刊号を出すこととなりました」[15]と『体験』創刊の理由を記している。郷土に即した内容の「各学年教授細目配当表」による各科「郷土化」を「体験の教育」として実施し、それを学校公開の場で参観者によりよく理解してもらうことに『体験』創刊意図があったと考えられる。

以上のことから、村教育会創設以前は、地理科における実践を中核としながら、『体験』に各教員が各科「郷土化」を含む実践や教育論を発表することで、教員相互の取り組みと理解を省察し、校内実践を重視して郷土教育を構築していく時期であったといえる。

（板橋　孝幸）

三　中田村教育会の設立および活動の展開

1　宮城県教育会の再編と中田村教育会の設立

中田村において村教育会が創立に至るのは、郡役所廃止後の一九二六（大正一五）年一〇月三一日（天長節）であった。大正末年というのは、設立の時期としては遅いものといえる。全国各地での町村教育会の設立はすでに明治期から展開されており、[16]中田村が位置する宮城県名取郡においても、明治後期には町村教育会設立の動向がみられる。

例えば、地方改良運動において三大模範村に指定され、全国的な注目を浴びた生出村では、一九〇一（明治三四）年に村教育会が設立されている[17]。また、名取郡教育会では、一九〇四（明治三七）年に「町村部会」の設置を決議、「町村学事関係者学校教員及父兄有志者等を以て之を組織し以て町村教育の実際問題を研究し当局者は可成其決議を実行し父兄は外部によりて之を賛助すること」とその役割を定め、増田、高舘など、いくつかの町村において郡教育会「部会」としての町村教育会が発会していた[18]。だが、中田村ではこの時期の教育会設立には至らず、町村教育会の主たる機能とされる通俗教育（社会教育）に関していえば、青年会などがその役割を果たしていた[19]。

では、なぜこの時期に至って、中田村は教育会設立へと動いたのか。村教育会会報『なかだ』創刊号には、設立の経緯について次のように記されている[20]。

> 郡役所廃止と同時に従来の郡単位であつた各種団体は郡農会を残して、殆全部一斉に廃止解散した。我教育関係の郡教育会、青年団、処女会、皆同一の軌を歩んだ。
>
> 郡役所事務が県、市町村警察署で分割所《ママ》理さるる事になつたと同様に、教育会の事業も県及市町村教育会で引受けねばならなかつた。然るに従来県教育会はあつたが、市町村教育会の設置は極めて少かつた。我中田村でも設立の必要は認めてあつたがその機を得ないのであつた。
>
> 郡役所廃止、郡教育会解散の折郡内町村長小学校長連合会で各町村教育会設立の必要を認め、且教育会基金を各町村教育会設置の条件のもとに分割配与を受けたのであつた。我が中田村も金五百五十円四銭五厘の分配を受けた。以上の事共からの帰結として、本村教育会設立の機を促進せられたのであつた。

この記述から、同年七月一日の郡役所廃止に伴う郡単位の各種団体解体が、教育の領域にも波及し（「郡教育会解散」）、村教育会の設立を促したと読みとることができる。

より詳細には、次のような村内での手続きを経て、中田村教育会は成立に至っている[21]。まず、一〇月三一日に中田小において村内有志による創立委員会を開き（集会者二三五名）、村長菅井繁守を議長として「一、中田村教育会設立ノ件」について決議、満場一致で可決をみた。続いて「二、会則議定」、「三、名取郡教育会解散ノ折交付セラレタル金及ソノ状況報告」がなされた。その後、一一月九日から二四日にかけて、四郎丸、前田、柳生、袋原の村内各区における戸主会に菅井村長（会長）と石川謙吾中田小学校長（副会長）が出席、会則の承認を取り、また村教育会の評議員選出を依頼する作業を経て成立をみる。

郡制・郡役所廃止という問題は、さらに、府県教育会の組織編制のあり方にも改編を迫る転換点を意味していた[22]。同じくこの時期、宮城県では、それまで郡市教育会の連合体として活動していた県教育会の組織再編が行われている[23]。一九二六（大正一五）年一〇月二〇日、宮城県学務部長名による宮城県通牒「町村教育会設立ニ関スル件[24]」が出され、「宮城県教育会ハ県下各市町村教育会ヲ構成分子トシテ組織スル予定」ゆえ、同年一二月末日までにすべての町村が「曩ニ県教育会ヨリ示シタル町村教育会準則ニ準拠シテ」教育会を組織するよう指示がなされた。そして、翌二七（昭和二）年三月一二日の宮城県教育会第三十九次代議員会において、郡市教育会を構成単位とするそれまでの県教育会の「解散」が決定され、引き続き市町村教育会を構成単位とする宮城県教育会「創立総会並ニ代議員会」が開催されている[25]。

各町村では、「町村教育会設立ニ関スル件」の指示に基づき、教育会の立ち上げを経て、県教育会の「創立総会」に臨むこととなった。したがって、一九二六年における中田村教育会の設立もまた、郡役所廃止を受けてなされた宮城県教育会の組織再編の一環であり、同施策を受けて行われたものと位置づけることができる。

2　中田村教育会の組織と活動

宮城県教育会再編を直接的契機として成立した中田村教育会は、どのような活動組織として村内に位置づけられた

のか。まず、「中田村教育会々則」から、その組織や事業についての規定内容をみていく。会則条文は、次の通りである。(26)

中田村教育会々則

第一章　総　則

第一条　本会ハ中田村教育ノ改善上進ヲ図ルヲ以テ目的トス

第二条　本会ヲ中田村教育会ト称シ事務所ヲ中田小学校内ニ置ク

第三条　本会ノ目的ヲ達成スル為左ノ事業ヲ行フ

甲（直接本会ガ経営スル事業）

1、通俗教育

2、小学校貧困児童保護救済

3、育英事業ノ経営

4、教育設備ノ援助

5、教育功労者孝子義僕ノ表彰

6、其ノ他中田村教育ノ改善上進ニ関スル事項

乙（既設教育団体ニ対スル後援事業）

1、中田尋常高等小学校

2、中田村農業補習学校

3、中田通俗図書館

4、中田村青年訓練所

5、中田村青年団
6、中田村処女会
7、其ノ他中田村教育的団体ノ助勢
第四条　本会ハ支会ヲ各区ニ設置ス
支会ニ関スル規則ハ各支会ニ於テ之ヲ定ム
第二章　会　員
第五条　本会々員ノ種別左ノ如シ
一、名誉会員　学識令聞アリ又ハ本会ニ功労アリテ評議員会ノ推薦シタルモノ
二、特別会員　評議員会ノ推薦シタルモノ
三、通常会員　本会ノ目的ニ賛同シ経常費ヲ負担スルモノ
第三章　役　員
第六条　本会ニ左ノ役員ヲ置ク
任期ヲ各二箇年トス
一、会　長　一名　村長ヲ委嘱ス
二、副会長　一名　小学校長ヲ委嘱ス
三、評議員　若干名
イ、左記各支会ヨリ選出セラレタルモノ
袋原　七　名
四郎丸　八　名

前田　　六　名
町　　十九名
柳生　　十　名
ロ、左記本村公職ニアルモノヲ委嘱ス
村長　助役　収入役　村会議員　区長　小学校長　仝上席教員　両分教場主任教員
小学校医　学務委員　在郷軍人分会長　消防組頭　神官　僧侶
四、理　事　若干名
会長ノ指名嘱託トス
第七条　本会役員ノ任務ハ左ノ如シ
一、会長ハ本会ヲ統理シ会議ノ議長トナル
二、副会長ハ会長ヲ補佐シ会長事故アルトキハ之ヲ代理ス
三、評議員ハ会長ノ諮問ニ応ジ又ハ本会経営上ノ議事ニ参与ス
四、理事ハ会務ヲ掌理シ兼ネテ庶務会計ニ従事ス
第四章　集　会
第八条　本会ハ左ノ集会ヲ行フ
一、総集会
二、評議員会
第九条　総集会ハ毎年一回之ヲ開催シ左ノ事項ヲ行フ
但時宜ニヨリ臨時会ヲ開クコトアルベシ

一、庶務会計ノ報告
二、協議
三、講演談話
四、其他

第十条　評議員会ハ必要ニ応ジ会長之ヲ召集シ左ノ事項ヲ行フ
一、諮問答申
二、予算決算ニ関スル事項
三、会則ノ変更
四、本会経営上ノ重要事項
五、其他

第五章　会　計

第十一条　本会ノ経費ハ左ノ収入ヲ以テ之ニ充ツ
一、会員ノ会費
二、村費補助
三、基本財産ヨリ生ズ《ママ》スル収入
四、寄付金
五、其他

第十二条　本会ハ基本財産ヲ蓄積ス之ガ蓄積及管理ニ関スル規程ハ別ニ之ヲ定ム

第六章　附　則

第十三条　本則ハ会長ノ意見又ハ評議員十名以上ノ発議ニヨリ評議員会ニ於テ出席者ノ三分ノ二以上ノ同意ヲ経ルニアラサレバ変更スルコトヲ得ズ

第十四条　本則ハ大正十五年十月三十一日ヲリ実施ス

会の目的は「中田村教育ノ改善上進ヲ図ル」（第一条）であり、「事務所ヲ中田小学校内ニ置ク」（第二条）こととされた。目的達成のために行われる村教育会の事業（第三条）は、「甲（直接本会ガ経営スル事業）」と「乙（既設教育団体ニ対スル後援事業）」とに区分されている。「直接本会ガ経営スル事業」としては「通俗教育」、「小学校貧困児童保護救済」、「育英事業ノ経営」、「教育設備ノ援助」「教育功労者孝子義僕ノ表彰」などが掲げられた。先行研究がすでに指摘する通俗教育機関としての機能、および（貧困児童救済という意味での）学校教育を後援する機能が、中田村教育会においても直接的事業として規定されている。一方で、「既設教育団体ニ対スル後援事業」では、中田小をはじめ、農業補習学校、通俗図書館、青年訓練所、青年団など、当時村に存在するほぼ全ての教育・修養機関がその対象として規定されている。ここに、会則は中田小を中心として、諸機関との協力・連携体制の構築を規定したとみることができる。会を構成する会員（第二章）は、名誉会員・特別会員・通常会員に区別され、「本会ノ目的ニ賛同シ経常費ヲ負担スルモノ」であれば通常会員になれるしくみとなっている。全村民の加入が可能な条件が会則上は作られていたことになる。一方、会の運営に係わる役員の構成（第三章）では、会長に村長が、副会長に小学校長が着任するよう規定された。評議員（第六条）については、村三役をはじめ、村会議員、区長、小学校長、同上席教員、分教場主任教員、学務委員、在郷軍人分会長、消防組頭、神官、僧侶らに委嘱するほか、各支会（区）から会則で割り当てた人数分の村民を選出するように規定している。村内の有力者を包摂するとともに、各区の村民が共同して村内教育に参画することを規定したといえよう。村教育会発足当初、会長・副会長・評議員を合わせた役員数は九〇名ほどにのぼっている。(27)

次に、会則第三条の規定に基づいて実際にどのような活動が展開されたかを、村教育会の『記録』資料から確認する[28]。

直接的な事業（第三条甲）に関しては、「通俗講演会」に関する記述（開催日、講演者名の記載）が多い。他と同様、中田においても村教育会は、小学校を拠点とする社会教育（通俗教育）推進機関としての役割を課されることとなった。なお、その主な受講者は実業補習学校、ならびに後述する中田中等学園の生徒が多数を占めていた[29]。講演の内容は、必ずしも農村振興に資する実業的色彩が強いというわけではなく、「西洋史」「国勢地理」「理科」などが多い。また、その他の直接的事業としては、優良児童の表彰（村教育会長賞の授与）に関する記述などが登場する。

一方、後援事業（第三条乙）に関しては、とりわけ教員が行う教育研究への資金援助に関する記述が注目される。例えば、「中田小学校教員ノタメニ奈良女子高等師範学校附属小学校学習研究会発行、雑誌学習研究一ヶ年の購読料金四円四十銭支出」（昭和二年六月一五日）、「郷土教育研究会ヲ開ク（中略）金百三拾円補助」（昭和六年一一月二二日）、「男女両師範学校研究会費補助セリ」（昭和七年三月四日）、「五日間小学校長ヲシテ東京神奈川県方面ヲ視察セシメタリ」（昭和八年六月、同九年七月）といった記述がみられる。講師の招聘や視察・派遣を含む中田小教員の研究活動を側面から支援する傾向を看取できる。さらに、宮城県教育会への負担金[30]や帝国教育会費の納付[31]に関する記録なども確認される。先述のように、村教育会は、県・郡市教育会とは異なって、児童の父母等を含めた「村民の組織化」を目的とし、学校教育や社会教育の拡大をはかる役割を担うべく登場したものと位置づけられている。だが、大正末年創立の中田村教育会からは、それに加えて、教員の職能成長を支援するという意味での、学校教育後援機関という側面を見出すことができる。学事視察や研究会の実施に関わる企画・運営は、村教育会会員としての小学校教員が主導して行っていたと推察される。デモクラシー的思潮のもと教員の自主的な活動組織化への要求が高まる時代状況下にあり、地域に根ざした独自の郷土教育実践を模索していた中田小教員にとって、それを側面から支援してくれる村教育会の存在は大きかったのではないかと考えられる。

3　村教育会会報『なかだ』とその機能

中田村教育会が実施していたもう一つの大きな事業として、村教育会会報『なかだ』の発行が挙げられる。『なかだ』は年一、二回の間隔で発行されており、現在の残存状況からは創刊号・一九二六（大正一五）年から第二一号・一九四〇（昭和一五）年まで継続していたことを確認できる〔表1〕。また、会報には「村の方々へ」という注意書きが付され、次のように、会報の内容および取扱いに関する村民への説明がなされていた。

村の方々へ
・本紙は、中田村に於ける小学校、補習学校、図書館、訓練所、青年団、女子青年団、教育会その他教育一般に関することを掲げます
・本紙を読んで下されば本村教育の概要がわかることと存じます
・本紙は当分一学期一回位発行しますから御家庭で順序よく保存して置いて下さい

「本会及村教育各般の報導（ママ）機関」[32]と位置づけられた会報紙面には、小学校ほか村内の諸教育団体の活動概要、村の経済状況（村の予算、教育費、農産物収穫高）を伝える記事などが掲載された。時局を反映した特集記事も確認でき（第八号「世局の打開と教化運動　教化関係者諸君に訴ふ　文部省」、第二〇号「青少年学徒に御勅語を賜はる」）、全国的規模で展開された教育（教化）政策が、村教育会会報の紙面に反映されることもあった〔表2〕。小学校についてみれば、校長執筆の文章、職員名一覧のほか、学級担任氏名、各学級児童数などが掲載される内容としてほぼ定型化されており、ときには教員作詩の歌なども掲載されている。また、「夏休みにあたりて　保護者各位へ」（第二号）、「新入学児童の父兄の方々へ」（第三号）などと題した、家庭教育（しつけ、訓育）を促す連絡も『なかだ』の紙面を通してなさ

〔表 1〕中田村教育会会報『なかだ』発行年月日

号数	発行年月日	号数	発行年月日
創刊号	1926（大正 15）年 10 月 31 日	第 11 号	1931（昭和 6）年 1 月 1 日
第 2 号	1927（昭和 2）年 7 月 30 日	第 12 号	1931（昭和 6）年 7 月 25 日
第 3 号	1928（昭和 3）年 3 月 31 日	第 13 号	1932（昭和 7）年 7 月 30 日
第 4 号	1928（昭和 3）年 6 月 30 日	第 14 号	1933（昭和 8）年 7 月 31 日
第 5 号	1928（昭和 3）年 7 月 30 日	第 15 号	1934（昭和 9）年 7 月 31 日
第 6 号	不詳	第 16 号	1935（昭和 10）年 7 月 31 日
第 7 号	1929（昭和 4）年 7 月 30 日	第 17 号	1936（昭和 11）年 7 月 31 日
第 8 号	1929（昭和 4）年 11 月 3 日	第 18 号	不詳
第 9 号	1930（昭和 5）年 3 月 30 日	第 19 号	不詳
第 10 号	1930（昭和 5）年 7 月 31 日	第 20 号	1939（昭和 14）年 7 月 31 日
		第 21 号	1940（昭和 15）年 7 月 31 日

※『なかだ』各号記載の年月日（仙台市立中田小学校蔵）から作成。第 22 号以後の動向については不明。

〔表 2〕『なかだ』一面記事

号数	記事名
第 1 号	中田村教育会「教育会設立に際して」
第 2 号	「郷土偉人を偲ぶ」
第 3 号	石川生（石川謙吾）「私の教育」
第 4 号	〔中田少年赤十字団号〕「御論旨」、「牛塚支部長訓示要旨」、OX 生「序して」
第 5 号	守生（守真之助）「教育と家庭及び郷土」
第 6 号	―
第 7 号	有盧生（石川謙吾）「中田村民各位に」
第 8 号	〔教化総動員号〕文部省「世局の打開と教化運動　教化関係者諸君に訴ふ」
第 9 号	有盧生（石川謙吾）「農村幹部としての青年指導」
第 10 号	富生（斎藤富）「読村術」
第 11 号	〔校舎増築講堂建築記念号〕菅井繁守（村長）「校舎増築講堂建設」
第 12 号	〔郷土学習号〕斎藤富「郷土学習」
第 13 号	〔郷土学習生活発展号〕斎藤富「自力更生的生活学習」
第 14 号	斎藤富「非常時国民運動と郷土教育」
第 15 号	斎藤富「日本精神発揚の郷土教育」
第 16 号	〔社会教育号〕斎藤富「待望の青年学校」
第 17 号	「よい子供」
第 18 号	―
第 19 号	―
第 20 号	「青少年学徒に御勅語を賜はる」
第 21 号	三上健児（校長）「聖戦下紀元二千六百年を迎ふ」

※『なかだ』各号から作成。各号一面に掲載された記事を挙げている。特集号としての標題が付されているものについては〔　〕で記した。

れている。会報の発行年月日が一学期終業（七月末）、あるいは年度末（三月末）と重なったことから、このような記事を盛り込む意味があったと予想される。

以上の記事内容から、村教育会会報は事務所がある中田小の教員が中心となって編集したことが推測される。そして、その内容は、いわば児童生徒の保護者を主な読者とした学校通信的な性格を一面で有することになった。教育関係者を主要な構成員とする県や郡市教育会とは異なり、一般町村民の組織化を目的とする町村教育会では、その機関紙においても、県・郡市教育会とは異なる読者層（町村民）を意識した編集を行う必要があったといえる。

その一方で、『なかだ』には、在職教員が現在どのような実践研究に取り組んでいるのかについての記述や教員の論説が掲載され、教員の研究会報的な一面も併せ持っていた。中田小での研究会開催の報告、学校参観者・来校者の氏名なども載っている。例えば、第九号には初等教育学会主催の郷土教育研究会開催が報告されている。[33] 野口援太郎（新教育協会会長）と山崎博（川崎市田島小学校長）が授業参観・講演のために同校を訪れた記述（第一三号）なども注目される。[34]

これら研究成果の報告は、学校内外での教員の研究活動について保護者に伝え、学校が取り組む教育実践への理解を村民に促そうという意図の反映と受け取れる。例えば、齋藤富《あつし》は中田小赴任後、「郷土学習号」（第一二号）、「郷土学習生活発展号」（第一三号）といった特集を組み、「郷土教育」重視の意向を『なかだ』を通して発信し、村民の理解・協力を求めていた。前任校の伊具郡丸森小学校で「新教育」実践（体験教育・自己活動）を展開するなど、大正新教育の思想を引き継ぐ齋藤の教育論は、その具体的実践化にあたり、より切実に村民の理解を得る必要があったと推察される。個性や人格といった普遍性に依拠した新教育実践は、村の生活現実に直結する具体的な知識や技能の習得を学校に期待する村民との間に緊張関係を引き起こす可能性があり、[35] 恐慌による農村疲弊の深刻化とそれに伴う町村財政の圧迫という状況のなかで、齋藤ほか教員たちは教育不信という問題状況に直面していたと想定されるからである。それゆえ、学校側からすれば村民の理解を促すべく、その働きかけの機会を提供する一手段として、村教育会会報の意義が認められていたと考えられる。

農村小学校の教員たちは、教育実践を通して形あるものを創出することにより、村民から一定の評価を獲得する必要があった。中田小において、それは例えば、後述する児童の綴方文集『文展』の発行（読み書き能力の形成、郷土事象の認識）などに結実したといえるが、村教育会会報もまた、村民の教育理解を促すことで社会的評価を得る一つの道具として位置づけられていたと考えられる。換言すれば、村教育会会報という媒体（メディア）は、教育環境の人的・物的整備[36]を含む村（民）からの援助や、その根本にある地域的要求といった現実に対し、教師としての専門的力量を眼にみえるかたちで周囲に示す、その一手段としての性格を帯びていたと評価できよう。

（佐藤　高樹）

四　村内教育体制の充実と郷土教育実践

1　村教育会設立期における学校経営・郷土教育実践

郡役所廃止と宮城県教育会再編に伴い中田村教育会が一九二六（大正一五）年に設立されると、研究活動の資金支援と村教育会の会報が機能し始める。これにより、校内実践と村内教育体制の組織化が促進する。ここでは、まず校内実践に焦点をあてて村教育会との関わりを検討する。

中田村教育会設立以前の実践は、地理科を中心とした校内における各科「郷土化」が中心であった。村教育会が設立される頃になると、綴方を軸として作品を文集にし、全校児童に見せることにより学習の共有化をはかって郷土事象を認識させていく実践へと移行する。中田小では、児童の学習発表の場として機関誌『文展』を発行していく。

『文展』は、「児童文中、優良ナルモノヲ集メテ毎月一回文集『文展』ヲ発行ス。入選者及各級ニ之ヲ配布ス」るもので児童の綴方集である。(37) 加えて、校外教授も積極的に導入し、直接郷土事象に触れさせて郷土認識を育成していった。

こうした実践の転換が生じた要因として、中田村教育会の設立があったと考えられる。中田小に残されている「中田村教育会々則」には、三節で取り上げたようにその組織や事業についての規定が書かれている。目的は「中田村教育ノ改善上進ヲ図ル」（第一条）であり、「事務所ヲ中田小学校内ニ置ク」（第二条）こととされた。村教育会の事業（第三条）は、「甲（直接本会ガ経営スル事業）」と「乙（既設教育団体ニ対スル後援事業）」とに区分された。「直接本会が経営スル事業」としては、「通俗教育」、「小学校貧困児童保護救済」、「育英事業ノ経営」、「教育設備ノ援助」「教育功労者孝子義僕ノ表彰」などが掲げられ、「後援事業」では、その対象として中田小をはじめ、農業補習学校、通俗図書館、青年訓練所、青年団、処女会など、当時村に存在するほぼ全ての教育団体が規定された。中田小を拠点とする村教育会は、これら諸団体・学校との協力・連携体制を構築するうえで基幹的な位置を与えられたのである。村教育会の運営を担ったのは小学校教員であり、社会教育諸団体・学校を指導・担当したのも彼らであった。教員たちは、村教育会設立によって、今後社会教育団体に加入する児童に対し、郷土理解に関する学習を小学校で実践する必要性について、より強く認識したのである。(38)

このような教員の認識の変化は、中田小の機関誌『体験』にみられる。『体験』は、『文展』が児童の学習発表の場であったのに対し、教員の研究発表の場として機能していた。この機関誌は、真田校長赴任の翌年一九二二（大正一一）年一一月二八日に創刊されるが、最初の一年間で四号まで発行したのちは実質休刊してしまう。真田校長は一九二五（大正一四）年一月まで同校に在任しているが、その間に第五号が発刊されることはなかった。第五号に「休刊久しくついで真田校長転任せられ、不肖後任として赴任す。然れども不敏且事情に通ぜず、心ならずも中断の止むなきにありたるも今秋機漸く熟してこゝに再刊の運びを見るに至れり(39)」と真田校長の後任である石川校長の巻頭言があることから、校長交代後の一九二六（大正一五）年一二月に再刊されたことがわかる。休刊の理由は史料から十分読み取れないが、学校公開にあわせて創刊された機関誌であり、公開後は役割もなく続かなくなったと考えられる。また、論考として発表するほど実践研究が蓄積されていかなかったためとも考えられる。

石川校長は再刊の理由について、「この良企画の廃棄を悲しみ、伝統を継承するのみ。それ意の足らざるは続刊により補はん、研究調査の不十分は今後の努力にまたん[40]」として、それまで中田小で蓄積されてきた伝統を継承し、さらに自らが指向する教育実践を展開しようとしていたことが読み取れる。なお、一九二七（昭和二）年の『中田小学校経営之実際』によると「職員ノ研究発表ノ一機関トシテ月一回研究録『体験』ヲ発刊ス[41]」とあり、『体験』は教員が研究発表するための「一機関」として位置づけられていた。一九二二（大正一一）年に学校公開を実施するにあたって一回のみ発刊されたのではなく、中田小所蔵史料から確認できるかぎり一九三五（昭和一〇）年まで一四年間継続された機関誌であった。ただし、月一回を目標としてはいたものの実際は多い時でも年四回、一四年間で二一号までであった。

真田校長は「体験の教育、今後の学校教育改造の出発点は正に之れにあらねばならぬ。而して生徒を試すよりも厳に教師を試さなければならぬ。今後の教育授業を救ふ道は之より外にない」というアインシュタインの言葉を引いて「かういふ教育を施してこそ（中略）真に人格の核心に触れたフレッシュな教育をすることが出来る[42]」と考えて『体験』の発刊をし、実践を展開していった。これに対して、石川校長は「私が郷土教育の必要を感じたのは大正十四年冬、鹿児島市の教育視察をした時からであります。（中略）鹿児島流の教育、健児の舎の青年指導、先輩の後進誘導、連絡提携、相互扶助が極めて適切に行はれてゐたのです[43]」と郷土教育実施の理由をあげている。そこで、「爾来六ヶ年、私は不敏を顧みず機会のある毎に我郷土の特徴を説き誇りを知らしめ、郷土伸長のため、協力一致の必要を力説してまゐつたのであります[44]」として、中田小に赴任直後から郷土教育を行ってきたとしている。つまり、真田校長在任期には体験、自発的活動、個性をキーワードに校内実践を重視したが、石川校長に代わると郷土と直接結びつき、「郷土伸長」のため村を担っていくべきであるとの考えが校長を中心に教員の中に内在的に強まり、それこそが郷土教育であると考えるようになっていった。村教育会設立以前の校内郷土教育実践における内在的な準備過程を踏まえて形成された「伝統」を背景に、村教育会設立後は後述する教員の活動範囲の変化にあるように、学校教育と社会教育を結びつけて社会教育諸団体に対して積極的に実践を展開していった。さらに、石川校長から齋藤校長に代わると「郷土科」を特設し、より郷土に即した校内のカリキュラム改造を試みて実践を進めていく。

村教育会は教員の新たな実践を促す役割を果たすとともに、後援事業として教員の研究活動に金銭的援助を行った。奈良女子高等師範学校の雑誌購入は、機関誌『体験』にみられるように先進的な新教育運動の情報を校内実践に導入する上で重要な役割を果したと考えられる。さらに、県内初の試みであった第一回郷土教育研究会は、中田小を会場校として広く同校の郷土教育の実践成果を公開する場であり、そうした研究会への金銭的援助は実践を発展させていく上で意義あるものとなったと考えられる。

2　郷土教育実践による各教育段階の系統化

一九二六（大正一五）年以前の実践は、各科「郷土化」による校内実践中心で村との連携をはかるような試みはあまり行われていなかった。それが、一九二六（大正一五）年に中田村教育会が設立されて社会教育機関との連携が制度化されたこと、石川校長をはじめ小学校教員が村との連携を強く認識し始めたことをきっかけとして、小学校と村の連携がはかられるようになっていく。

小学校児童に対しては、真田校長在任期の地理科を中心とした各科「郷土化」から、綴方を軸として作品を文集にし学習の共有化をはかって郷土事象を認識させていく実践へと移行する。小学校を卒業した青少年層に対しては、主として中田中等学園と農業補習学校で郷土教育が行われた。「郷土伸長」のための人材育成を実践していく上で教員たちが重視したのは、学校教育と社会教育の連携による小学校卒業後の年齢層への教育であった。

夜学の中田中等学園は一九二六（大正一五）年に設立された。同学園は「青年ニ対シ中等教育ヲ施サンタメ中等学園ト命名シ中等程度ノ夜学ヲ実施[45]」するとしていた。設立趣意書には、「無限に伸び行く若芽もその環境に左右され伸び得ざる事情にあるものがあります。私共は斯うした実情にある青年諸君を見ました。それは本年度卒業生中に更に中等程度の教育をも受け度き希望者のあつたことです。斯様な諸君はその多少は兎も角年々あつたのではなかつたでせうか。遠大の理想を抱けど周囲の事情如何ともする能はず、其志を空しうせねばならない諸君それは誠に遺憾の限りであります[46]」とあり、中等教育を受けたくても受けられない青年に対して教育の機会を与えることが目的となっている。通年の夜学で高等小学校卒業を入学条件とし、一学年二〇名の二年制で、中等学校第三学年修了程度の学力を得させることを目標として中田小内に設置された。学園長は中田小学校長が兼任し、小学校教員が講師を務めた。その他、定期的に中学校や師範学校の教員が講演を行った。開校初年度の一九二六（大正一五）年には、同年に高等小学校を卒業した者だけでなく、一九一九（大正八）年に卒業した者や村外からの入学者もいた。さらに、「向学の思想と中学校の教科書を使用するのと選抜されたる自尊心とが結びついてなかなか熱心に学んでいます[47]」と学園の現況をまとめている文章からも、青年の中に中等教育を受けたいと思っている者が多かったことがわかる。教員の側からすると、「長男級の人々で高等小学校卒業生を特別指導することになるのである。即その地方に定住の見込ある青年を小学校以上即準中等の特殊教育をなすにある[48]」ために、後述する農業補習学校よりも上位の教育機関として中田中等学園が設立され、そこでは村の将来を担う中堅人物を養成することがその中核的目標としてあった。

当時「中等学校は県内数ヶ所に過ぎなかつた。これには各町村極めて少数の子弟のみ入学したのでこれは卒業後他郷に出て官吏軍人その他の職にありて農村に踏み止りて居るものは極めて少い[49]」ことが農村の実態であった。そこで、石川校長は尋常科卒業と中等学校卒業の間の高等科卒業生に対して、「その地方に定住する見込みのある青年を小学校以上即準中等の特殊教育」をすることにより、将来の「農村幹部」を養成しようと主張する。中田中等学園はその具体的実践化の試みであった。

仙台市においても、同時期に夜間中学設立の試みがなされていたが、なかなかうまくいかなかった。宮城県教育会によって仙台夜間中学が、一九二四（大正一三）年六月五日に設立されて授業を開始するが、翌一九二五（大正一四）年三月二〇日終業式と閉校式を同時に行い、わずか一年で廃校する。宮城県図書館長池田菊左衛門[50]はこの宮城県教育会設立の仙台夜間中学廃校の事情を看過することができず、生徒の救済に乗り出す。池田は、仙台明善中学を立ち上げ、一九二五（大正一四）年六月一六日から授業を開始する。[51]このように、県教育会が主体となって中等学校相当の教育を行う夜間学校を設立することは、仙台市ほどの地域でも当時難しかった。そのような中で、中田村は中田中等学園を設立したのである。

農業補習学校も中田中等学園同様、教員の多くは小学校教員が兼任していた。さらに、小学校卒業者の大半が入学することもあり、小学校教育との連続性が強くはかられた。これは『郷土文選』の作成から見て取れる。『郷土文選』は、「郷土人の文章詩歌並に郷土に関する一般の文章詩歌を集録[52]」したものである。中田農業補習学校では、これを国語科補充読本として編集した。小学校での郷土教育を継続・徹底するため、『郷土文選』を作成し、郷土に即した人材育成に向けて積極的な実践を展開していたのである。

成人層[53]に対する働きかけは、村教育会の会報『なかだ』を使って行われた。前述のように、中田村教育会では、会報『なかだ』を定期的に発行していた。この会誌は、小学校児童・農業補習学校・中田中等学園生徒の保護者及び村民全体に対して、学校側が求める教育理念の村への浸透という機能を持っていた。とりわけ、成人層に対する教育的働きかけの意味合いも持っていた。『なかだ』は、一九二六（大正一五）年の創刊号から一九四〇（昭和一五）年の第二一号まで継続、発行されていたことが現在の残存状況から確認できる。各記事と紙面構成から、『なかだ』は学校から家庭への連絡文書としての機能とともに、教育実践の研究成果報告としての機能を有していた。『なかだ』には、在職教員の実践研究とその研究状況、様々な研究会開催の報告、学校参観者・来校者の氏名なども掲載された。教育実践に携わる教員たちの意図に対し、村民の理解を促すような紙面構成となっている。したがって、学校が試みる郷土教育の意義を村民に訴えることが可能な仕組みとして村教育会の会報が機能していたと捉えることができる。

中田村教育会は、会報『なかだ』の発行によって教員たちの郷土教育論を村へ反映させていく取り組みだけでなく、村内五つの支会を設置してそれぞれに六〜一九名の評議員を選出させる運営方法をとって直接成人層に働きかけていった。会長である村長と副会長である校長が各集落の戸主会に出席して評議員の選出を依頼し、村内で公職にある者にも評議員を依嘱して、村教育会は組織された。選出された評議員の多くは、集落を代表するような地主、村会議員等の有力者であった。こうした村の有力者の協力を取り付ける形で、村教育会は運営されていったのである。

中田小の郷土教育には、校内実践と地域連携の二つの実践的展開があった。校内実践においては、地理科を中心とした各科「郷土化」から『文展』にみられる綴方を軸とした「郷土化」、さらには「郷土科」特設へと転換していく。地域連携においては、学校内の取り組みが村の社会教育や村外教育組織との連携へと発展拡大していく。この二つの展開は、中田小教員たちによって独自に策定された目的のもと、校内実践から村の社会教育と結びついた校外実践に転換し、その後「郷土科」特設により校内の教育実践に重点を置き直すという展開過程の中で、実践の課題を克服するために相互に補完し合いながら変容していった。

村教育会設立以前の実践は小学校内に限定されたものであったが、村教育会設立後にはそれ以前の実践を継承しつつ、学校内では「郷土化」を綴方中心の実践にかえることでより生活に即して児童に郷土の実態をつかませ、校外教授を導入していった。こうした校内実践とともに、中田中等学園と中田村教育会の創設によって学校教育と社会教育の連携がはかられた。詳しくは後述するが、齋藤校長が赴任する時期になると石川校長在任期の地域連携を継承しつつ村外教育団体と連帯し、校内実践においては「郷土科」を特設していった。こうした一連の取り組みは、学校が担うべき役割を校内実践と地域連携において明確化していく過程であったといえる。

こうした二つの実践的展開は、村教育会の機能とも合致する。校内実践は、各種研究会への参加や教育研究雑誌の購入など校外の様々な教育研究に接触することによってさらに発展していった。地域連携では、村教育会の会報を通じて村民に教員の考えや小学校における実践を周知させていくことにより、村内教育体制の組織化を積極的に推進する素地をつくった。この時期、中田小の教員たちは、時代の制約を受けながらも、村（教育会）との関わりを通して、「地域の学校」としてのアイデンティティを確立しようとしていたと考えられる。

（板橋　孝幸）

３　特設「郷土科」に基づく郷土教育の展開とその変質

一九三〇（昭和五）年四月、齋藤富《あつし》[54]が校長として中田小に赴任する。齋藤は、前任の丸森小学校で「新教育」実践を行ったことで全国的にも注目を浴びていた。[55]実践成果を豊富に蓄積していた齋藤の着任によって、教員の校内研究体制はさらに強化され、中田小の郷土教育は新たな展開を遂げていくことになる。

齋藤は、農村が直面する都市との間の格差、若者の離村・都市への集中といった問題状況に対し、農本主義の立場から、「農村と都会との生活のギヤップ」を「農村生活様式の普遍化」によって解決することを企図していた。[56]農村に生活する農民自身がその「生活」に意義を見出すことが重視され、教育内容はそのような農村「生活」の価値化に結びつくかたちで構成される必要があるとみていた。

そのため、齋藤の郷土教育論は、村を支える青少年の実務的能力向上よりも、むしろ農村に生きる村民＝「農村紳士」への人格形成、村民意識の内面化という目的に重きを置いた構成となっている。目的達成のための「農村の教育は、行の教育としての労作教育を其の根幹とすべきではあるまいか。労作することが、方便や、手段ではなくして、生活そのものでなければならない」と述べ、教育の方向性を「労作」という文脈で論じていく[57]。すなわち、それまで中田小がスローガンとしてきた「体験」という個々の自己活動を、より郷土に密着した（その意味での）価値的な活動としての「労作」と捉え直すことで教育の実際化を進めていく。知識教育の弊害（知育偏重）という問題意識から、郷土教育における「主観」の意義を強調し、「骨董屋の如き、又は好事家の気分によつて蒐集された」ような郷土調査に陥らない、郷土事象に自らが価値を発見していく「郷土生活の体験」の必要を、彼は訴える[58]。

齋藤が自らの郷土教育論の構築にあたり、とくに注目していたのが、文化教育学に基づく体験教育の理論と実践であった。管見の限り、齋藤は中田小赴任後、川崎市田島小学校長山崎博を二度にわたり招聘し、講演会を開いている[59]。周知のとおり、田島小は、東京帝大助教授入澤宗寿の指導のもとに山崎が文化教育学を理論的な基盤とした体験教育を主唱・実践した、大正新教育の著名な実践校として知られる[60]。

齋藤の主張からは、田島小が唱導したのと同様、「知情意の全人的活動」としての「体験」により、被教育者である児童が本来有している（とされる）客観的な価値への志向性を、児童の「生活」（文化財）を通して引き出すという教育観を読みとることができる[61]。さらに齋藤は、その教育観を農村（「郷土」）という文脈と結びつけ、「個性の発展は、特殊性を媒介として個性全一性の実現であるから具体的なる郷土の文化によつて、よりよく発展するのである[62]」と、その地域の「特殊性」、「郷土の文化」に根ざすかたちでの児童の個性の全人的発達を考えていく。そこには、子どもたちの中に「農村紳士」という理想的人格へと発展すべき可能性を想定し、郷土的価値を有する文化財――郷土の伝統芸能・行事、郷土偉人伝など――の教授・学習を通してそれを引き出すという論理の展開が確認される。ここに、文化価値を有する子どもの生活環境を教材化するかたちでのカリキュラムの体系化――「郷土科」への構想が浮上してくることとなる。

中田小において、「郷土科」への着手は、一九三一（昭和六）年から始まる。「昭和六年一月六日 職員会議事項」と題する文書によると、同日の職員会議において「新郷土教育ノ提唱」が議題とされた。その概要は以下のとおりである。[63]

一、新郷土教育ノ提唱――第三学期ニ於ケル調査研究

1、郷土的方法――郷土の地理、歴史、民俗学的、社会的自然、郷土読本、郷土室の経営、児童の郷土研究

2、郷土化方法――各教科における郷土的取扱

各科「郷土化」から独立して、さらに郷土の調査、教材の研究に取り組む「郷土的方法」がうち立てられている。端的に言えば、「郷土化（方法）」とは、国定教科書の理解を容易にする手段として「教材」を郷土に求めることを指し、「郷土的方法」は郷土特有の材料、郷土に関する個別的な知識内容を学習・体験する方法として捉えられる。[64]この方針を受けて教員たちは、従来の各科「郷土化」とは異なる「郷土的方法」、すなわち「郷土科」の開発へと実践研究を進めていくことになった。一週一時間、読方もしくは修身の時間を割くかたちで「郷土科」は試みられ、[65]一九三二（昭和七）年にはその系統的な教材配当案が作成されている。[66]そこでは、郷土の偉人や農産物、また村会や郵便局などの社会的機能、そして、子ども自身がやがて関わっていくことになる村の青年団や産業組合といった項目が選定、配列された。具体的な「陶冶材」についてみてみると、例えば、第三学年「さつま苗」という農産物の単元では「郷土特有の産業を知らしめ、経済的思想の養成」と目標（「中心価値」）が設定され、芋の栽培（「労作」）や、地元農業の発展に尽くした人物（「川村幸八」）の伝記に触れることが計画・実施されている。[67]

しかし、同小における「郷土科」への取り組みは、その後ほどなくして変質を余儀なくされたとみられる。例えば、中田小では、「郷土科」が特設された昭和六年度から校内研究会の一つとして「郷土研究」の時間を設け、毎週金曜

日に開催を予定していた。[68]ところが、この「郷土研究」の時間は昭和九年度には年間予定表から消えている。「昭和九年度各種研究会予定[69]」では、「郷土研究」欄が消え、「郡内研究会」に置き換わっている。郷土教育の取り組みは、この一九三四（昭和九）年ごろを節目として変容したといってよい。この時期における同校の郷土教育実践内容について みると、そこには明確な変化が見て取れる。機関誌『体験』を例にとれば、既存の教科課程の枠にとどまらない「郷土科」「郷土学習」のあり方を模索する方向（「郷土学習号」第一七号、一九三一年、「低学年郷土教育号」第一八号、一九三二年）から、修身・国史の「郷土化」を中心としたものへと移行し、「日本精神」との結びつきを強めていくようになる（「郷土修身研究号」第一九号、一九三三年、および『日本精神の教育経営』第二〇号、『体験』分冊、発行年不詳）。しかも、郷土教育をめぐるこの変容は、齋藤富校長在職期間（一九三〇—一九三六年）のうちに生じたものであった。齋藤が取り組んできた「主観」重視の郷土教育は、ここに至って、大正新教育の積極面であった児童の能力発達に資する手段として「郷土」を扱うことでも、また「郷土」に関する諸々の実際的知識の習得を指すのでもなく、「郷土」を通して「日本人」「民族」について学ぶことであると明確に方向づけられることになった。

（佐藤　高樹）

五　一九三〇年代の名取郡における教員研究会・教化団体と中田村教育会

1　教員による自主的組織化への動き

中田小の教員たちは校内での実践研究を蓄積し、地域の課題に応える郷土教育実践を模索していったが、一方で、同時期における教員の研究活動は校内にとどまるものではなく、県や郡を単位とする研究会組織への参加とともに展開されていた。

仙台市（区）に隣接する名取郡では、一八八一（明治一四）年（教育会設置をめぐる文部省達が出た時期）の段階ですでに、教員有志によって自主的な研修組織「名取教育会」（その後、「名取（郡）教育透成会」と改称）が結成され、郡当局の指揮によることなく授業演習会など活発な研修活動を展開していた(70)。

その後、明治二〇年代頃から「名取郡学事会」による活動が展開されるようになると、郡内小学校教員はこれに関わっていくこととなった。中田小の学校沿革史が記すところによれば、郡学事会は「第一種第二種ノ二会ニ分チ前者ハ町村長及学校長ヲ以テ組織シ郡教育ノ方針ヲ定メ将来改良上進ヲ企図スルヲ目的トス後者ハ小学校職員ヨリ成リ主ニ校務ノ整理及授業管理ノ研究ヲ主眼トセルモノノ如シ(71)」とある。この時期以降の名取郡において、「授業法研究会」、「教材研究会(72)」などを恒常的に展開していったのは、公設的性格を有するこの学事会であった。名取郡学事会は数区に分けられた郡内地域（部）を基本単位として活動しており、中田小の教員たちは、第一部学事会の活動に関わっている。その後、名取郡学事会の研究活動は、各学校が組織性と集団性を兼ね備えるにつれ、教授法の普及を意図した「講習」的性格のものから、学校が日々の教育実践に即した課題に取り組んでいく「研究」という性格のものに明治末期を境に変化し(73)、実地授業研究会や批評会形式の組織的な活動として定着していった。その一方で、教員資格更新を含む「講習」的側面については郡教育会の活動領域として集約されていったといえよう。

さらに大正期に入ると、名取郡では「教員会(74)」、もしくは「教員研究会」と呼ばれる、教員を主体として構成される組織が結成されていくこととなった。

教員の自主的組織化への要求は、一九二〇年代に入り、郡制・郡役所廃止を契機として一層の高まりをみせるようになる。宮城県各郡ではこの時期と前後して、「教員の自主自奮」による教員研究会の設立をめぐる動きが活発化している(75)。宮城県教育会雑誌『宮城教育』には、「郡役所廃止後の郡教育善後策」をめぐって「各郡の大校長各位」の意見が掲載された(76)。郡教育会の社団法人化に基づく存続を訴える主張、あるいは郡教育会の不要を訴える主張など校長たちの見解はさまざまであったが、いずれも行政主導による従来の運営を批判的に捉え、教員独自の自治組織としての教育会、もしくは新たな職能団体をめざすべきだという見解を共通に有していた。[77]教員たちは、郡役所廃止（とそれに伴う郡教育会解散）という事態を、教員の自覚に基づく自主的活動の促進、そして教育会再編という観点から積極的に受け止めていたといえる。

同時期、名取郡でも他郡に劣らず活発な教員の研究会活動が展開されており、[78]中田小の学校経営の記録からもその活動の跡が確認される。中田小学校の教員たちは、郡の教員会（もしくは教員研究会）への定期的な参加を通して研修や自らの研究成果の報告を行っていた。「名取郡教員会々則」[79]によれば、郡内の教員は、北部・中部・南部に分けられた各部教員会（教員研究会）を基礎単位として活動するとともに、各種研究会（校長会、上席訓導会、女教員会、上席女教員会、補習学校研究会、分教場研究会、衛生主任会、教科研究会、同学年研究会）を組織し、部門ごとに専門的な研究活動を行うこととなっている。

中田小教員にとっての中心的な活動組織は名取郡北部教員会であった。[80]同教員会は、各校持ち回りの公開授業研究会方式で行われている。「名取郡北部教員会々則」[81]によれば、「本会ハ名取郡中田、六郷、生出、秋保ノ各小学校並ニ実業補習学校教員ヲ以テ組織ス」（第一条）るものであり、その目的および事業は次のように規定されている。

第三条　本会ハ教育事業並ニ教育諸問題ノ研究調査ヲナシ部内教員更新ノ実ヲ挙グルヲ以テ目的トス

第四条　本会ハ前条ノ目的ヲ達スル為左ノ事業ヲ行フ

1. 教授法研究会
2. 教育諸問題ノ調査研究
3. 講演会、講習会、発表会
4. 視察員ノ派遣

名取郡北部教員会は、その運営にあたり、例えば昭和四年度の歳入歳出予算において、会員の「会費」一二〇円（「会員百人　一人一ヶ月十銭宛十二ヶ月分」）に加え、「各町村教育会ヨリ寄付」五〇円（「一ヶ村十円宛」）をその主要な財源としていた[82]。これを裏付けるように、中田村教育会の活動記録には、「名取郡北部教員会補助金拾円ヲ交付ス」（昭和四年三月三一日、同五年三月二七日、同七月四日）といった、教員会への負担金支払いの記述がみられ[83]、学校教員の教育研究に資金援助を行う村教育会の活動が読みとれる。これは、一村単位の教育会では担いきれなかったであろう教員の職能成長に関する機能が、郡役所廃止・「郡教育会解散」後も変わらずに郡レベルで構成され、教員同士の研究・交流が展開していったという文脈で捉えることができる。

明治期に名取郡学事会が中心となって行われた教員の研究会活動が、自主的組織化への動きが高まるなかで名取郡教員会として再編され、現場の経営、実践に関する研究組織として特化していった。名取郡における教員の組織化の動向は、そのように捉えられよう。その一方で、中田村教育会についてみるならば、同会は小学校の経営や、社会教育に積極的に関与していくというよりも、教員の研究活動を側面から支える、学校教育「後援」会的な性格の組織としての性格が際立っていくように見受けられる。

2　郡教員会組織の整備と村内教化団体の結成

中田小の郷土教育が変質に至る一九三三（昭和八）年から一九三四（昭和九）年頃にかけて、名取郡では「名取郡教員会々則」「名取郡北部教員会々則」など各教員会会則が作成され、実施に移されていく[84]。なぜこの時期に至っての実施なのか、その確たる理由は不明である。だが、「全国小学校教員精神作興大会」の開催（昭和九年四月三日）など、教員が国民教化の要として権力化していく同時代的状況と照らし合わせるなら、教員会が体制的に動員されていく文脈で捉えることができよう。すなわち、自らの待遇改善や地位向上といった課題を共有していくうえで教員たちは、「村教育会」の枠組みを越えて結束できる組織力を求めていた。名取郡についていえば、それは、旧来、行政主導による（郡長や郡視学のイニシアティブのもとに）「講習会」「研究会」というかたちで行われてきた郡単位での研修の枠組みを、（郡長・郡視学らの役割の後退とともに）引き継ぐかたちで展開された。

また、経済更生運動以降小学校が教化運動の中核を担うことになる当該期の状況と関わって、次のような施策が展開されたことも看過できない。すなわち、一方でこの時期、「中田村愛国会規約」(85)、「中田村社会教育委員会規程」(86)、村内各区の「主婦会々則」もしくは「婦人会々則」(87)などが次々と作成されていることである。「中田村愛国会規約」によれば、「愛国会」は「中田村在郷軍人分会及村内公私ノ各種団体ヲ以テ組織ス」るものと規定され、村内各種団体の協力を促すべく、設立された団体といえる。「中田村愛国会」の事業としては、会員の精神修養を図るほか、「内外時局ニ関スル問題ヲ研究ス」「国防ノ完備ヲ図ル」「国体観念ヲ明微《ママ》ニスルタメ国家ノ祝祭日ニハ必ズ国旗掲揚ヲ励行ス」「出征軍人及其遺家族ニ対シ充分ナル後援ヲナス」などが定められている。同会の役員には、「会長」に村長、「副会長」に軍人分会長、小学校長、産業組合長、連合壮年会長、消防組頭、「幹事長」に各区の戸主会長、「幹事」に各区長・副区長、教育会長、青年団長・副団長、壮年会長、婦人会長、衛生組合長、自警団長、商工会長、生産組合長、村社社掌、寺住職、「常任幹事」に役場兵事主任、「顧問」に村会議員などが任命されていた。また、「中田村社会教育委員会規程」によれば、同村「社会教育委員」は、「社会教育ノ普及発達ヲ図ル」ために知事の嘱託として同委員は置かれた。「六、委員会ニハ村長並ニ小学校長参加スルコト」「七、村長ハ必要ニ応ジ委員会ヲ召集スルヲ得ルコト」「八、委員会ノ協議事項ハ其都度知事及村長ニ報告スルコト」「九、本規程ハ知事ニ報告シ承認ヲ受クルコト」とあるように、この社会教育委員会には村長、小学校長が関わるとともに、そこでの協議事項は逐一知事および村長に報告することが規定されている。

このような、いわば国民教化へ向けた矢継ぎ早ともいえる村内組織体制改革のなかで、村教育会が従来担うものとされてきた社会教育事業は、これらの新しい組織に取って代わられた可能性が考えられる。時局的な実践形態へと学校自体が傾斜していくなかで、学校教員や村民たちは、村教育会という従来の枠組みではなく、「中田村愛国会」など、新たな組織の枠組みによって活動することを求められたものと推察されるのである。

（佐藤　高樹）

おわりに

本研究では、宮城県名取郡中田村を事例として地域における小学校教員の教育研究活動と、それに関わる村教育会の機能について考察を行ってきた。

中田村教育会の事例を通して、すでに先行研究が明らかにしている通俗教育・社会教育や家庭教育の補完に加え、教員の研究会活動の後援という、村教育会が果たした側面を新たに見出すことができた[88]。すなわち、中田村教育会は、村内教育の拠点である中田小教員をして、郡単位での研修機能を果たした教員会への積極的参加や、校内での独自の教育研究を支援し、さらにその成果を村民に向けて発信する機能を有していた。

その一方で、中田村教育会を通しては、次のような側面についても想定されるのではないかと考える。すなわち、昭和に入り戦時期に向かうなかで、村教育会の事業領域（社会教育）が縮小していったという側面である。「全村学校」など、官民一体の農村教育運動における「社会教育中枢機関」の一形態として村教育会が列挙されている従来の研究成果[89]を念頭に置くなら、（町）村教育会もまた「戦前の地域における住民の組織化」を積極的に担っていったという評価を下すことが承認されてきたといえよう。しかし、中田村の事例に関する限り、そのように評価することは難しい。むしろ同村での動向は、新たな村民教化機関、社会教育機関の組織化に追われるなかで、村教育会が従来担ってきた固有の事業領域が失われていく流れとして捉えることができるのではないだろうか。

（佐藤　高樹）

〔謝辞〕

仙台市立中田小学校では、本稿執筆に関わる学校文書の閲覧を許可の上さまざまな便宜をはかっていただいた。目黒保伯元校長、荒井早苗元校長をはじめ、お世話になった同校教職員の方々に感謝申し上げる。

注

（1）梶山雅史「岐阜県下地方教育会の研究―安八郡教育会の発足状況―」『地方教育史研究』第一八号、一九九七年、一六頁。「一般的形態として、教育会は教育行政担当者、師範学校等の教育機関スタッフ、小学校長・教員、地方名望家をその構成員として組み込み、各地の教育問題、諸課題への対処をなし、教育振興策への強力な翼賛機関として機能するに至る。教育会の機能を端的に表現するならば、文部省の教育政策を前にして、地方における教育政策と教育要求の最も現実的、具体的調整をになった特異な団体であったといえる」と論じている。

（2）中村慎一郎「大正期の茨城における村教育会の役割―菅間村教育会を中心に―」『筑波大学日本教育史研究年報』第三号、一九九四年。

（3）岐阜県教育委員会編『岐阜県教育史』通史編、近代三、二〇〇三年、二五頁。

（4）同右、五八頁。

（5）町村教育会に焦点をあてた研究ではないが、こうした地方改良運動期における事例をとりあげた主要な論考として、次のものがある。森川輝紀・竹内敏晴「埼玉県における啓明会運動と小学校教員会の成立」『埼玉大学紀要　教育科学（Ⅰ）』第三一巻、一九八二年。笠間賢二『地方改良運動期における小学校と地域社会―「教化ノ中心」としての小学校―』日本図書センター、二〇〇三年。松田武雄『近代日本社会教育の成立』九州大学出版会、二〇〇四年。

（6）仙台都市科学研究会編『地域社会組織化に関する研究―仙台市中田地区のコミュニティ形成の事例―』（仙台都市科学研究会・調査

研究シリーズNo. 11）、一九八一年。中田の歴史編集委員会編『中田の歴史』、一九九一年。

（７）名取教育会編『名取郡誌』名取教育会、一九二五年、九八―九九頁。

（８）仙台市立中田小学校・同父母教師会編『仙台市立中田小学校開校百二十年記念誌中田のあゆみ』中田小学校、一九九三年。

（９）初等教育学会は一九二六（大正一五）年二月一一日、仙台市において設立された教育研究団体である。菊地勝之助県視学らの主唱により、師範学校の訓導や研究熱心な県下の教員たちによって結成された。東北帝国大学法文学部長佐藤丑次郎や篠原助市等を顧問に推戴していた（宮城県教育委員会編『宮城県教育百年史』第二巻、ぎょうせい、一九七七年、一八一―一八二頁）。

（10）区分については三羽光彦『高等小学校制度史研究』法律文化社、一九九三年、一四―一七頁に依拠している。

（11）前掲、名取教育会編『名取郡誌』八九―九〇頁。

（12）中田小の郷土教育実践に関する考察については、佐藤高樹・板橋孝幸「大正・昭和戦前期宮城県中田小学校における郷土教育の展開―村内教育体制とカリキュラム改造構想に着目して―」（『東北教育学会研究紀要』第一〇号、二〇〇七年）と一部重複することをお断りしておきたい。

（13）百周年記念誌編集委員会編『仙台市立中田小学校百周年記念誌』一九七三年、一五頁。

（14）序に一九一六(大正五)年とあるので『地方教授資料　附中田村年中行事』はこの年からつくられたと考えられる。しかし、一九二一（大正一〇）年のことまで書き込んであるため、同年をこの資料の完成年と考えた。したがって、一九二一（大正一〇）年頃を各科「郷土化」の開始とした。これは、真田校長が『体験』を創刊し、郷土に即した教育実践を展開し始めたことを考慮すると、同校長が着任してから各科「郷土化」が開始されたと考えるのが妥当ではないかという解釈による。

（15）真田清之助「発刊の辞」、中田小学校『体験』創刊号、一九二二年。

（16）例えば、埼玉県を事例とした森川・竹内の研究では、「一般町村民を対象とした教育会の設立は、明治四〇年代地方改良運動の一環として学校を町村の一元的行政確立の手段とする政策推進に関わってであった」と述べている。両氏の研究によれば、埼玉県では、その後、町村教育会数およびその会員数が大正期にかけて急激に増加し、さらに、その増加は県（郡）教育会会員数が減少をみる大正一〇年以後も継続していた。森川輝紀・竹内敏晴「埼玉県における啓明会運動と小学校教員会の成立」『埼玉大学紀要　教育科学（Ｉ）』第三二巻、一九八二年。

（17）「模範教育者　宮城県名取郡生出尋常高等小学校訓導兼校長　茂庭秀福」『宮城県教育会雑誌』第一四七号、一九〇八年一一月、三六頁。

「教育会」に関して、次のような記述がある。

本村教育の改良上進を図るの目的を以て明治三十四年組織されたるものにして本人〔茂庭—引用者注〕は其成立に斡旋尽力したるのみならず成立後は引き続き副会長として鋭意其の事務に当り本村教育の改善上貢献せし所のもの頗る多し

(18)「名取郡教育会町村部会」(地方通信)『宮城県教育会雑誌』第一〇〇号、一九〇四年一二月、五五頁。

(19)中田村では、一九〇六(明治三九)年に中田村青年会が創立され、中田小学校を拠点として「講話会」や「講学」などの活動を展開していた(「中田村青年会」(彙報)『宮城県教育会雑誌』第一四六号、一九〇八年一〇月、五四—五五頁)。

(20)中田村教育会「教育会設立に際して」『なかだ』創刊号、一面(仙台市立中田小学校蔵)。

(21)中田村教育会『大正十五年十月起　記録』(仙台市立中田小学校蔵)。

(22)郡制・郡役所廃止が地域教育および地方教育会に与えた影響を考察したものとして、千葉県を対象に「自由教育」統制の観点から検討した山田恵吾の研究が挙げられる(山田恵吾「一九二六年地方官官制改正と『自由教育』への統制—千葉県学務当局の役割の分析を中心に—」『教育学研究』第六六巻第四号、一九九九年など)。例えば、山田は、千葉県当局が郡役所廃止後の行政課題として県教育会への指導力を強化していく過程を、県教育会会長選任問題への県当局の対応を通して検討している(同「一九三一—一九三二年千葉県教育会会長選任問題—千葉県当局の行政課題と教育会改革の展開—」『茨城大学教育学部紀要(教育科学)』第五一号、二〇〇二年)。

(23)『宮城教育』第三二四号、一九二七年四月、五一頁、および宮城県教育委員会編『宮城県教育百年史 第二巻(大正期・昭和前期編)』ぎょうせい、一九七七年、七九八頁を参照。

(24)「町村教育会設立ニ関スル件」(教第四二六八号)『宮城県公報』第一八五号、一九二六年一〇月二〇日。その内容は次の通り。

大正十五年十月二十日

宮城県学務部長

町村長殿

小学校長殿

教第四二六八号

町村教育会設立ニ関スル件

曩ニ市町村教育会設立方ニ付御配慮相煩シ居候処未ダ設立ヲ見サル町村有之右ハ県教育ノ統一振興上支障有之候ニ付左記事項御了知ノ上本年十二月末日迄設立セラルル様特ニ御配慮相成度

一、宮城県教育会ハ県下各市町村教育会ヲ構成分子トシテ組織スル予定ナルヲ以テ市町村教育会ハ県教育会ト常ニ直接連繫ヲ保チ県教育会ノ会議ニ議員ヲ出席セシメテ議事ニ参与セシムルコト

二、市町村教育会ハ県教育会カ毎年度予算ノ定ムル所ニヨリ会費ノ負担ヲナスコト

三、各市町村教育会カ或ル事業ノ為メ臨時ニ合同スルハ差支ナキモ数ヶ町村教育会カ連合教育会等ヲ組織シテ中間機関トナルカ如キモノヲ設ケサルコト

四、曩ニ県教育会ヨリ示シタル町村教育会準則ニ準拠シテ教育会ヲ組織スルコト

五、町村教育会設立ノ際ハ遅滞ナク報告スルコト

(25)「第三十九次代議員会」『宮城教育』第三三四号、一九二七年四月、四二―六九頁。

(26)『中田村教育会々則』（仙台市立中田小学校蔵）、および『なかだ』創刊号、一九二六年一〇月三一日、第二面。ここでは、『なかだ』創刊号中掲載の「中田村教育会々則」を取り上げた。両者とも記載内容はほぼ同じである。ただし、『中田村教育会々則』では、「第六条」中「任期ヲ各二箇年トス」の文言が欠落している。

(27) 中田村教育会『大正十五年十月起　記録』。会員名から算出。

(28) 同右。なお、記録は一九三五（昭和一〇）年度まで続いている。

(29) 同右。場所は中田小、時間帯は午後七時から九時までの二時間を目安に開催された。参加者（聴衆）については、「中田村農業補習学校生徒、中田中等学園生徒、ソノ他地方有志二百余名」（大正一五年一一月六日）などと記されている。

(30) 昭和二年度は二三円二銭。以下、三年度二七円三銭、四年度二五円五銭、五年度二六円四三銭、六年度二〇円八銭、まで確認できる。

(31) 会費三円納付の記録が、昭和四年度から七年度まで確認できる。

(32) 前掲中田村教育会「教育会設立に際して」。

(33) 一九三〇（昭和五）年二月九日に開催された。『宮城教育』第三六八号（一九三〇年二月）にはその広告が、同第三六九号には報告が掲載されている。第三七〇号の「会館日誌」には、「二月九日　初等教育学会中田村教育会合同して中田校に郷土教育研究会を開く本会後援をなし主事臨席す」（八四頁）と記されている。

(34) その概要は、野口援太郎による「新教育協会　宮城県支部発会式」『新教育雑誌』第一巻第一二号（一九三一年一二月）、一五―一六頁から確認できる。「新教育協会宮城県支部」のその後の展開は不明だが、中田小学校が、当時の全国的教育改造推進団体である新教育協会を通して注目された点は特筆に値する。

(35) 森川輝紀は、埼玉県を事例に、ドルトン・プランを実践した小学校が、農村の現実に即応した能力養成を果たしていないとして村民からの不信をかい、不況が進行する一九三〇年代、経済更生運動の展開のなかで、自由教育から報徳主義実践へと教師たち自らの手で転換していく過程を浮き彫りにしている（森川輝紀『大正自由教育と経済恐慌』三元社、一九九七年、八一―一〇九頁）。

(36) 物的整備については、例えば、校舎の増築や講堂の新設が挙げられる。菅井繁守「校舎増築　講堂建設」『なかだ』第一一号、一九三一年一月。

(37) 中田小学校『中田小学校経営之実際』一九二七年。中田小所蔵の『文展』は二～五号、九号、一三号のみのため詳細はわからないが、月一回発行を目標としていたものの実際は年に数回だったようである。

(38) もう一つ外在的な要因を指摘するなら、一九二八（昭和三）年県学務部が「本県教育施策上ノ方針」で「教育上郷土ニ関スル理解感得ヲ重視シ、教育ヲシテ一層実生活ニ適合セシムルコト」といった郷土教育を推進する内容を出したことがあげられる。中田小では、第二節でも検討したようにこれよりも早くから郷土教育を実践していた。村に関する理解を深め、郷土生活に即した中田小の実践は、県学務当局の方針とも合致していた。一九三〇（昭和五）年に第一回郷土教育研究会の会場校として、中田小が県内郷土教育の拠点校的存在になっていた経緯を考えると、一九二八（昭和三）年に出されたこの方針はさらに積極的な実践を推進する一つの要因になったとも考えられる。

(39) 中田小学校編『体験』第五号、一九二六年一二月、一頁。

(40) 同右。

(41) 中田小学校『中田小学校経営之実際』一九二七年。

(42) 前掲、『体験』第一号、一頁。

(43) 中田小学校編『体験』第一五号、一九三〇年二月、二頁。

(44) 同右、二～三頁。

(45) 中田小学校『中田小学校経営之実際』一九二七年。

(46)同右。
(47)同右。
(48)有廬生（石川謙吾）「農村幹部としての青年指導」、中田村教育会『なかだ』第九号、一九三〇年、一頁。
(49)同右。
(50)池田菊左衛門（宮城県出身、一八九四（明治二七）年宮城師範卒）は一九二〇（大正九）年地方社会教育専任担当の主任吏員として社会教育主事が学務課に置かれた時に、静岡県榛原中学校長から転じて最初の県社会教育主事（年俸六〇〇円、内務部教育課学務係勤務）に任ぜられた人物である。その後、宮城県図書館長に移る。
(51)一九三二（昭和七）年三月、文部省令によって「夜間中学校令」が公布され、夜間中学の卒業生に「専門学校入学者検定規定」が適用されることになったが、私立の明善中学にはこの規定適用の指定がなく、卒業生は改めて検定試験を受けなければならないという二重の負担があった。この負担を解消するために公立の夜間中学設立の必要があるとして明善中学の卒業生たちが請願運動に乗り出し、仙台市立夜間中学が設立されるに至る。
(52)中田農業補習学校編『郷土文選』一九二九年。
(53)成人層とは、農業補習学校・青年訓練所（のちに青年学校）修了後の就業者、つまり二〇歳以上の成人村民をさす言葉として本章では用いる。
(54)齋藤富は一八九〇（明治二三）年、伊具郡館矢間村生まれ。一九一一（明治四四）年宮城県師範学校第二部を卒業。その後、桜、小斎、丸森、中田、角田、荒町、槻木の各小学校長、宮城県視学などを歴任した。中田小学校長ののちには宮城女子師範訓導に転任、宮城県教育会雑誌編輯委員も務めている。宮城県教育委員会編『宮城県教育百年史　第二巻　大正・昭和戦前期編』ぎょうせい、一九七七年、八六八頁、宮城師範学校同窓会編『宮城県教育の源流とその流域―百年史に輝く教師群像―』、一九七三年、六五―六六頁（石田嘉兵衛筆）を参照。
(55)上沼久之丞（東京市富士小学校長）が編集した「日本新教育学校表」には奈良女子高等師範学校付属小学校や千葉師範学校付属小学校、私立成城小学校といった全国の有名校と並んで丸森小の名が記され、「児童の生活を第一義に考へる。体験教育。自己活動。学校生活の社会化」と実践の特徴が紹介されている。上沼久之丞編「日本新教育学校表」『教育時論』第一五八二号、一九二九年五月、一三頁。

(56)齋藤富『郷土生活中心　私の作業学校』郁文書院、一九三二年、四―六頁。
(57)同右、一八頁。
(58)齋藤富「郊村型郷土教育の機構」『宮城教育』第三九八号、一九三二年八月、五三―五四頁。
(59)一度目は、先述したように一九三一（昭和六）年一一月二二日の第二回郷土教育研究会のときであり、そのとき山崎は「郷土教育とカリキュラム構成問題」と題して講演を行った。二度目は、一九三二（昭和七）年一一月二七日「低学年郷土教育の実際」に関する公開研究会時であり、その時は「世界における新教育の趨勢」と題した講演を行っている（『なかだ』第一三号、一九三二年七月、同第一四号、一九三三年七月を参照）。
(60)田島小学校における体験教育の具体的実践を分析した研究としては、金子知恵「田島小学校における体験教育の理論と実践―文化教育学の移入とその限界―」『カリキュラム研究』第一三号、二〇〇四年、同「田島小学校における体験教育の実践的展開―『遊戯化教育』の位置とその特徴―」『日本の教育史学』第四七集、二〇〇四年が挙げられる。
(61)前掲齋藤『郷土生活中心　私の作業学校』、四一―四三頁。
(62)同右書、六〇頁。および、齋藤富「郷土の自然と文化とに立脚する生活指導」『体験』第一四号、三一頁。
(63)「昭和六年一月六日 職員会議事項」『昭和五年度　教育施設経営の実際』所収、仙台市立中田小学校蔵。
(64)石川清春「郷土教育と郷土学習の実践」『体験』第一七号、一九三一年一一月、一六頁を参照。
(65)海後宗臣・飯田晁三・伏見猛彌「郷土教育に関する調査」『教育思潮研究』第六巻第二輯、一九三二年、七〇頁。
(66)「郷土科」の系統案については、前掲佐藤・板橋「大正・昭和戦前期宮城県中田小学校における郷土教育の展開―村内教育体制とカリキュラム改造構想に着目して―」一一頁を参照されたい。
(67)『郷土科指導案　尋三ノ二』（仙台市立中田小学校蔵）。
(68)「昭和六年度中田小学校各種研究会予定」中田小学校『昭和六年　郷土生活中心　中田の教育実際』所収（仙台市立中田小学校蔵）。
(69)「昭和九年度中田小学校各種研究会予定」中田小学校『昭和九年度　中田の教育実際』所収（仙台市立中田小学校蔵）。
(70)「内外教育景況」『宮城私立教育会雑誌』第四号、一八八五年四月、三〇―三二頁。また、佐藤幹男『近代日本教員現職研修史研究』風間書房、一九九九年、九九―一〇六頁を参照。
(71)『中田尋常高等小学校沿革史　重要学校行事』一八八九年一〇月一九日付記述（仙台市立中田小学校蔵）。

(72)「名取郡教育状況（通信）」『宮城県教育会雑誌』第一六五号、一九一〇年八月を参照。
(73) ここでの見解は、笠間賢二「明治末期からの公教育運営の変容」『宮城教育大学紀要』第三三巻、一九九八年に依拠している。
(74) 中田小の学校沿革史によるなら、名取郡教員会の発会は、一九一七年一二月と判断される。次のような記述がある。「十二月十六日午前十時ヨリ名取郡教員会発会式ニ付職員一同増田小学校ニ出席ス」（『中田尋常高等小学校沿革史　重要学校行事』）。
(75) 例えば、伊具郡では教員による各種教員研究会（第一部～第四部教員研究会、国語、地理、理科の各教育研究会、女教員研究会、実業教育研究会など）が一九二三（大正一二）年から翌二四（大正一三）年にかけて組織許可されている。伊具郡教育会編『伊具郡誌』一九二六年、下編第三章「教育」。「本郡に是等教員の自主自奮による各種研究会の組織あるは大きな誇と謂はねばならぬ」（七六頁）。
(76)「自今の問題　郡役所廃止後の郡教育善後策を如何に講ずべきか」『宮城教育』第三一四号、一九二六年六月。
(77) 例えば、大内隆雄（柴田郡村田小学校）は、教員研究会の規模を「各学校を単位とするに改めるがよい」と述べ、郡という単位に縛られない教員の自主的研究・研修を望む主張を行っている（五三頁）。また、飯田公吾（玉造郡岩出山小学校）は、「郡教育会は法人組織とし」て存続させつつも「教員独自の会とし」て改編することを訴え、教員による自治組織として改編する必要性を主張している（五四頁）。
(78)『宮城教育』「彙報」欄などを通して確認が可能である。例えば、『宮城教育』第二五七号、一九一九年一月、六三頁（「名取郡第二回首席訓導会」）。同第二六〇号、九七頁（「名取郡実業教員研究会」）など。また『規約規定綴　中田校』、『昭和四年度 教育施設経営之実際』、『昭和五年度教育施設経営の実際』、『分教場研究会』、および『なかだ』第一〇号（一九三〇年七月）など中田小所蔵文書。ただし、各研究会の発足時期や設立の詳細な経緯については、史料の制約から特定することはできない。唯一、名取郡教員会の発足について、「午前十時ヨリ名取郡教員会発会式ニ付職員一同増田小学校ニ出席ス」（『中田尋常高等小学校沿革史　重要学校行事』、大正六年一二月一六日付）との確認ができる。
(79)「名取郡教育会々則」『規約規定綴』所収（仙台市立中田小学校蔵）。
(80) 多賀しろ子「名取郡北部研究会を観る」（『宮城教育』第三七六号、一九三〇年一〇月）によれば、参観の後に批評会が行われ、齋藤が会長となって議事が進行していった。さらに県視学の批評講演も行われることがあった。
(81)「名取郡北部教員会々則」『規約規定綴』所収。

(82)「昭和四年度名取郡北部教員会歳入歳出予算」中田尋常高等小学校『昭和四年度　教育施設経営之実際』所収(仙台市立中田小学校蔵)。
(83)前掲『記録　大正十五年十月起』。
(84)例えば、「名取郡北部教員会々則」は「昭和八年五月二十九日ヨリ実施スルモノトス」、「名取郡上席訓導会会則」は「昭和九年二月ヨリ施行ス」、「名取郡教員会々則」は「昭和九年十一月二十日ヨリ之ヲ実施ス」と、それぞれ附則で定めている(前掲『規約規定綴』)。
(85)前掲『規約規定綴』より。「昭和八年二月一日」と記されている。
(86)同右。「昭和七年十月制定」と記されている。
(87)同右。例えば、「町区主婦会々則」には「昭和九年二月ヨリ実施ス」、「中田村前田婦人会々則」には「創立　昭和十年三月」と記されている。
(88)このような村教育会への評価から、都市部において展開された学校後援会や児童保護会といった組織との共通点、相違点が新たな論点として浮かびあがってくる。この点については今後の課題としたい。なお、学校後援会・児童保護会については、横浜市総務局市史編纂室編『横浜市史Ⅱ　第一巻(上)』(横浜市、一九九三年)一二六四—一二七七頁(前田一男筆)に教示を得た。
(89)川口幸宏「第二章　昭和初期の郷土教育における『生活』観」『講座日本教育史4　現代Ⅰ/現代Ⅱ』第一法規、一九八四年、三八—三九頁。

第九章　恐慌から戦時に至る地方教育会の動向に関する一考察

――学務部・郡教育会・児童常会に着目して――

須田　将司

はじめに

本稿は、教育会史研究の課題の一つとして挙げられている、総力戦体制形成に関わる地方教育会の実態解明についての一考察をなそうとするものである。特に筆者がこれまで研究主題としてきた常会方策の形成と展開に関する動向を、学務部官吏や小学校長・教員ら地方教育会の担い手に焦点化する形で捉えていこうとするものである。

常会方策とは、昭和恐慌期、大日本報徳社副社長・佐々井信太郎（以下、佐々井）が提唱した国民教化の新方策で、各種会合を部落会・町内会単位に合流させ、さらなる国民教化の「実績」向上を意図したものであった。[1]これは一九三〇年代初頭に中央教化団体連合会が主導した教化町村運動に採用された後、選挙粛正運動、国民精神総動員運動、そして一九四〇（昭和一五）年九月一一日の内務省訓令第一七号「部落会町内会等整備要領」（以下、「部落会町内会等整備要領」）に次々と採用され、大政翼賛会体制と結びつき、結果として総力戦体制下の国民生活を強力に規定する機能を果たすものとなった。

筆者はこれまで、佐々井の常会構想を初めて国民教化政策に導入した教化町村運動について、特に端緒に位置づく福島県の事例を詳細に検討し、いくつかの点を明らかにしてきた[2]。第一に、教化町村運動が構想段階から福島県学務部の主体的な取り組みによって形成され、結果として優良常会事例を生み出す母体となった点。第二に、優良常会事例とされた相馬郡太田村では、太田小学校長・飯野次郎（以下、飯野校長）が大日本報徳社の長期講習会（以下、長期講習会）受講を契機として報徳に心酔し、職員常会・児童常会・学校報徳社・報徳指導体系など全国的にも注目された報徳教育を生み出していた点。第三に、幕末に二宮仕法が展開された歴史を持つ相馬郡では、福島県教育会相馬部会が教化町村運動と軌を一にして報徳運動を展開し、飯野校長を支える存在になっていた点、などである。本稿ではこれらの動向を福島県教育会の機関誌『福島県教育』を手がかりとして改めて辿り、恐慌から戦時に至る地方教育会の歩みを描き出していきたい。

本稿に際しいくつかの論点を挙げてみたい。第一に、学務部官吏と報徳運動との関係についてである。常会方策を導入する契機となった教化町村運動について、これまで各指定教化町村下の小学校長・教員らと報徳運動との関わりは捉えつつも、運動を構想した学務部官吏と報徳運動との関わりは分析されてこなかった。後述するが学務部官吏は福島県教育会の中核メンバーでもあり、彼らの動向を捉えた上での分析が不可欠と考えられる。第二に、教化町村運動に呼応した福島県教育会相馬部会の動向は、昭和期における郡教育会組織の活動実態として注目すべき事例と考える。そこで、今回改めて新出資料も加えつつ分析し、地域性に根ざした郡教育会の在り方を検討してみたい。第三に、常会を教育実践レベルで導入させた報徳教育が教育会内、とりわけ『福島県教育』誌上でいかに取り上げられ、それが総力戦体制形成に伴ってどう変化したのかについてである。教育会の主たる構成員である教員層にとって、教育実践に関する情報こそ日々の仕事に直結するものである。『福島県教育』誌上における報徳教育の掲載状況を分析することで、福島県教育会が常会方策をいかに導入にしようとしたのかを考察したい。

以上、常会方策の形成過程に表れた学務部、郡教育会、教育実践の姿を通して、総力戦体制の形成に関わる地方教育会の動向を探っていきたい。

一　教化町村運動の開始と福島県学務部の動き

1　中央教化団体連合会と結びついた教化町村運動の開始

一九三三（昭和八）年七月の『福島県教育』で、教化町村運動の開始が以下のように報じられた(3)。

教化村開設式

産業と教育の融合に依る理想的模範村建設を目標に、過般本県は相馬郡太田村、信夫郡大森村、田村郡中郷村、南会津郡楢原村、河沼郡野澤町の五ヶ町村を教化村に指定したが

△七月四日太田村△五日大森村△六日中郷村△七日楢原村（野澤町は八月に延期）県からは赤木知事、赤土内務部長、末原学務部長その他関係員中央から中央教化団体連合会の法学博士松井茂、報徳会副社長佐々井信太郎両氏が臨席し午前五時から七時迄鎮守神社或は小学校御真影奉安殿前に於て厳粛な教化村開設式が挙げられた

福島県では一九三三年七月四日〜七日（野澤町のみは八月）に教化村開設式を行い、教化町村運動を開始させる。『福島県教育』にこの動向がいち早く報道されていたことになる。この経緯に関しては既に山本悠三や拙稿が分析をしているが(4)、改めて福島県学務部官吏の動きに焦点化する形で辿ってみる。

教化町村運動は、当時の実業補習教育主事・景山鹿造が「昭和七年の正月元旦に、知事（筆者注：村井八郎）、学務部長（筆者注：末原貫一郎）、私共が集まつて(5)」協議したと述懐しているように、一九三二（昭和七）年正月、学務部

官吏らの協議に端を発している。当時の福島県学務部は、学務部長が県教育会長と県教化団体連合会長を兼ね、教育課長が県教育会副会長、[6]社会教育課長が県教化団体連合会副会長を兼ね、[7]さらに県教育会の機関誌『福島県教育』の編集・発行を担っており、教育施策と情報発信を担う部局として大きな存在感を有していた。同年中には農林省系の農山漁村経済更生運動が開始され、福島県では内務部農務課がこれを所管（一九三三年一二月に経済更生課に移管）し四〇町村を指定するが、学務部官吏らは別個に独自の構想を立ち上げたのである。この動きは一九三三（昭和八）年四月二九日の『福島民報』誌上で「本県教育課では社会教育資料の一つとして県から方部的に四つの村を選定し（中略）模範的の村を造成する計画」と報道され、[8]五月には学務部官吏らが「赤木知事を総司令に、末原学務部長が采配を振つて大童の活動を続け」[9]、具体的方策や各地の事例を情報収集する。

ちょうどその頃、中央教化団体連合会は全国代表者大会において佐々井の常会構想を具体的方策に、内務省系の国民更生運動として展開すべく議論していた。この全国代表者大会に佐藤庸男社会教育主事（以下、佐藤社教主事）が出席し、福島県における教化町村運動に常会方策を採用することで両者の目論見が合致する。[10]こうして教化村開設式に「中央教化団体連合会の法学博士松井茂、報徳会副社長佐々井信太郎両氏が臨席」し、常会方策を用いて「模範村」創設を目指す教化町村運動がスタートを切ったのである。

以上が先行研究が明らかとしている運動開始までの学務部官吏の動きである。しかしこの経緯で未だ不明な点がある。当時「模範村」と言われていた村の実例に沿ったほうが、実績に裏づけられ確実性もあったであろう。しかしなぜ福島県は、未だ実績のほとんど無い常会方策を選択したのだろうか。

この背景には、当時の福島県学務部と国民教化政策との密接な関係が存在したと考えられる。地方改良運動以来、大正期にかけて増加していった「教化団体」と呼ばれた「報徳会」などの内務系外郭団体は、一九二四（大正一三）年一月、内務省社会局の主導により一木喜徳郎（中央報徳会）を会長として「教化団体連合会」として組織化される。[11]

一九二八（昭和三）年四月には、「各知事が道府県の教化連合団体の会長に就任し、主務機関も道府県の社会教育課に置」[12]くこととされ、いわば内務行政の一環で行われてきた国民教化政策が、中央教化団体連合会─道府県教化団体連合会の系統で、明確に社会教育課ひいては学務部に直結する体制が整備されたのである。前述の佐藤社会教育主事の中央教化団体連合会・全国大会出席も、こうした繋がりによるものであった。加えて、福島県教化団体連合会は会長を知事ではなく学務部長とする体制をとっていた。同様の例は埼玉県・群馬県・山梨県・長野県・和歌山県・愛媛県・大分県・長崎県のみで全国的にも稀である[13]。すなわち、末原貫一郎学務部長（以下、末原学務部長）は福島県教化団体連合会・会長として中央教化団体連合会と直結し、比較的、中央教化団体連合会が提唱する常会方策を受け入れやすい立場にあったのである。ゆえに自らが「采配を振つて」いた教化町村運動の具体策に、速やかに常会方策を導入したと考えられるのである。

2　末原学務部長の選択と「報徳化」

末原学務部長の選択は、中央教化団体連合会のみならず大日本報徳社副社長・佐々井との結びつきをもたらす。一九三三（昭和八）年八月号の『大日本報徳』に「佐々井副社長は過般福島県に赴かれ（中略）報徳の真髄を説かれ（中略）県庁内の空気は俄然報徳化し、殊に学務部長の熱心さは福島県下をして富山県のそれ以上に報徳県たらしむる情勢を醸さんとしつゝある」[14]と報じられていた。報徳運動側からの誇張表現を差し引いて考えても、「采配を振つて」いた末原学務部長が、その過程（具体的には一九三三年五～六月）で佐々井に感化され、報徳主義官僚化＝「報徳化」していたことが窺える。

ここで富山県の例が挙げられているが、富山県では既に一九三二年ごろから学務部長（兼教育会長）の遠山信一郎によって「先づ報徳道を富山県全体の指導精神として富山県の全面的立建《ママ》し（更生）振興を図らんとして」、「町村長

〔表1〕末原学務部長在任中の教化町村・学務部の長期講習会受講者

所属	長期講習会受講者	受講講習会
県学務部	**佐藤　庸男（社会教育主事）**	第4回（1934.6.11～22）
	水野　末治（県視学）	第5回（1934.10.10～11.15）
相馬郡太田村	**飯野　次郎（小学校長）**	第3回（1934.2.1～3.15）
	木幡　勝治（農業）	第6回（1935.2.1～3.15）
信夫郡大森村	菅野　信一（農業）	第3回（1934.2.1～3.15）
	安斎　保（農業）	第3回（1934.2.1～3.15）
	守山　一意（村長）	第4回（1934.6.11～22）
	金澤　武夫（小学校長）	第5回（1934.10.10～11.15）
	野地　忠蔵(前田報徳社参事)	第6回（1935.2.1～3.15）
田村郡中郷村	木幡文太郎（村長）	第4回（1934.6.11～22）
	大谷　研明（小学校長）	第5回（1934.10.10～11.15）
	武田　正美（蚕業技術員）	第6回（1935.2.1～3.15）
南会津郡楢原村	猪股　清喜（酒造業）	第2回（1933.10.16～11.30）
	渡部金之助（呉服商業）	第2回（1933.10.16～11.30）
	室井　新一（農業）	第3回（1934.2.1～3.15）
	白井源五郎（村長）	第4回（1934.6.11～22）
	長谷川徳雄（訓導）	第5回（1934.10.10～11.15）
	渡部筆三郎（小学校長）	第6回（1935.2.1～3.15）
河沼郡野澤町	斎藤龍多郎（町長）	第4回（1934.6.11～22）
	石川　義光（小学校長）	第5回（1934.10.10～11.15）
	小島　平兵衛（役場書記）	第6回（1935.2.1～3.15）

※『大日本報徳』第382号(1934年3月)、第385号(1934年6月)、第390号(1934年11月)、第394号(1935年3月)。
※ゴシック体は、学務部長及び小学校長。

に呼びかくると共に、先づその指揮下にある教育家をして、地方の立直しの為に総動員せしめ[15]」る方針の下、第一回長期講習会に教員を派遣し、その後、受講生の中から報徳教育が生み出されつつあった[16]。福島県でも教化村開設式の後、各教化町村の指導者が大日本報徳社の長期講習会に派遣される。末原学務部長在任中にあたる一九三四（昭和九）年度までの受講者内訳を〔表1〕にまとめたが、全ての教化町村において小学校長の受講が確認できる。遠山が一九三九年に著した自書で「最近に至って富山県報徳運動に刺激せられて、当時の学務部長末原貫一郎氏熱心に唱導せられた為に、新興報徳の気運動いて来た」(17)と記されているが、末原学務部長は、まさに報徳主義官僚として遠山信一郎をモデルに、福島県における教化町村運動に携わっていったといえるのである。

さらには、一九三四（昭和九）年中に佐藤社会教育主事・水野末治県視学（以下、水野県視学）が長期講習会を受講するに至り、末原学務部長の「報徳化」は、学務部「報徳化」へと広がりを見せていくことになる。詳しくは後述するが、特に水野県視学は『福島県教育』編集の任にあり、報徳に関する情報を教育情報回路に流通させていく役割を果たすことになる。

３　学務部「報徳化」の波及―福島県における報徳運動の興隆―

教化町村運動開始と同時期、福島県内にも報徳運動の動きが現れた。その担い手は、自ら一九三三（昭和八）年二～三月の第一回長期講習会を受講していた喜多方町の商店主・矢部善兵衛であった。矢部は帰郷後すぐ関柴村大字上《かみ》高額《たかひたい》で報徳社結成を推進し、会津地方における報徳運動の先鞭をつけていた。同じころ学務部主導の下で教化町村運動が動き出し、次々と教化町村開設式が行われる。矢部は、このために来県していた佐々井を招き、同年七月一〇日に「上高額報徳講習会」を企画、末原学務部長にも電話で出張依頼をする。ここに末原学務部長と県下報徳運動の指導者が結びつく契機が生まれる。依頼に対し末原学務部長は「佐々井先生に接して以来報徳に非常なる熱を有せらる丶為、直ちに快諾」し、他の予定をキャンセルしてまで駆けつけ、以下のような挨拶をしたという(18)。

一部落挙つて報徳講習会を開くが如きは県下で初めての企てである。此の結果が成功するや否やは県下を報徳化するか否かに決定的な判断を与ふるものである。上高は私設教化村として、県下公設教化村のトップをきつたのであるから、其の常会などへも視察に来させることになると思ふからしつかり頼む末原は、矢部が上高額で展開する報徳運動を「県下を報徳化するか否かに決定的な判断を与ふる」、「私設教化村」と表現した。ここには明確に、末原が教化町村運動を報徳運動として展開する意図をもっていたことが読み取れる。「報徳化」した末原学務部長にとって、矢部らの動きは自らを下支えする願っても無い動きと捉えられていたのである。

矢部と末原学務部長とのつながりは、その後「福島県報徳振興会」結成へと発展していく。矢部は、一九三四（昭和九）年四〜六月ごろに同会創立の趣意書を作成して学務部へ差し出し、さらに「県庁に末原学務部長及び景山主事を訪問」し、末原に「其の事務所を県庁内に置き上下協力して県下に報徳を躍動なさしめん事を窮極の目的と」し、「部長に会長の席についていたゞき度き事、又出来得れば県庁に於て佐藤氏なり景山氏なりに事務を執つてもらひ度き事」を提案した。[19]つまり自らの牽引する報徳運動と、末原学務部長率いる「報徳化」した学務部とを結びつけようとしたのである。これに対し末原は「大に喜ばれ会長の就任を快諾され県庁で事務を執る事も是非左様致さねばならぬ」と返答する。こうして、同年九月九日、「会長ニハ学務部長」、「事務所ハ本県学務部内ニ置」き、「福島県報徳振興会」が創立されることとなる。事業としては「報徳社設立ノ指導後援」や「報徳ノ講演会、講習会、研究会ノ開催」、「会員相互連絡連携」（第六条）を図ることが定められ、教化町村運動と連動する取り組みが規定されていたのである。[20]こうして学務部は、県下報徳運動を自ら担う形で常会方策を展開させていくことになったのである。

二　教化町村運動に呼応した福島県教育会相馬部会

1　二宮尊徳八十年祭

一九三五（昭和一〇）年一〇月に行われた二宮尊徳八十年祭（以下、八十年祭）は中央教化団体連合会及び当該教化団体連合会主催で、東京、神奈川、静岡、栃木、茨城、埼玉、富山、福島といった、いずれも二宮仕法の歴史を有するか、報徳運動の興隆が顕著な府県で行われた。福島県の八十年祭は、「福島県教化団体連合会主催」で相馬仕法の事績がある相馬地方に開催地が選定され、同年一〇月二三日、相馬中学校で式典が行われた。

八十年祭に関して注目すべきなのは、長期講習会受講後、末原学務部長を支える存在となっていた水野県視学によって、八十年祭の内容が『福島県教育』一九三五（昭和一〇）年一一月号に報告された点である。前述の「福島県報徳振興会」の動きは『大日本報徳』誌上に留まり、いわば報徳運動の内輪でのみ情報が流通していた。八十年祭はこれとは異なり『福島県教育』誌上で報じられ、学務部「報徳化」の一端が県教育会の情報回路に開かれたのである。具体的には、「巻頭言」で水野県視学が「報徳精神の高潮」を述べ、「ＭＳ生」（水野県視学と推測される）による「二宮尊徳翁八十年祭の状況」と題した報告書が掲載された。報告書には式典の開式・閉式の辞を「福島県教化団体連合会幹部佐藤庸男」すなわち佐藤社教主事が、祭文を「福島県教化団体連合会長諸橋襄」すなわち諸橋学務部長（末原学務部長の後任）が述べるなど、学務部を挙げたものであったことが記されている。さらに、「事業実施要項」として以下のような事業が紹介されていた[21]。

一、祭　典

1、二宮尊徳翁八十年祭並記念講演会

十月二十三日午前十時半より県立中学校講堂にて挙行す

2、報徳慰霊祭

二宮翁八十年祭直後相馬充胤公及相馬藩報徳仕法功労者富田高慶翁、斎藤高行翁、池田胤直翁、草野正辰翁の慰霊祭を挙行す

二、報徳遺品展覧会
相馬充胤公並に二宮尊徳翁及び前記諸翁の遺墨品及報徳に関する文献を陳列して一般の展覧に供す
三、報徳強調週間
1、期　間
十月十七日より二十三日に至る七日間
2、強調要目
イ、報徳精神の普及徹底
ロ、生活様式の更新指導
ハ、教化常会の設定奨励
3、実施事業
参加団体の諸施設による趣旨普及
イ、各学校に於ける講話其の他の適切なる行事の実施
ロ、各種団体員、各学校児童の勤労奉仕
ハ、町村並各種団体等における講演会座談会等の開催
ニ、町村部落に於ける教化常会の開催並に設定
ホ、生活様式更新の申合並に実行
四、報徳遺跡巡拝
遺跡案内の栞、案内標識等を作製し、視察見学に便すると共に実地案内をも行ふ
五、報徳講習会

十月二十七、八、九日の三日間大日本報徳社副社長佐々井信太郎氏を招聘し、報徳に関する講習会を開催す右は今後五ヶ年間継続実施せんとす

六、報徳文庫建設

記念文庫を建設して、相馬藩御仕法記録を始め、報徳に関する文献の蒐集保存に努め、散失を防ぐと共に其の調査研究に資せんとす

七、福島県報徳振興会相馬支会創立

標記支会を創設し、以て報徳思想の普及を図り、報徳実績の向上を期せんとす

注目すべきは「三、報徳強調週間」である。特にその「強調要目」に掲げられた「報徳精神の普及徹底」・「生活様式の更新指導」・「教化常会の設定奨励」、そして「実施事業」に掲げられた「二、町村部落に於ける教化常会の開催並に設定」等は、既に教化町村運動が掲げていた常会の普及徹底そのものであった。ここに、八十年祭が教化町村運動開始以後、学務部が取り組んできた「報徳化」を拡大深化させる意図をもって推進されたことが如実に表されていた。

2　福島県教育会相馬部会の諸活動

八十年祭の開催地とされた相馬地方では、福島県教育会相馬部会が教化町村運動開始後すぐに呼応した動きを見せていた。『大日本報徳』には「福島県に於ける報徳講習」として、一九三四（昭和九）年一月に福島県教育会相馬部会主催による報徳講習会の様子が報じられている。[22]

一月三日より五日迄三日間、福島県相馬郡教育会に於て、報徳講習会が開催された、講師は本社の佐々井副社長、講習員は同郡内教育家を中心とし、有志者男女二百名、場所は相馬郡中村町第二小学校講堂（中略）今回国民更生運動の行はるゝに際し、一挙して一郡全部を模範地方となさん為、先づ教育会が率先鼓を鳴らし、茲に報徳の研究の開始せられたものである。

相馬郡では太田村が教化村指定を受け、開設式が一九三三（昭和八）年七月四日に行われていたから、それからほぼ半年を経た時点での動きであった。こうした動きは他の指定教化町村を抱える郡には見られず、唯一相馬郡のみが示したものであった。この背景には、相馬仕法と呼ばれる報徳運動の歴史や二宮尊徳の孫・尊親が同郡に居住していたなどの所縁もあった。それに加え、直前の一九三二（昭和六）年から一九三三（昭和八）年七月まで、中村第二小学校長・苅宿諭の主導で中村城址への二宮尊徳翁銅像建設運動が展開されていた点も見逃すことができない[23]。この講習会場が中村第二小学校であった点からも、福島県教育会相馬部会が、苅宿校長を中心とする銅像建設運動の勢いをそのままに「国民更生運動の行はるゝに際し、一挙して一郡全部を模範地方となさん」ために「先づ教育会が率先鼓を鳴らら」す姿勢を示したことが窺える。いわば、末原学務部長の「県下を報徳化」する構想に呼応し、「郡下を報徳化」すべく動き出したのである。

相馬郡新地小学校長・大堀定成（以下、大堀校長）は、「静岡県掛川の報徳社に開催の佐々井信太郎先生による四十日の長期講習会に出席したのは昭和九年のこと（中略）帰村後は常会と称して毎月夜間各部落会に於て報徳仕法を精神とする農村更生の方途を研究協議した」と自らの取り組みを回顧している[24]。これは、「はじめに」で述べた飯野校長の取り組みと全く同様のものである。長期講習会受講を経て、大堀校長もまた飯野校長同様に報徳運動の担い手となっていた。一九三五（昭和一〇）年四月には、大堀校長が太田村の部落常会に出席し講演を行うなど[25]、両者が連携して〔郡下を報徳化〕すべく取り組んでいたことも確認できる。

本稿に際し『福島県教育』の彙報欄を辿ったところ、新たに福島県教育会相馬部会が事業として長期講習会への派遣を組み込んでいたことが明らかとなった[26]。あらためて『大日本報徳』誌上から受講者を見ると、第五回（一九三四年一〇月一〇日～一一月一五日）受講の大堀校長、第七回（一九三六年二月二一日～三月二〇日）受講の福浦村・豊田秀雄、同じく真野村・太田宗慈、受講回不明の石神村・渡部光喜など複数の教員受講者が確認できた[27]。末原学務部長の方針と同様、福島県教育会相馬部会もまた、長期講習会によって〔郡下を報徳化〕する担い手を育成していたのである。

さらに部会内には、相馬郡原町の県立相馬農蚕学校長・佐藤弘毅（以下、佐藤弘毅校長）を中心とした研究会が立ち上がっていたことが今回明らかとなった[28]。佐藤弘毅校長は、当時県立相馬農蚕学校で編集・発刊していた機関紙『相農』に一九三四（昭和九）年ごろから度々報徳関係の記事を掲載していたが、一九三五（昭和一〇）年一月に報徳研究の一端を以下のように述べている[29]。

　先年中村町に、有志の計らいで二宮翁の銅像が建設されたことは結構なことで（中略）而して我等は更に一歩を進めて、相馬の青少年大衆に報徳主義の普及徹底を図るため（中略）実現せんとする二、三の腹案を持っていることをここに紹介する。即ち相馬郷土史の刊行、報徳読本の編纂、及び本校に報徳科の講座を特設する等の諸案である。

先述した中村二小・苅宿校長の主導した銅像建設運動を評価し、「更に一歩を進めて」報徳を取り入れた教育活動を構想する内容である。これら「腹案」を有する佐藤弘毅校長の研究活動は、飯野校長のご子息・飯野信一氏が「原町を中心とした報徳教育の振興に佐藤弘毅先生が非常に大きな力を果たした」[30]と回顧するように、福島県教育会相馬部会内における（中村町の苅宿校長に対する）ひとつの中核をなす存在感を示していたのである。実際、八十年祭では式典が中村町の相馬中学校で行われたのに対し、「五、報徳講習会」は原町の原町小学校講堂において行われた。[31]八十年祭に絡む行事が郡北部の中村町と郡南部の原町とで分散開催されたのは、中村町の苅宿校長、原町の佐藤弘毅校長という中核的人物の存在と無関係ではあるまい。まさに、福島県教育会相馬部会の主導により、相馬郡全域を巻き込む形で報徳運動が展開されたのである。

3　福島県報徳振興会相馬支会

もうひとつ注目すべきは「七、福島県報徳振興会相馬支会創立」である。前述した「福島県報徳振興会」の支部が、八十年祭を契機として相馬地方に作られたのである。以下は会則を挙げるが、[32]中村第一小学校に事務所を置き、副会長二名に福島県教育会相馬部会長・大越寅市（原町小学校長）と同副会長・苅宿諭が就任するなど、組織の実質を福島県教育会相馬部会が担う形で創設されたことがわかる。

相馬報徳振興会会則

第一条　本会ハ相馬報徳振興会ト称シ事務所ヲ中村第一小学校内ニ置ク

第二条　本会ハ報徳ノ道ヲ遵奉シ之ガ振興ヲ図ルヲ目的トス

第三条　本会ハ福島県報徳振興会ト連携ヲ緊密ニシ大日本報徳社ノ指導ヲ受クルモノトス

第四条　本会ハ相馬郡内報徳社並ニ報徳ノ道ヲ遵奉セントスル同志ヲ以テ組織ス

第五条　本会ニ左ノ方部ヲ置ク

（中略）

第六条　本会ハ第二条ノ目的ヲ達センガ為メ左ノ事業ヲ行フ
一、報徳精神ノ普及徹底
二、報徳社設立ノ勧奨後援
三、報徳主義生活様式ノ強調指導
四、報徳ニ関スル講演会、講習会、研究会ノ開催
五、社会教化並ニ公益事業ノ促進助成
六、報徳文献及遺品ノ蒐集並ニ遺跡ノ保存
七、相馬藩報徳仕法ノ調査研究
八、其他本会ノ目的ヲ達スル為メ必要ナル事業
第七条　本会ニ左ノ役員ヲ置ク
一、会長一名（相馬郡町村長支会長八幡村長今野善治）
二、副会長二名（相馬教育部会長原町小学校長大越寅市）
（同副会長中村第二小学校長苅宿諭）

（引用者注：以下略）

ここに、「大日本報徳社ノ指導ヲ受クル」（第三条）「報徳ノ道ヲ遵奉セントスル同志」（第四条）らによって「報徳精神ノ普及徹底」・「報徳社設立ノ勧奨後援」・「報徳主義生活様式ノ強調指導」・「社会教化並ニ公益事業ノ促進助成」等を推進しようとする組織像が明示されていた。すなわち前掲の長期講習会受講者や中核的人物らを結ぶ報徳運動の

母体が形成されたといえる。このようにして学務部「報徳化」に呼応する動きが、報徳に所以のある地域性を有する福島県教育会相馬部会において顕在化したのである。

佐藤弘毅校長宅に現存する文書の中に、相馬報徳振興会の原町方部会における「報徳座談会」の資料が残されている(33)。それによれば「報徳座談会」において議論されたのは「一、学校教育ニ報徳主義訓育ヲ施ス具体的要綱如何」、「二、現下ノ農村更生ニ報徳精神ヲ如何ニシテ導入スヘキカ」、「三、富田高慶翁ノ五十年祭執行ニ関スル件」、「四、報徳富田神社建設ニ関スル件」であった。三の「富田高慶翁ノ五十年祭」や四の「報徳富田神社建設」など、郷土の偉人を取り上げた独自の取り組みに、十分その主体性を窺うことができる。それ以上に、注目すべきは議題の一、二である。それぞれ学校教育、社会教育における報徳主義の導入に関するものであり、報徳運動を教育活動に直結させていく議論の方向性に、まさに福島県教育会相馬部会が主体となった独自の報徳教育研究の姿を捉えることができる。一の議題に際し「参考事項」として挙げられていたのが以下の事項である。

1、小学校ニ於テハ報徳訓の朗誦、報徳訓話（別紙報徳指導体系案参照）、報徳週間（十月二十日中心）実施
2、古年《ママ》学校生徒ニハ報徳要綱ノ教授ヲナスコト
3、報徳実行徳目ノ選定―註報徳四綱目ニ基キ実行徳目ノ選定
4、銅像ノ建設並ニ画像ヲ掲ケル
5、報徳文庫ヲ図書室ニ特設
6、報徳読本ノ編纂（小、青年学校用）
7、学校報徳社設置
8、其ノ他

〔表２〕「報徳欄」一覧

西暦	巻	号	ページ	著　者	内　容
1935	51	11	55		「報徳は神仏正味一粒丸」
1935	51	12	15		「報徳学の勉強法・二宮翁の本願精神更生」
1936	52	2	44	M生	「1、経済更生と報徳仕法　2、我道は至誠と実行のみ」
1936	52	3	46		「一円融合、天覧の文献、輪廻因果、二宮先生の俳句の中より」
1936	52	6	39		「一、貧富訓、二、天覧の文献、三、輪廻因果の道歌」
1936	52	11	29		「小学校便り信夫郡大森村少年報徳会々則紹介」
1937	53	3	56～60	郡山第二小学校	「報徳訓練」
1938	54	2	52～53		「報徳の道」
1938	54	3	58～60		「二宮尊徳先生の体格と風貌」
1938	54	4	42		「報徳常会の解」
1938	54	5	32		「釜を洗ふ心」
1938	54	6	60		「丸儲の人生」
1938	54	8	47		「推譲の徳」
1938	54	9	57		「心田開発」
1938	54	10	59		「二宮先生永眠の月、開闢の大道」
1938	54	11	54～55		「仏道に関する一、二」
1938	54	12	52		「二宮式表彰法」
1939	55	2	51		「天覧の文献」
1939	55	3	45		「善悪の報応」
1939	55	4	22		「精神教化と指導者」
1939	55	5	40		「尊徳先生の感化力」
1939	55	6	53		「二宮先生の最期」
1939	55	7	41		「国家の盛衰安危は譲奪に在るを論ず」
1939	55	8	58		「先生幼児の貧苦と勉強」
1939	55	9	56		「種・草・花・実」
1940	56	1	44	水野末治	「（一）丸の字」
1940	56	5	26		「二宮先生の日常」
1940	56	6	21		「人の人たる所以」
1940	56	7	35～36		「二宮哲学」
1940	56	8	28		「二宮先生の農本観」
1940	56	9	30		「倹約と吝嗇との分岐点」
1940	56	10	44		「二宮翁の片言」
1941	57	1	33～34		「常会の仕方」

注目すべきは、「別紙報徳指導体系案参照」として〔表3〕に後掲した太田小学校の「報徳指導体系案」が資料として添付されていた点である。[34]その他、「報徳週間」や「7、学校報徳社設置」も太田小学校でなされていたものであった。また「6、報徳読本」は前述の佐藤弘毅校長の発案にあったものである。こうして相馬報徳振興会は、飯野校長や佐藤弘毅校長の実践例・実践案を土台に、福島県教育会相馬部会の報徳研究に特化した組織として機能していたのである。

三 『福島県教育』における報徳教育情報の掲載—報徳教育から学校少年団へ—

1 「報徳欄」の連載

八十年祭の記事を掲載した『福島県教育』一九三五年一一月号には、それまでに無かった注目すべき変化が現れていた。それが報徳主義に関するコラム・「報徳欄」の登場である。「報徳欄」はこれ以後、〔表2〕に掲げたように、中断を挟みつつも一九四一（昭和一六）年一月号まで連載された。この著者は必ずしも判然としないが、「M生」や水野末治の名が見られる点から水野県視学が主に担当したとみてほぼ間違いないだろう。彼は相馬郡出身の校長経験者[35]でもあり、学務部「報徳化」や福島県教育会相馬部会の報徳運動に深く共鳴する所があったと考えられる。その内容は、報徳主義に関する解説が主であったが、なかには教化町村運動下の小学校における報徳教育実践も含まれており、報徳教育情報の発信を見て取ることができる。

水野県視学によるこうした取り組みは、学務部「報徳化」の県内教育情報回路における波及として注目すべき事実といえる。教化町村運動を機とし、教化団体連合会の系統で流入した報徳情報は、県教育会の情報回路にも流されていったのである。特に報徳教育情報は、教育実践に関する情報として『福島県教育』の読者である教員に、より直接的な影響力を有するものであったといえよう。

２　相馬郡太田小学校の「訓育実施方案」

報徳教育情報の第一として流されたのは、一九三六年一〇月号に掲載された飯野校長の「報徳精神の体現を中心とせる本校実施訓育方案[36]」であった。これは「報徳欄」では無かったが、五頁にわたる内容であり、それだけに紙幅に限りのある「報徳欄」に収まりきれなかったのかもしれない。何より太田小学校の実践が第一に紹介されたのは、前述した飯野校長を支えた福島県教育会相馬部会の存在[37]や、水野県視学が教化町村運動上における太田村担当官[38]であったことが影響したと考えられる。

太田小学校の報徳教育の詳細は既に拙稿で検討を加え、一九三五（昭和一〇）年から一九三六（昭和一一）年にかけて生成された点を明らかにしている。『福島県教育』への掲載は、その成立後間もない時期であり、新しい教育実践として報告されたといえる。以下、要点を述べていこう。太田小学校の報徳教育の中心は「報徳生活の訓練に重点を置き太田小学校誠心報徳会を設け、その事業を中心として訓育の徹底を期しつゝなり」と述べられていたように、太田小学校誠心報徳会（以下、誠心報徳会）による実践であった。その「会則」によれば誠心報徳会は「太田小学校職員児童を以て組織」され「報徳精神の実践を強調して教化村民たるの素地を涵養する」ため「報徳強調週間（毎月一回）」・「報徳講話会（毎月一回）」・「報徳貯金の奨励[39]」・「自治協同の精神涵養」・「校外生活の指導」等の事業を行う訓育組織と規定されていた。事業中に「校外生活の指導」が掲げられていた点から見て、これは一九三二年一二月の文部省訓令「児童生徒ニ対スル校外生活指導ニ関スル件」以降、設置奨励がなされていた学校少年団の報徳版ともいうべき組織であった。具体的には、飯野校長を会長、岡本修一主席訓導を副会長、教員を理事、そして村内十部落毎の高学年児童若干名を幹事として役員会を構成し、週一回の役員会や毎月一回の学級（又は学年）常会を行った。毎

九月	十月	十一月	十二月	一月	二月	三月
物を大事に	うそをいうな	おもいやり	無駄使いするな	勉強	親を大切に	よい子供
人の過ちをゆるせ	正直	忠義	恩を忘れるな	辛抱強くあれ	工夫	人の難儀を救え
酒匂川の洪水	病難	孝行	川普請	父の死	兄弟	先生狐鼠となる
勉強	菜種を作る孝行	捨苗を植る	自立自営	松苗を植る	立志	家運挽回
青年教化	領主の表彰を受く	斗桝の改正	五常講創設	桜町復興	郷土の飢餓救済	救国済民
物井村岸右衛門を善導す	物井村無頼の農夫を善導す	川崎屋孫右衛門を教戒す	福住正兄に推譲の徳を教ゆ	加藤宋兵衛の家政を指導す	中村玄順に忠道を知らしむ	相馬藩政を振興す
因果	敬物報恩	至誠	勤労	分度	推譲	教化村の報徳
産業の計画化	勤化遷善	桜町仕法（難村復旧）	小田原仕法（救急）	相馬領仕法（分度）	日光神領仕法（安例）	興国安民
太田村更生計画	教化村の使命	報徳生活と常会	永安生活計画と報徳社	報徳社設立要旨	報徳社定款に就いて	報徳社経営美談

二、本細目は毎月二十日報徳日及常会に於て一時限を当てに指導するものとす

担任印

	学級実施要目	省察

〔表３〕報徳強調週間における指導方策案

（一）本校に於ける報徳指導体系案					
学年	種別	四月	五月	六月	七月
尋一	生活指導	礼儀を正しく	友達を大切に	始末よく	二宮先生
尋二	生活指導	孝行	勉強せよ	きまりよくせよ	親切であれ
尋三	伝記 (悲境時代)	私達の村	二宮先生		父祖の恩
尋四	伝記 (黎明時代)	水害	一家離散		勤労
尋五	伝記 (発展時代)	鰥寡孤独を憐む	総本家の再興		服部家の再興
尋六	教化 (完成時代)	二宮先生の感化	畳職源吉を戒しむ		横田村円蔵を教諭す
高一	思想	開闢の大道	不書の經		天道と人道
高二	仕法	報徳仕法	生活の合理化		信念の確立
補習	非常時局と報徳生活	国民更生運動要旨	経済更生運動要旨		道徳経済の一円融和
備考	一、尋一二年は修身科と関連せしめたれども他は独自の配当なり				

（二）実践指導方案			
科第　　学年	報徳強調週間実施要項（自　月十七日至　月二十三日）		
日	曜	題目	要目
		勤労日	早起　家事の手伝　学用品及身廻品の整理整頓
		節約日	節約利用　貯金日　無駄排除
		推譲日	道路掃除　大掃除　神社清掃
		報徳日	神社参拝　報徳訓話　仲よし日
		整理日	教室の清潔整頓　学用品の整頓　服装検査
		分度日	自律行動　自学自習　記帳検閲
		反省日	週間中の反省　訓話　感想文
（備考）毎日朝会の際二宮先生幼年銅像前に集合し礼拝二宮尊徳の唱歌を合唱す			

※『福島県教育』1936 年９月号。

月行われる学級常会は、以下の手順が定められていた。

（一）報徳儀礼（二拝二拍手一拝）
（二）勅語奉読
（三）報徳訓合唱
（四）協議及実行申合せ
学級及び学校生活に於ける必行事項、努力事項等校外生活の改善並に推譲奉仕事項等
（五）二宮先生並に指導講話
（六）報徳儀礼（二拝二拍手一拝）

特に（五）において、教員により〔表3〕に基づいた「指導講話をなし報徳精神を涵養す」る取り組みが行われた。その内容は、学年が進むにつれて「教化村の報徳」や「生活の合理化」等の項目が登場し、高等三年にあたる補習科ではほとんど大人の部落常会と大差が無い指導項目となっていた。こうして「教化村民たるの素地を涵養する」報徳教育が行われていった。

太田小学校の報徳教育は、『福島県教育』に取り上げられた後、一九三七年八月号の『教育学研究』、一九三八年の加藤仁平『新興報徳教育』に掲載、一九三九年度には『修身教育』にも紹介され[40]、全国的にも注目されていった。

3　信夫郡大森小学校の報徳教育

太田小学校の実践が掲載されて二ヵ月後、『福島県教育』一九三六年一一月号に報徳教育情報の第二弾として、指

定教化村・信夫郡大森村、大森小学校の報徳教育が掲載される。[41] 今回は「報徳欄」を用いた掲載であった。太田小学校の二ヵ月後であった点からしても、太田小学校と軌を一にして成立した大森小学校の報徳教育を、水野県視学が新たな教育実践として県下に伝播しようとしたことが窺える。

「小学校便り信夫郡大森村少年報徳会々則紹介」と題されたその内容は、「報徳の精神を涵養して教化村民の素地を養成する」目的や、「講話会」・「善種金推譲（毎月一銭以上）」などの事業や、「毎月一回常会を開き講話会並に報徳事業の実践をなす」こと、校長を会長、主席訓導を副会長、職員を参事、「村内各部落に高学年児童若千名」の幹事などといったものであった。「教化村民の素地を養成する」ため「毎月一回常会を開き講話会並に報徳事業の実践をなす」点に明らかなように、太田小学校の誠心報徳会と極めて類似していた。

それにしても、各個に取り組んでいたならば、時期や方法面で差異ができても不思議ではない。一例として挙げるならば、同時期に中村第二小学校で苅宿校長も報徳教育を行っていたが、「二宮祭」や「報徳週間」など学校行事に類するものに限られており、必ずしも報徳教育＝学校報徳社・児童常会では無かったのである。[42] このように、太田・大森の両校でほぼ同様の教育が生み出された背景には、報徳を指導原理とし部落常会を基本的方策とする教化町村運動が両校における報徳教育生成の契機となっていたからであった。さらに一九三六年までに生み出されたという同期性の背景には、一九三四年の「福島県報徳振興会」創立や一九三五年の二宮尊徳八十年祭など、末原学務部長の指揮下における学務部「報徳化」のピークや県下報徳運動の興隆といった動向が浮かび上がってくる。これら様々な要因が絡み、結果として一九三六年ごろ、太田・大森の両教化村で学校報徳社・児童常会が形成されていた。水野県視学は、そうした動向をすばやく捉え、県下教育関係者へと伝えていたのである。

二十日（火）	二十一日（水）	二十二日（木）	二十三日（金）
物を大切にせよ	勉強	無駄つかひをするな	親を大切にせよ
正道	恩を忘れるな	辛抱強くあれ	人の難儀を救え
1、父祖の恩 2、酒匂川の洪水	1、病難 2、孝行	1、川普請 2、父の死	1、兄弟 2、先生孤兒となる
1、勤労 2、勉強	1、菜種を作る孝行 2、捨苗を植る	1、自律自営 2、松苗を植える	1、立志 2、家運挽回
1、服部家の再興（報徳飯の炊き方） 2、青年教化	1、領主の表彰 2、斗桝の改正	1、五常講創設 2、桜町復興	救国救民
1、物井村岸右衛門 2、無頼の農夫善導	1、川崎屋孫右衛門教戒 2、初住正兄に推譲の徳	1、加藤宗兵衛の家政指導 2、中村玄順に忠道	1、相馬藩政の振興
天道と人道	報徳（正直）	分度 生活様式 永安	至誠 (敬物報恩)
産業の計画化	感化 遷善	桜町（難村復旧) 小田原（救急) 日光神領仕法（条例	興国安民

学級実施要目	省察

〔表４〕郡山第二小学校の報徳週間実施案（抜粋）

二、週間教化系統

学年	教化要項	十七日（土）	十八日（日）	十九日（月）
尋一	生活指導	二宮先生追悼日（総論）	実践日	礼儀を正しく
二	徳目実践	同	同	孝行
三	伝記（悲境）	同	同	1、二宮先生とは 2、足柄上郡桜井村栢山は
四	伝記（黎明）	同	同	1、水害 2、一家離散
五	伝記（発展）	同	同	1、鰥寡孤独 2、総本家再興
六	教化（完成時代）	同	同	先生の感化 1、畳職 2、横田村丹蔵
高一	思想	同	同	推譲 勤労
高二	報徳生活	報徳仕法	同	信念之確立

三、週間実施要目

日	曜日要題	要　　目
十七日	土（勤労日）	○早起○家事の手伝○学用品及身廻品、整理整頓、大掃除○創作物製作（○尊徳塑像作成○一代記絵巻物）○家庭勤労人
十八日	日（節約日）	○節約利用○貯金日○無駄排除○授業料納入○学用品の節約○「積小為大」「量入制出」
十九日	月（推譲日）	○道路校庭の外側堀等の奉仕作業○神社偉人墳墓等の掃除○大掃除○寄付纒○校外生活指導
二十日	火（報徳日）	○神社参拝○報徳訓話○団体観念明徴○自治共同、選挙粛正運動実施方案実施（隣保共助）○報徳祭
二十一日	水（力行日）	○教室の清潔整頓○学用品の整頓○服装検査、身の廻り○克己、学習○研究日
二十二日	木（分度日）	○自律行動○自学自習○ノート検閲○郷土研究（名士、偉人、遺蹟等）
二十三日	金（反省日）	○週間中の反省○訓話○感想文○自治会

※『福島県教育』1937 年３月号参照。

4 報徳教育の「拡大」―郡山第二小学校の「報徳訓練」―

「報徳欄」には注目すべき記事が掲載される。すなわち、大森小学校の実践が掲載された四ヵ月後の『福島県教育』一九三七年三月号の「報徳欄」に、郡山第二小学校で一九三六（昭和一一）年一〇月一七日より二三日まで行われた「尊徳週間」の骨子が掲載されたのである。(43)〔表4〕にその抜粋を掲げたが、〔表3〕と比較すれば一見して明らかなように、これは太田小学校の報徳教育と極めて類似したものであった。さらに詳細に見ると、「週間教化系統」の細目に独自のものは無く、太田小学校の「報徳指導体系」を基に若干内容を入れ替えたものであった。さらに「週間実施要目」も、「曜日要題」の「整理日」が「力行日」とされ、「要目」は追加項目が記されている他は、太田小学校の「実践指導方案」と全て内容が一致するものであった。また、「毎日行事」が定められ、四年生以上は「系統案教化」・「教育勅語暗誦（高一・二）戊申詔書、精神作興詔書」・「報徳訓」・「尊徳和歌、朗詠及書方」が行われることとされていた。その儀式的な内容から、児童常会に類するものであったといえる。

さらに注目すべきなのは、郡山第二小学校の「尊徳週間」が『福島県教育』に太田小学校の報徳教育が掲載された直後に行われていた点である。郡山市に指定教化村は存在せず、当時の鈴木豊蔵校長は田村郡出身で相馬郡出身者ではなかった。これらを考え合わせれば、鈴木豊蔵校長が太田小学校の報徳教育実践に影響を受け、『福島県教育』の記事を参照して「尊徳週間」に取り組んだ可能性が考えられる。また、この実践が「報徳欄」に取り上げられた点から、水野県視学が鈴木豊蔵校長との人的繋がりを利用し、報徳教育「拡大」の演出を図った可能性も考えられる。いずれにしても、こうして教化町村の小学校長たちが自校に導入した報徳教育情報が、水野県視学の「報徳欄」を通じて『福島県教育』誌上に掲載され、県内に伝播・「拡大」させられようとしたのである。

５　国民学校令下の児童常会─少年団常会の整備─

太田・大森の報徳教育を、学校少年団の成立動向と重ね合わせると、その先駆的役割が浮き彫りとなってくる。学校少年団は、一九三二（昭和七）年一二月の文部省訓令「児童生徒ニ対スル校外生活指導ニ関スル件」以降、「公式に推奨」され、国民学校令下の一九四一（昭和一六）年には「大日本青少年団が成立し、理論上すべての小学校に学校少年団が設立されることとなった」[44]ものである。一九三〇年代に全国的に組織化が進んできた学校少年団が、国民学校令下において学校教育活動の一部分として包摂されるに至ったのである。

『福島県教育』一九四二年七月号では、県の研究指定を受けた各校の報告が掲載されている。ここで注目すべきは、福島市第一国民学校が取り組んだ「少年団常会（分団常会、班常会）」や「母の常会」が紹介され、若松市鶴城国民学校でも「新生少年団の運営」として「隣組常会の指導」を挙げていた点である。こうした研究指定校における少年団常会の実践は、「基本的行事タル常会ハ生活ノ組織化機関ニシテ皇国民錬成上誠ニ意義深ク之ガ指導徹底ハ喫緊ノ要務トス」として出された一九四二（昭和一七）年一二月一七日の県通牒「少年団常会整備拡充ニ関スル件」によって一般化が目指されることになる。[45]同通牒によれば、「常会ニハ一般成人ノ各種常会、青年常会、少年常会ノ三段階アリ」、「上部常会ノ基礎訓練トモ見做サル、コノ常会ノ適正ナル運営ニ依リ少年ノ全生活ヲ教養訓練トシテ具現セシメントス」ことが定められていた。少年団常会を成人層における常会の基礎訓練と位置づける考え方は、「教化村民たるの素地を涵養する」ことを目指した太田・大森両校における児童常会のそれと全く同じである。さらに少年団常会の種類と式次第が以下のように定められている。

１、種類
　班常会（隣組常会）

少年常会ノ基本ニシテ月例的ニ行フノ外機会ヲトラヘテ随時随所ニ実施ス。出席団員ハ班（隣組）全員トス。
分団常会（役員常会）
団行事訓練等ノ指示又ハ協議、分団班活動ノ反省、分団班ノ統制並ニ運営ニ就テノ精神的、技能的錬成指導ヲナスモノニシテ毎月一回実施シ指導的地位ニアル団役員、分団長、副分団長トス。但シ団ノ機構ニ依リ班長、副班長等ヲ加フルコトハ適宜トス

2、常会（分団、班常会）ノ順序
応対礼（オ互ノ挨拶）
着席
敬礼
開会ノ辞
儀礼（筆者注：備考として遥拝又ハ礼拝、祈念、青少年学徒ニ賜ハリタル勅語奉誦、君ガ代奉唱、大日本青少年団綱領誓、大日本青少年団歌、朗唱、朗詠、静座等が挙げられている）
伝達協議
修練（筆者注：備考として先生ノオ話、共同学習、オ話ノ会、ラジオ聴取、作品発表、礼法、作業等が挙げられている）
和楽
儀礼
閉会ノ辞
敬礼

全児童を網羅する常会と役員会がある点や、儀礼～伝達協議～講話～儀礼という常会の順序も酷似している。ここからも、報徳教育における児童常会実践が、学校少年団の運営方法に先駆的事例を提示する存在であったことがわかるのである。

一方、一九四〇（昭和一五）年九月の内務省訓令「部落会町内会等整備要領」で部落会・町内会・隣組を単位とした常会の全国的整備が推進されるに伴い、一九三〇年代から行われてきた教化町村下の部落常会は優良常会事例として選奨されるに至っていた(46)。ただしこれを注意深く見れば、報徳社結成に伴う報徳運動の興隆や報徳主義の浸透が選奨されたわけではなく、単に常会出席率や貯蓄・供出の実績のみが総力戦体制実現に有効だとして選奨されていた。これを象徴するように「部落会町内会等整備要領」訓示数ヶ月後の一九四一（昭和一六）年一月、「報徳欄」は最終回「常会の仕方」を掲載する(47)。

二宮先生は芋こぢ、と常に申された。之は集会に度々出るのは芋こぢをするようなもので相互にすれ合ひ汚れが葉《ママ》ちて、清浄になると云ふ譬へである。（中略）よく〳〵此の道を知って会議されたなら、総親和総幸福、大政翼賛、皇運扶翼の臣道実践も職域奉公も完成されると信ずる。要は人であり、方法の運用である。

尊徳の「芋こぢ」の教えを引き、「よく〳〵此の道を知って会議されたなら、総親和総幸福、大政翼賛、皇運扶翼の臣道実践も職域奉公も完成される」と、確かに報徳から総力戦体制形成への転換が明記され、「報徳欄」は連載を終了したのである。これと同様のことが少年団常会の整備にも見られないだろうか。すなわち教化町村運動を機に学校少年団の一種として生成された「教化村民たるの素地を涵養する」学校報徳社は、「皇国民錬成上誠ニ意義深ク之ガ指導徹底ハ喫緊ノ要務トス」る学校少年団整備の中で報徳主義が捨て去られ、常会方策のみが抽出された形で『福島県教育』誌上に掲載されていった、と考えられるのである。

おわりに

以上、福島県における恐慌から戦時に至る地方教育会の諸相を、断片的ながらも辿ってきた。「はじめに」で挙げた三つの論点に振り返ってまとめを述べていきたい。

第一に学務部官吏と報徳運動との関係についてである。恐慌脱出に向けての模索、教化町村運動創設の中で生まれた末原学務部長・水野県視学らの「報徳化」とも言える変化は、大日本報徳社や矢部ら県内報徳運動家との結びつきを生み、学務部内に「福島県報徳振興会」の事務局を抱えるなど、県内の報徳運動を牽引するほどになる。この過程で末原学務部長が「県下を報徳化するか否か」とまで述べていた事実は、この時点の学務部が深く報徳運動と結びついていたことを示すものといえるだろう。

第二の論点に関して、福島県教育会相馬部会の姿を捉えた。学務部「報徳化」に対し、指定教化町村を抱えた五つの郡教育会でも、特に相馬仕法の歴史を有する福島県教育会相馬部会だけが〔郡下を報徳化〕する動きを示した。この中から中核的な教員指導者が数名登場し、互いに結びつきあい（教化村の飯野校長を支えつつ）報徳運動を展開するに至る。ここからは、昭和初期の郷土教育運動を背景に、郡教育会が地域性に根ざした教育実践の形成を盛んに希求していたことを捉えることができた。その組織力や個々の教員が発揮した主体性や力量は驚くべきものであった。

第三には、報徳教育や常会に関する情報が『福島県教育』誌上でいかに扱われたのかについて、水野県視学による「報徳欄」連載という注目すべき変化を見出した。一九三六年には指定教化町村で生み出された学校報徳社・児童常会の実践を新たな教育実践として紹介し、教化町村運動の「成果」を教育会の情報回路を通じて学校教育にもたらそうとしていた。また、「部落会町内会等整備要領」や学校少年団の整備が進む中、『福島県教育』誌上では、報徳運動や報徳教育から常会方策のみを抽出した少年団常会の事例が掲載されていった点も確認した。重要なのは時代の要請に応え得る実績であり、それを反映させた掲載情報の変容に、総力戦体制形成に関わる地方教育会の動向の一端を捉えることができる。

以上、断片的ながらも辿った恐慌から戦時へ至る福島県教育会の動向は、報徳運動への接近と総力戦体制への転換と約言することができよう。最後にこの背景について触れておきたい。そこには、末原学務部長転任後の学務部「報徳化」の消滅、ひいては福島県政と報徳との距離感を指摘することができる。これは末原学務部長がモデルとしていた報徳主義官僚・遠山信一郎にも、「氏の転任により県庁の奨励は甚だ熱がさめた。が民間における矢部善兵衛氏飯野次郎氏等の勢力により、こゝ数年間に相馬地方、会津地方に報徳結社が見られ、漸次発展の勢ひを示してゐる」[48]と捉えられていた。すなわち、末原の転任後は、一部の突出した報徳運動家が各自の取り組みを継続させるのみとなっていた。そしてこの変化は、学務部「報徳化」を機として頭角を現した矢部や飯野校長ら報徳の担い手と、福島県学務部ひいては福島県政との距離感をも生み出していたのである。相馬において教化町村運動に熱烈に取り組む飯野校長は、この間にあった県官とのやり取りを、一九五〇（昭和二五）年に以下のように回顧している[49]。

此の間県の係官や指導者を通して機会ある毎に「福島県の教化村の実績をあげるには報徳を以て県の指導精神とする」様にと陳情したが「県としては具体的に何々で行くと明示することは出来ぬ。然し報徳精神はたしかに良いものであるから、町村がそれで行くなら結構だ」と甚だ煮えきらぬ態度であった。（栃木県や神奈川県、静岡県、富山県等は県是で報徳で行くことを明示していたから非常にやり易いようだ）

村内七部落報徳社の結成、太田小学校の報徳教育実践という社会教育・学校教育両面にわたる報徳運動に没頭してきた飯野校長は、学務部官吏らに度々、報徳を県の指導精神そのものにしてはどうかと働きかける。しかし福島県では遠山信一郎が牽引した富山県ほど、報徳を県政そのものの方針にすることは考えていなかった。「町村がそれで行くなら結構」という「甚だ煮え切らぬ態度」であった。飯野校長が「非常にやり易いようだ」と評した富山県では、報徳関係記事の特集を組んだ『富山教育』が発行されるなど、県教育会長を勤める遠山学務部長の影響力が直接的に教育情報回路にも及んでいた。ひるがえって『福島県教育』を見れば報徳特集が組まれたことはなく、「甚だ煮え切らぬ態度」を反映させたかのように「報徳欄」のみが細々と続いた感が否めない。一九四一年以降、「報徳欄」が終了し、次々に少年団常会の記事が掲載されていったのは、「報徳化」から「甚だ熱がさめた」学務部が、総力戦体制形成を念頭に、報徳から常会指導の経験や実績のみを抽出しようと望んだがためだったと推察することができるのである。つまり、飯野校長や福島県教育会相馬部会は、こうした福島県学務部や県教育会の動向にふりまわされたと言えるのである。

注

（1）佐々井の常会構想とは、「互いに連絡を欠く場合が多く或は甚しく対立競争の弊害をあらわす場合もあ」る市町村内各種団体の「連絡統一を計る為に」、伝統的地縁組織単位に「教化常会」の場に合流させる〈国民教化機構の再編統合〉方策であった（佐々井信太郎「国民更生方途としての教化常会」『大日本報徳』第三六八号　一九三三年一月　八～一二頁参照）。詳細は拙稿「佐々井信太郎の常会構想―一九三〇年代における国民教化方策の提唱―」（『教育思想』第三一号　二〇〇四年三月）で論じている。

（2）教化町村運動の構想過程については「一九三〇年代における教化町村運動の展開と常会―一九四〇年代へ至る国民教化の系譜」（『教育思想』第三〇号　二〇〇三年）。相馬郡太田村の実態については、教員の動きに焦点を当てた「昭和戦前期における常会と教員―福島県太田村の教化村運動からの分析―」（『日本の教育史学』第四六集　二〇〇三年所収）と、村民の動きに焦点を当てた「福島県における教化町村運動の実相―指定教化村下に生きた校長と村民の姿―」（福島県史学会『福島史学研究』第八二号　二〇〇六年四五～六七頁）とがある。さらに、飯野校長を支えた福島県教育会相馬部会の動きについて「相馬地方における報徳運動と福島県教育会相馬部会―太田村の教化村運動との関連―」（福島大学教育学会『研究実践年報』第一集　二〇〇二年　四七～六六頁）で明らかにしている。

（3）「教化村開設式」（『福島県教育』第四九巻第七号（一九三三年七月）七五～七六頁）。

（4）山本悠三「指定教化村の創設と構造」（福島近代史研究会『近代史研究』第八号　一九八五年）、同「指定教化町村と教化常会―福島県下指定教化町村の周辺」（福島県史学会『福島史学研究』第七九号　二〇〇四年）、拙稿「一九三〇年代における教化町村運動の展開と常会―一九四〇年代へ至る国民教化の系譜」（『教育思想』第三〇号　二〇〇三年）。

（5）景山鹿造述録「常会の生ひ立ちと其の運営について」（東京市役所『町会と隣組』叢書第五輯　常会指導者講習会講習録（三）」一九四一年　一七～一八頁）。

（6）福島県教育会編『福島県教育史』一九三四年　二九七頁の役員変遷。また福島県教育委員会『福島県教育史』第二巻　一九七三年一二二三頁の表一七二号から、もう一名の副会長は県小学校長会会長とされていたことがわかる。

（7）「会則（昭和八年七月五日改正）」「役職員名」（財団法人中央教化団体連合会『昭和十年中央及道府県・朝鮮・台湾教化団体連合会要覧』一三三～一三四頁）。もう一名の副会長は「加盟団体代表者中ヨリ之ヲ選挙」とされていたが、欠員であった。

（8）「先づ県下四ヶ所に理想の村を建設これを中心に農村更生期待さる教育課の計画」（『福島民報』一九三三年四月二九日朝刊）。

（9）『理想村』建設に先づ先進府県を視察三班の視察員あす出張社会教育に県当局大童」（『福島民報』一九三三年五月九日朝刊）。

（10）前掲山本悠三「指定教化村の創設と構造」が詳述している。

（11）財団法人中央教化団体連合会『財団法人中央教化団体連合会要覧―昭和十年―』一九三五年　一六～一九頁。詳細な経緯や内務省・文部省関係の駆け引き等については、山本悠三「教化団体連合会の成立事情」（『教化団体連合会史Ⅰ』学文社　一九八六年　一～二三頁）や同「大正期の教化団体」（『教化運動史研究』下田出版、二〇〇四年　五～六四頁）を参照。

（12）前掲山本悠三「教化団体連合会の成立事情」（『教化団体連合会史Ⅰ』一五頁）。

（13）前掲『昭和十年中央及道府県・朝鮮・台湾教化団体連合会要覧』一七～一九頁。

（14）「福島県下における報徳運動」（『大日本報徳』一九三三年八月　六四頁）。

(15) 遠山信一郎『日本精神と新興報徳』二宮尊徳翁全集刊行会　一九三九年　一四六～一五〇頁。

(16) 前掲拙稿「大日本報徳社の長期講習会における常会指導者養成―教員受講者の動向に焦点を当てて―」、拙稿「一九三〇年代における学校報徳社・児童常会の端緒―富山県下指定教化村の報徳教育に着目して―」(教育史学会『日本の教育史学』第五七集、二〇一四年所収)。

(17) 「福島県における新興報徳運動」(遠山『日本精神と新興報徳』四六八頁)。なお、拙稿「大日本報徳社の長期講習会における常会指導者養成―教員受講者の動向に焦点を当てて―」(東北大学大学院教育学研究科『研究年報』第五二集　二〇〇四年)でも触れている。

(18) 「矢部善兵衛氏よりの通信」(『大日本報徳』一九三三年八月　五五～五六頁)。

(19) 矢部善兵衛「福島県報徳振興会創立計画」(『大日本報徳』一九三四年八月　四九～五〇頁)。

(20) 「福島県新興報徳会成立」(『大日本報徳』一九三四年十月　五三～五四頁)。

(21) 「二宮尊徳八十年祭の状況」(『福島県教育』第五一巻一一号(一九三五年一一月)五一～五五頁。

(22) 「福島県に於ける報徳講習」(『大日本報徳』第三八一号　一九三四年二月　五四頁)。

(23) 新妻三男編『二宮尊徳翁と磐城中村藩』中村第二尋常高等小学校　一九三六年　二四七～二六八頁。

(24) 大堀定成「一校に校長十七年」(福島県公立学校退職校長会『明治百年福島県教育回顧録』岩瀬書店　一九六九年　二七四頁)。

(25) 「上太田報徳社常会記録」一九三五年四月二三日の「上太田」における報徳社常会に、「新地大堀校長、上太田常会並太田村ノ教化ニツイテ」という記述がある。

(26) これは長く続き、一九四二年の『福島県教育』でも「報徳講習会派遣」の記載が確認できる(「相馬部会の第一学期行事」『福島県教育』第五八巻七号　一七頁)。

(27) 『大日本報徳』三九〇号(一九三四年一一月)同四〇六号(一九三六年三月)、同四二六号(一九三七年九月)等を参照。

(28) 前掲大堀「一校に校長十七年」においても「相馬郡は旧藩時代報徳仕法によって見事な復興を遂げた歴史があるので、相馬農蚕学校長佐藤弘毅先生を中心として研究した」と回顧されている。

(29) 佐藤弘毅「巻頭言『二宮翁の精神』」(『相農』一九三五年一月)、福島県立相馬農業高等学校創立百周年記念事業実行委員会『佐藤弘毅先生の生涯』二〇〇四年　一一七～一一八頁より引用。

(30) 拙稿「福島県における教化町村運動の実相―指定教化村下に生きた校長と村民の姿―」(福島県史学会『福島史学研究』第八二号

二〇〇六年　四五～六七頁）の「飯野信一氏への聞き取り調査」を参照されたい。
(31)「福島県相馬郡太田村に於ける連合結社式」（『大日本報徳』第四〇三号　一九三五年一二月　六六～六八頁）には、「本郡各町村より集合し、双葉、石城、田村、安積等の他郡よりも多数の出席を見た」とある。
(32) 前掲「福島県相馬郡太田村に於ける連合結社式」。
(33)『佐藤愛子家文書』E102―24―1―1
(34)『佐藤愛子家文書』E102―24―1―2
(35) 水野末治「相馬郡八澤村（明治二四年生）清水校長兼福島県師範学校訓導清水実補校長信夫農民校嘱託。明治四十一年相馬農業校卒業大正元年三月本県師範学校第二部を卒業す。爾来福師第二附属川俣二本松須賀川第一訓導等に歴任し須賀川第二校長となり現職に及ぶ」（福島県教育新聞社『福島県教育名鑑』一九二八年参照）。
(36) 相馬郡太田尋常高等小学校「報徳精神の体現を中心とせる本校実施訓育方案」（『福島県教育』第五二巻九号（一九三六年九月号）四二～四七頁）。
(37) 飯野信一氏は「苅宿先生が中村町の町長をやられたのですが、報徳についても、どちらかというと教育会ではうちの父は中村で苅宿先生にご指導をうけた方だから。（中略）松ヶ江にいた伊藤子之松先生や太田宗慈先生、友達に恵まれた。大堀定成先生、佐藤弘毅先生とか。相馬教育会の先輩、同僚の協力が非常にあったのですよね。（中略）「教化村の指定をうけたのだからしっかりやれよ」という励ましは強かったですね。小高町の豊田先生なんかは先輩なのだけど、すぐ隣町で、いろいろと指導を受けた。そういうのがうちの父が誰もやっていないことをやれた背後にはあったのではないか」と述べている。ここに苅宿校長、太田宗慈、豊田秀雄、大堀校長そして佐藤弘毅校長らの名を確認することができる。前掲「福島県における教化町村運動の実相―指定教化村下に生きた校長と村民の姿―」所収。
(38) 福島県編『教化町村』一九三四年一一月（国立国会図書館蔵「斎藤実関係文書」書類の部一九七―六三）参照。
(39) 毎週月曜日に貯金をする制度で、顕著な成績が後に新聞報道されるほどになる「学童の貯金六千円月曜積立て五年三ヶ月教化村太田小学校の報徳貯金制」（『福島民報』一九三九年七月八日朝刊）。
(40) 前掲加藤仁平「最近に於ける報徳教育の勃興（下）」同『新興報徳教育』同文書院　一九三八年　三〇一～三〇八頁。「報徳教育中心の施設要覧」（『修身教育』一九三九年一〇月号　八八～一〇四頁）、「報徳精神顕現の教育方案」（『修身教育』一九三九年一一月

号　二五〜二七頁）。
(41)「小学校便り信夫郡大森村少年報徳会々則紹介」（『福島県教育』第五二巻一一号（一九三六年一一月）二九頁）。
(42) 前掲『二宮尊徳翁と磐城中村藩』。なお教化村に関しては共通性がみられた。拙著『昭和前期地域教育の再編と教員―「常会」の形成と展開―』東北大学出版会、二〇〇八年の第五章「学校報徳社・児童常会の形成」を参照されたい。
(43) 郡山第二小学校「報徳訓練」（『福島県教育』第五三巻三号（一九三七年三月）五六〜六〇頁）。
(44) 田中治彦『少年団運動の成立と展開―英国ボーイスカウトから学校少年団まで―』九州大学出版会　一九九九年　三一五〜三三一頁。
(45)『福島県教育』第五九巻第一号（一九四三年一月）四九〜五二頁。
(46) 一九四〇年刊行の文部省社会教育局『部落町内常会実施状況』では、相馬郡太田村のほか双葉郡大野村（追加指定教化村）、耶麻郡関柴村（追加指定教化村）、田村郡中郷村（教化村）、大沼郡赤沢村が優良事例として挙げられている。また一九四一年の文部省社会教育局『優良常会実施状況』では相馬郡太田村常会（教化村）、田村郡中郷村大字込木楽内部落常会（教化村）、耶麻郡関柴村常会（教化村）、耶麻郡関柴村各部落常会（教化村）が挙げられている。
(47)『福島県教育』第五七巻一号（一九四一年一月）三三〜三四頁。
(48) 前掲遠山『日本精神と新興報徳』四六八頁。
(49) 飯野次郎「福島県教職員適格審査資料　乙　当時の思想言動についての陳述」一九五〇年。
(50)『富山教育』第二五二号　一九三四年には、遠山信一郎「日本精神と報徳道」（一〜四頁）や藤田訓二「最近富山県に於ける報徳運動の概況」（二五〜五八頁）、大石斎治「報徳道義による学校経営の実際」（一〇三頁）、安元財市郎「報徳教義による教化的施設」（一一三〜一二二頁）など、報徳関係の論稿が多数掲載されていた。

第一〇章　大日本教育会および帝国教育会に対する文部省諮問

白石　崇人

はじめに

本稿は、大日本教育会およびその後身団体である帝国教育会に対する文部省諮問を分析し、両会の中央教育行政における役割を明らかにすることを目的とする。

戦前日本の教育行政は、帝国憲法下において官僚主義的であったといわれる。平原春好は、教育行政事務の質向上と行政への民衆参加という合議制諮問機関の特徴に注目し、高等教育会議などの勅令による諮問機関を分析したが、これらは権限・人事上の問題から十分に民衆参加の機能を果たせなかったとした。(1)しかし、戦前の文部省が、勅令による諮問機関だけでなく、各種の学校長会議や教育会に対して諮問を交付したことは知られている。平原は注においてこれらの会議・団体に対する文部省諮問にも言及したが、諮問題目をいくつか挙げて特徴を示すにとどまった。(2)佐藤秀夫によると、文部大臣の諮問機関である高等教育会議は、自らの政策を有利に実行するために文部省自ら教育専門家の合意形成の場を組織するという、「公議の制度化」の機能を期待した井上毅文相の構想を受け、権限・人事に対する制限を強めて成立したという。(3)文部省諮問が専門家の合議を求める方策ならば、中学校長会議に中学校の事項を、高等学校長会議に高等学校の事項を諮問することは至当であろう。しかしその一方で、教育会に対する文部省諮問はどう理解したらいいのか。

梶山雅史・竹田進吾によって、教育会の歴史的役割は、「近代日本社会に学校装置を急速に普及定着させ、また社会教育を広範に推進したきわめて注目すべき情報回路であり、強力なメディアであったといえるのではあるまいか」と仮説された[4]。そして、渡部宗助によって、その政治的役割は「教育政策・行政の補完」であるとされている[5]。神田修によると、明治一〇年代末から二〇年代初頭の県教育会は、県から「教育実施のための規則・心得」などの諮問を受け、県教育行政の学事諮問機関と化していたという[6]。また、本間康平によると、地方教育会に対する府県等の各地方行政当局の諮問には、地方教育会の合意を取りつけ、各地方の実情に即した教育行政をより具体的に展開しようとした意図があり、同時に「現場の教育担当者は、市町村段階の行政機構に組み込まれながら、教育会を媒介とすることによって、政策決定過程へ、諮問答申という形で直接参加する途を確保することができた」という[7]。地方教育会に対する地方行政当局の諮問は、行政当局にとっては地方の実情に則した教育行政の展開、教育関係者にとっては地方教育会を通した政策決定過程への参加、という二重の意味があったのである。

では、教育会に対する文部省の諮問には、地方教育会に対する地方行政当局の諮問のように、二重の意味を見出せるのか。数ある教育会の中で、文部省との関係が最も深いものとして挙げられるのは、大日本教育会と帝国教育会であろう。両会と文部省の関係に関する評価は、先行研究では大きく二つの傾向がある。第一は、文部省の翼賛団体と評価する傾向である[8]。第二は、世論結集によって政府施政に意見する、圧力団体と評価する傾向である[9]。第一の視点に立つ研究は、文部省関係者の教育会観や入会および施政翼賛規程の制度化から評価し、その時々の文部省諮問を部分的に明らかにしている。第二の視点に立つ研究は、文部省への建議・運動といった一方的立場を強調し、文部省諮問を考察対象としていない。先行研究には、教育会に対する行政当局の諮問における二重の意味の有無に注目し、両会に対する文部省諮問を総合的に分析したものはない。そこで本稿は、大日本教育会・帝国教育会に対する文部省諮問を、文部省の意図と両会の対応の両面から注視し、中央教育行政における両会の役割を明らかにしようとする立場から分析する。

以上の問題意識に基づき、本稿を次のように構成する。まず、文部省諮問の意図を解明するため、諮問に関する文部当局者の意図を分析する。次に、両会に対する文部省諮問の全体像を把握するため、諮問交付状態と諮問内容の傾向を分析する。最後に、文部省諮問に対する両会の対応を解明するため、両会の諮問審議体制を分析する。本稿は、全体像を掴むことを第一の課題と考え、両会に対する文部省諮問を長期的な視点から分析する。なお、本稿における両会に対する文部省諮問とは、両会本会に対する文部省諮問と両会の主催会議に対する文部省諮問を併せたものを指す（詳細は後述）。

一　大日本教育会および帝国教育会に対する文部省諮問の意図

1　教育政策決定過程への教育会編入構想

明治二〇年代の文部省は、帝国憲法体制の成立を見据えて、国家の教育基本政策を一定化し、予想される教育行政事項の多様化・拡大化の傾向に対応するため、教育政策決定過程に修正を加える必要性に迫られ、公議の賛同を調達する方策を模索した[10]。一八九〇（明治二三）年の小学校令制定に関する文書とされる「小学令ニ関スル意見」（牧野文書）では、教育法令の命令勅令主義を前提とした上で、非合議体である行政官へ委任することで担当者交替ごとに小学教育の方針が変更しないよう、教育政策決定には必ず「教育家学術家」の合議を経ることが提案された[11]。その理由は、教育は衛生事務と並ぶ専門事業であるためだとした。また、教育家学術家の合議を経れば、政策実行・普及を容易にするとし、具体的な諮問先として、大日本教育会を明確に推挙した。明治二〇年代初頭の文部省には、大日本教育会に対して「教育家学術家」の合意形成を期待する動向があった。

大日本教育会に対する最初の文部省諮問は、一八八八（明治二一）年八月に森有礼文部大臣から諮問されている。森文相は、これに先立つ一八八七（明治二〇）年四月、「尚ホ本会ノ組織ヲ完クシ本会ノ品位ヲ高メ本会ノ責任ヲ重クシ以テ我国教育ノ一大機関タラシムル」という目的を掲げ、大日本教育会を二部構成の中央集権的な全国組織へ改革することを提案していた[12]。そして翌一八八八（明治二一）年九月に、外国の脅威に対応して一国の独立を保つために「全国ノ同心協力」が必要であるとし、「各人各家各村各郡各県皆其範囲相応ノ責任」を尽くす「自理ノ精神」を提唱し、学校長人事に関する府県郡区の諮問機関として教育会の設置を提案した[13]。佐藤秀夫は、森の教育会論について、「地方〈自治〉制の施行に対応して、有産＝名望家をはじめ地方の教育に直接・間接の影響力をもつ階層を、国の教育行政過程中にその緩衝弁として組み込もうと意図した」と評価している[14]。森は、「自理ノ精神」に従って、教育会を国家の教育行政過程へ編入しようとしていたのである。大日本教育会に対する最初の文部省諮問となる森文相の諮問は、時期のズレのため明確な思想によるかどうかは不明だが、大日本教育会を国家の教育行政過程へ編入しようとした具体的方策の一つとして位置づけられよう。

しかし文部省は、教育行政過程への教育会編入を法制化せず、高等教育会議等の諮問会議の法制化により、「教育家学術家」の合意形成を自らが直接主導する方針をとった。一九〇九（明治四二）年の第七回全国連合教育会の建議により、農会令に準じた「教育会令」の制定が教育会側から文部省へと求められた時も、法制化には至らなかった。ところが、大日本教育会および帝国教育会に対する文部省諮問は、明治二〇年代以後、引き続き交付されていく。文部省は、法制化によって自らの制御下に置く代わりに、諮問交付先としての両会に何を求めるに至ったのか。

2 参考案作成による文部行政への参与

一八九一（明治二四）年四月の全国教育連合会で審議された文部省諮問の一つは、尋常小学校の筆算と珠算を単独設置とするか併置とするか、さらに全国一定と地方委任のいずれにすべきか、という諮問であった。[15] 辻新次文部次官（大日本教育会会長・全国教育連合会議長）は、諮問理由について、実際に施行するものは文部大臣が定めるが、「地方ノ実地ニ能ク適フヤウニ又我々（連合会議員：白石注）ノ満足スルヤウニ拵ヘナケレバナラヌカラシテ、文部大臣ニ於テモ慎重ヲ要シテ我々（同前：白石注）ノ意見ヲ聞キタイト云フ考ヘト存ジマス」と説明した。[16] この諮問は、同年九月二六日、辻大日本教育会長から「尋常科ニ於テハ筆算珠算相併用スルヲ可トシ且土地ノ情況ニ依リテ単ニ筆算若シクハ珠算ヲ用フルモ差支ナキ事トス」と文部省普通学務局長へ答申された。[17] そして、同年一一月一七日公布の小学校教則大綱第五条には、「尋常小学校ニ於テ筆算若クハ珠算ヲ用ヒ又ハ筆算珠算ヲ併セ用フルハ土地ノ情況ニ依ルヘシ」と規程された。大日本教育会の答申が決定的要因かどうかは不明である。しかし、尋常小学校算術科教授法に関する文部省の政策決定過程において、同教育会およびその主催会議の答申は尊重されたと考えられよう。また、一八九三（明治二六）年六月、井上毅文部大臣は、実業補習学校について、大日本教育会を通して会員に諮問を行った。井上文相は、実業補習学校について多方面から多くの意見を収集し、実業補習学校規程を制定するにあたって参考にしたという。[18]

一八九三（明治二六）年一〇月の文部省訓令第一一号（所謂「箝口訓令」）発令のため、大日本教育会は政治に関する活動を自粛し、しばらく文部省諮問も途絶えた。同訓令が廃止されたのは一八九七（明治三〇）年一〇月だが、教員の政治的活動禁止の訓令群が翌一八九八（明治三一）年八月に廃止されるまで、教員を構成員とする教育会はその活動に拘束を受けた。同年八月二一日、帝国教育会茶話会にて尾崎行雄文相は、教員の政治活動禁止の訓令群を廃止した理由を、国際的配慮と教員の自律的行動を重視したためと説明している。[19] その上で同茶話会参加者に対し、次のように述べた。すなわち、文部省への意見上申を奨励し、その意見が場合によっては当局者の「不便不利」になろうとも、「当局者の不便不利が国家の利益となるならば当局者の喜びは是に越したことはない」とした。

また、一九〇五（明治三八）年五月の全国連合教育会には、文部省諮問「補習教育の普及発達を図るに於て簡易にして有効なる方法如何」「小学校の教科に於て実業の思想を養成するには如何なる手段を採るを最有効とするか」が交付された。同会議では、この諮問の性質を問う者が現れ、同諮問に対して文部省に成案が既に存在するか否かが問題となった。すなわち、既に文部省に成案があるなら諮問に対して答えるのは全国連合教育会が「鼎の軽重を問はんとするものに異ならず」、文部省で成案がないなら文部省は「一国文政の首上機関」として「甚だズルイシワザ」だとしたのである。[20] これに対して真野文二文部省実業学務局長は、『教育時論』の「訪問」欄にて次のように説明している。すなわち、この諮問内容については文部省でも一通り調査したが、「全国連合教育会には多数の人が集まるから、其の多くの代議員中には本省の考案の外に、一層よき考を持って居る人もあるだらう」と考え、「本省の方では多くの方法を集めて其多くの方法を綜合し、其れより最もよき方法を択びたいと云ふ精神で、彼の諮問案を提出した」とした。[21] つまり、真野によれば、一九〇五（明治三八）年の全国連合教育会に対する文部省諮問は、全国連合教育会への一方的依存を期待するものでなく、文部省の意向の「上意下達」を期待するものでもなかった。文部省は、自身では案出できない新方案を期待して、全国連合教育会に諮問したのである。

一九〇九（明治四二）年の全国連合教育会には、文部省は小中等学校における教育勅語の趣旨貫徹と躬行実践の精神を養成する方法について諮問し、「教育勅語の御旨趣を貫徹することは各学校に於て特に力むる所なりと雖も今日に在ては其の実績未十分に挙れりと称すること能はず」と諮問理由を説明した。[22] また、同年の諮問「小学校の教授をして実際の生活に適切ならしむること」について、小松原英太郎文相は、「多年教育の任に当り最経験に富める諸氏の講究を累ねられんことを望む」とし、全国連合教育会と議員に実際経験に基づく答申を期待した。[23] 文部省は、両会とその主催会議に対し、各地の代表的教育者の実際経験を駆使した、現実問題に対する良質な研究を期待したのである。

大日本教育会・帝国教育会およびその主催会議における諮問答申は、原則的に文部行政を拘束しない参考案として扱われたが、文部省だけでは得られない新方法の案出を期待された。そして、明治二四年や二六年の諮問の際のように、実際の政策決定過程で尊重されることもあった。両会とその主催会議は、諮問に対する参考案作成の役割を担う形で、文部省の中央教育行政体制へ編入された。

二　大日本教育会および帝国教育会に対する文部省諮問の傾向

1　明治大正期の両会に対する文部省諮問の慣例化

〔表1〕は、大日本教育会結成の一八八三（明治一六）年から大正末年の一九二六（大正一五）年までを対象時期とし、大日本教育会・帝国教育会および両会の主催会議に対する文部省諮問の諮問年と審議機関を整理した一覧表である。文部大臣の名による諮問も含んでいる。両会の主催会議は、独立した団体ではなく、両会が教育普及・改良の目的を達するための事業として主催した会議である。表中では便宜的に○印で示した。両会は主催会議の事務を取り扱い、議題を整理決定し、会長を議長とし、審議の結果得られた答申案・建議案をしかるべき所へ提出した。例えば、一九〇一（明治三四）年の諮問は帝国教育会長宛で全国連合教育会への諮問を依頼し、答申案は全国連合教育会長名義で出され、同建議案は帝国教育会会長・全国連合教育会長名義で出された[24]。両会の主催会議への文部省諮問は両会本会を通して処理されたため、一緒に検討すべきと考えた。なお、表中の部門・委員会・部は、両会の本会内部に組織された研究調査もしくは審議機関である。

〔表1〕によると、一八八三（明治一六）年から一九二六（大正一五）年の間、明治期に一八回、大正期に二七回、

〔表１〕明治大正期の大日本教育会・帝国教育会および主催会議に対する文部省諮問年・審議機関一覧

諮問年	審議機関
明治 21 年	本会（初等教育部門）
明治 23 年	本会（手工科取調委員会）
明治 24 年	○全国教育連合会
明治 26 年	本会（会員）
明治 32 年	○全国連合教育会（第２回）
明治 34 年	○全国連合教育会（第３回）
明治 35 年	本会（会員・学制調査部・国字改良部）
明治 36 年	○全国連合教育会（第４回）
明治 38 年	本会（委員会）
明治 38 年	○全国連合教育会（第５回）
明治 39 年	○全国小学校教員会議（第１回）
明治 40 年	○全国連合教育会（第６回）
明治 40 年	本会（小学教育調査部）
明治 41 年	○全国小学校教員会議（第２回）
明治 42 年	○全国連合教育会（第７回）
明治 43 年	○全国小学校教員会議（第３回）
明治 44 年	○全国連合教育会（第８回）
明治 45 年	○全国小学校教員会議（第４回）
大正　2 年	○全国連合教育会（第９回）
大正　3 年	○全国小学校教員会議（第５回）
大正　4 年	○全国連合教育会（第 10 回）
大正　5 年	○全国小学校教員会議（第６回）
大正　6 年	○全国連合教育会（第 11 回）
大正　6 年	○全国小学校女教員会議（第１回）
大正　7 年	○全国小学校教員会議（第７回）
大正　7 年	○全国実業補習学校長会議
大正　9 年	○全国小学校教員会議（第８回）
大正　9 年	○全国小学校女教員会議（第２回）
大正 10 年	○全国保育者大会
大正 11 年	○全国農業科教員大会
大正 11 年	○全国女子教育大会
大正 11 年	○全国社会教育協議会
大正 11 年	○全国小学校教員会議（第９回）
大正 11 年	○全国小学校女教員会議（第３回）
大正 13 年	○芸術教育大会
大正 13 年	○全国小学校女教員会議（第４回）
大正 13 年	○全国小学校教員会議（第 10 回）
大正 14 年	○農村教育協議会（第１回）
大正 14 年	○全国小学校女教員会議（第５回）
大正 14 年	○農村教育協議会（第２回）
大正 14 年	○社会教育大会
大正 15 年	○全国育英事業大会
大正 15 年	○全国小学校女教員会議（第６回）
大正 15 年	○全国小学校教員会議（第 11 回）
大正 15 年	○全国音楽教育研究大会

〈出典〉『大日本教育会雑誌』『教育公報』『帝国教育』『教育時論』により作成。諮問年は、諮問された年が確実に判別できるものはその年を、判別できないものは最終的な答申を審議した年を表記した。審議機関には、諮問答申を実質的に審議した機関のみを挙げた。

両会に対して文部省諮問が交付されたことがわかる。一八八八（明治二一）年に最初の文部省諮問が交付され、一八九三（明治二六）年から一八九九（明治三二）年まで空白があった。一八九九（明治三二）年に文部省諮問の交付が再開し、一九〇一（明治三四）年以降はほぼ毎年一回、一九〇五（明治三八）年以降は毎年必ず一回、一九一七（大正六）年以降はほぼ毎年二回以上諮問されていた。なお、一九〇七（明治四〇）年までは両会内部の機関で審議されることもあったが、大正期にはすべてが主催会議にて審議された。両会に対する文部省諮問は、主に主催会議で審議さ

〔表 2〕明治大正期大日本教育会・帝国教育会に対する文部省諮問の傾向（1）

諮問傾向（教育種類）	第 1 期（A）	年平均（A/6）	第 2 期（B）	年平均（B/5）	第 3 期（C）	年平均（C/9）	第 4 期（D）	年平均（D/9）	第 5 期（E）	年平均（E/10）
小学校教育	6	1.00	0	0.00	13	1.44	15	1.67	15	1.50
補習学校教育	2	0.33	0	0.00	1	0.11	0	0.00	3	0.30
中学校教育	0	0.00	0	0.00	3	0.33	0	0.00	0	0.00
師範学校教育	1	0.17	0	0.00	1	0.11	0	0.00	0	0.00
中等学校教育	0	0.00	0	0.00	0	0.00	1	0.11	0	0.00
学校一般の教育	0	0.00	0	0.00	6	0.67	2	0.22	0	0.00
普通教育	1	0.17	0	0.00	0	0.00	1	0.11	0	0.00
社会教育	0	0.00	0	0.00	0	0.00	2	0.22	5	0.50
農村教育	0	0.00	0	0.00	0	0.00	0	0.00	2	0.20
女子教育	0	0.00	0	0.00	1	0.11	1	0.11	5	0.50

〈出典〉『大日本教育会雑誌』『教育公報』『帝国教育』『教育時論』により作成。数値はすべて件数。

れ、明治三〇年代半ば以降に慣例化したといえる。

2　明治大正期の両会に対する文部省諮問の小学校教育への傾斜

次に、両会に対する文部省諮問の内容の特徴について検討しよう。〔表2〕は、明治大正期の両会に対する文部省諮問の傾向を、教育の種類ごとに分類して表にしたものである。先述の両会に対する文部省諮問の交付状況の傾向から、大日本教育会に対して諮問が行われた第一期（明治二一～二六）、諮問が全くなくなった第二期（明治二七～三一）、帝国教育会本会への諮問と主催会議への諮問とが混在した第三期（明治三二～四〇）、全国連合教育会と全国小学校教員会議のみへ諮問された第四期（明治四一～大正五）、主催会議が多様化した第五期（大正六～一五）に時期区分し、文部省が諮問した際の項目（第一期八件、第二期〇件、第三期二〇件、第四期二一件、第五期二五件）に従って集計した。また、各時期の諮問傾向の変化を比較するため、第一期を六年、第二期を五年、第三期を九年、第四期を九年、第五期を一〇年によって割ったのが、表中の年平均数である。なお、例えば一九〇一（明治三四）年の諮問項目「小学校及中学校に於て公徳を養成する方法如何」のように、二つの要素が重複している場合は重複して集計した。

〔表2〕によれば、第五期には社会教育・女子教育に関する諮問が増

〔表３〕明治大正期大日本教育会・帝国教育会に対する文部省諮問の傾向（２）

諮問傾向（研究領域）	第１期（F）	年平均（F/6）	第２期（G）	年平均（G/5）	第３期（H）	年平均（H/9）	第４期（I）	年平均（I/9）	第５期（J）	年平均（J/10）
教育法制	4	0.67	0	0.00	6	0.67	4	0.44	5	0.50
教　科	5	0.83	0	0.00	8	0.89	9	1.00	7	0.70
訓　育	0	0.00	0	0.00	6	0.67	6	0.67	5	0.50
教　員	0	0.00	0	0.00	0	0.00	4	0.44	4	0.40
就学・教育普及	0	0.00	0	0.00	2	0.22	0	0.00	4	0.40

〈出典〉『大日本教育会雑誌』『教育公報』『帝国教育』『教育時論』により作成。数値はすべて件数。

えたが、全体を通して大部分は学校教育に関する諮問だったことがわかる。特に注目すべきは、第一期から圧倒的に小学校教育に関する諮問が多く、第三期以降はさらにその傾向が強まったことである。中学校・師範学校といった中等学校教育に関する諮問は、第四期まで少ないとはいえ諮問されたが、第五期には見られなくなった。そもそも、中等学校教育に関する諮問の多くは、小学校教育との関連で現れたものであった。例えば一九〇二（明治三五）年の中学校予科に関する諮問も、高等小学校との連絡や関係に注目したものだった。また、補習学校教育はすべて初等段階のものであった。中等以上の実業学校や専門教育を含む高等教育に関する諮問はまったくなかった。

〔表3〕は、明治大正期の両会に対する文部省諮問の傾向を、研究領域ごとに分類して表にしたものである。諮問項目で判別不能の場合は、文部省当局の説明を参照して集計した。教育法制には、教育法規・施設設備・教科以外の時間的枠組などを集計した。教科には、教科カリキュラム・教科教授法を集計した。訓育には、行事などの課外活動、特に徳育に関する事項を集計した。教員、就学・教育普及は字の如くである。その他の凡例要素は、〔表2〕に準じた。

〔表3〕によると、全体的に教科に関する諮問が比較的多い。教科に関する諮問は、学科目やカリキュラムの編成をはじめ、教科内容や教授法に関する実際的実務的なものがほとんどであった。教育法制に関する諮問は、現行法律に関する事項もあったが、圧倒的に学校設備や学級編制といった学校制度上のものが多かった。訓育に関する諮問は、主に勅語奉読や礼式、祝祭日などといった学校訓育の実施方法を問うものがほとんどであった。教員に関する諮問は、男女教員や正・准・代用教員の得失・運用方法などを問うものであった。また、就学・教育普及については実際の普及・振興方法を問うものであった。

両会に対する文部省諮問は、第四期以降（明治四一年〜）に顕著に見られるように、学校教育、とくに小学校教育に関する学校運営・教科教授・学校訓育・教育普及の実施方法に関する内容であった。さらに言えば、小学校教員・校長としての教授訓育・学校運営の豊富な経験や、地域の教育実態に関する知識がなくては対応できない、極めて実際的実務的なものであった。

三　大日本教育会および帝国教育会における文部省諮問審議体制

1　本会における研究調査機関の整備

一八八八（明治二一）年の両会に対する最初の文部省諮問は、大日本教育会本会への諮問であった。大日本教育会は、同年五月に初等教育等の専門領域ごとに分けた七部門を設置していた。各部門は、「議員」によって構成された。議員は、西村貞参事員兼理事によると、政府施政への追随ではなく、主体的誘導によって政府施政を「翼賛」することを期待された役職であった[25]。そのような議員で構成された部門の一つ、初等教育部門（部門長・伊澤修二）は、八月一三日、最初の研究調査「東京府令第三十六号小学教科書中併用図書優劣判定」を完了した[26]。その翌日一四日付で、文部大臣から文部省文書課長を通して、「小学校授業時間ノ事」「小学校休業日ノ事」「小学校学科ノ事」「普通教育ノ目的」について諮問が交付された[27]。辻会長は即座に初等教育部門に諮詢した。両会に対する最初の文部省諮問は、小学校・普通教育に関する諮問であり、大日本教育会の研究調査機関で、小学校教育に関する初の研究調査が完了した翌日に交付されたのである。

一九〇二（明治三五）年一月二九日、学校生徒の敬礼法、四年制義務教育の実行法、ローマ字にて国音を綴る方法、中学校予科設置の可否（可ならばその方法）、について文部省諮問が交付された。当時の帝国教育会は、学制調査部と国字改良部という研究調査機関を有していた。学制調査部では、一九〇一（明治三四）年一一月から学齢児童の就学増加方法の調査や礼式・服装の調査を開始していた[28]。国字改良部では、一九〇二（明治三五）年一月から「我が国の国字を改良するには羅馬字・仮名字・新字・漢字節減のいずれを採用するを可とすべきか」という題で討論会を開催することを決定していた[29]。文部省は、諮問理由を「聞く頃来貴会に於ては学校制度等に関し御調査相成居候由、就ては別紙記載の如きは目下教育上重要なる問題と被存候に付貴会に於て其可否得失御攻究被成下候はゝ」と説明している[30]。この時も文部省は、やはり帝国教育会の研究実績を踏まえて諮問したのである。帝国教育会はこの文部省諮問を受けて、会員と地方教育会へ諮問し、さらに敬礼法・四年制義務教育・中学校予科については学制調査部へ、ローマ字については国字改良部へ諮問した[31]。なお、この諮問の一つであった四年制義務教育の実施方法については、文部省が希望する四年制も現実面からやむを得ないとしながら、六年制を要求する世論を重視し、土地の情状によって四年〜六年の幅をもって実施すべきであると答申した[32]。帝国教育会本会での文部省諮問答申からは、文部省の意向を尊重しながらも、それと異なる世論をも複合的に採用しようとした面が見いだせる。

ではなぜ、文部省は主に小学校教育に関する諮問を両会に交付したのか。森有礼文相の秘書官を務めた後に文部省で要職を長年務めた木場貞長は、「帝国教育会の為めに主として尽力した人たちは多くは小学校教育の関係者であった。師範学校関係者や文部省視察《ママ》官なども加って居た。（中略）又文部省の方でも全然無関心といふ次第でなく、相当の好意を示して居た事は事実である。大体に於て帝国教育会の事実は普通教育の範囲に止まり、高等教育に関係したことは極めて稀であったやうである。師範教育には十分な熱意をもって居られたやうであるが、それに反して中学校との関係はそれほど密ではなかったやうである」と回顧している[33]。なお、昭和期の帝国教育会評議員であった阿部宗孝（東京府立第六中学校長）は、「もともと帝国教育会は小学校教員の会であると我々は思ってゐた位です」とし、大正期に澤柳政太郎（帝国教育会会長）から帝国教育会に関係して中等教育界の世話をせよと言われて当惑したという[34]。実際、両会会員の職業構成は、一八八三（明治一六）年から一九一五（大正四）年まで、広島県の事例では、会員の五割から七割は小学校教員であった[35]。帝国教育会は、時期によって多少違いはあるものの、名実共に小学校教育に関係の深い団体であり、文部省当局者もそのような団体として認識していたのである。

しかし、明治三〇年代後半の帝国教育会では、本会内部の研究調査機関がうまく機能しなくなっていた。一九〇五（明治三八）年、高等教育会議への諮問事項「文法上許容すべき事項、国語仮名遣改定案並びに字音仮名遣に関する事項」がそのまま帝国教育会へ諮問された[36]。これは、三月一三日に国字改良部で審議された後、同月一七日の評議員会にて、なぜか会長選任によって別に委員が選定されて研究審議された[37]。一九〇七（明治四〇）年一二月一八日、帝国教育会主事会では、白仁武文部省普通学務局長から諮問された「現行尋常小学読本中の漢字数に関する意見」について、小学教育調査部にて審議することが決定した[38]。ただし、小学教育調査部は設置決定の直後であり、まだ実際の組織は成立していなかった。

大日本教育会では、施政翼賛は宣言だけではなしえないという信念の下、政府施政の主体的誘導の機能を期待された議員によって、最初の文部省諮問が審議された。文部省は、両会で積まれた研究調査実績を踏まえて諮問した。これに対し、場合によって両会は、文部省の意図とは異なった意見を答申することもあった。これが両会の文部省諮問答申の姿勢であり、実際の「施政翼賛」の形であった。ただ、明治三〇年代後半になると、帝国教育会単独では文部省諮問の受入体制がうまく機能しなくなり、新しい体制が必要となった。一八九九（明治三二）年の第二回全国連合教育会への交付を皮切りに、帝国教育会に対する文部省諮問は、本会に対する諮問に代わって主催会議への諮問が主流になっていく。そして帝国教育会も、様々な種類の会議を主催し、文部省諮問に答えていくのである。

2　全国連合教育会の定例化と機能整備

明治大正期の全国連合教育会は、恒常的な活動を行う団体組織ではなく、帝国教育会・道府県市教育会・植民地教育会（台湾朝鮮等）の代表を集めて、文部省諮問や各教育会から提出された議題を討議研究し、答申案・建議案を作成する会議であった。同会議は一八九一（明治二四）年開催の全国教育連合会を発端とするが、その成立の意味については前年一八九〇（明治二三）年開催の全国教育者大集会を含めて考える必要がある。

一八九〇（明治二三）年五月、「教育場裡の輿論を提起する下地を造るべきこと」という期待を背に受け[39]、大日本教育会は「教育者の気脈を通じ、懇親を厚ふせん」ことを目的として全国教育者大集会を開催、全国から数百名に及ぶ教育関係者を集めることに成功した。全国教育者大集会の注目すべき点は、大日本教育会が提出した問題について、事前に意見をまとめ、代表を立てて参加させた教育会があったことである[40]。『大日本教育会雑誌』号外の大集会報告書第一巻（一・二日目分）を通覧しただけでも、一三府県一六府県郡教育会代表の発言があった。ただ、主催側は教育者「個人」の集会という見解にこだわり、地域の代表者ですら十分発言できない場合もあったという[41]。信濃教育会代表に至っては、同集会において緊急動議された「我国教育の主義は国家主義か個人主義か」の採決について断固反対の意見を述べ[42]、代表の帰県後も『信濃教育会雑誌』誌上で、この決議は地方の実情から離れた論理によるものだと主張をし続けた[43]。当時各地で次々と教育会が結成されていたが、当時の地方教育会は数だけではなく、大日本教育会の予想を超える形で、意見総括や代表者選出等が可能な実力ある組織に成長していた。この過程を経て、翌年四月、その開催過程を知る資料は見あたらないが、大日本教育会は全国教育連合会の開催に踏み切り、全国各地から府県規模の教育会代表を集めたのである。

〔表4〕は、帝国教育会主催の全国連合教育会の発展状況を記した表である。一八九七（明治三〇）年一〇月、「全国各府県教育会の気脈を通じ、相倶に提携して以て斯道進歩の法を講じ、其発達の道を究むる」ために全国連合教育

〔表 4〕帝国教育会主催の全国連合教育会の進展

年	会名	初めて行ったこと
明治 30 年	第 1 回全国連合教育会	全国連合教育会の継続を決定。同規則の制定。
明治 32 年	第 2 回全国連合教育会	市教育会同盟可。文部省諮問再開（開催 1 ヶ月前に諮問）文部省官僚による諮問案説明。
明治 34 年	第 3 回全国連合教育会	帝国教育会において初めて文部省諮問の事前調査。会議にて残された課題について、帝国教育会へ事後調査付託。
明治 36 年	第 4 回全国連合教育会	文部省諮問案提出の請求。大阪開催。議題公示の際、議題理由・説明を初めて付記。
明治 38 年	第 5 回全国連合教育会	議題を約半年前に公示（文部省諮問は約 3 ヶ月前公示）。
明治 40 年	第 6 回全国連合教育会	韓国日本居留地小学校長会の同盟。
明治 42 年	第 7 回全国連合教育会	帝国教育会の各調査部による帝国教育会提出議題選定。
明治 44 年	第 8 回全国連合教育会	文部省諮問案の備考として、「予め各議員に送付し置き意見を徴せらるること」と、答申には決議書と各議員の意見を付して提出することが注記される。台湾教育会・南満州教育会の同盟。
大正 6 年	第 11 回全国連合教育会	教育学者による議題の事前調査。

〈出典〉『教育公報』『帝国教育』により作成。

会が開催され、同席上で全国連合教育会の隔年開催を決定した[44]。全国の教育会の連絡連携を図る目的のもとに開催された全国連合教育会に対し、文部省諮問は基本的に開催前一ヶ月前後に交付され、一九〇三（明治三六）年には帝国教育会から請求した形跡があった[45]。帝国教育会にとって文部省諮問は、全国連合教育会開催、すなわち全国の教育会代表の会合を実現するための一つの核として、必要不可欠なものだったと考えられる。また、帝国教育会による文部省諮問の事前調査は、一九〇一（明治三四）年の第三回から始まった。このことから、全国連合教育会が本格的に軌道に乗ったのは、隔年開催の慣例化、文部省諮問の毎回交付、諮問案・議案の事前事後調査体制等が整った一九〇一（明治三四）年以降といえよう。さらに、興味深いことに、例えば一九〇七（明治四〇）年の第六回会議に参加した代議員のうち、帝国教育会以外の教育会代議員一三〇名の職業を集計すると、小学校訓導が七一名（五五％）、うち六六名が小学校校長で、次に多かったのは視学官を含む府県吏員の二七名（二一％）であった。(46)全国連合教育会は、小学校訓導・校長と地方教育行政官が大半を占める会議だったことがわかる。

全国連合教育会は地方教育会の台頭を背景に開催され、明治三〇年代以降の定期的開催によって、定期的に文部省諮問の交付を受け、主催側から文部省に諮問交付を求めるようにもなった。先述のように文部省は、両会に対する諮問交付の際に、教育の実際経験を有する専門家による研究を期待した。しかし、全国連合教育会は、小学校教員・地方教育行政官を中心に構成されたが、同時にその他の職種の者も集まるという組織構成上の問題を有していた。大正期の文部省諮問審議体制は、この問題を解消する方向で変化していく。

3　帝国教育会による主催会議の専門分化

〔表5〕は、帝国教育会の主催会議第一回開催年を示した表である。大正期に入ると主催会議の種類は多様化した一方で、文部省諮問が交付される会議と交付されない会議が現れるようになっている。文部省諮問が交付されなかった会議には、女子高等教育促進大会や中等教育協議会があった。そもそも文部省は、中等以上の教育については学校長会議を主催することが可能だった。例えば一九〇二（明治三五）年には医学専門学校長会議・全国中学校長会議・高等学校長会議などを開き、各々学科目・教授法などについて諮問している。(47)帝国教育会の主催会議の多様化は、文部省の新たな需要を満たす一方で、基本的に中等以上の教育に関する事項については必要とされなかったと思われる。

ただ、小学校教育については中等以上の教育事項とは様相が違っていた。一八九六（明治二九）年、文部大臣の諮問機関として高等教育会議が設置され、全教育分野を対象範囲とした。しかし、帝国教育会が第二回全国連合教育会の決議を経て高等教育会議員に小学校教員を加えることを建議したにもかかわらず、(48)結局小学校教員は同会議議員として参加できなかった。文部省が全国小学校長会議を主催したのは、一九三二（昭和七）年一一月が最初であった。(49)

〔表5〕帝国教育会主催会議の第1回開催状況

成立年	成立した主催会議
明治30年	全国連合教育会
明治39年	全国小学校教員会議
大正 6年	全国小学校女教員会議
大正 7年	全国実業補習学校長会議
大正 9年	全国師範学校附属小学校主事会
大正10年	全国（市）町村長会議
大正10年	全国保育者大会
大正10年	全国教育者大会
大正11年	全国女子教育大会
大正11年	女子高等教育促進大会
大正11年	全国農業科教員大会
大正11年	社会教育協議会
大正12年	中等教育協議会
大正13年	芸術教育大会（芸術教育会の協賛）
大正14年	農村教育協議会
大正14年	全国保育代表者協議会
大正14年	社会教育大会（社会教育協議会）
大正15年	全国育英事業大会
大正15年	全国音楽教育研究大会

〈出典〉『教育公報』『帝国教育』により作成。

文部省は、長い間小学校教育に関する専門的諮問機関を有しなかったのである。

なぜ文部省は小学校教育に関する専門的諮問機関を主催しなかったのか、その理由を解明できる資料は未発見だが、推測できる資料はある。例えば一九〇一（明治三四）年度は、中学校二四二校（教員数四二九八人）、高等女学校七〇校（教員数九三八人）、師範学校五四校（教員一〇三二人）、実業学校四〇一校（教員数二二三六人）に対し、小学校は二万七〇一〇校（教員数一〇万二七〇〇人）であった。(50) 小学校は、他の種類の学校より学校数も教員数も桁違いに多く、これだけの数を文部省で取り仕切ることはできなかったのではないか。推測の当否はともかく、明治大正期の文部省は、とくに小学校教育に関する専門的諮問体制を欠如させていたのである。このような文部行政の構造的問題を補うかのように、文部省は小学校教員が多く参加する両会本会や、全国連合教育会へ定期的に諮問したと考えられる。

そのような中、帝国教育会は、一九〇六（明治三九）年以降、隔年ごとに、地方教育会の人脈・評価機構を利用して各道府県から小学校教員代表を選出し、全国小学校教員会議を開催するようになった。同会議の開催は、一九〇五（明治三八）年一〇月一九日の『戦後に於ける国民の心得』編纂委員会後の臨時取調委員会にて、「小学校教員の会議を開設するの件」が決定したことに始まる。[51]会議開設方法の調査は、評議員・千葉喜作（東京府私立垂珠尋常高等小学校長）に任された。そもそも当時の帝国教育会は、日露戦争中『戦時に於ける国民の心得』を配布したが、そこでは中等以上の教育には一切触れず、「殊に子供の教育にはよく意を用ひ、少くとも義務となって居る小学教育は必ず一般に受けさせて将来の大国民となる基を固めねばならぬ。」と末尾を結んで、国民教育としての小学校教育を重視していた。[52]辻新次会長は、全国小学校教員会議の目的を、国民教育の研究と日露戦争後の「戦後ノ経営」の研究の一環とし、「小学校ノ教授訓練管理上ノコト」を討議するとした。[53]帝国教育会は、日露戦後における新しい国民教育の基礎として、小学校教育の教授・訓練・管理を研究するため、全国小学校教員会議を開き、全国の小学校教員代表を組織しようとしたのである。

一九〇五（明治三八）年七月一日、帝国教育会主催県郡視学茶話会において久保田譲文部大臣は、日露戦後における日本国民の国際的責任などに基づく教育方針を掲げ、「今日は学校の外形、学校の数などに於ては進歩を致して参った。今後は学校の内部内容の実質に付ての改良進歩と云ふ事が最も大切の時期に達しました」と述べた。[54]日露戦後の文部省は、国民教育体制の再編問題として、学校教育の内的事項を取り上げた。実際経験に裏付けられた成案を必要とした文部省にとって、小学校教員が小学校の教授訓練管理を専門的に研究討議する全国小学校教員会議の制度化は朗報だったであろう。

一九一七（大正六）年以降、帝国教育会の主催会議は多様に専門分化し、多くの会議が主催された。文部省諮問も増加し、多様化した。ただし、「農村の現状に鑑みて教育上の改善事項」（農村教育協議会への諮問）のように、諮問内容は次第に抽象的になっていく。文部省諮問に対する問題設定・展開は、より一層会議出席者に任されるようになったのである。逆にいえば、文部省諮問へ対応するために、高い専門的能力が要求されるようになったことを意味するともいえる。明治末期以降、帝国教育会以外でも専門的な会議が開催されるようになると、文部省は帝国教育会以外の外部団体・会議にも頻繁に諮問するようになる。[55] 一九三二（昭和七）年には、文部省は帝国教育会主催会議以外に、全国連合小学校教員会など計一〇の団体や会議に諮問するに至る。[56] 文部省は、諮問先に専門性の高い実際経験に基づく参考案作成を期待した。そのため、より専門的な団体・会議が組織され、内実を伴うようになれば、そちらへ諮問が増えるのは当然であろう。しかし、そのような団体・会議が未組織または十分に発展していなかった明治大正期においては、大日本教育会・帝国教育会は、文部省にとって重要な諮問先であり続けた。その意味で、文部省の政策決定過程における両会の役割は、明治大正期において大きかったのである。

おわりに

以上、大日本教育会および帝国教育会に対する文部省諮問をめぐる、文部省の意図と両会の対応を分析してきた。結論として両会が文部行政に果たした役割をまとめると、大きく次の三つを挙げることができる。

第一は、中央教育行政体制における小学校教育諮問機関の欠如を補完したことである。文部省は、諮問によって教員等の同意を得、政策実行を容易にすることを目指したが、同時に、文部省自身では得られない実際経験に基づく政策立案の参考案を探る意図もあった。実際、両会およびその主催会議の諮問答申は、文部省の意向にただ従うのではなく、教育関係者、とくに小学校教員の実際経験と世論を基にし、一定の主体性を有したものであった。そして、文部省もそのような答申を期待し、繰り返し諮問を交付したのである。ただ、このシステムは法制化されなかった。つまり、文部省は、慣習的諮問によって政策決定権を握ったまま、小学校教員による小学校教育諮問体制を獲得したことになる。[57] 両会に対する文部省諮問は、小学校教員を中央教育行政体制へ編入する巧妙な手段でもあった。

第二は、文部行政における政策決定過程へ、教育関係者とくに小学校教員を参加させたことである。その意味するところは、教員による教員自身の利益のための行政組織統制ではなく、行政組織による国家の利益のための教員利用であった。ただ、両会およびその主催会議への参加が、小学校教員の文部行政への関与を可能にしたことには大きな意義がある。周知の如く、小学校教員は、明治の早い時期から政治的発言を禁じられた。しかし、一八八八（明治二一）年以降、小学校教員は、両会とその主催会議への参加によって、文部省に支配・統制される存在ではなく、協力を求められる存在になり得た。両会は、文部省諮問を利用して、全国の小学校校長・正教員の組織化を推進し、文部省諮問を研究討議させることで、彼らを文部行政へ参加させたのである。ただ、両会やその主催会議に参加した教員は、基本的に校長や訓導であった。両会は、全国の小学校教員の大部分であった准教員や代用教員の発言機会を提供しておらず、その意味で限界ある組織だったといえる。

第三は、文部行政と地方現実・教育実践の問題を、共通の場で研究調査させたことである。両会は、各種会議を主催し、かつ文部省諮問を受け入れることによって、全国の教育関係者代表が有する地方現実・教育実践の情報を文部省へ、文部省が有する中央教育行政上の問題意識を全国の教育関係者へとつなぐ媒介作用を、同時平行的に果たした。この作用は、民間団体や個人からの文部省に対する一方的建議や、文部省からの一方的通達では実現しない。文部省が諮問を交付し両会が対応するという関係において、初めて実現した。この時両会は、文部行政と地方現実・教育実践を担う教育関係者の「中間にあって作用するもの」、すなわち広義のメディア的存在として位置づけられよう(58)。

本稿は、両会の文部行政における役割を総論的にとらえ、両会が文部行政において以上の三つの役割を果たしたことを明らかにした。文部省は、実際経験に基づく研究調査を求めて、両会およびその主催会議に対し、主に小学校教育に関する問題を諮問した。両会は、文部省諮問を利用して教育関係者とくに小学校教員の組織化を推進し、彼らを中央教育政策決定過程に参加させた。これらの役割は、おそらく時期・諮問内容ごとに様々なバリエーションを有し、それぞれ異なる同時代的意義を有しただろう。また、本稿では両会を文部省と地方教育関係者の間にあるメディア的存在だとしたが、メディアは、コミュニケーションを成立させる媒介物であると同時に、独自の構造によって情報を変質させたり、情報の発信者と受信者との間に「すれちがい」や「ズレ」を生じさせる可能性を持つ機構でもある。両会は、文部省と全国の教育者の間に横たわる微妙な「ズレ」（つまり、施政の主体的誘導を企図する教育者の意図と、参考案として役立つところを摘出しようという文部省の意図とのズレ）をそのままに、両者のコミュニケーションを成立させていたと思われる。具体的な状況下では、様々な問題が生じたのではないか。今後の研究は、これらの課題に答えるため、各文部省諮問の背景・意図・審議・答申状況等を各論的に明らかにしていく必要がある。

※本稿は、平成一七年度・平成一八年度文部科学省科学研究費補助金（特別研究員奨励費）による研究成果の一部である。

注

(1) 平原春好『日本教育行政研究序説』東京大学出版会、一九七〇年、四四頁・二四七～三八一頁参照。
(2) 平原、同上、二〇七～二〇八頁参照。
(3) 佐藤秀夫「高等教育会および地方教育会」海後宗臣編『井上毅の教育政策』第六章、東京大学出版会、一九六八年、八〇五～八六二頁参照。
(4) 梶山雅史・竹田進吾「教育会研究文献目録1」東北大学大学院教育学研究科編『研究年報』第五三集第二号、二〇〇五年、三〇四頁参照。
(5) 渡部宗助『府県教育会に関する歴史的研究―資料と解説』平成二年度文部省科学研究費（一般研究C）研究成果報告書、一九九一年、四頁参照。
(6) 神田修『明治憲法下の教育行政の研究』福村出版、一九七〇年、七一～七四頁参照。
(7) 本間康平『教職の専門的職業化』有斐閣、一九八二年、二九七～二九九頁参照。
(8) 石戸谷哲夫『日本教員史研究』野間教育研究所、一九五八年。前田一男「帝国教育会の『翼賛団体』化要因」『立教大学教育学科研究年報』三二号、一九八八年、七九～九四頁。上沼八郎「『大日本教育会雑誌』解説」帝国教育復刻版刊行委員会編『帝国教育』総目次・解説、上巻、雄松堂出版、一九九〇年、一〜五四頁など。
（9）阿部彰「大正・昭和初期教育政策史の研究（2）—プレッシャーグループとしての帝国教育会、教育擁護同盟」『大阪大学人間科学部紀要』三号、一九七七年、八五〜一〇五頁など。
（10）佐藤、前掲注（3）論文参照。
（11）「小学令ニ関スル意見」明治文化資料叢書刊行会編『明治文化資料叢書』第八巻教育編、風間書房、一九六一年、一九九〜二〇〇頁参照。
（12）「第四回総集会」『大日本教育会雑誌』五三号、大日本教育会、一八八七年四月、一一一頁参照。また、神田、前掲注（6）書、七六頁も参照。
（13）「文部大臣説示ノ要旨」『大日本教育会雑誌』八〇号、一八八八年一一月、八〇九〜八一五頁参照。
（14）佐藤、前掲注（3）論文、八一三〜八一四頁参照。
（15）「全国教育連合会議事筆記録」『大日本教育会雑誌』一一〇号、一八九一年一〇月、附録六九頁参照。
（16）「全国教育連合会議事筆記録」『大日本教育会雑誌』一一〇号、附録八七頁参照。
（17）「全国教育連合会決議ニ関スル本会長ノ報告」『大日本教育会雑誌』一一〇号、五四九頁。
（18）宮沢康人・佐藤秀夫「実業教育」海後編、前掲注（3）書、五三七頁参照。
（19）尾崎行雄「講談及講義」『教育公報』二一五号、一八九八年九月、二七〜二八頁参照。
（20）「第五回全国連合教育会」『教育時論』七三二号、開発社、一九〇五年八月、三三頁参照。
（21）「真野実業学務局長」『教育時論』七三二号、二五頁参照。
（22）「第七回全国連合教育会」『帝国教育』三三三号、帝国教育会、一九〇九年六月、四五頁。
（23）「小松原文部大臣の訓示要領」『帝国教育』三三三号、七頁参照。
（24）「文部省諮問案」『教育公報』二四五号、帝国教育会、一九〇一年三月、三三頁。及び「第三回全国連合教育会文部省諮問案に対する答申」『教育公報』二四七号、一九〇一年五月、二〇頁参照。
（25）「西村貞君ノ教育懇談会」『大日本教育会雑誌』七二号、一八八八年二月、一二九〜一三四頁。
（26）「初等教育部門長の申報」『大日本教育会雑誌』七九号、一八八八年一〇月、六六五・七三三頁。および、梶山雅史『近代日本教科書史研究』ミネルヴァ書房、一九八八年、四七〜五五頁参照。

(27)「初等部門会ノ成績」『大日本教育会雑誌』八二号、一八八九年一月、二一～八頁参照。
(28)「学制調査部会」「学制調査部協議議案」『教育公報』二五四号、一九〇一年一二月、二〇～二一頁。
(29)「幹事会」『教育公報』二五六号、一九〇二年二月、三四頁参照。
(30)「文部省の諮問」『教育公報』二五六号、四〇頁参照。
(31)「評議員会」「会長の諮詢」『教育公報』二五六号、四一頁。
(32)「答申」『教育公報』二六八号、一九〇三年二月、二二一～二三頁参照。
(33)木場貞長「明治教育界の思ひ出」『帝国教育』六三七号、一九三三年一一月、六三～六四頁参照。
(34)「本会創立五十年の思ひ出（座談会）」『帝国教育』六二五号、一九三三年一〇月、六〇頁参照。
(35)白石崇人「大日本教育会および帝国教育会における広島県会員の特徴」『広島大学大学院教育学研究科紀要』第三部第五四号、二〇〇五年、八七～九五頁参照。
(36)「本会への諮問」『教育公報』二九三号、一九〇五年三月、三八頁参照。
(37)「仝」・「国字改良部」『教育公報』二九四号、一九〇五年四月、九頁・一〇頁参照。
(38)「主事会」『教育時論』八一九号、一九〇八年一月、四五頁参照。
(39)「全国教育者の大集会」『教育報知』二一八号、一八九〇年五月、二頁参照。
(40)例えば、「常集会」『信濃教育会雑誌』四四号、信濃教育会、一八九〇年五月、一～二頁。
(41)『大日本教育会雑誌』号外・全国教育者大集会報告書第一巻、一八九〇年一一月、一八三頁参照。また、「全国教育者大集会」『教育時論』一八六号、一八九〇年六月、二四～二五頁。
(42)『大日本教育会雑誌』号外・全国教育者大集会報告書第二巻、一八九〇年一二月、一二～一三頁。
(43)渡邊敏・寄藤好実「教育者大集会出席員報告」『信濃教育会雑誌』四五号、一八九〇年六月、二二一～二三頁。
(44)「全国連合教育会」『教育公報』二〇三号、一八九七年一一月、一九～二一頁参照。
(45)「請求」『教育公報』二六九号、一九〇三年三月、四三頁参照。
(46)「第六回全国連合教育会記事」『教育公報』三〇八号、一九〇六年六月、二九～三二頁参照。なお、残りは師範学校教員一六名、高等女学校教員三名、中学校教員二名、実業学校二名、その他九名であった。

(47) 例えば、「各学校長会議諮問事項」『教育公報』二五八号、一九〇二年四月、四二〜四三頁参照。
(48) 「初等部門会の成績」『大日本教育会雑誌』八二号、一八八九年一月、三頁参照。
(49) 「全国小学校長会議」『帝国教育』六一六号、一九三二年一二月、六九頁参照。
(50) 文部省総務局文書課編『日本帝国文部省第三十九年報』、一九〇三年、三四〜三五頁。
(51) 「委員会」『教育公報』三〇一号、一九〇五年一一月、八頁参照。
(52) 「戦時に於ける国民の心得」『教育公報』二八一号、一九〇四年三月、附録。
(53) 帝国教育会編『第一回全国小学校教員会議録』、一九〇六年、一〇頁参照。
(54) 「久保田文部大臣の演説」『教育公報』二九八号、一九〇五年八月、三二〜三三頁参照。
(55) 現在確認できている中で最も早いものは、明治四三年の帝国教育大会（帝国教育会参加）である。
(56) 『帝国教育』五九三〜六一八号（一九三二年一月〜一九三三年一月）を参照して集計した。また、全国連合小学校教員会については、太郎良信「全国連合小学校教員会研究序説」（鈴木博雄編『日本教育史研究』第一法規、一九九三年、三九六頁）を参照。
(57) また、両会に対する文部省補助金の存在は『文部省年報』『日本帝国統計年鑑』では確認できない。両会側の資料には、早いものでは一八八七（明治二〇）年の決算報告に見られるが、これは一八九一（明治二四）年以降見られなくなる。文部省補助金が継続的に見られるようになるのは一九二一（大正一〇）年以降である。
(58) 第三の結論は、梶山・竹田（前掲注（4）論文）の仮説を証明しようとしたものである。

〔追加資料〕明治大正期の大日本教育会・帝国教育会および主催会議に対する文部省諮問題一覧

時期	西暦	元号	月	文部省諮問題	諮問対象
第 1 期	1888	M21	8 ～ 12	小学校授業時間の事	初等教育部門
			8 ～ 12	小学校休業日の事	初等教育部門
			8 ～ 12	小学校学科の事	初等教育部門
			8 ～ 12	普通教育の目的	初等教育部門
	1890	M23	2 ～ M26.11	（嘱託）師範学校・小学校の手工科実施方法及成績取調	取調委員会
	1891	M24	4 ～ 9	実業補習学校の教科目及修業年限に関し其適当の編制法	全国教育連合会
			4 ～ 9	尋常小学における筆算珠算の取扱方	全国教育連合会
	1893	M26	6 ～ 9	実業補習学校施設（学科編制・程度、設置区域・方法、修業年限、経費、教員任用法、小学校・各種学校との関係、その他）	会員
第 3 期	1899	M32	4	小学校生徒に貯金を奨励する利害	全国連合教育会
			4	女児の就学を増加する方法	全国連合教育会
	1901	M34	3 ～	小学校及中学校に於て公徳を養成するの方法	全国連合教育会
			3 ～ 4	小学校中学校師範学校生徒の礼式を一定するの方法	全国連合教育会
			3 ～ 4	半日学校実施の方法	全国連合教育会
	1902	M35	1 ～ 11	学校生徒の敬礼法	会員・地方教育会
			1 ～ 翌年 1	四ヶ年義務教育の実施方法	会員・地方教育会
			1 ～	ローマ字を以て国音を綴る方法	会員・地方教育会
			1 ～	中学校予科設置の可否、若し可なりとせば其学科目及高等小学校第二学年を終了して中学校に進入せんとする者に対する方法	会員・地方教育会
	1903	M36	5	小学校の国語科の書き方を教授するには相当の毛筆を用ひ実用に適する字形（従来の字形よりも細小ならしむ）を習はしめて練習の度数を増加し以て実用的書き方の習熟完成を期するの可否	全国連合教育会
			4 ～ 5	高等小学校の国語科に於て教授すべき日常須知の文字中にローマ字を加ふるの可否、若し之を可なりとせば其方法如何	全国連合教育会

	1905	M38	3～11	文法上許容すべき事項、国語仮名遣改定案及字音仮名遣に関する事項	国字改良部
			8	補習教育の普及発達を図るに於て簡易にして有効なる方法	全国連合教育会
			8	小学校の教科に於て実業の思想を養成するには如何なる手段を採るを最有効とするか	全国連合教育会
	1906	M39	5	尋常小学校第一学年の児童に修身書を持たしむる可否	全国小学校教員会議
			5	尋常小学校に於ける一回の授業時間及休憩時間は何程を以て適当と為すか	全国小学校教員会議
	1907	M40	5	小学校に於て試験を廃止したる為め教育上如何なる影響ありしか、若し其影響にして不利なりとせば之を救済する方法	全国連合教育会
			5	各学校間に行はるる連合運動を禁止するの可否如何、若し之を否とせば連合運動より生ずる弊害を防止する方法如何	全国連合教育会
第４期	1908	M41	1	現行尋常読本中の漢字数	小学校教育調査部
			5	尋常小学校に於る男児のみ・女児のみ・男女児混合の学級は、男教員をして担任せしむると、女教員をして担任せしむると教育上如何なる得失あるや	全国小学校教員会議
			5	男女教員を以て編成せる学校に於て男女の教員其の特性を教育上最も有効に発揮せしむべき方法	全国小学校教員会議
	1909	M42	5	小学校及中等学校に於て一層教育勅語の御旨趣を貫徹し生徒をして躬行実践の精神を養成せしむるの方法	全国連合教育会
			5	小学校の教授を実用的ならしむる方案	全国連合教育会
			5	小学校に於ける同学年の児童を以て二個以上の学級を編成する場合には如何なる方法に依りて其児童を分つべきか	全国連合教育会
			5	小学校に於ける児童の座席を定むるに教育上最適切なる方法	全国連合教育会
	1910	M43	5	小学校に於て専科正教員を使用する得失	全国小学校教員会議
			5	小学校に於て女児に課する手工の最も適切なる種類及程度	全国小学校教員会議
			5	小学校に於て児童の課外読物に対する適当なる処理の方法	全国小学校教員会議

			5	高等小学校に於ける農業科の教授を一層適切有効ならしむる方法	全国小学校教員会議
			5	小学校児童をして長期休業中既修の教科目を復修せしむるに最適切なる方法	全国小学校教員会議
	1911	M44	5	普通教育に於て祖先を尊び家を重するの精神を涵養するに一層適切有効なる方法	全国連合教育会
			5	陸海軍記念日招魂社の祭典等に際し学校に於て訓育上施行せる状況	全国連合教育会
			5	通俗教育に関し、其の地方に於て施設せる状況	全国連合教育会
	1912	M45（T1）	5	小学校に於て准教員代用教員を指導する適切なる方法	全国小学校教員会議
	1913	T2	5	教育会に於いて行ふべき通俗教育の適切なる施設方法	全国連合教育会
	1914	T3	4	尋常小学校に於て図画及手工を課すべき適当なる学年及毎週教授時間数	全国小学校教員会議
			4	尋常小学校の書方教授に於て始めて毛筆を用ひしむる適当の時期	全国小学校教員会議
			4	尋常小学校の書方教授の初期に於て摹写法を用ひしむる得失	全国小学校教員会議
	1915	T4	5	学校に於て即位の大典を記念すべき適当なる施設事項	全国連合教育会
	1916	T5	5	小学読本を現行教科書の外、尚一種編纂するものとせば先ず如何なる種類のものを希望するか	全国小学校教員会議
第 5 期	1917	T6	5	高等小学校の教科目及各学年の教授程度毎週教授時間等に就き、改正を施す必要なきか若しありとせば其の方法	全国連合教育会
			5	実業補習学校生徒の就学出席を奨励すに最適当なる方法	全国連合教育会
			10	小学校に於ける裁縫科の教授をして一層実効あらしむる方法	全国小学校女教員会議
			10	小学校に於ける女児の教育上特に留意すべき事項	全国小学校女教員会議
	1918	T7	5	小学校の教授上児童をして一層自発的ならしむべき適当の方法	全国小学校教員会議
			10	現行実業補習学校規程中改正を要すと認むる点	全国実業補習学校長会議

1920	T9	5	小学校をして社会教化の中心たらしむるに最も適切なる方案	全国小学校教員会議
		10	処女会の指導上小学校女教員の特に尽力すべき事項並に其方法	全国小学校女教員会議
1921	T10	11	保育事業振興に関する最も適切なる方案	全国保育者大会
1922	T11	3	農村補習学校の内容を充実せしむる為め急施すべき事項	全国農業科教員大会
		4	女子の研究心を一層増進せしむる方法	全国女子教育大会
		5	現時の情勢に鑑み社会教育振興上適切なる施設	社会教育協議会
		6	小学校各教科目の教授細目を定むるにつき適当なる形式並に内容上具備すべき要件	全国小学校教員会議
		7	小学校女児童の個性尊重に関し女教員の特に注意すべき点	全国小学校女教員会議
1924	T13	5	小学校に於ける図画及手工の教材の選択配列に関する最良の方案	芸術教育大会
		5	国民精神作興に関し、女児教育上特に注意すべき点	全国小学校女教員会議
		11	高等小学校をして一層国民の実生活に適せしむるやう教科課程等を如何に改善すべきか	全国小学校教員会議
1925	T14	2	農村の現状に鑑み教育上改善を要すと認むる事項	農村教育協議会
		5	小学校の教育に於て女教員の特長を発揮すべき方面	全国小学校女教員大会
		10	農村の現状に鑑み女子教育上改善を要すべき事項	農村教育協議会
		11	成人教育施設普及の方策	社会教育大会
1926	T15	3	小学校優等卒業者中薄資のため上級学校に入学する能はざるものの救済方法	全国育英事業大会
		6	高等小学校に於ける家事教授改善方案	全国小学校女教員大会
		11	高等小学校改善に関し教員配置上適当なる案	全国小学校教員会議
		11	小学校に於ける唱歌教授の改善方法	全国音楽教育研究大会

〈出典〉『大日本教育会雑誌』、『教育公報』、『帝国教育』、『教育時論』により白石が作成。第10章の表１～３に関する参考資料として掲示。（表２・３はのべ件数）

第一一章　一九〇九年文部省の全国連合教育会諮問

――日露戦後天皇制教育の一断面――

千田　栄美

はじめに――課題の所在

本論文の目的は、一九〇九（明治四二）年五月に文部省が教育勅語の〈趣旨徹底〉の効果的方法の案出を求めて全国連合教育会に対して行った諮問の教育史的意味を明示することである。

天皇制教育（それは「天皇を頂点とする政治的精神的支配システムである天皇制に、適合的なように編成された教育」として「形式的に定義」される(1)）の理念を具現化した教育勅語は、日清戦争後の「産業革命の進展と条約改正実現にみる日本の国際的地位の向上などの社会変動」(2)を起因にして時代適合性に対する政権担当者や知識層ひいては学校教師・国民一般の懐疑と不信を醸成し、帝国主義段階に本格的に突入した日露戦後の日本社会においてそれは一層の深刻化と拡大化の様相を呈していた(3)。教育勅語は表層的には絶対性が強調されつつも、実体的には権威性を動揺させていたのであった。

天皇制教育理念の権威動揺を眼前にして、日露戦後には政権の側において本格的に対応的政策が実施されていくことになる。従来の教育史学では、それは内務省の戦後処理策の基軸として発案・公布された戊申詔書（一九〇八（明治四二）年一〇月）によって〈理念再編〉が実行され、教育勅語の時代不適合性の補強が画策されたと説明されてきた。これを一貫して主張してきたのは佐藤秀夫であり、戊申詔書公布の「国家権力側」の政策的意図と効果を次のように明示している。[4]「日露戦争の戦後処理が課題とされた時期頃から、天皇制公教育の浸透状況を勘案して、一八九〇年という時代状況のもとで立案された教育勅語と急激な変動を続ける社会＝国家状況下で立ち現れてくる教育課題との間に必然的に生ぜざるを得ない「齟齬」を「処理」する上での、新たな方式」が用意された。それは「状況変動に伴う教育勅語と教育現実課題との必然的ギャップ」を「天皇の新たな詔勅の公布によって「埋めよう」という発想であ」り、同時にそのことによって「時代的限界と拙速成案による不十分さを含んだままの教育勅語をして、時代を超えた普遍性を主張する「古典」の地位に昇格させ」る方式である。これによって、教育勅語は「「初発性」の故をもって、その「絶対性」が一層強調される結果」を生みだすことになる、という見解である。

佐藤は、「教育勅語そのものの戦前全期間中の一貫した「実効支配」を強調」し「その影を「過大評価」して」きた従来の通説的な教育史認識に対する批判を提出しており、戦前期の天皇制教育が社会情勢の変化に伴って一再ならず教育勅語の権威動揺を現出させ、これに対応して〈理念再編〉を実行せざるをえなかった歴史的過程を描出してきた。[5]従来の固定化した「教育勅語体制」としての教育史ではなく、「近現代天皇制の状況変動に対応してきた柔構造性」の具体的過程を描出することに教育史研究の重心を置くのであった。戊申詔書公布は日露戦後経営の一環として捉えられつつも、天皇制教育理念の動揺と政策的対応のプロセスにおいて、新詔勅公布方式による〈理念再編〉の「最初の事例」として明確に位置づけられている。しかし、佐藤の見解は日露戦後の政策的対応を戊申詔書公布に焦点化することによって、逆にこの時期の教育勅語それ自体をめぐる政策的動向への着眼と分析を希薄化させてしまっている。そのために、権威動揺への「国家権力側」の対応過程を多面的に描出しきれなかったのではないかと考える。[6]

これに対して久木幸男は、「動揺が暫時鎮静化する契機となったのは、日露戦争後、問題の深刻化の中で教育勅語の補完を目指した戊申詔書の発布（一九〇八）、および教育勅語新解釈の公認理論となった国民道徳論（その内容が家族国家観）の提起（一九一〇）[7]であり、特に国民道徳論の登場は「天皇制教育史上の一画期」をなし「以後教育勅語批判は不活発化」し「一九二〇年代まで天皇制教育体制が再び相対的安定期に入る」[8]という見解を明示している。久木は内務省主導による戊申詔書公布だけでなく、これに連動して文部省が教育勅語自体に新解釈を付与（＝国民道徳論の導入）することによって〈理念再編〉＝時代即応化を実行していたことに着目し、特に後者の動向と歴史的意味を重視している。

しかし、日露戦後の文部省の権威動揺状況への対応動向をより微細に注視するならば、先ず着手されたのは時代情勢に即応する方向への教育勅語の再解釈＝〈理念再編〉ではなく、その〈趣旨徹底〉であったことが確認できる。こうした文部省の対応様態の推移に留意し、従来それほど着目されてこなかった国民道徳論導入以前の教育勅語動向をその「国際関係史」という視点から分析したのは平田諭治である。[9]平田は教育勅語の官定翻訳と海外紹介に焦点をあて、文部省が国外での教育勅語の反響を恣意的に利用して、その国際的な優秀性・普遍性を国内において国民に向けて強調するという、新しい〈趣旨徹底〉の方法が創り出されていたことを明示した。平田の研究は従来の固定的ない し閉鎖的な教育史学の枠組み＝一国史観に対する内在的批判に基づいて、世界史的な観点から天皇制教育（理念）史を把捉する視点を提出し、教育勅語の海外紹介を狡猾に利用した〈趣旨徹底〉の試みを権威動揺問題に対する政策的対応の重要な一齣として追加したのであった。しかし、課題の主眼が教育勅語の海外紹介を国内での権威回復に活用した政策的メカニズムの解明に置かれているために、国内における文部省の〈趣旨徹底〉の実際的動向や実効性については十分に押さえられていない。

これまでの研究成果を整理すれば、教育勅語の権威動揺の深刻化と拡大化のなかで日露戦後に政策的には大別して三種の対応がなされていたことが確認できる。内務省は一九〇八（明治四一）年戊申詔書＝新詔勅公布方式によって〈理念再編〉を実行し、教育勅語の時代限界性を補塡した。一方、文部省は戦後先ず既存の教育勅語理念を国民に確実に普及定着することに課題を限定化した〈趣旨徹底〉の積極的展開に取り組むことになる。そして〈趣旨徹底〉の努力を経由したのちに、一九一〇（明治四三）年国民道徳論の創出＝教育勅語再解釈方式によって〈理念再編〉を実行することになるのであった。対応の経過は、内務省が教育勅語以外の対象を介入させることによって理念的補強を試みていたのに対して、文部省は〈趣旨徹底〉か新解釈付与かの違いはあるにせよ、あくまでも教育勅語それ自体にこだわる姿勢を堅持していたことを明示している。[10] 内務省と文部省の対応の相違は、教育勅語の相対化によるか絶対性の厳守によるか、天皇制教育理念の動揺状況に対する政策対応の態様をめぐる政権内の矛盾の存在を表象化するものであった。[11] こうした矛盾を表象しつつも、結果的にはこれらの諸対応が相互補完的に作用し、天皇制教育は以後「相対的安定」状況を暫く保持していくことになったといえよう。

本論文が検討対象にする文部省の全国連合教育会諮問は、いうまでもなく〈趣旨徹底〉の系に位置づく対応措置であり、時期的に戊申詔書公布と国民道徳論導入との二つの〈理念再編〉施策のあいだに挟まれた営為であった。文部省は、これに先行して既に一九〇七（明治四〇）年五月に全国師範学校長会議に対しても〈趣旨徹底〉の有効な方法の案出を求めて諮問を行っていた。[12] 連合教育会諮問はその僅か二年後の措置であった。本論文は、文部省の全国連合教育会諮問と答申が、日露戦後の天皇制教育史において、もう少し限定していえば、教育勅語の権威動揺現象への政策的対応という歴史的文脈においてもった意味を明示することを課題にするものである。

一　一九〇七年五月全国師範学校長会議への諮問と答申

1　全国師範学校長会議答申の内容

文部省は天皇制教育理念の権威動揺に対して、日露戦後先ず既存の教育勅語の〈趣旨徹底〉によって対応していく。国民への確実な趣旨定着のために効果的な方法の案出が模索されていくことになるのであった。一九〇七（明治四〇）年五月、全国師範学校長会議に対して「小学校児童ヲシテ卒業ノ後永ク教育ニ関スル勅語ノ趣旨ヲ奉体実践セシムヘキ適当ノ方法」に関する諮問を行うのであった[1]。九月には答申を「大体ニ於テ適当ト」認め、普通学務局から地方庁に答申抄録を送付し、「地方ノ情況ニ依リ便宜御参酌ノ上貴管下各学校へ周知セシメ十分其ノ旨趣ヲ貫徹セシムル様御取計相成度」と通牒した[2]。師範学校長会議が考案した〈趣旨徹底〉方法＝答申内容は、普通学務局通牒によって全国各学校への周知化が指示されたのであった。

答申は、〈趣旨徹底〉の「適当ノ方法」を三つの観点から提示している[3]。第一に、「小学校児童ヲシテ卒業後永ク教育勅語ノ趣旨ヲ奉体実践セシ」むるためには、「小学校在学中」に趣旨を「十分ニ会得」させ、かつそれに基づいた「良習慣ヲ訓練」させることが必要だとする。そのためには、旧来の普及方策を「一層切実有効ナラシムル」よう改善することが重要であるが、それだけでなく従来の方策の「足ラサル所ヲ補フヲ必要トス」とした。この補強のために四つの具体的項目を提出する。①「聖勅ノ諳誦ニ熟達セシムル」こと。②勅語の趣旨を「発揮スルニ足ルヘキ適当ノ歌詞歌曲」を文部省で選定し各小学校で教授すること。③「最後ノ一学年ニ用ヒシムヘキ修身書ハ特ニ聖勅ノ衍義ヲ以テ之ニ充」て、「卒業後モ永ク之ヲ保存シ生涯遵守スヘキ教典トナサシムル」こと。④「修身教授及一切ノ訓誡、訓話等ハ成ルヘク聖勅ノ語句ニ帰結セシムルコト」である。

第二に、「小学校卒業者ヲシテ家庭ニ於テモ社会ニ於テモ其ノ曾テ学校ニ在リシトキト同様ニ常ニ聖勅ノ趣旨ヲ奉体実践セシムル」こと、つまり小学校教育と家庭や社会一般での道徳性形成との一貫性・継続性を重視し、生涯を通して教育勅語の「奉体実践」化を図ることを「目下ノ急務」としている。それは、「教育勅語ノ趣旨ニヨリテ教育ヲ施スヲ以テ単ニ学校内ノ事業トシ家庭及社会ニ於テハ殆ント之ヲ顧ミサルカ如キ観アルハ従来ノ一大欠点ナリ」として、現状の〈趣旨徹底〉における学校教育偏重主義への批判的認識に基づいて提起されていた。そして、具体的方策を七点列挙し、それを「適当ニ採用スルトキハ相当ノ効果アルヘキヲ疑ハサルナリ」とする。①「青年会、処女会、母ノ会、戸主会ノ類ヲ組織シテ」、開催の度に「聖勅ノ趣旨」を訓話すること。②「補習学校又ハ青年夜学会等ノ補習教育機関ノ普及ヲ奨励シ…道徳的基礎」を「青年時期」に涵養すること。③「各市町村ニ普ク」勅語の趣旨を説明した「図書縦覧ノ便ヲ得シムルノ設備」を用意し、かつ勅語普及のための「通俗講習会ヲ開設」すること。④「通俗挿画家庭用勅語読本ノ類ヲ適当ノ方法ニヨリテ編纂」し、「一般家庭ノ読ミ物トシテ普ク採用セシムル様誘導」すること。⑤「学校内ノ諸儀式、展覧会、運動会等ニ広ク卒業者」を「列席又ハ参会」させること。⑥「卒業者ノ善行ヲ表彰」すること。⑦勅語の「奉読」を「学校内」に限定せず、「一般ノ儀式、会合及祭典」でも実施することである。

第三に、小学校教師とりわけ校長が「躬行実践ノ範」を示し、「徳風ノ感化ヲ洽ク学校ノ内外ニ及ホシ、真ニ献身的ニ聖勅ノ趣旨徹底ニ尽力スル所アラシメンコトヲ要ス」としている。それは、第一・第二の提起が「効力ヲ奏スルヤ否ヤハ地方精神界ノ中心タルヘキ小学校訓導特ニ校長ノ其ノ人ヲ得ルヤ否ヤニ関スルコト頗ル大ナルモノアリ」との見解に示されているように、〈趣旨徹底〉の効果的遂行のための基底的要件とされた。〈学校教育による勅語普及〉と〈勅語の社会的普及〉の実効性は、具体的な方策的措置の如何よりもむしろ、小学校教師が教育勅語の趣旨を自ら実践して良好な模範を示し、人格的感化を学校や地域社会に及ぼしていくことによってこそ達成されるということであった。教師が学校の内側において児童の「訓育あるいは徳育の担当者」としての任務を着実に実行し、地域社会や家庭に対しても「一村一区の人格の指導者」(4)として教育勅語普及に献身尽力することが最も重要だとされたのである。(5)

2　普通学務局通牒以後の教育勅語〈趣旨徹底〉とその効果

普通学務局通牒に基づいて、例えば長野県では同年一〇月三〇日答申とほぼ同趣旨の通牒を発し、管内各郡市・各学校へ「教育勅語ノ御趣旨貫徹候様一層御努メ相成度」と要請していた。[6] また、宮城県も一一月答申と同文の県達を各郡市役所に通知した。[7]

文部省も通牒以後、答申内容の実施を教育関係者に対して機会あるたびに督促していった。文相牧野伸顕は一〇月帝国教育会主催の教育勅語奉読式で「先般文部省に於て、師範学校長会の有りし節、勅語の御趣意の実行に付て方法を需めし所、種々意見を纏めて一の意見書として、之を文部省に差出した。依て之を集めて府県知事に訓令して置いたが、地方官にして其事情に応じて之を実施したならば、勅語の普及励行上頗る有益[8]」であるとして、答申の「有益」性を強調し実行を促していた。また牧野は翌年五月の全国小学校教員会議において、「教育上、（教育勅語に基づいた―引用者注）徳育に重きを置くべしとは、茲所に新らしくいふのではなく、従来余が度々説き示」してきたことだが、「道徳の教育には、先づ教育者たるものの実践躬行を要する、……諸氏は宜しく自ら例を示して、以て生徒を感化するの覚悟を有たねばならぬ[9]」として、答申の眼目である教職者の模範的実践による感化の重要性を全国各地から参集した小学校教師に向けて説示していた。さらに一九〇八（明治四一）年九月二九日第二次桂内閣の文部次官岡田良平は、文相小松原英太郎が中等教員夏期講習会終了式席上で行った教育方針演説の筆記とともに、次のような「注意書」を含んだ通牒を地方庁に発していた。「小学校児童をして教育勅語の趣旨を奉体実践せしむる方法に関する、明治四十年九月末発布第三四三号通牒の趣旨は、其の他の学校に於ても十分参考に供し、学生の志想と感情発達の程度とに応じて、相当の方法を講じ、以て我が教育の大本を体認せしめらるべき事[10]」。答申内容を小学校だけでなく「其の他の学校」でも実施すべきことを指示したのであった。

全国師範学校長会議の答申を受けて、文部省は「勅語の御趣旨の貫徹について言を費せるは何等清新の意義なき[11]」と揶揄されるほどに〈趣旨徹底〉を督促していったのであるが、しかし重ねて「言を費」やさねばならなかったのは、この時期の〈趣旨徹底〉の実際が政策担当者の意に沿うような成果をもって展開していなかったことを示していた。

この点は次のような発言からも確認することができる。牧野は、先の奉読式で「未だ全国の隅まで、此勅語の御主旨が到徹して居らぬのは遺憾である[12]」と述べていたし、小松原も地方長官に向かって「往々小学上級の児童にして教育勅語の何たるを解せず、且中学卒業者にして尚其印象深からざるものあるが如し[13]」（一九〇八（明治四一）年一〇月）と趣旨不定着を嘆いていた。こうした〈趣旨徹底〉状況に対する不満は、当時の教育ジャーナリズムにおいても散見可能であり、教育勅語の趣旨が国民に不定着であることは官民を問わず社会的に共有された認識になっていた。例えば、『教育時論』は教育勅語が「国民一般に、普及貫徹せりといひ難きを憾みとなす[14]」とし、『教育研究』は勅語公布以来「日夕意を用ひて、これを指導するも、未だ著しく効果ありしや否やは明瞭ならず。……現時徳教の状態は、未だ以て十分とはいふべからず[15]」と述べていた。『日本之小学教師』も勅語普及について「今尚隔靴の憾なきにしもあらず[16]」と言及していた[17]。

二　一九〇九年五月全国連合教育会への諮問と答申

1　文部省諮問の政策的指向

普通学務局通牒＝師範学校長会議答申をベースにした文部省の〈趣旨徹底〉は十分な成果を得られず、結果的に権威動揺は一層深度を深めていくことになる。内務省は動揺からの脱却を図って〈理念再編〉の実行に先手をとって踏み切ることになるのであった。戊申詔書＝新詔勅公布方式の採用である。他方、文部省は戊申詔書公布を経てなお教育勅語の〈趣旨徹底〉による動揺打開を指向し、再度趣旨定着の効果的方法の案出に取り組むことになる。

一九〇九（明治四二）年三月九日[1]、文部省は五月初旬に開催される第七回全国連合教育会（帝国教育会主催、八日から三日間）に対して、「小学校及中等学校に於て一層教育勅語の御旨趣を貫徹し生徒をして躬行実践の精神を養成せしむるの方法如何」[2]との諮問（第一諮問）を行った。諮問理由について「教育勅語の御旨趣を貫徹することは各学校に於て特に力むる所なりと雖も今日に在ては其実績未十分に挙れりと称すること能はず」との公式説明を付していた。旧来の方法のもとでの〈趣旨徹底〉の努力が「実績」に十分結びついていないことを確認したうえで、「実績」向上のための有効な方法の考案を連合教育会に要請したのである。

諮問は「教育勅語の御旨趣を一層貫徹し生徒をして御旨趣の在る所を了解せしむるのみならず之に基きて躬行実践するの精神を養はしむるの方法を攻究すること殊に緊要なり」との認識を提示しており、文部省が憂慮する趣旨不定着問題の中心的課題は児童生徒の実践性の確保にあるということであった。教育勅語に基づく道徳的知識の理解はもとより、知識を実践に移行させるための方法案出が殊更に重視されていたのであった。それは、井上哲次郎が「一九〇〇年代にかかる時、勅語理念の形式的定着と国民の側の実践性との乖離という問題にぶつか」り、「勅語の正統性の教育が実践的レベルに昂まらない点を問題」[3]にして以来、教育勅語〈趣旨徹底〉論における主要なテーマとして扱われてきた事柄であり、解決方法が様々に模索されてきたことであった。井上は「認識に基づく道徳主義」の効力の不充分性を批判し、「意志と感情に基づく道徳主義」を採用すべきことを主張していた。「意志と感情に基づく方法」として「不可知なる「大我」への直観に基づく宗教ならざる倫理的宗教」の導入を提出し、教育勅語の実践化＝内面化を「倫理的宗教」に期待したのであった[4]。しかし、井上の構想は抽象的・観念的であり、十分な社会的支持を獲得することはできなかった[5]。師範学校長会議諮問でも文部省は実践化の方法案出を課題にしていたが「実績」不十分であった。今回、文部省は全国連合教育会を構成する各地の地方教育会や帝国教育会の存在と役割を積極的に組み込み活用することによって、あらためて問題解決に取り組むのであった。

また、師範学校長会議と連合教育会への諮問は課題を同じくしていたが、両者は、前者が小学校卒業後の生涯にわたる〈趣旨徹底〉を目的にしているのに対して、後者は「小学校及中等学校」の児童生徒への〈趣旨徹底〉に直接的な目的を限定している点に相違があった。一九〇七（明治四〇）年五月は師範学校長会議に対して、今回は連合教育会に対してというように、僅か二年の間にほぼ同内容の諮問が二度もなされていたということ自体に、既存の教育勅語理念の〈趣旨徹底〉方式による動揺脱却への文部省の拘りと、それにもかかわらず〈趣旨徹底〉の実効性が向上しない状況（＝趣旨不定着）への焦燥が二重に表象されていたといえる。

全国連合教育会は、帝国教育会主催のもと一八九七（明治三〇）年から一九一七（大正六）年まで隔年開催された会合であり、「帝国教育会・全国の道府県市教育会・植民地教育会（台湾朝鮮）の代表を集めて、諮問・議題について討議し、結論すなわち答申案・建議案を作成する会議」であった。全国の地方教育会の代表者は「小学校教員・校長と地方教育行政官が大半を占め」ており、なかでも小学校長の割合が高かった。全国連合教育会は「小学校教育・運営と地方教育行政について専門性を有する会議」であった。(6)

丸山眞男が指摘するように、教育勅語を中核理念にした「中央」の「支配層からのイデオロギー的教化」は地方の「中間層」を「通過し、彼らによっていわば翻訳された形態において最下部の大衆に伝達されるのであって」(7)、「中央」の政策担当者の意向がそのままの形態で全国諸地域の「大衆」や子どもに及んでいたわけではなかったのだが、留意すべきは、連合教育会に参集した地方教育会の代議員、特に多数を占める小学校教師・校長はここにいう「中間層」の構成分子であり、学校と地域社会において教育勅語の普及を実際に推進していた（少なくとも推進することを期待されていた）社会的な担い手であったことである。文部省は教育勅語普及の実際的な遂行主体を主要な代議員とする全国連合教育会に対して諮問を行ったのであった。

文部省は諮問に際して、「イ、諮問案は議員出京前に予め送附しおき意見を徴せらるること。ロ、答申は決議書の外必ず前記各議員の提出したる意見の大要を添付すべきこと」を「備考」事項として付していた。(8)全国連合教育会の開催に先立って、事前に各地の代議員とその母体の地方教育会単位で、〈趣旨徹底〉方法の調査・考案を行い意見書を作成すること、さらに答申は連合教育会全体で決議したものだけでなく、各地方教育会（代議員）作成の意見書も添付することを指示したのであった。ここには、地方教育会、ことにその代議員の多数を構成する社会的担い手層（小学校教師や校長）の役割を、〈趣旨徹底〉の推進過程に、より積極的に組み込もうとする文部省の明確な意図を読み取ることができる。「より積極的に」とは、第一に社会的担い手の機能の拡張を指向しているという具体的意味においてである。教育勅語普及にあって学校教師の役割を重視していること自体は従来と変化はない。しかし、旧来の普及過程での教師の役割は文部省（行政）の側から指示された普及方法を着実に「実行」することに置かれていた。ここでは、方法の「実行」だけでなく、「案出」という次元まで担い手層に期待される機能が拡大しているのである。第二に、単に案出させるだけでなく、「地方」（教育会）＝教師の側から案出された方法意見を「中央」＝文部省に吸収することを指向しているという具体的意味である。従来のような「中央」の側からの「地方」に対する普及方法の指示という一方通行ではなく、全国諸「地方」の方法案出能力を「中央」に収斂化するという、双方交通への修正である。

この文部省の積極的指向は、少なくとも二つの政策的機能を期待しうるものであった。第一に、案出した方法を答申（添付）として文部省に提出させることを通して、〈趣旨徹底〉の実際的経験に立脚した発想や意見、あるいは〈徹底〉の具体的方策に関する地域社会や学校単位での先導的試行の事例を「中央」に吸収することが期待できるということである。師範学校長会議と連合教育会への諮問は、教育勅語普及方法の案出を要請していた点において等質であったが、前者が師範学校長からの見解を求めていたのに比べれば、後者は勅語普及の現実場面により一層密着した見地からの知恵やその実践例を集約することができるという相対的利点があった。

第二に、〈趣旨徹底〉の方法案出を実際的担い手に要請することは、〈徹底〉の効果的方法について担い手自身が調査し考慮し討議するという案出プロセスを通して、〈趣旨徹底〉を自己の内在的な課題として認識させ主体意識を喚起する政策的効果が期待できるということである。教育勅語の〈趣旨徹底〉という課題自体が、「最下部の大衆」と直接的に接触する小学校教師層の主体的努力や取り組みなしには遂行しえない性格を本来的にもっているゆえ、課題の遂行に向けて教師の能動的意識を調達することは決定的に重要な問題であった。

第二の点に関しては、この時期特段の緊迫性が含意されていた点に留意する必要がある。まず何よりも権威動揺問題に伴う緊迫性が存在していた。久木幸男は日清戦争後の動揺のなかで「教師たちの間でも教育勅語の権威は低下し」[9]ていたと指摘しており、日露戦争を経た帝国主義的な国家・社会状況への本格的編入は教育勅語の権威性に対する教師の疑念と不信を一層深化・増幅させ、〈趣旨徹底〉の社会的＝実際的主体としての意識を希薄化させることになっていたといえる。

またこの時期、教育勅語の教授を疎略にする現象が教師の間に蔓延していることが社会的に問題視されていたことである。それは教師間の権威低下による主体意識の希薄化に起因していたが、それだけでなく教授困難性ゆえの逃避傾向によってももたらされていた。当時、教育勅語の教授困難を訴える教師は相当数存在しており、教授活動に絶えず付き纏っていた困難さが、指導方法の創意工夫の努力に向かわせるだけでなく、逆に教授それ自体からの逃避行動を誘引する場合があった。『教育研究』は教育勅語の「取扱を如何にすべきかの如き問題は、今日尚ほ実際家の焦心苦慮措く能はざるの問題」であり、「世には往々御本文の語句を非常に六ヶ敷ものとして、殆んど困却の体に陥り、其の如何にすべきを深く考へることもなしに、ほんの読方を一通り取扱ふ位にして、それで過ごして居るといふものも決して少くない[10]」と報じていた。また教育勅語は発布以来、政策担当者によって絶対性が強調され、様々な「不敬」事件を通して神聖性が刻印されてきたのだが、その絶対性や神聖性のゆえに教授徹底することがかえって敬遠される場合もあった。『教育界』は「障らぬ神に祟りなしの敬遠主義に陥れるもの[11]」が多いと端的に報告していた。これは政策担当者である文相牧野によっても憂慮されており、勅語普及の重要性を力説するなかで、「兎角詔、勅語なるものは、之を敬重するの余り形式に走りて、其実質を教へ込むといふ所に至ては力の足らぬといふことは、遺憾でありますⁱ[12]」と述べていた。

さらに、諮問の前年一〇月に戊申詔書が公布されたことは、新しく登場した詔書の浸透に向けて地域社会の「精神的指導者、とりわけ小学校教員の動員[13]」を現実的に推進していたが、この逆機能として一時的にではあれ、教育勅語に対する教師の関心を一層低下させ普及をより疎略化させる傾向を現出していたことである。諮問がなされたのと同じ五月の時点で、井上哲次郎は教育勅語と戊申詔書の趣旨奨励状況を比較して次のように言及している。「戊申詔書を余りに奨励するが為に、教育勅語を一時怠るの傾きはないか、一時教育勅語を怠つた様な結果はないか。此の点に於ては私は幾何か疑ひを挟むのであります」。「教育勅語は、一時の社会の為に賜つたのではなくして、永遠の教育の大方針であります。何うか戊申詔書を大事にすると同時に、教育勅語は決して忽にしてはならぬ[14]」。内務省（主導）による戊申詔書公布は、一面において教育勅語自体を「時代を超えた普遍性を主張する「古典」の地位に昇格させることを政策的指向として含んだものであり、事実「「初発性」の故をもって、その「絶対性」が一層強調される結果をもたらしさえ[15]」した状況が存在していたのだが、そうした権威性の表層的な高次化とは裏腹に、〈趣旨徹底〉の現実場面においては戊申詔書登場によってかえって普及が停滞化する逆説的な事態が発生していたのであった。

〈趣旨徹底〉すべき社会的主体＝小学校教師の側におけるこうした問題状況を目前にしてみれば[16]、連合教育会諮問は教育勅語の天皇制教育理念としての重要性を教師層に（広くは社会的に）顕示し再認識させる意味をもっていたといえる。問題状況のなかで、教師の教育勅語に対する関心や〈趣旨徹底〉の遂行に向けた当事者意識と能動性を喚起し、主体として実質化させることは、文部省にとって切実性と緊要性をもった客観的課題であった。

2　全国連合教育会答申の内容

文部省諮問「備考」の指示にしたがって、全国連合教育会では各地方教育会からの意見書が提出されていた。連合教育会には六五の地方教育会の代表者が参加していたが、このうち当時の東京の教育関係雑誌や地方教育会雑誌に掲載公表された二二の教育会の意見の概要を示したものが〈第一表〉である。もちろん実際にはもっと多くの教育会から意見が提出されていたかもしれないが、管見の範囲からだけでもおおよその全体的な特徴や傾向は把捉可能と思われる。各教育会の提出意見を普及方策の項目別に整理したのが〈第二表〉である。地方教育会は一般的形態として、教育行政担当者、師範学校スタッフ、小学校長及び教員、地方名望家を会員として構成されており[17]、前述のように特に小学校教師層は〈趣旨徹底〉の実際的な遂行主体であった。各地方レベルでの意見書の作成過程[18]においては、教育行政担当者や師範学校スタッフが独断的に案文を作成した場合もあっただろうが、連合教育会に直接的にかかわり、出席した代議員の多数が小学校教師であったことを考えるならば、教師が作成に関与し、あるいは作成を主導し、その経験に立脚した発想や主張が意見書に反映されたケースも数多く存在したのではないかと思われる。

連合教育会全体の答申は、第一諮問の調査委員会（委員：色川国士（委員長）・高橋彦之丞・中野明一郎・津田元得）で作成された原案が、本議場での討議を経た後、多数の賛成をもって、そのまま可決されるかたちで成案を得た。調査委員長の色川は、原案について「全国各地方教育会よりの提出の案は、何れも皆其々有益なるものと認めたれば……各教育会提出答申を結合したるものに他ならず」と述べており、連合教育会の答申は全国の地方教育会の意見書の有益性を承認し、これを「結合」するかたちで作成されていたことが確認できる。連合教育会の答申を内容ごとに整理したのが〈第三表〉である。文部省の「備考」による指示の通り、同省には連合教育会全体の答申だけでなく各地方教育会の意見書も一括して提出された。このような答申提出までのプロセスを踏まえるならば、文部省諮問に対する答申において、全国の地方教育会が大きな役割を果たしていたことが確認できるものといえる。

したがって、以下全国連合教育会の答申という場合、広義には連合教育会全体の答申だけでなく、各地方教育会の意見書の双方をあわせて指示対象にすることになる。ここでは、まず連合教育会全体の答申の土台となった地方教育会の提出意見に関して特徴的なことを摘記し、そのうえで全体の答申の内容を検討していきたい。

〈第一表〉文部省諮問に対する各地方教育会提出意見

○函館教育会……①学科の種類に関わらず小学校及び中等学校において一層品行優良の教師を採用することによって、教師の言行を模範的ならしめ、児童生徒の趣旨実践を直観的に指導する。②学校と家庭との連絡を一層密接にして家庭にも教育勅語の趣旨を伝え、双方協力して児童生徒の趣旨実践を促す。連絡の具体的手段は、学校の式日の利用、父兄会の開催、家庭訪問など。③教育勅語発布日には、記念式を挙行しその大意または徳目についての講話をなし、かつ害虫駆除・落書拭除などの趣旨の実行をなし、深く児童生徒の脳裏に印象を与える。④教育勅語を尊重することのみに偏して、ただ高閣に奉安するだけでなく、その写しを額面として室内座右に掲げ、または印刷物として児童生徒に携帯させるなどして日常の規箴とさせる。⑤演劇・書籍・雑誌・広告などの取締を強化して、社会風教の維持に努める。⑥文部省は教育勅語の趣旨に依拠した歌詞歌曲を選定し、一般に普及させる。⑦文部省は修身科教科書を教育勅語と一層緊密になるように編纂する。⑧文部省は、簡易な語句を用いて教育勅語の大意要目を解説した副読本を制作する。⑨学年（児童生徒の発達段階）に応じた教育勅語教授の構成。⑩尋常小学校第三学年以下の修身教科書は、教育勅語の趣旨を敷衍したものにするか、または前項の副読本を添える。⑪尋常小学校第四学年以上の修身教科書には巻首に勅語全文を添付し暗誦させる。⑫尋常小学校卒業までに教育勅語の暗誦に熟達させる。［日小］

○東京府教育会……父母および民衆一般、ことに地域社会の指導的地位にある者が率先して教育勅語趣旨の実践に努

め、児童生徒に活きた模範を示す。〔宮城・②〕
○東京市教育会……従来広く実施されてきた方策と今後実施されるべき方策とを区別して列挙。前者は以下の通り。①修身科教授は教育勅語の趣旨を敷衍もしくはこれに帰結させる。②尋常科四学年以上の児童生徒に暗誦暗書させる。③校訓を制定する場合は教育勅語の趣旨に適ったものとする。④生徒心得等は教育勅語の趣旨に依拠して制定する。⑤三大節の奉読・訓諭。⑥教育勅語発布記念日の奉読式・訓諭。⑦卒業式、始業式、終業式の奉読・訓諭。後者は以下の通り。①毎月一回あるいは毎週一回、教科時間外に児童生徒及び父母保護者を学校に参集させ、講演会の実施。②教育勅語の趣旨を敷衍した唱歌の制作。教育勅語の趣旨に適った諺・語句を選択し普及させる。③父母保護者が学校に参集する際には、教育勅語の奉読を行い、かつ趣旨の訓示をする。④学校の訓育方針を家庭に通知し、学校だけでなく家庭でも教育勅語の趣旨普及に努めるよう促す。⑤学校あるいは家庭において少なくとも一日一回、教育勅語を誦読させる。⑥社会における「上流人士及び有力家等長上先輩」が教育勅語趣旨の実践の模範を示すことで、学校と社会が相俟って徹底に努める。〔宮城・②〕
○京都府教育会……①国定教科書の巻首に教育勅語を挿入する。②児童生徒の発達段階に応じて、段階的に教育勅語を教授する（幼年生に対しては趣旨の大要を表示するくらいに留め、学年が上がるにしたがって全文を書し、各徳目の理解を深めていく）。③教育勅語の教授は、日常的に実施するのではなく時期を限定して行うことによって、児童生徒に倦怠の念を抱かせないようにする。④教育勅語の趣旨に適した格言・諺の利用。⑤教育勅語の趣旨に適った唱歌の利用。⑥教育勅語発布日に奉読式を挙行。⑦教育勅語発布日に学芸会・品評会等を開会。⑧教育勅語発布日に各戸に国旗を掲出させる。⑨毎朝の朝会の際に、児童生徒に教育勅語の趣旨実践を誓わせる。⑩諸会合の名に教育勅語の文言を用いる。⑪教師が児童生徒に対して人格的感化力を発揮する前提条件として、教師自身が堅固な教育勅語への「信仰」をもつことが必要である。〔日小〕

○神奈川県教育会……神奈川県大磯尋常高等小学校で実施中の訓育施設を紹介するかたちで意見とする。①石造りの御真影奉安所前で児童に教育勅語趣旨の実践を宣誓させる。②毎朝の朝会で教育勅語の趣旨に適った校歌斉唱。③朝礼時及び一月一日の儀式時、善行児童表彰式を行う。［宮城・①］

○横浜市教育会……①三大節及び教育勅語発布日における勅語奉読を荘厳な雰囲気のもと挙行する。②一〇月三〇日（教育勅語発布日）・一一月三日（天長節）の前後二週間、教育勅語を特別に取り扱う期間を設ける。二月一一日（紀元節）の前後一週間にも同様の取り扱いをする。③修身科教授や平素の訓話などは必ず教育勅語の語句に帰結する。④毎日、第一時の始めの五分乃至一〇分間に教育勅語についての訓話を行う。⑤教育勅語の趣旨に適った行為をした古今の人物の説話を行う。⑥善行児童の称揚。⑦小学校卒業までに教育勅語の暗誦暗写に熟達させる。⑧小学校卒業生に対して教育勅語謄本を交付する。［宮城・①］

○新潟県教育会……①各学年に応じた児童生徒の具体的実践目標を選定し、実行を促す。②家庭との連絡を確実にする。③日常的な訓話を教育勅語の徳目に帰結させる。④実行有徳の士を景仰させる。［宮城・①］

○埼玉県教育会……①児童生徒の年齢（学年）に応じた具体的実践事項を学校・家庭・社会のそれぞれで実行すべきことに区別して選定し、実行を促す。②修身科のみならず、他の教科の教授も教育勅語に出発しこれに帰結させる。［宮城・①］

○上野教育会……①教育勅語謄本を各家庭に配布。②教育勅語の趣旨を平易に解説した印刷物を各家庭に配布。［宮城・①］

○水戸市教育会……①国史教授の時間の増大。②各教員が一致協力して模範を示す。③学力に専にして品性に疎なる現行の教員採用基準の修正。［宮城・①］

○奈良市教育会……①教育勅語奉読の機会を多く設ける。②各教科にわたって教育勅語を教授する。③教育勅語の趣旨を実践する児童生徒には他への奨励のため表彰する。④教育者自身が教育勅語に対する確固たる信念をもち実践努力する。⑤学校だけでなく、家庭（父母）・社会一般に対して教育勅語の実践を促す。［宮城・③］
○名古屋市教育会……①尋常小学校児童に対する教育勅語の暗誦の徹底。②尋常小学校及び中等学校の最終学年第二学期（もしくは第三学期）における使用を目的に、教育勅語教授専用の修身教科書または教授細目を作成する。③教育勅語発布日に記念式挙行。その際勅語の趣旨の説明を行う。［宮城・②］
○静岡市教育会……①教育勅語という呼称は国民一般をして学生生徒に対してのみ発布されたものとの想いを抱かせるゆえ、文部省は一層広い意味において適当の命名を行い、国民の教育勅語に対する敬虔心養成の努力をする。②教育勅語の趣旨に適った近易の和歌数章の選定。③教育勅語の暗誦。④全教科において教育勅語との連絡に努め、教育勅語をもって教科の中心となすことに留意する。⑤学校内外での児童生徒の善行を調査し表彰する。⑥青年会・婦人会・父兄懇話会を起こし、一定の期日において教育勅語に関する講演会を開催。⑦卒業時、教育勅語の写本を児童生徒に授与する。［宮城・③］
○山梨県教育会……①小学校低学年児童を除いて教育勅語の暗誦をさせる。②日常的な訓話はなるべく教育勅語を引用するかその語句に帰結するように行う。③文部省は平易な教育勅語の述義書を編纂し、尋常小学校卒業者に与える。④文部省は教育勅語の趣旨に適った歌詞歌曲を編纂し、児童生徒に教える。⑤教師の人格向上。⑥社会教育の進歩を図り、国民一般に対して教育勅語の趣旨を了解させる。［宮城・②］
○宮城県教育会……①教育勅語の字句・徳目・文章を各学年に配列し、修身科において系統的に教授する。②教育勅語を暗誦暗記させる。③修身科教授での一切の訓戒訓話はなるべく教育勅語に帰結して行うか、これを敷衍して行う。④教育勅語の趣旨に依拠した実践上の訓練綱領を制定し実行させる。［宮城・③］
○仙台市教育会……仙台市教育会が既に実施している取り組みを列挙。①教師自身に教育勅語の趣旨を実践させ、身を以て児童生徒に対する模範となるように促す。②幻灯会の開催。種板は勅語の趣旨に適った前賢について、当該地域に適切なもの、時代の風紀を矯正するのに十分なものを条件に選択する。会は児童・保護者・一般住民との三種に区別し、各地域の小学校において教師の説明のもと開催する。③教師に対する講習会の開催。〔宮城・②〕

○山形県教育会……〈修身科教授上の注意事項〉児童の発達段階（学年）に応じた教育勅語教授の構成の必要性。①尋常科一年では、一〇月三〇日前に勅語の大要を授け、かつ勅語拝聴の姿勢を指導する。以後毎週一回、勅語を奉読して拝聴させ児童の脳裏に深く印象づける。②尋常科五年から暗誦を始める。③尋常科六年では、趣旨を平易に解釈し、かつ暗誦を確実なものにする。④高等小学校の最終学年及び中等学校の初学年における修身教科書は勅語の述義を内容とする。⑤前項の学年においては勅語の暗誦と暗書を行う。⑥修身科及び日常的な一切の訓話はなるべく勅語の語句に帰結して行う。⑦勅語を奉体実践する（した）郷土の人物の事績を集め、修身訓話に利用する。⑧地方の風俗習慣を精査し、勅語の趣旨に違背する慣習があるときには、修身訓話の際にその矯正に努力する。〈教育勅語奉読の機会〉あらゆる式典、会合の機会を利用して勅語奉読の実行。①三大節。②地久節。③勅語発布日。④学校設立記念日。⑤入学式。⑥父兄懇話会。⑦卒業の当日または前日。〈その他の教育勅語の奉体実践徹底の諸施設〉①文部省が勅語の趣旨に適った歌詞歌曲を選定し、普く小学校で教授する。②教育勅語の趣旨に依拠して実践上の訓練要目を調製し、児童生徒に実行を促す。③卒業証書授与式等において児童生徒の善行を表彰する。④勅語読本の類を編成し、児童生徒の家庭における課外読み物とする。⑤各家庭に勅語の額面を奉掲し、児童生徒に常に拝読させる。⑥修身科特別室及び講堂等に勅語の額面を掲げる。⑦勅語の趣旨を奉体実践する（した）模範的人物の肖像及び絵葉書を調製し、適当な場所に掲示する。〈教育者の修養の必要〉教育者は自己の修養に努め、自ら勅語の趣旨を実践し児童生徒に対して良好な模範を示す。〔日小〕

○秋田県教育会……①教師の一層の品性修養の努力と児童生徒への実践指導の努力。②修身科及び他教科において教育勅語の語句を引用する。③尋常五年以上での教育勅語の暗誦。④始業・卒業・祝日・記念日等の儀式の際には必ず教育勅語を奉読する。⑤教育勅語謄本の額面を講堂教室等に掲示。⑥教育勅語を記載した修養手帳を児童生徒に配布し、毎週勅語を奉読させるとともに日々反省の結果を記入させる。［秋田］

○私立鳥取県教育会……①教育勅語を暗誦暗記させる。②教育勅語発布記念日に儀式を挙行する。これは単に学校内部の儀式とせず、地域住民との合同儀式とする。③毎朝始業前、教師生徒一同は皇居を遥拝し勅語を奉読する。④地域社会での宗教上の儀式挙行の場合に教育勅語を奉読する。⑤神官僧侶は教育勅語の趣旨を鼓吹することに努める。⑥児童生徒卒業の際には、学校在学記念として教育勅語謄本を授与する。⑦毎月一回、卒業生及び児童生徒の父母を集会させ教育勅語の趣旨についての修養談話を行う。⑧教育勅語の徳目の実践化を促進する方策として、実行的命令事項を記載した訓練細目を調製する。命令事項は、児童生徒に適切なものであって、具体的かつ些少な善事に属するものを選定する（調整法）。命令事項は毎日児童生徒に課し、毎日終業の際に実行の成否を答えさせ、これを細目中に記載する（取扱法）。［日小］

○広島県私立教育会……①修身科での児童の発達段階（学年）に応じた教育勅語教授の構成。②尋常科三年以下の児童に対しては趣旨の大要を了得させることに止める。③六学年では正確にその意味を了解させ、暗誦暗写ができる程度までに到達させる。④式日において教育勅語は尊厳をもって取り扱い、訓告をなすに際しては当日の由来等に因んで教育勅語の趣旨を説く。⑤教育勅語発布記念日を教育記念日として何らかの施設を講じる。⑥講堂修身を実施し趣旨を説く。［日小］

○山口県教育会……①教師は教育勅語の趣旨を完全に領解し、かつ常に実践し児童生徒に模範を示す覚悟をもつ。②児童生徒の年齢・心理的発達の程度に応じて趣旨理解及びその実行の程度を設定する。③修身教授の帰結点を教育勅語の語句に求める。④日常の偶発事項の教授に際してもその帰結点を教育勅語の語句に求める。⑤学年の始め・

教育勅語発布記念日前日・紀元節前日に、教育勅語の趣旨を説明する特別教授を実施する。⑥小学校では心理的発達の段階に応じて、中学校では各学年を通じて教育勅語の暗誦暗写をなす。⑦三大節・始業式・卒業式・記念日等においては必ず教育勅語を奉読し、かつ趣旨を説示する。⑧教育勅語の教授用掛軸を準備する。⑨児童生徒へ教育勅語謄本を配布する。⑩通俗勅語読本を編纂し普及する。［日小］

○愛媛県教育会……①修身科において授けることは全て教育勅語の趣旨に依拠していることを説明する。②修身科において授けることは教育勅語の語句に帰結させる。③教育勅語の語句の暗誦と暗写。④修身科のみならず全般の教科において教育勅語の趣旨を貫徹することに努める。⑤教師自身が教育勅語の歴史的な普遍性に対する信念をもち、自ら趣旨を実践し児童生徒を嚮導しようとする誠意と努力を持つ。［宮城・②］

※注：各地方教育会提出意見の記載雑誌はそれぞれ最後に明記した。
［宮城・①］：『宮城県教育会雑誌』一五五号　一九〇九年八月。
［宮城・②］：『宮城県教育会雑誌』一五六号　一九〇九年八月。
［宮城・③］：『宮城県教育会雑誌』一六三号　一九一〇年四月。
［秋田］：『秋田県教育雑誌』二一二号　一九〇九年五月。
［日小］：『日本之小学教師』一一巻一二七号　一九〇九年七月。

〈第二表〉文部省諮問に対する各地方教育会の主要提出項目

項目	地方教育会
①学年（児童生徒の発達段階）に応じた教育勅語教授	函館・京都・宮城・山形・広島・山口

の段階的構成	
②修身科に関する方法	
(1)修身科教科書の編纂について	
(a)教育勅語の趣旨に沿って修身教科書を編纂する	函館
(b)修身教科書の一部を教育勅語の述義にあてる	函館・名古屋・山形
(c)修身教科書の巻首に教育勅語を挿入	函館・京都
(2)修身科教授の在り方について	
修身科教授事項の教育勅語の語句への帰結	横浜・宮城・山形・秋田・山口・愛媛
③修身科以外の教科目における教育勅語教授の徹底	埼玉・水戸・奈良・静岡・秋田・愛媛
④教育勅語の暗誦暗写の徹底	函館・東京市・横浜・名古屋・静岡・山梨・宮城・山形・秋田・鳥取・広島・山口・愛媛
⑤日常的な訓話は教育勅語の語句を引用するか、それに帰結して行う	横浜・新潟・山梨・山形・山口
⑥教育勅語の趣旨に適った古今の人物（郷土の偉人）の説話	横浜・仙台・山形
⑦教育勅語の趣旨に基づき、児童生徒の具体的実践事項を各学年ごとに選定し実行を促進する	新潟・埼玉・宮城・山形・鳥取
⑧教育勅語の趣旨に適った歌詞歌曲の選定（ないし制作）と普及	函館・東京市・京都・山梨・山形
⑨教育勅語の趣旨に適った諺・語句の選択と普及	東京市・京都

⑩教育勅語の趣旨を平易に解説した著作の編纂	函館・山梨・山形・山口
⑪教育勅語の趣旨に適った模範的人物の尊崇	新潟・山形
⑫善行児童の表彰	神奈川・横浜・奈良・静岡・山形
⑬教育勅語奉読式について	
(1)教育勅語奉読式の厳粛な実施	横浜
(2)三大節儀式における奉読と訓話	東京市
(3)教育勅語奉読式を多岐にわたる機会を捉えて挙行する	東京市・奈良・山形・秋田・鳥取・山口
⑭教育勅語発布記念日について	
(1)教育勅語発布記念日の奉読式挙行	函館・東京市・京都・名古屋・山形・鳥取
(2)教育勅語発布記念日における学校行事等の開催	京都・広島
⑮社会風教の維持・改善	函館・山梨
⑯学校における教育勅語の額面掲示	函館・山形・秋田
⑰家庭との協力について	
(1)家庭における教育勅語の額面掲示ないし家庭への謄本配布	山形・上野
(2)児童生徒（卒業生）へ教育勅語の写本の配布	函館・横浜・静岡・秋田・鳥取・山口
(3)各家庭に教育勅語の趣旨を平易に解説した印刷物配布	上野
(4)学校と家庭との連絡の緊密化	函館・東京市・新潟

⑱父母・民衆一般・地域社会指導者が教育勅語の実践の模範を提示	東京府・東京市・奈良・静岡・山梨・仙台
⑲教育者の在り方について	
(1)教育勅語趣旨普及の本義は教育者の人格と信念と実践にこそ存する。教師は自己の修養に努め、実践の良好な模範を示すことによって人格的感化を学校内外に及ぼすことが必要。	函館・京都・水戸・奈良・山梨・仙台・山形・秋田・山口・愛媛
(2)品行優良教師の採用	函館・水戸

地方教育会の意見書[19]は、第一に教育勅語の趣旨が小学校・中等学校の児童生徒に対して依然として不定着である状況を報告している。東京府教育会は「発布以来幾多の研究は積まれ種々の方法は実施せられ居るが如しと雖も其の実績の未だこれに伴はざるものある」と述べ、従来の方法のもとでの普及努力が十分な成果を挙げていないことを指摘していた。名古屋市教育会も「現今の状態を明治三十年頃に比するに生徒は一般に教育勅語の全文を知らさるもの多きを認む」と言及していた。

第二に、この問題が学校教育内部での道徳教育の不十分性によるよりも、むしろ教育勅語の社会的不定着に起因すると捉えられていることである。家庭を含んだ社会一般に対する趣旨不徹底が、学校において重視されている教育勅語に基づく道徳的価値と社会的に流通している価値との乖離を生み、児童生徒の「健全」な徳性涵養にとっての桎梏になっているということであった。山梨県教育会は「学校以外に於ける社会の状態は教育勅語の観念甚た乏し」く、そのことが児童生徒に「悪影響を及ぼせる嫌いなきにあらず」と述べていた。東京府教育会も「国民一般が此の勅語の御趣旨を了解し奉らざる……学校に於いて如何に其の精神を涵養するに勉むと雖も家庭に於いては却つて其の反対の実例を示すことあるのみならず、社会に於いては一層これに悖るが如き実況に接触すること多き」と言及していた。

第三に、こうした原因把握に基づき、問題の解決方法として教育勅語の社会的浸透のための具体的方策が数多く案出されていた。〈第二表〉の⑬、⑭、⑮、⑰、⑱などである。「社会教育の進歩」（山梨県教育会）の緊要性が児童生徒への教育勅語貫徹の効果的推進という学校教育の論理によって強調されていた。鳥取県教育会は次のような見解を示している。「教育勅語を学校の教育の専有物とするが如き観想を打破し、広く社会及家庭に対して一層聖旨の御旨趣を貫徹し、国民一般の道義的思潮を勅語に準拠せしめ、以て学校生徒をして日夜此の統一せる精神の空気中に生活せしめんことは最も有効なるべし」。社会的普及が徹底されてこそ、家庭・地域社会と学校は一貫性・連続性をもって勅語に基づく道徳的習慣の形成を十全に児童生徒に施すことができるとされたのであった。

第四に、趣旨不定着の原因を学校教育と社会一般との道徳的価値観の二重性に求め、社会的浸透の緊要性を主張するだけでなく、他方で地方教育会の主要な構成員たる教師自らの足元である学校教育での方策の改善と補強も重視していた。多様な具体的方策が案出されていたが、なかでも最多数の地方教育会から提出された項目は教育勅語の暗誦暗写であった。暗誦暗写は管見の二二の地方教育会のうち半数を超える一三教育会から提出されていた。暗誦暗写の一三に次ぐ数の教育会から案出をみていた項目は、①、②―(2)、③、⑬―(3)、⑭―(1)、⑰―(2)、⑱（〈第二表〉）でそれぞれ六つの教育会からの提出があったが、これらに比較しても暗誦暗写を提出した地方教育会の数は圧倒的であった。既に、教育勅語の暗誦暗写は一九〇〇（明治三三）年前後に各府県（郡市）レベルで小学校児童を対象に実施されはじめ（神奈川県・福岡県・長野県・茨城県・新潟市など）、「小学校在学中」の児童に「聖勅ノ諳誦ニ熟達セシムル」ことを提起した師範学校長会議答申＝普通学務局通牒を契機に、一九〇七（明治四〇）年後半以降全国的に普及していた。[20] しかし、現実には名古屋市教育会が「現今の状態を明治三十年頃に比するに生徒は一般に教育勅語の全文を知らさるもの多きを認む」と報告するような状況が存在しており、今回の地方教育会からの意見はそうした実態を目前にして小学校での一層定着性のある実施と中等学校への導入の必要性を主張したものといえる。

しかし、第五に、学校教育での〈趣旨徹底〉の重要性があらためて強調され、具体的方策の改善と補強が提起される一方で、教育勅語の教授困難性を率直に吐露する場合もあった。山梨県教育会は「各学校に於て教育勅語の御旨趣を貫徹し生徒をして躬行実践の精神を養ふことにつきては何れも苦心する所」であると述べており、広島県教育会はより具体的に「御旨趣の貫徹に難ずるは実践の方面にあり」として、〈趣旨徹底〉という場合に趣旨を児童生徒に「熟知」させることより「実践」させることが困難であると言及していた。これらの言及は本来「教育勅語は学校教育体系の中にあっても授業の程度をはるかに超越したもの[21]」という指摘を踏まえれば、一般論として提出されたものといえるかもしれない。しかし、教育勅語普及の実際的担い手＝小学校教師を主要な構成員とする地方教育会からの提出であった点において、実際的経験に依拠した吐露であったと捉えることもできよう。

第六に、〈趣旨徹底〉の実効性確保にとっての要諦は、〈徹底〉の実際的な遂行主体である学校教師の模範的実践による感化にこそあるということであった。それは学校だけでなく社会的普及の緊要性が強調される脈絡において提出されており、教師の人格的感化は学校の内外に及ぶべきものとされた。山形県教育会は意見書の結論にあたる「教育者の修養」なる項において、「真の精神教育は精神を以てなさざるべからざるが如く道徳教育の実績の挙ると挙らざるとは教授の巧拙施設の完不完にあらずして一に教育者の良好なる模範に存するなり、故に教育者たるものは自己の修養に努め先づ躬ら聖旨を奉体実践して模範を示し然る後に生徒及児童の実行を促すべし」と主張していた。そして、そのためには前提として教師自身が教育勅語の正当性に対する「信念」をもつことが最も重要であり、「信念」をもってこそ道徳的模範者たりうるとされた。愛媛県教育会は「一層重要なるは教師其人の信念と実行とに在り」としたうえで、まず「教師は　勅語は古今に通して謬らす中外に施して悖らさる千古不磨の大典たるの深き信念を有せさるへからず」と述べていた。地方教育会は〈趣旨徹底〉のための個別的方策を多岐にわたって提出しながらも、しかしそこで最も強調されたことは、〈趣旨徹底〉の本質的な要件は「施設の完不完」にあるのではなく、教師の「信念」に基づく模範的実践＝感化にあるということであった。趣旨不定着問題の解決の「本義」を教師の内面性の態様に求める精神還元論の提示であった。

第七は、地方教育会意見書と師範学校長会議答申（＝普通学務局通牒以降の〈趣旨徹底〉方法）との関係についてである。まず、師範学校長会議答申と地方教育会意見書とは〈趣旨徹底〉の遂行方針の基本構成において同質のものであった。それは学校教育での方策の改善・補強と社会的浸透の促進との二つを基本的な柱にしていること、この二つの推進を実際的に担当する学校教師の「信念」に基づいた模範的実践＝感化という方法を本質的要件として据えていることである。もちろん、学校での普及という場合、前者が小学校を後者が中等学校までを含めて対象にしていたという違い、また社会的浸透の促進という場合も、前者は小学校卒業生（青年・成人）への継続的な普及という文脈から、後者は小学校・中等学校の児童生徒の徳性涵養の効果的推進という文脈から提出されているという相違はある。だが基本構成において同質であることは是認可能だろう。しかし、具体的方策の考案についていえば、師範学校長会議答申になかった項目が地方教育会意見書では多く案出されている。前者を明らかに踏襲している項目は、②―(1)―(b)、②―(2)、④、⑤、⑧、⑩、⑫、⑬―(3)、⑮、⑰―(3)、⑰―(4)（〈第二表〉）の一一項目であり、他は前者に明示されていなかった方策ということになる。前者になかった項目のなかには、例えば六教育会から案出のあった教育勅語発布記念日における式典の開催（⑭―(1)）のように、〈趣旨徹底〉の方法論的観点からすれば儀式の利用という点で既存方策の枠内にあって提出されたものもあるが、他方学年（児童の心理的発達段階）に応じた教育勅語教授の段階的構成（①）や教育勅語の趣旨に基づいた具体的実践事項の選定（⑦）などは、師範学校長会議答申では看取できなかった方法論を提示するものであった。

地方教育会意見書の一般的特徴は以上のように整理可能だが、連合教育会全体の答申は〈第二表〉と次に掲げる

〈第三表〉を比較してみればわかる通り、答中原案を作成した調査委員会の委員長色川が「各教育会提出答申を結合したるもの」と述べたように、各地方教育会の意見の総和的な内容になっている。それは、〈趣旨徹底〉遂行方針の基本構成の踏襲という点においてもそうであり、案出された主要な具体的方策がほとんどそのまま盛り込まれているという意味においてもそうである。（管見の）地方教育会意見書では全く言及されずに連合教育会の全体答申に提示された項目は唯一②―(1)（〈第三表〉）であったが、これは帝国教育会提出の「現行中小学校令施行規則には、勅語中の徳目に異なれる用語を用ひたる者あり[22]」との意見に基づいて挿入されたものと考えてよいだろう。

〈第三表〉文部省諮問に対する全国連合教育会（全体）の答申

①義務教育終了時までに教育勅語全体の趣旨理解を図ること。
②修身科に関する方法
(1)修身科に関する法規の改正…「小学校及中等学校に於ける教育上の法規中、修身に関しては勅語の旨趣に基きとあるを勅語に依りと改正し、其徳目の如きも凡て聖詔と異ならざる用語を用ひ」る（項目五）。
(2)修身科教科書の編纂について
(a)修身科教科書は「聖詔の御精神を徹底するに遺憾なかるべく」編纂する（項目五）。
(b)修身科教科書は「適当の時機に聖詔の衍義を充て」る（項目四）。
(3)修身科教授の在り方について。修身科の教授内容は全て教育勅語の趣旨に依拠していることを児童生徒に周知徹底すること…「修身科に於て授くる所のものは、総て聖詔に基くものなることを知らしめ」る（項目一）。
③修身科以外の教科目、特に歴史・国語においても教育勅語の趣旨徹底に努力すること（項目十）。
④教育勅語の暗誦背記の徹底…「義務教育を終ふる迄の間に於て、聖詔の語句を暗誦背記するに至らしめ、中等学

校に於ては更に其熟達を図るべし」（項目三）。
⑤学校教育における一切の訓戒訓話は「成るべく聖詔の語句に帰結」して行う（項目一）。
⑥教育勅語の趣旨に適った古今の郷土偉人の事績について説話する（項目九）。
⑦教育勅語の徳目に依拠した具体的実践事項を各学年に応じて選定し、児童生徒に実行させる（項目八）。
⑧教育勅語の趣旨に合致した歌詞歌曲を選択し教授する（項目五）。
⑨教育勅語に関する著作の編纂について
(1)御製並びに国風の優秀なものを引用しつつ、教育勅語の趣旨を明記した著作を編纂する（項目七）。
(2)教育勅語の趣旨を包容した文学的著作を編纂する（項目七）。
⑩教育勅語の趣旨に適った模範的人物の肖像等の調製（項目十五）。
⑪善行児童の表彰（項目十一）。
⑫教育勅語奉読式について
(1)教育勅語奉読式の形骸化の改善…「勅語奉読式は徒に形式に流るることなく」挙行する（項目十三）。
(2)教育勅語奉読式を多岐にわたる機会を捉えて挙行すること…「其時日等も種々の場合を利用」する（項目十三）。
(3)教育勅語奉読式の社会的普及により地方風習の改善促進…「社会一般に普及せしめ、地方風習の改善に努力すべし」（項目十三）
⑬教育勅語発布記念日について
(1)教育勅語発布記念日における児童生徒の会合の開催（項目十二）。
(2)教育勅語発布記念日における地域社会での各種会合の開催による、その社会的式日化の促進…「聖詔下賜の記念日に於て、生徒及児童は勿論、各種の会合を催し、一般の道徳を高むると共に、社会的式日と為すに至らしむべし」(項目十二)。

⑭学校における教育勅語の額面掲示による拝読の日常化(項目十四)。

⑮家庭との協力について

(1)家庭での教育勅語の額面掲示による拝読の日常化(項目十四)。

(2)学校と家庭の連絡確保によって教育勅語を日常的規範たらしめること(項目十四)。

⑯教育勅語の趣旨普及に最も重要なのは、学校長並びに教員の人格と信念と実行にある。学校長並びに教員は、その人格的感化を学校内外に及ぼしていくことが必要…「要するに教授の巧拙施設の完否、素より其関する所鮮なからずと雖とも、真の精神教育は精神を以て為さざるべからず、況んや古今に通じて謬らず、中外に施して悖らざる万古の大典たる聖詔を、純潔なる児童生徒の精神に、薫染せしむるの大任に膺れるに於てをや、学校長並に教員其人の人格と、信念と実行との最も重要なる蓋し茲に存す、此の重大の責任を有する者は夙夜汲々其徳化を中外に及ぼし、独り一校感化の中心たるのみならず、上下薫陶の起点たる覚悟なかるべからず、此の如くにして始めて、本諮同案の目的を達するを得べし」(結末文)。

三　文部省諮問の教育史的意味

文部省諮問は、児童生徒に対する教育勅語の趣旨不定着を公的に確認し、主要な目的を道徳的知識の実践化方法の案出に置くものであった。全国連合教育会は児童生徒への不定着という状況認識を文部省と共有し、教育勅語の社会的不徹底が規範意識をめぐる学校教育と社会一般の間の乖離と二重性を生み、児童生徒の徳性形成に「悪影響」を及ぼしていることに原因を把握するのであった。それ故に学校教育内部での普及だけでなく、社会的浸透の緊要性を主張して、双方における具体的方策を多数案出していた。しかし一見すると形式的方策の羅列にみえる答申の核心は、教育勅語の趣旨定着化＝実践化の要諦が〈趣旨徹底〉の実際的主体＝学校教師の模範的実践による徳化にあるというところにあった。児童生徒の実践性の確保という目的に対して、学校内部だけでなく社会的浸透が重視される脈絡において、教育勅語の趣旨を具体的に体現する道徳的模範者としての教師像が提示されており、教師の人格的感化は社会的にも及ぶべきものとされた。教師の模範的実践＝徳化を基底において支えるのは教育勅語の正当性に対する「堅固たる信念」にあるとされており、答申は連合教育会の代議員の多数を占め、地方教育会の主要な構成員である小学校教師自身の精神的態様に全体を帰着させる論理的構造をもつものであった。

　留意したいのは、この時期文部省は〈趣旨徹底〉の実効性の向上のために、〈徹底〉の遂行方針に関する「重要な政策転換」を行っていたことである。これについては、笠間賢二が地方改良運動期における文部省の「学校機能拡張策」が「教育勅語の奉体の徹底という側面からも画策」されていたことを立証する文脈において明示している。笠間は、文相小松原が一九一一（明治四四）年四月地方長官会議での訓示のなかで「国民道徳振興方針」に関して「勅語の奉体実践方策を一般父兄（家庭）を含んだ地域にまで拡張展開すること、そのために学校と学校教員が主要な役割を果たすべきこと」の二点を求めていたことに着目し、この指示は〈趣旨徹底〉を「「単ニ学校内ノ事業」としてきたこれまでの経過に照らしてみれば、重要な政策転換」であったと指摘している[1]。この指摘からは、趣旨不定着状況のなかで文部省が〈趣旨徹底〉の対象領域と教師の機能範囲を拡張することによって事態解決を進めようとしていたことが判る。笠間も論及しているように、「政策転換」の内容は普通学務局通牒＝師範学校長会議答申によって既に文部省が提示してきた事柄であり、地方長官会議において初めて「政策転換」がなされたのではない。同会議では文相の地方長官に対する訓示として、より直接的な形態で遂行方針の変更が指示されており、「政策転換」が明確に確認された場として捉えておく必要がある。

「政策転換」は、児童生徒への趣旨不定着の主要な原因が社会的不徹底に存在しているという判断によってなされている。このことは普通学務局通牒の時点の文相であり、したがって「政策転換」の実行責任者であった牧野の発言によって確認することができる。「社会及家庭を支配する道徳に就いても、小学教育（教育勅語に基づく道徳教育——引用者注）が……効果あるか如何は、疑ひ無き能はざる所である」[2]。勅語の「御趣意の籠れる内容の教訓に至りては、未だ充分に一般に徹底せず、従つて児童が学校以外に於いて、朝夕起居眠食の間に、実際に之を遵奉実践するの観念確かならず」[3]。

文部省の「政策転換」の趣向において、〈趣旨徹底〉の実際的主体である学校教師に要請される役割が拡張されるなか、現実の眼前には教師の側において主体としての意識が希薄化し、ほとんどその実質性が空洞化する問題状況が存在していた。もちろん、〈趣旨徹底〉の積極的推進者が多数いたことも事実だが、そうした意識希薄な層を孕んでいたのが当時の教員社会の内実であった。こうした状況を現実的背景にして文部省諮問は行われた。全国連合教育会の代議員の多数は小学校教師であり、その代議員の背景には小学校教師を主要な構成員として組み込む各地の地方教育会が存在していた。諮問は問題性を内包する教員社会自体を対象にしてなされたのである。したがって、諮問は教育勅語の天皇制教育理念としての重要性を教育社会に顕示し再確認させる意味をもっていた。それは、旧来のように上意下達の行政的手法で〈趣旨徹底〉の実行に向かわせるだけでなく、〈徹底〉の効果的方法について考案させる過程を通して、〈趣旨徹底〉を自己の内在的な課題として再認識させ主体意識を喚起する施策装置としての性格をもっていた。

答申は、趣旨不定着問題の原因把握と解決方針の双方において、文部省の「政策転換」を踏襲した見解を提出しており、文部省にとってみれば「政策転換」に対してそれを〈趣旨徹底〉の現実場面で実際に受容する社会的主体＝当事者（教師）の側からの組織的な同意と承認を調達したことになるのであった。「政策転換」は「衆議」の賛同を確保することによって〈公〉的正当性と威信を獲得し、社会的浸透性を高めることになったといえよう。教育勅語の絶対性に対する教師の「信念」を趣旨定着化＝実践化の基底条件に置き、模範的実践による感化という方法をこそ要諦とする答申の論理は、発想としては教師＝道徳的模範者という伝統的教職観に依拠した常套的見解にすぎない。しかし、社会的主体＝教師自体の内側に問題をかかえていた状況を背景に、「如此諮問ある所以は、畢竟文部省より叱責を受けたるものに他ならず」(4)と連合教育会自体が認識していた事実を踏まえるならば、それは模範的実践＝徳化によって〈趣旨徹底〉に精励献身する「重大の責任」と「覚悟」を教師集団自ら宣示した反省的な意志表明（その「本気」度はともかくとして）としての社会的意味をもっていた。それは「真の精神教育は精神を以て為さざるべからず、況んや古今に通じて謬らず、中外に施して悖らざる万古の大典たる聖詔を、純潔なる児童生徒の精神に、薫染せしむるの大任に膺れるに於てをや、学校長並に教員其人の人格と、信念と実行との最も重要なる蓋し茲に存す、此の重大の責任を有する者は夙夜汲々其徳化を中外に及ぼし、独り一校感化の中心たるのみならず、上下薫陶の起点たる覚悟なかるべからず」という答申の結論（連合教育会全体）に端的に示されていた。文部省は、全国各地の地方教育会―全国連合教育会を媒介にすることによって、〈趣旨徹底〉遂行に向けた社会的主体＝教師（集団）の自省的な「責任」意識と「覚悟」を一応確認したのであった。ただし、答申が趣旨定着化＝実践化の「本義」を教師の「信念」に求める精神主義的な論理構成を採ったことは、そのことゆえに一層教師自らの内面性を被拘束化していかざるをえないジレンマを孕んでいたことに注意する必要があるだろう。

また個別の具体的な普及方策の案出に関して、答申は学校教育での方策だけでなく、家庭や地域社会など学校教育外の領域での方策を多岐に提出しており、師範学校長会議答申になかった項目を多数追加し、そこに看取できなかった方法論的観点も考案するなどの特徴がみられた。文部省は、〈趣旨徹底〉の実際的主体の方策案出能力を地方教育会―全国連合教育会のルートを活用することによって調達・集約し、方法論上の新視点を含めて多岐の具体的方策を収集することができた。それらは、以後の文部省における〈趣旨徹底〉措置の立案・決定の豊富な参考資料となりうるものであった。

このことに関連して、答申と施策立案・決定の直接的な影響関係は不明であるものの、答申で提出された方策が以後の文部省において施策化した例がいくつか存在している。一つは、中等(程度の)学校での教育勅語の暗誦暗写必須化である。前述のように教育勅語の暗誦暗写は、普通学務局通牒を契機に全国の小学校で実施されるようになっていた。こうした状況を踏まえつつ、答申では小学校だけでなく中等学校での暗誦暗写の実施を提案していた。それは具体的方策のなかで最多数の地方教育会から案出された項目であった。以後、文部省は一九一〇(明治四三)年の師範学校教授要目制定、一九一一(明治四四)年の中学校教授要目改定、及び同年の高等女学校及実科高等女学校教授要目制定にあたって、暗誦暗写を中等程度の学校で初めて必須とする規定を設けることになる。

二つは、初等学校の修身教科書編纂方針における教育勅語的価値=忠孝一致主義の重視であり、また勅語全文の巻頭挿入及び述義掲載である[5]。一九〇四(明治三七)年から使用された国定I期教科書の特徴は「資本主義興隆期の比較的近代的教科書」であり、修身教科書の編纂に参加した吉田熊次が「固有の国民道徳よりは欧米的近代への接近を内容としたものであったことを認めて」いた。それ故、この教科書に対しては「功利的で、外国人の登場が多く、日本人に固有の道徳の形成には不充分であるとの批判が存在[6]」していた。答申は、教育勅語の「御精神を徹底するに遺憾なかるべく」修身教科書を編纂すべき(〈第二表〉②―(1)―(a)、〈第三表〉②―(2)―(a))であるとして、こうした批判に重なる意見を提出していた。一九一〇(明治四三)年から順次使用されたII期修身教科書は、同年三月文部省訓令第二号が改訂の要点を「教育ニ関スル勅語ニ基キ忠孝ノ大義ヲ明ニシ国民固有ノ特性ヲ発揮セシムルニ特ニ意ヲ致シ」と説明しているように、教育勅語の中核理念=忠孝(一致)を内容とする「国民固有ノ特性」を強調したものになるのであった。また、I期修身教科書では尋常・高等小学校用ともに教育勅語が巻末挿入されていたものの、述義の掲載はいずれにもなされていなかった。Ⅱ期教科書では尋常用巻四以上の全巻に教育勅語全文が巻頭挿入されるとともに、巻六の最終三課に述義が初めて登場することになる。答申では、修身教科書の一部を教育勅語の内容説明にあてること、巻首に教育勅語を挿入すること〈第二表〉②—(1)—(b)、(c)、〈第二表〉②—(2)—(b)が提起されていた。

こうした施策措置の立案・決定過程において答申意見が直接的に如何に影響を与えたかという、両者の因果関係は管見の限り不明である。しかし、「衆議」の施策化要求の存在を背景に諸措置が策定されたことは事実であり、答申は結果的に諸措置に〈公〉的正当性を付与し、その社会的受容基盤を準備することになるのであった。それは措置の実施と普及を相対的に円滑化し容易化する客観的機能を果たすことになったといえよう。

なお、地方教育会の意見書のなかに教育勅語の教授困難論が存在していたことに留意しておきたい。一般に教授困難論には、教育勅語の指導の難しさを文字通り端的に訴えた主張のケースと勅語の時代不適合性批判を婉曲的に表現した発言のケースとがあり、教師層の側から教育勅語の時代限界性批判が提出される場合には、後者のケースのように表向き教授困難論の形をとりつつそこに同批判を含意させる間接的な批判様式が採られることが普通であった[7]。小学校教師を主要な構成員としていた地方教育会の意見書において教授困難論が展開されていたことは、そうした批判手法を踏襲した形で時代不適合性を問題化した一事例である可能性もあり、この場合教育勅語の〈趣旨徹底〉という文部省諮問の課題そのものに疑義が提出されていたことになる。それは、文部省にとってみれば教育勅語の時代即応化＝〈理念再編〉の緊要性があらためて突き付けられたことを意味していた。

以上のことを教育勅語の権威動揺問題への政策的対応という歴史的文脈に位置づけることによって本論文をまとめたい。日露戦後、動揺の深刻化と拡大化のなかで〈理念再編〉の実行に先手をとって踏み切った立役者は内務省であった。内務省は問題の源泉を教育勅語と時代情勢との齟齬に看取し、この補塡を天皇の新たな詔勅＝戊申詔書の公布によって実施した。これに対して天皇制教育推進の責任機関である文部省の基本的対応は、戦後の国民統合理念はあくまで教育勅語に存するというスタンスで一貫していた。教育勅語をそれ以外の対象の介入によって補強すること自体が、その本質＝絶対性と矛盾するという天皇制教育体制の原則論に基づく対応姿勢であった。文部省は先ず教育勅語の〈趣旨徹底〉の積極的展開によって事態解決を試みるのであった。それは、遂行方針上の「政策転換」＝〈趣旨徹底〉の対象領域と教師の機能範囲を拡張することによって進められていくことになる。しかし、教育勅語理念の時代不適合は明白であり、所与の理念を国民に確実に普及定着することに課題を限定した〈趣旨徹底〉は限界を露呈し、結局成果をあげることはできなかった。文部省であっても理念の時代即応化は不可避の課題であった。明治末期、文部省は教育勅語の再解釈＝国民道徳論の導入という形で〈理念再編〉に着手することになる。国民道徳論＝家族国家観に基づく「国民固有ノ特性」を具体的に展開した国定Ⅱ期修身教科書の編纂作業が一九〇八（明治四一）年以降進行していく(8)。教育勅語に新解釈を付与するという方式を採用することによって、文部省は原則論を厳守する立場を貫徹させるのであった。

全国連合教育会諮問は、文部省内部における〈理念再編〉準備作業の進行過程にあってなされていた。それは未だ〈理念再編〉の前段階の対応措置であり、児童生徒に既存の理念を定着化＝実践化させることにベクトルを焦点化した、〈趣旨徹底〉の系に位置づく営為であった。〈趣旨徹底〉の遂行形態の「転換」によって〈徹底〉の実際的主体＝学校教師の機能領域が方針的には拡張されつつも、他面には教師の側における教育勅語の権威動揺を主要な因子にして主体意識が希薄化するという現実が存在していた。こうした状況のなかで教員社会を対象になされた諮問は、教育勅語の天皇制教育理念としての重要性を教員社会に顕示し再確認させ、〈趣旨徹底〉を自己の内在的な課題として認識させ主体意識を喚起する施策装置であった。それは、諮問前年の戊申詔書公布によって教育勅語に対する教師層の関心が低下するという逆説状況のなかでの対応的措置としての意味合いを含んでいた。内務省の〈理念再編〉実行が誘引した事態に対して、文部省は教育勅語のプレゼンスを再度顕示したのであった。しかし、諮問は一時的に教師の教育勅語に対する関心を喚起することがありえたとしても、〈趣旨徹底〉の社会的担当者としての実体的な主体意識の振興に有効に機能したとは想定しにくい。この施策自体は、主体意識を希薄化させていた重要な因子である教育勅語の権威動揺問題の抜本的な脱却＝理念の時代即応化（＝〈理念再編〉）を指向するものではなかったからである。

ただし〈趣旨徹底〉の枠内ではあるものの、いくつかの点で成果が得られていたことも事実であった。第一に、〈趣旨徹底〉の遂行方針の「転換」に対する「公議」＝教師層の組織的な賛同を調達することによって、「転換」がオーソライズされ社会的浸透性が高次化されたことである。第二に、外形的次元に留まっていたにしろ、〈趣旨徹底〉遂行に向けた教師層の反省的な「責任」意識と「覚悟」を確認したことである。第三に、〈趣旨徹底〉の方法論上の新視点を含めて個別の具体的方策を多数収集し、以後の〈趣旨徹底〉措置の立案・決定の豊富な参考資料を調達したことである。第四に、以後実施展開された〈趣旨徹底〉の具体的措置のオーソライズ機能を結果的に果たし、措置の浸透基盤を事前提供することによって、その実行と普及を相対的に円滑化し容易化することになる点である。文部省は、全国連合教育会諮問を経て、一九一〇（明治四三）年教育勅語の公認解釈理論として国民道徳論を導入することによって〈理念再編〉に踏み切ることになる。「この「理論」の登場が天皇制教育史上の一画期」をなし「以後一九二〇年代まで天皇制教育体制が再び相対的安定期に入ること[9]」になる。こうした諮問の成果は、国民道徳論による〈理念再編〉以後の〈趣旨徹底〉を効果的に推進するための重要な布石となりうるものであった。

注

［はじめに］

（1）久木幸男「明治期天皇制教育研究補遺」『佛教大学教育学部論集』六　一九九五年。

(2)佐藤秀夫「「御真影」と教育勅語　解説」『教育の文化史(四)　現代の視座』阿吽社　二〇〇五年　二五三ページ。
(3)具体的考察は本論文の「補論」にて行っている。
(4)以下の引用は、前掲佐藤「「御真影」と教育勅語　解説」二五二〜二五六ページ。
(5)具体的論文として、佐藤「天皇制公教育の形成史　序説」(『教育の文化史(一)　学校の構造』阿吽社　二〇〇四年)を挙例しておく。
(6)佐藤の見解の批判的検討は、平田諭治『教育勅語国際関係史の研究』(風間書房　一九九七年)が行っており、本論文執筆に際して多大な教示を受けた。また小野雅章は、平田の主張を「この時期の天皇制公教育の分析は、戊申詔書発布の意味付けだけでなく、日露戦後を中心とする教育勅語の趣旨徹底論の系譜を視野に入れなければ充分なものとはならないという視点を提示しているもの」と把捉し、この「視点」に対して「同意」する立場を示している(書評「平田諭治著『教育勅語国際関係史の研究』」『教育学研究』六四巻四号　一九九七年一二月)。
(7)久木幸男「天皇制と教育」『現代学校教育大事典　五』ぎょうせい　一九九三年。
(8)前掲久木「明治期天皇制教育研究補遺」。
(9)前掲平田『教育勅語国際関係史の研究』。
(10)戊申詔書の作成と普及は内務省のイニシアチブによって進行した。作成作業が内務省内で行われたことは、窪田祥宏「戊申詔書の発布と奉体」(日本大学教育学会『教育学雑誌』二三　一九九一年)が分析している。普及過程については、笠間賢二『地方改良運動期における小学校と地域社会』(日本図書センター　二〇〇三年　七六ページ)が次のように論究している。「重要なことは、その趣旨浸透が専ら内務行政のルートをとおして推進されていったことである。たしかに、文相小松原英太郎も発布から一〇日後の一〇月二三日に、「叡旨ノ教育ニ関係スル所重且大ナリ」「子弟ヲ教育シ克ク詔書ノ御趣旨ニ副ヒ奉ランコトヲ努メシメラルヘシ」と地方長官に訓令していた。しかし、その趣旨浸透の要務を担ったのは文部省ではなく内務省(内務行政のルート)であった。詔書謄本の配布は「便宜当省ニ於テ取纏メ注文可致」と内務省が取り仕切り、その趣旨浸透の方法と効果について少なくとも三度にわたって報告すべき旨を地方当局に指示していた。これに対応して地方庁内で主務としてこれを担当したのも、教育学芸を担当する内務部第三課(群馬県)あるいは教育課(宮城県)ではなく、郡市町村の監督指導を担当する内務部第一課(群馬県)あるいは地方課(宮城県)であった」。
(11)拙稿「三教会同と天皇制教育」(『日本教育史研究』二二号　二〇〇三年)は、一九一二(明治四五)年二月の三教会同(=宗教に

よる天皇制（教育）の補完）を画策する内務省の政策意図とこれを公式に否認する文部省の論理との相克状況を分析し、教育勅語の〈相対化〉と〈絶対性厳守〉をめぐる政権内部の矛盾が明確な対立として顕在化した「事件」として三教会同を歴史的に位置付けている。

(12) この点は多くの研究で言及されている。例えば『日本近代教育百年史七　社会教育一』（久原甫執筆部分）、前掲平田『教育勅語国際関係史の研究』、前掲笠間『地方改良運動期における小学校と地域社会』など。また佐藤秀夫編『続・現代史資料八　教育　御真影と教育勅語一』（みすず書房　一九九四年）には、地方庁に全国師範学校長会議の答申抄録を送付して「管下各学校」への周知化を指示した普通学務局通牒が収載されている。

［二］

(1) 文部省普通学務局『全国師範学校長会議要項』一九〇七年九月　一二ページ。
(2) 文部大臣官房文書課編『自明治三十年至大正十二年　文部省例規類纂』六〇〇〜六〇二ページ。
(3) 前掲文部省普通学務局『全国師範学校長会議要項』。
(4) 寺﨑昌男「解説　教師像の展開」『近代日本教育論集（六）』国土社　一九七三年。
(5) 笠間賢二は、小学校教師の「奮励努力」を基底に据えて課題解決を遂行していくという手法が当該期の初等教育施策全般に共通する基本的方針であったことを次のように指摘している。「日露戦後期の小学教育の主要課題」は「教育の「量」より「質」であり、「教授訓育ノ改良」による教育の効果（実効性）の向上という点であった」。「ではこの課題はどのように遂行されようとしたのか。様々な施策を貫くその基本的な特徴は、教員層の従来に倍する奮励努力の喚起調達という点であった」（「日露戦後期における教職意識振興策」『東北大学教育学部研究年報』三八　一九九〇年）。
(6) 「教育勅語の趣旨貫徹方［長野県］」明治四〇年一〇月三〇日　長野県通牒学乙収第五四六号」佐藤秀夫編『続・現代史資料八　教育　御真影と教育勅語一』みすず書房　一九九四年　一二一〜一二三ページ。
(7) 『志田郡沿革史』志田郡役所　一九一二年　二六二〜二六四ページ。
(8) 「牧野文部大臣演説の大要」『教育時論』八一三号　一九〇七年一一月一五日。
(9) 「牧野文相の演説」『教育界』七巻八号　一九〇八年六月三日。

(10)「現文部の教育方針」『教育時論』八四五号　一九〇八年一〇月五日。
(11)「教育行政の方針」『教育公論』一巻三号　一九〇八年一一月。
(12)前掲「牧野文部大臣演説の大要」。
(13)「詔書と文部大臣」『教育時論』八四七号　一九〇八年一〇月二五日。
(14)「教育勅語」『教育時論』七七六号　一九〇六年一一月五日。
(15)千幹「新学令の実施と修身教授」『教育研究』四八号　一九〇八年三月一日。
(16)峰是三郎「教育勅語の実践躬行に就て」『日本之小学教師』一〇巻一二〇号　一九〇八年一二月一五日。
(17)〈趣旨徹底〉を有効に推進するために、政策担当者によって教育勅語の優秀性や普遍妥当性が常に強調されてきたのだが、ここでは優秀性・普遍性の訴え方について、日露戦後の国内的国際的状況を如実に反映した、正確にいえば「利用」した、二つの新しい言説様式がこの時期文部省によって創出されていた点を補足しておきたい。一つは、戦後の教育勅語の海外紹介とそこでの評価を恣意的に利用して、国内においてその国際的妥当性を国民にむけて積極的に提示する様式である。この点については平田諭治が詳細かつ克明に分析している通りであり（『教育勅語国際関係史の研究』風間書房　一九九七年）、それは「「欧米の権威」をかさに着て」（平田「書評を読んで」『日本教育史研究』一七号　一九九八年）教育勅語の普遍性を演出する論法であった。

　もう一つは、日露戦争の勝利は教育勅語の国民各自による実践の結果もたらされたものであるという言い方、即ち勅語の実践化こそが強国ロシアに対する日本の勝利を呼び込んだのだと訴えることによって優秀性を誇示する様式である。例えば、文相牧野は一九〇七（明治四〇）年帝国教育会主催の教育勅語奉読式（前掲「牧野文部大臣演説の大要」）で、「我国は二回の大戦争」に勝利して「倍々隆運に向」っており、それは「上は聖徳の隆高と下は国民が教育勅語を実行せしの致せし所なり」として、戦勝とそれに連動する国家の「隆運」を教育勅語（実践化）の成果に直結して演説し優秀性を強くアピールしていた。戦後、日本の勝利を教育の成果に収斂させる様々な言説が造出されていたことは周知の通りであるが、いうところの教育とは天皇制教育にほかならず、その基本理念が教育勅語であった以上、戦勝を招来した源泉は教育勅語の優秀性に求められたのである。そして、戦後社会に「悪弊」が蔓延しつつある状況のなかで、優秀な教育勅語の普及を徹底することが最も有効な対処法であると牧野は教育関係者に説いていくのである。戦後、益々奢侈が盛んになってきたが「この弊を矯めるのは教育勅語の御趣意を普及するのを以て最も有効とする、……勅語の御趣意は簡単なれども、国家の基となるべき徳目は是で盡きて居る」。日露戦争の勝利を教育勅語の成果に直接的に連結させて優秀性を強調し、そのうえでそうした優秀な理念を一層定着させることが戦後社会を「善導」していくべき教育者の重要な努めであると指示されていったのである。

また関連して、一九〇八（明治四一）年一〇月の戊申詔書公布によって、他詔勅（＝戊申詔書）との関係性において教育勅語の「君臨」的権威を強調する言説様式が社会的に生み出されていたことに留意しておきたい。戊申詔書公布後、教育勅語と戊申詔書との天皇制教育理念構成上の関係構造論議が井上哲次郎などの公認イデオローグや一部知識層によって行われた。そこでは、第一に教育勅語は大臣副書をもたない非政治的・非法令的文書であることを根拠にして、内閣総理大臣副書を伴い政治文書としての性格を明瞭にした戊申詔書との序列関係において優位に位置付けられ、より明確に基本綱領性が付与されていた（法的性質による序列化）。第二に理念内容の相違も両者を序列化する重要な指標とされ、日露戦後の社会変動への応急性を明確にし時期限定的な戊申詔書との対照関係において、教育勅語は抽象性・包括性のゆえに時代超越化の傾向を強化されていた。戊申詔書の登場は教育勅語の「君臨」的権威を他詔勅との関係において高次化する新しい言説空間を創出したといえよう（拙稿「戊申詔書の発布とその反響」『日本の教育史学』四四集　二〇〇一年）。

［註］

（1）「会務雑事」『帝国教育』三三四号　一九〇九年七月。

（2）以下、全国連合教育会の経過についての記述・引用は特に断りのないかぎり「第七回全国連合教育会」（『教育時論』八六八号　一九〇九年五月二五日）によっている。

（3）森川輝紀『大正自由教育と経済恐慌―大衆化社会と学校教育―』三元社　一九九七年　一四三ページ。

（4）森川輝紀「立身出世主義と近代教育」辻本雅史・沖田行司編『新体系日本史（一六）　教育社会史』山川出版社　二〇〇二年　二九六ページ。

（5）久木幸男「教育と宗教」第二次論争」『日本教育論争史録　第一巻　近代編（上）』第一法規　一九八〇年。

（6）白石崇人「大日本教育会および帝国教育会に対する文部省諮問」（教育史学会第四九回大会（於東北大学）配布資料）二〇〇五年。白石は、この点を一九〇七（明治四〇）年第六回会議における地方教育会代議員の職業内訳を提示することによって例証している。教育会代議員一三〇名の内訳は「小学校教員が七一名（五五％）、うち六六名（五一％）が小学校長、次点は視学官を含む府県吏員が二七名（二一％）」であった。なお、本論文執筆に際し同資料及び大会当日の口頭発表から多大な教示を得たことを付記しておく。

今回（一九〇九（明治四二）年第七回会議）の地方教育会の代議員は一三六名（帝国教育会代議員二〇名を含めると総数一五六名）であり、小学校教師は七六名（五六％）、そのうち小学校長が六七名（四九％）で全体の半数を占めていた（前掲「第七回全国連合教育会」より算出）。

（7）丸山眞男『増補版　現代政治の思想と行動』未来社　一九六四年　六六ページ。

（8）「連合教育会問題」『教育時論』八六六号　一九〇九年五月五日。なお「備考」には、このほか「八、会議に於て意見を述ぶるは予め意見を提出したるものに限ること」という指示が記されている。

（9）久木幸男「明治期天皇制教育研究補遺」『佛教大学教育学部論集』六　一九九五年。

（10）水戸部寅松「教育に関する御勅語御本文の教授に就いて」『教育研究』六九号　一九〇九年一二月一日。

（11）「教育勅語に関する注意（社評）」『教育界』七巻八号　一九〇八年六月三日。

（12）「牧野文相の演説」『教育界』六巻八号　一九〇七年六月三日。

（13）笠間賢二『地方改良運動期における小学校と地域社会』日本図書センター　二〇〇三年　七八ページ。

（14）井上哲次郎「戊申詔書大義」『帝国教育』三二三号　一九〇九年六月一〇日。

（15）佐藤秀夫「「御真影」と教育勅語　解説」『教育の文化史（四）現代の視座』阿吽社　二〇〇五年　二五四～二五六ページ。

（16）〈趣旨徹底〉における小学校教師層の主体意識の希薄化について、笠間賢二は「明治二〇年代半ばまでに確定」した「支配的な小学教師像」の不定着過程に論究する文脈で指摘している。笠間によれば、「明治三〇年代以降」の「教職意識」の一般的態様は「「忠君愛国」からの離脱と反発」、「無関心の増大」の二点において把捉され、その「基本要因」は「待遇の全体的劣悪化」にあるとされる。そしてこの認識は「従来の教員史研究の共通認識」であると付言している。以下、笠間の論及を引用してみよう。「近代日本に支配的な小学教師像は、「教育勅語ノ先鋒者」あるいは「教育勅語ノ錦旗ノ下ニ御馬前テ働ク人」（井上毅）といった性格づけに見られるように、帝国憲法と教育勅語とによって確立された体制秩序、とりわけ後者の「忠君愛国」を軸とした道徳的秩序への意識と感覚の育成を最優先する教育の担い手として、明治二〇年代半ばまでに確定された。しかしその後の展開は、この教師像が政策側の意図どおりに定着していった訳ではなく、寧ろ「忠君愛国」からの離脱と反発、さらには教職の生業化とでもいうべき無関心の増大とに直面しなければならなかった。待遇の全体的劣悪化を基本要因とする教師の社会階層としての地位の低下が、教師としての内的自発性の喚起基盤そのものを崩壊させつつあったのである。教職の専門性は制度的・形式的意味において確立されながら、それを支えるべきエートスは逆に減退していく、これが明治三〇年代以降の「教育社会」の状況であった」(「日露戦後期における教職意識振興策」『東北大学教育学部研究年報』三八　一九九〇年)。

(17) 梶山雅史「岐阜県下地方教育会の研究—安八郡教育会の発足状況—」『地方教育史研究』一八号　一九九七年。

(18) 文部省から会議の主催団体の帝国教育会に対して諮問が交付されたのは三月九日であるが、その後、諮問「備考」事項の指示にそって帝国教育会側から全国の地方教育会(代議員)に諮問内容がいつの時点で送附されたのかは管見のかぎり不明である。それゆえに、地方教育会レベルでの意見書の検討・作成にどれくらいの期間が用意されていたのかも不明である。ただ、連合教育会の開催初日は五月八日であるから、地方教育会の意見書の検討・作成には、最大で(諮問交付後、帝国教育会から地方教育会に即座に諮問内容が送附された場合)約二ヵ月の期間が用意されていたということはできる。

(19) 以下、各地方教育会意見書からの引用の典拠は〈第一表〉「注」に明記した。

(20) 中村紀久二「「教育勅語」下の子どもたち」『法学セミナー増刊　総合特集シリーズ　一二　教育と法と子どもたち』日本評論社　一九八〇年。

(21) 前掲中村「「教育勅語」下の子どもたち」。

(22) 「帝国教育会答申」『日本之小学教師』一一巻一二七号　一九〇九年七月一五日。

〔三〕

(1) 笠間賢二『地方改良運動期における小学校と地域社会』日本図書センター　二〇〇三年　一一七〜一二二ページ。

(2) 「牧野文相の演説」『教育界』七巻八号　一九〇八年六月三日。

(3) 「教育勅語」『教育時論』七七六号　一九〇六年一一月五日。

(4) 「第七回全国連合教育会」『教育時論』八六八号　一九〇九年五月二五日。

(5) 初等国定修身教科書における教育勅語の取り扱いの変遷については、特に宮田丈夫編『道徳教育資料集成　第二集』(第一法規　一九五九年)、藤田昌士「解説」「解題」(仲新・稲垣忠彦・佐藤秀夫編『近代日本教科書教授法資料集成　第五巻　教師用書I修身編』東京書籍　一九八三年)を参照した。

(6) 森川輝紀「『国民道徳ニ関スル講演』解説」日本教育史基本文献・史料叢書四『国民道徳ニ関スル講演』大空社 一九九一年。
(7) 教育勅語の教授困難論については、久木幸男『検証 清沢満之批判』(法藏館 一九九五年 九七ページ)に教示を得た。
(8) 森川輝紀『国民道徳論の道―「伝統」と「近代化」の相克―』三元社 二〇〇三年 二一三ページ。
(9) 久木幸男「明治期天皇制教育研究補遺」『佛教大学教育学部論集』六 一九九五年。

[補論] 日露戦後の教育勅語権威動揺状況

本論文は日露戦後の日本社会において、教育勅語の時代不適合化に起因する天皇制教育理念の権威動揺問題が深刻化・拡大化していたことを自明の前提的状況として論述を進めてきた。しかし、従来の日本教育史学の教育勅語展開史研究のなかで蓄積されてきたのは主として「日露戦争に至るまでの教育勅語批判史というべき論考[1]」であり、戦後の教育勅語の権威状況はそれほど自明な事柄ではない。この点で参考になるのは久木幸男の見解である。久木は権威動揺の時期範躊について日清戦争以後「私見によれば一九一〇年ごろまで続いたと考える[2]」と言及し、国民道徳論の登場に至るまでの日露戦後の時期は「天皇制理念の慢性的機能不全[3]」状態にあったと指摘している。しかし、久木の見解も充分な史料的根拠を提示しているわけではない。ここでは、久木の見解に依りながら戦後の教育勅語の権威動揺状況を可能なかぎり具体的に描出し、本論文の論述の前提を補足したい。

まず、公にされた教育勅語の時代限界性についての批判言説をいくつか例示してみたい。例えば大隈重信は、一九〇〇(明治三三)年に帝国主義教育論の立場から「単ニ国家々々ト叫フノミ」の倫理教育を脱して「世界ニ雄飛スル所ノ世界ノ国民」を養成する「徳育ヲ進ムルコト」が「急務」だと論じていたが[4]、日露戦争を挟んだ一九〇八(明治四一)年五月には全国小学校教員会議において次のように説いていた。

我が教育勅語は我国教育の大方針として、凡そ教育者たるものは、片時も其聖旨の在る処を忘る可からざるは勿論なりと雖ども、啻に其文字に拘泥せよとの意に非ざるなり、即ち其精神に則らざる可からず、……外人或は我が教育勅語を以て、其の国民の義務を説くに切にして、権利を説くに粗なりとす、誤れるも亦甚しと云ふべし、然れども予は密に憂ふ、全国小学教員諸君にして、假令此の外人の如き見解を持たずとするも、其訓ゆる処或は権利を措て、義務の一方に偏するに非ずやと云ふ事を、聖旨に所謂常に国憲を重じ　国法に従ひとあるは、我が国民の最も大切なる処にして、従て教育者の最も注意すべき点なりとす、我国立憲の制定りてより、上下挙て国政に参与するを得るに至りしは、今更喋々を要せざる所なるが、翻て国民一般の情態を見るに、或は自ら其権利を抛擲するもの無きにあらず、之れ畢竟教育の法を誤りしに基因する処にして、予が常に釈迦基督の教旨は善なるも其普及者の手段方法の悪しきより、或は道徳を誤り、或は国家を紊すに至りしを責むると同格なり……諸君は常に深く思ひ深く慎み聖志のある所を誤るなく、国民教育に於ける有終の美を収めん事に、努力せられん事を望む(5)

教育勅語尊重ポーズ要求に従うポーズをとり、かつ教育方法批判の枠を踏み外さない慎重な配慮をしながら大隈が述べているのは、教育勅語の立憲主義に依拠した再解釈、あるいは立憲主義的読み替えである。公に語られたものだけに表現は婉曲であるが、「国憲を重じ　国法に従ひとあるは、我が国民の最も大切なる処」と言明したこの演説は、在来の教育勅語が説く君主や長上への一方的服従ではなく、一定の自発性と進取性をもつ国民の育成を重視した帝国主義教育論者＝大隈の見地からの教育勅語への立憲主義的解釈の付与であった(6)。教育勅語がそのままでは社会的適合性をもちえないという認識が存在していたものといえる。

嘉納治五郎（東京高等師範学校長）は、一九〇八（明治四一）年一一月の『内外教育評論』において、「宗教」による教育勅語の補強を承認するという形で教育勅語批判を展開していた。(7) 嘉納は日本には「古今を通じ東西を貫して」通用する「立派なる道徳上の基礎」として教育勅語が存在していると述べて教育勅語の道徳的基準性を強調し、そのうえで道徳教育の効果不十分を理由にキリスト教や仏教、儒教、武士道などの「宗教」を「徳教の基礎」にすべきであるという意見に対して反駁を行っている。その「何れを持つて来てもそれで以て社会を統一すると云ふことは出来ぬ」というのであった。しかし、教育勅語は実は「基本」綱領にすぎず、他に「履行さす道徳の力」や「栄養物」を供与する必要があるとして、具体的には「徳教の基礎」としては否定したキリスト教、仏教、儒教、武士道を挙例するのであった。ここには教育勅語の基準性を強調しつつも、実際には教育勅語がそれ自体をもってしては国民の実践化を促進しえないものとなっているという含意が存在しており、これを補強するものとして「宗教」の効用に期待するのであった。「宗教」の道徳的基準化については否認しつつも、それが基準たる教育勅語の不十分さを補填していくこと、「宗教」の天皇制教育理念補強機能については承認していたといえる。

また、東京市の小学校長として当時多くの教育関係雑誌に論説を掲載させて教育意見を披瀝していた小關源助は、『内外教育評論』で教育勅語の道徳的基準性の形骸化を指摘していた。(8) 小關は、教育勅語によって「国民道徳の標準形式」は定まっていると常套的発言をしている。しかし他方で「実際を顧みて、先づ道徳教授に絶大な権威をつけるには、其権威の基本を何処に置くべきかを考ふべきである」とか、何に「力強き道徳的行為の源泉となるべき活動力の権威を求めんか」との課題提起をしており、こうした一見矛盾しているようにみえる見解は、「国民道徳の標準形式」が教育勅語によって確定していながら、現実には「標準」として有効に機能していないことを吐露するものであった。「社会の実際に適応すべき実行上の主義、意見等に至っては頗る混沌たるが今日の状態であり、実況であろう」と述べているように、教育勅語が日露戦後の社会状況に適応性をもった理念的基準たりえていないとの認識を踏まえて、基準の確定をあらためて主題化していたといえる。

ここには講演や雑誌を通して公表された教育勅語批判を提示したが、こうした教育勅語の時代不適合性についての疑念が日露戦後の日本社会において特化したものではなく、公表こそされないものの、拡がりと深さをもって国民に感覚化・意識化されていたことは次のような指摘からも窺うことができる。『教育時論』は「教育勅語の外、尚ほ人心に慰安を与ふべき、或る他のものを、学校徳育に要せずや否やとは、我が国の識者中にも之を疑ふものある」[9]と伝えている。『教育学術界』は「我邦今日上下一般只夫れ利を見て義を見ざるの傾向を改め、及び将来我邦人の道徳心を維持するに、単に教育勅語のみを以てすること、果して十分なるべきか、これ識者の窃かに憂ひとする所なり」[10]として、識者が教育勅語の「今日」及び「将来」の社会状況への適応性に関して疑念をもっていることを指摘していた。また当時、文部省の推進する〈趣旨徹底〉の形式性を批判し実効性に疑問を呈していた[11]樋口勘次郎も、教育勅語解釈書において「勅語なるが故に公言するを憚りつつも深く之れを疑へるさへ少なからざるが如し」と言及しており、ここに疑念の拡がりと深さを読み取ることは十分可能だろう。続けて、教育勅語に対する疑念の具体的内容を「其が新世紀の道徳に適応すべきかを疑へるもの少なからず」と明言しており、教育勅語の時代不適合性が問題視されていたことを確認することができる。ただし樋口はこうした疑念に同調するのではなく、むしろ「其は浅見の至りなり」と一蹴している[12]。関連して重要なのは、西園寺公望の文相時代の教育勅語改訂計画（一八九八（明治三一）年）の存在が一九〇六（明治三九）年五月以降に「一般国民の間に広く知られるに至った」[13]ことである。この事態が教育勅語の絶対性に対する国民の懐疑と不信を一層増幅する重大な因子になっていたことは推論に難くない。

そして留意すべきは、教育勅語の天皇制教育理念としての正当性と有効性を国民に向けて宣揚すべき立場にあった井上哲次郎や建部遯吾などのイデオローグ自身が、教育勅語批判の広汎な存在を認めるだけでなく、指導理念としての限界性を自ら承認せざるをえない状況にあったことである。井上は、一九〇八（明治四一）年一一月の『教育時論』のなかで「教育勅語の発布されしより十八年、時勢の進歩につれて昨今重要の地位にある教育家や学者の中に、隠然之を批評するもの」が多いことを批判している。しかし、かくいう井上も「時勢の進歩境遇の推移に従つて、自然其解釈も変り行かねばならぬ。……常に新しき頭脳を以て解釈するのでなければ、真に効果を完ふすることは出来ぬ[14]」として、教育勅語再解釈の必要性を提起しており、教育勅語が旧来のままでは天皇制教育理念としての権威を回復しえないことを認めていた。それは、青年層には「国民道徳」上の「一の拠る可き標準が無[15]」くなっているという現状認識に基づく、公認イデオローグとしての判断であった。また、「井上哲次郎とならんで、勅語・詔書類の公認解説者というべき存在[16]」の社会学者建部も同様であった。「教育界に出て多少責任ある位置に立たうと思ふ所の青年」の「半ば以上」が教育勅語に対して「確たる信念」を有していないこと、「疑点を抱く」者が少なからず存在すること、「「教育勅語だけでは足らぬ」と云ふやうな恐れ多いことを申」す者がいることを指摘し、これらを「偏見」「小人女子の狭い心」と慨嘆批判しているが、建部自身も教育勅語の不十分さは承認せざるをえなかった。「不足を言ひますれば勅語を以てしても尚ほ更に此上今一二句あつて欲しいと云ふことは無論ないではありますまい[17]」。

天皇制教育理念の権威動揺を脱却すべく、政策的には一九〇八（明治四一）年一〇月に戊申詔書が公布されていた。佐藤秀夫が述べるように、戊申詔書公布によって教育勅語は「「初発性」の故をもって、その「絶対性」が一層強調される結果をもたらしさえした[18]」が、他面で依然その実体的な理念内容に修正はなく（国民道徳論の導入によって教育勅語に新解釈が付与されるのは一九一〇（明治四三）年である）、ここに教育勅語批判が展開される内在的契機があったといえる[19]。

注

（1）平田諭治『教育勅語国際関係史の研究』風間書房　一九九七年　五ページ。

（2）久木幸男「一九世紀末の文部省廃止論─天皇制教育体制確立─動揺期における試行錯誤─」『横浜国立大学教育紀要』二六集

一九八六年。
(3) 久木幸男「国民道徳論争」『日本教育論争史録　第一巻　近代編（上）』第一法規　一九八〇年。
(4) 大隈重信「現今教育界ノ急務」『国家学会雑誌』一五九号　一九〇〇年五月。
(5) 「大隈伯の演説」『教育時論』八三〇号　一九〇八年五月五日。
(6) 帝国主義教育論については、久木幸男「明治期天皇制教育研究補遺」（『佛教大学教育学部論集』六　一九九五年）、堀尾輝久『天皇制国家と教育』（青木書店　一九八七年）を参照。
(7) 嘉納治五郎「修身教授の基本」『内外教育評論』一三号　一九〇八年一一月八日。
(8) 小関源助「修身教授上の根本心得」『内外教育評論』一三号　一九〇八年一一月八日。
(9) 「教育勅語に就て」『教育時論』八一二号　一九〇七年一一月五日。
(10) 「精神界の危機」『教育学術界』一六巻一号　一九〇七年一〇月五日。
(11) 樋口勘次郎『教育勅語の御精神』三版　金港堂　一九〇八年一二月二五日（日本大学精神文化研究所・日本大学教育制度研究所『教育勅語関係資料』七集　七六二〜七六三ページ）。
(12) 前掲樋口『教育勅語の御精神』七六〇〜七六二ページ。
(13) 久木幸男「江原素六教育勅語変更演説事件」『佛教大学教育学部論集』四　一九九二年。
(14) 井上哲次郎「教育勅語の意義」『教育時論』八四九号　一九〇八年一一月一五日。
(15) 井上哲次郎「時代精神と歴史教育」『日本及日本人』四九〇号　一九〇八年八月一五日。
(16) 橋川文三『昭和維新試論』朝日出版社　一九九三年　二二三ページ。
(17) 建部遯吾「聖詔と教育者」『教育界』八巻三号　一九〇九年一月。
(18) 佐藤秀夫「「御真影」と教育勅語　解説」『教育の文化史（四）　現代の視座』阿吽社　二〇〇五年　二五六ページ。
(19) 戊申詔書公布後の社会的受容状況と教育勅語への影響の問題については、拙稿「戊申詔書の発布とその反響」（『日本の教育史学』四四集　二〇〇一年）、同「戊申詔書修身教科書挿入論争」（『東北教育学会研究紀要』八号　二〇〇五年）を参照していただきたい。

第一二章　日本植民地統治下の台湾教育会に関する歴史的研究

陳　虹彣

はじめに

台湾教育会は一九〇一（明治三四）年に創立されてから、終戦するまで四五年間教育活動を持続していた。今までの台湾教育会について言及している先行研究の中に、唯一台湾教育会の組織の性質について触れているのは、『台湾教育会雑誌』の復刻版別巻に又吉盛清(1)が執筆した解説である。又吉は明治時期の台湾教育会雑誌を主な材料として用い、台湾教育会は前身である国語研究会の「教育現場に重点を置いていた調査、研究」から、「台湾総督府の政策課題や指令、伝達を下部に浸透させる機関に大きく変化した」と指摘し、さらに「言葉を代えていえば政策的に行政の側に包摂され、より積極的に植民地支配に与する体制になったことである」と結論付けたのである。

しかし、植民地でつくられた台湾教育会は総督府の指令を受けるのは想像がつくことであり、更なる本格的研究がなされるべきだと考える。台湾教育会の事業内容や運営体制について深く探ってみると、総督府国語学校を中心拠点として運営してきた台湾教育会は、大正期からの組織拡大、昭和期の社団法人への組織変更などの動きが見られ、その事業内容の重心も時期によって変化している。本論文では台湾教育会の設立から運営、事業活動の実態を明らかにし、その教育事業の発展や各時期の動きなどを解き明かしたい。

一　台湾教育会の設立と発展

台湾教育会の前身は、明治年間に国語学校の教職員らが設立した「国語教授研究会」であった。その後、一度「国語研究会」と改名されたが、一九〇一（明治三四）年に正式に「台湾教育会」となった。最初は教員の教育研究活動から生まれた研究会であったが、のちに行政側からの学事諮問の機能をも持つに至り、二つの要因を不可分一体として「台湾教育会」が設立されたのである。同会は、国語教育を含め、台湾における全ての教育領域に及ぶ研究調査を行い、総督府側と一致した歩調で運営を進め、その協力役として様々な教育事業を行った。一九二二（大正一一）年から総督府の学事講習会を実質担当するようになってから、会の事業内容も教員の研究奨励事業などの活動に拡張し始めた。一九三一（昭和六）年に台湾教育会は社団法人となり、総督府による本格的な国語普及運動の推進と相俟って、事業の範囲はさらに拡大されていった。

1　設立の過程と背景

（一）台湾教育会の前身

1　台湾国語学校の国語教授研究会

台湾教育会の前身は、一八九八（明治三一）年に設立された国語教授研究会である。この会は、当時台北にいた十数名の教育家によって、台湾総督府国語学校を拠点として設立された。会員は、その殆どが国語学校の教職員であり、研究の中心も国語教育に限られていた。当時の研究会規約には、

一　本会ハ本島人ニ国語ヲ教授スル順序方法ヲ研究スルヲ以テ目的トス

一　本会ハ毎月第二第四土曜日ヲ以テ開会ス其会場及時間ハ便宜之ヲ定ム

一　本会ハ幹事長一名幹事二名ヲ置キ諸般ノ事務ヲ処理ス
一　本会々員タラントスルモノハ其旨幹事ニ申込ムベシ

とある。この研究会は、新領土台湾での日本語教授について議論を交わしたり、経験を交換したりするものであった。一八九九（明治三二）年、台湾総督府国語学校校長町田則文は、それまでの例会における国語教育関係の決議要項を整理し、内地の『教育時論』に「台湾国語教授研究会決議録[2]」を寄稿した。その中で彼は、新領地における国語の扶植や人民の教化に関する台湾の教育者の決定事項や方法を述べ、全国の国語学者と教育者からの批評や意見を求め、本土の教育者たちに新領土教育の重視を呼びかけた。

２　国語研究会

その後、研究会は会務の拡張に伴い、尚一層研究に従事するために[3]「国語研究会」と改名し、一九〇〇（明治三三）年五月に会報の「国語研究会会報第一号」を刊行した。会頭の町田則文は、第一回例会における演説で「本島（台湾）公学校ニ於ケル、吾ガ国語教授ノ要項ヲ研究シタリ[4]」と述べた。国語研究会規則[5]には、「本会ノ目的ハ我ガ国ノ言語文字ヲ調査シ及之ヲ本島人ニ教授スル方法ヲ研究スルニアリ（第三条）」と規定され、目的を達成するのに必要な事業（第四条）は、月に一回例会を開くこと、随時演説や講演を行うこと、年に一回総集会を開くこと、年三回会報を刊行することであった。事務局は、会頭町田則文（国語学校校長）、幹事長橋本武（国語学校教授）、幹事杉山文悟（嘱託、第一期国語教科書編著者）、前田孟雄（国語学校附属学校教諭）、評議員小川尚義（学務部嘱託、国語学校教授、一九〇一（明治三四）年から学務長、編修課課長）、加藤元右衛門（公学校教諭）、桑原謙蔵（教諭）、山根勇蔵（国語学校助教授）、山口喜一郎（教諭、のちに編修書記）、小室龍之助（国語学校教授）、平井又八（公学校教諭）[6]らで編成されている。これらの面々の殆どは、日本から招かれた学者、国家教育社の会員、そして日本で選ばれ台湾国語学校を卒業した優秀な日本人教員などである。

なお、経費に関しては、国語教授研究会の時期に人数が少なかったためか、会費の収入などに言及しなかったが、国語研究会の規則（第六条）に基づく賛助員を募り、有識者の意見と研究会を援助するための寄付金を集めたのであった。

（二）台湾教育会の成立

一九〇一（明治三四）年二月一七日、国語研究会第二回総集会を開催する際、会員平井又八など八名が組織変更を提案し、「台湾教育会」と改名することを決めた。(7) 提案理由は、「国語研究は重要であるが、台湾教育の発展を考えると、その研究は事業の一部に過ぎないので、組織を変更し、その研究方針を諸種の方面に向かうべき」というものであった。同年三月一七日に臨時総集会が開かれ、台湾教育会規則草案が議決され、会長石塚英蔵（当時学務部所属総務局局長）などの役員が選出された。元国語研究会会頭の町田校長はこの組織変更の案を見届けたあとに本土に戻ったが、彼は伊澤修二が作った国語学校の校長に選ばれた人間であり、国家教育社の会員でもあった。当時伊澤修二は既に台湾を去っていたが、この教育会への組織変更の提案は、同じ国家教育主義者であった町田が国語研究会会頭を務める期間に決議されたのであり、国家教育主義の理念からの影響は存在していたことが考えられる。

2　組織と運営体制の構成と沿革

国語研究会会頭は国語学校の校長であったが、台湾教育会に改名して後、会長には総督府総務局長石塚英蔵が選ばれた。そして実際に会長・副会長には総督府行政や教育行政のトップがあたり、幹事長は教育現場からの人間が務めるという体制がしばらく続いた。一九〇七（明治四〇）年、台湾教育会が総裁制を布くと、総督が総裁に、民政長官が会長に就任する体制に変わり、この体制は最終任の台湾総督長谷川清まで続いた。(8) この植民地統治下の教育会組織は台湾総督府側の政策に従い、各時期の役割を果たしていた。台湾教育会は制度面で台湾総督府に正式に所属したことがなく、一九三一（昭和六）年には社団法人となり、単独の財政や運営システムを持つようになったのであるが、総督府からのコントロールを受け続けていた。

（一）各時期における台湾教育会の運営状況とその変化

1　明治、大正期の台湾教育会

設立当初の台湾教育会会則は[9]『台湾教育会雑誌』第一号に掲載されている。会則第一条に、台湾教育会設立の目的は「台湾教育ノ普及改進ヲ図ルヲ以テ目的トス」とある。この条項によると、台湾教育会の設置目的は、台湾における教育の普及であり、特に日本語教育の普及や、当時「未開化の地」にあたる台湾の旧慣の改新が中心である。会則第四条により、台湾教育会の事業は国語研究だけではなく、「教育全般の研究、発表、出版、推進」などを幅広く含むことになった。以後、この会則は数回の小修正が行われたが、一九〇七（明治四〇）年二月の総会で決定されたものは、一九二七（昭和二）年まで継続して実施された。

一九〇七（明治四〇）年の主な修正は、前述した総裁制の取り入れである[10]。役員は会長一名、副会長一名、幹事長一名、幹事副長一名、幹事八名、評議員三〇名、編輯員五名、地方委員若干名、書記一名であり、総会の開催は年に一回、通常会は年六回とする。会員の会費は毎月二〇銭であり、一年間四期に分けて前納することとした。これらの改正により、前述した総督が総裁に就任する体制や、会費の徴収とその金額、集会の開催などの重要事項が決められ、終戦まで続いた。

2　一九二八年の運営体制変更

台湾教育会は一九二二（大正一一）年から次第に拡大してくる会務の量と組織自身の更なる発展とに対応するため

に、運営体制を大幅に変更した。『台湾教育』第三二四号（一九二八年）の記事「台湾教育会処務担任」によると、組織を一三の部署に分けている。新しくできた部署名は庶務部、会計部、事業部、写真部、雑誌部、高等普通教育研究部、師範教育研究部、特殊教育研究部、初等教育研究部、体育衛生研究部、実業教育研究部、社会教育研究部、学術研究部であり、それぞれの部署が事務や活動内容を分担した。

なお、教育会組織の完備と事業の拡大に伴い、一九二九（昭和四）年末に評議員制を廃止し、四三名の幹事評議員の任を解き、理事監事を置くことになった。それまでの、教育議題を定期会議で決議し評議員に調査を任せる仕組みを廃し、完備した部署と理事監事の配置によって更なる組織機能の充実を図った。一九三〇（昭和五）年における理事監事の合計数は二七名、職員は前年と同じ一八名であった。この年、教育会の組織および予算編成、事業内容が財政の逼迫や「国語普及十ヶ年計画[11]」のために再度改定された。また、これまで明らかにされていなかった台湾教育会の財務状況もこの体制変更に伴い、『台湾教育』を通して毎年度「事業報告書」という形で公開するようになった。

（二）一九三一年に社団法人台湾教育会へ組織変更

台湾教育会会誌『台湾教育』の記事によれば、教育会内において「組織変更の叫びが従来屡々」あり、「今回愈々時勢の進運と本会会務の運用に鑑み」、一九三一（昭和六）年に台湾教育会が社団法人に変更され、事務所は総督府から教育会館（名義上は学租財団の所有）へと移された[12]。それに伴い、従来総督府に設置していた台湾教育会の事務局も、同年六月に落成した教育会館に移された。のちの国語普及運動など一連の動きを考えてみると、台湾教育会の法人化は単なる組織の拡大に伴う変更ではなかった。その法人化について、いくつかの原因が考えられる。

まずは財政難[13]と国語普及運動の影響がその原因として考えられる。昭和初期、全体的な社会経済不況で総督府が財政難に直面していた。台湾教育会自身も一九三〇（昭和五）年からの米価暴落によって、最も重要な財源とされる学租財団からの補助が少なくなった。また、一九三一（昭和六）年の更に深刻な経済不況の影響は大きく、教育会予算の編成に支障をきたしていた。[14] しかし同時に、当時の台湾全島における国語理解率の低さや、台湾知識人による言語改革運動の発起[15]などの現実に直面していた総督府は、社会教育を含めた国語普及事業実施の必要性を強く感じるようになっていた。陳培豊の研究[16]によれば、「大正期、教育上の差別、抑制に対する台湾人の不満や不平が、辛亥革命の勃発に触発されて一気に噴出し」たため、台湾社会の動揺を抑えるために台湾人の教育要求に応じたが、「国語普及政策という『普及による抑制』の強化がなされた」という。そして、台湾総督府は「国語普及十ヶ年計画」を打ち出し、一九三三（昭和八）年から正式に開始する予定となった。

総督府にとって、自身の財政困難と国語普及の必要性を考えあわせれば、新事業には台湾教育会の独立した財源と組織力を利用することが最も適当な方法であったであろうことは十分考えられる。但し、実際は台湾教育会自身も財政困難に陥っており、国語普及事業の準備に着手できる状況ではなかった。経費の問題を解決するために、まず一九三〇（昭和五）年から、社会教育経費として学租財団以外の各教化財団から用途指定の補助金を受け始めた。そして、一九三一（昭和六）年一月から社団法人へと組織変更を果たしたことにより、台湾教育会の土地や資産の所有権が認められるようになり、財政上の規制が緩和され、それによって数多くの新事業に取り組みながら国語普及運動に臨むことが可能となった。

また、社団法人化の理由には財政上の理由以外に、地方からの反発を防ぐという理由があったと考えられる。当時、台湾の各州庁において、特に新竹州のような比較的進歩している地域では、一般学校における共通の教育方針は変わらないが、今まで総督府が焦点を当てなかった民衆教育や通俗教育においては、地方によってそれぞれの発展方向や特徴がすでに存在していた。したがって、一九三三（昭和八）年から開始した社会教育という形での全島民を対象とする国語普及運動の実施によって、総督府側が成果をあげようとするならば、地方からの反発で活動に支障が生じることは避けられなかったであろう。しかし、従来「中央」に位置づけられている「台湾教育会」を「社団法人」に変更すれば、法人名義での活動は民間の社団法人であるがゆえに、台湾総督府からの「強制感」も薄められると考えられたのであろう。

確かに、台湾教育会は社団法人として形式上総督府から独立してから、事業や運営体制はより完備されたものとなっていた。こうして台湾教育会は膨大な事業量を持ち始め、この頃にその最盛期を迎えたと言っても過言ではなかった。だが、法人となった台湾教育会においても、総督府側からの支配は解消されなかった。前述した重要役員を文教官僚が担任する以外にも、出版部長を総督府編修課長が、社会教育部長を総督府社会教育課長が兼任し、オフィスまでもが総督府に設置されたり、移されたりするのであった。そしてこのような支配は次第に強まる一方であった。

㈢　州庁教育会との関係

地方教育会の設置について、法人化する前の規則第一七条によれば、「会員十名以上ノ請求ニ依リ評議会ノ決議ヲ経テ支会ヲ設クルコトヲ得」とあるが、当時台湾教育会の経費や経営状況はまだ完全公開されていなかったため、支会の設置と運営実態もまだ不明である。その後、一九三一（昭和六）年の法人化後の教育会定款には支会に関する規定は既になくなった。ただ、第七条の入・退会に関する規定の中に、「正会員タラントスル者ハ各州（庁）教育会ヲ経由」して提出すると記されている。よって、法人化した時点で各州庁においては既に教育会が設けられていたのである。これは、一九二四（大正一三）年以降台湾総督府は社会教育を振興するために文教局で社会課を設置し、さらに一九二八（昭和三）年に、各州に社会教育係を設置するに至ったことと関連している。よって、台湾教育会以外にも、地方における教育団体として、各州、庁、市郡に教育会が計画的に設置・組織されるようになり、何れも地方教育の普及改善を目的とし、事務所を州、庁、市、郡役所内に置き、各種の講習、講演などの教育活動を行った。

この動きにより、台湾教育会の活動もこれらの州庁教育会を通して行われ、最終的には全島に広まる。「中央」の台湾教育会本会が最初に設けられ、それから台湾全島の五州（台北、新竹、台中、台南、高雄）、二庁（台東、花蓮）、離島の一庁（澎湖）に及ぶ地方支会が設けられた[17]。これらの支会は台湾の北中南の重要な大都市から発達していない僻地・離島にまで分布し、教育会のネットワークとして重要な役割を果たしていくことになる。

3　運営経費の取得と確保

（一）明治と大正期の経費構成

台湾教育会は行政側に包摂された組織であり、社団法人として独立したものの、実際の会務は総督府学務や文教官僚に主導されてきた。従来、台湾教育会の経営を支える経費に関しては、会費の収入以外、他の団体から得られる補助は学租財団からのみであった。特に大正期に入ってから、必要な経費が大幅に増えたにもかかわらず、特別の委託事業のとき以外、正式な台湾総督府国庫名義からの補助金は殆どなかった[18]。

一九二二（大正一一）年までの経費収入の内訳は、毎年度の繰越金、会費、図書代、広告料、芝山巌祭粢料（外、芝山巌祭基金）、利子収入などであり、総督府からの補助金と記された項目はなかった。但し、毎年の台湾総督府民政事務成績提要[19]を調べると、実際には当時台湾総督府が管理していた学租財団から、台湾教育会が行う一部の事業に補助金が交付されていたことが判明する。そして、一九二三（大正一二）年から学租財団補助金が主な活動経費となり、この補助により、台湾教育会も元々は台湾総督府が主催していた学事講習会などの事業を開催し始め、各種図書の編集、教育展覧会、活動写真制作などの対外活動を起こすようになった。

（二）財団法人学租財団の補助金について

日本植民地統治以前の台湾において、儒学、書院、義学、社学、土蕃社学及び書房といった教育機関がすでに存在している。『台湾税務史』[20]によれば、これらの教育機関のほとんどは、運営を維持するために多少の基本財産を持ち、その多くは郷紳富戸の寄附に係わるものである。これらの基本財産はその所属に従い、学田、書院田と称し、これで生じる収入を「学租」または「書院租」と呼ぶ。学租の実物は「租穀」[21]とするが、実際は時価に換算してお金で納めることが通常であった。前述した教育機関の財産は、改隷後大概「学租」と称し、義渡租と同じく官租として徴収し、これを一般官租として計上する。総督府管理時代の学租金は、明治、大正初期前後に国語学校や公学校建設関係の補助を行っていた[22]。その後、社会教育への補助として、音楽会開催などの活動に補助金を出したり、台湾教育会を通して国語演習会などの事業を起こしたりした。

一九二三（大正一二）年一月一日、学租財団は民法によって財団法人学租財団となった[23]。財団の総裁は総督が兼任、総督府総務長が理事長、文教局長が副理事長を兼任し[24]、職員は文教局と財務局から徴用し、事務所は総督府内に置くこととなった[25]。財団法人として独立した学租財団が学租金で支弁する主な事業は、①台湾教育会事業助成金、②学事に関する講習会開設、③各州庁に於ける国語練習会指導奨励及び通俗教育活動写真実施補助、④本島人内地在学学生の指導、⑤辞書の編纂材料蒐集整理、⑥海外学事視察派遣、⑦教育展覧会開設である。

このように、学租財団の台湾教育会への補助は正式に明文化された。しかし、台湾教育会が受ける補助金については補助団体がその用途を指定することができる。そのため、学租財団の補助金によって教育会運営の財源は確保されたが、総督府が支配している学租財団の補助を受ける以上、台湾教育会には補助金が使われる事業や活動への主導権がない。このような制限の影響で、代議員会議でも地方からの意見と要望を受け入れることができなくなったのである。台湾教育会の法人化が行われたものの、国による経費コントロールが見られ、組織自身が発展しても、その自由度には明らかに限界があった。

(三) 昭和期の経済難

1 社団法人台湾教育会の財務状況

昭和期に入り、前述した財政難の中にあっても、教育会が多くの事業活動を続けられるように、台湾教育会経費は一般財源と学租財団などの財団補助が減少しつつも一定の額が確保された。なお、節約のために、それまで台湾教育会が行ってきた教育事業についても実績と性質を考慮して見直し、必要なしと判断された支出を削除することとなった。こうした変化のあいだに、全体的な社会経済の変化や、時局に応じた台湾民衆への日本語普及の必要から、台湾教育会の事業の中心も社会教育に移り始めた。その重心の変更は、年度経費支出の構成から見えてくる。『台湾教育』に掲載されている年度別決算報告によって[26]、学校教育部と社会教育部の経費金額をまとめてみよう。

一九三一（昭和六）年に両部の経費が急激に減少したのは、社団法人化後の台湾教育会が事業部、出版部、写真部などに組織を細分化し、事業内容にそって経費科目を作成したためであった。この経費の配分によれば、一九二九（昭和四）年以前、台湾教育会事業の中に社会教育名義で行われる活動はなかったが、国語普及の目標が明確に打ち出され、一九三〇（昭和五）年から新しい財団の補助が増加し、社会教育関係の経費が設けられた。さらに、一九三一（昭和六）年の財団補助金は前年の四六、四六六円から九六、九〇〇円に増加しており、台湾教育会の財政困難も補助の増加で少しのあいだ解決された。その後、国語普及十ヶ年計画に伴い、学校教育は通常のペースで行われる一方、社会教育面の活動は新たな補助金を得て学校教育の倍ぐらいに増え、一般民衆を対象とした国語教育普及活動がこの時期の台湾教育会の中心事業となったのである。一九三七（昭和一二）年には戦争の勃発を受け、各財団からの補助は、絶えることこそなかったが金額は相当に減少した。一九三八（昭和一三）年から会員増に伴う会費収入の増加と

〔表１〕台湾教育会における学校教育部門と社会教育部門の支出金額表
(1930 − 1937 年)

年度＼予算科目	学校教育部（円）	社会教育部（円）	台湾教育会総経費(円)
1929 年（昭和 4）	82,943	0	96,997
*1930 年（昭和 5）	54,959	45,340	115,000
1931 年（昭和 6）	16,720.18	27,678.32	160,511.39
1932 年（昭和 7）	13,836.81	26,508.38	145,922.35
1933 年（昭和 8）	13,428.48	29,368.74	136,413.73
1934 年（昭和 9）	13,496.29	30,424.15	135,526.99
1935 年（昭和 10）	—	—	—
1936 年（昭和 11）	14,978.04	30,637.17	132,123.17
1937 年（昭和 12）	12,644.60	16,100.51	119,806.93
*1938 年（昭和 13）	14,940.00	18,560.00	148,030.00
*1939 年（昭和 14）	15,100.00	19,890.00	165,690.00
*1940 年（昭和 15）	15,400.00	17,400.00	172,860.00

注：*を付した年度の金額のみは予算金額
出所：『台湾教育』334、343、370、382、393、405、429、443、453 号の記事により、筆者が作成。

出版・活動写真などの事業収入増加のため、補助金が減少しても歳入は毎年増加していた(27)。なお、戦局に応じ、教育中心であった予算編成を戦時慰問や青年団の指導、国民精神の訓練などの支出を最優先にする方針も経費編成から見えてくる。

昭和一二年度の「代議員会と総会記事」によると(28)、昭和一三年度の予算編成において、学校教育部、社会教育部とも、国語教育調査費、台湾美術展覧会費、青年幹部講習費などの経費は削除されたが、新規もしくは増額する予算項目として、「戦時慰問費、教員資格向上講習費、全島青年団長会議費、全島青年団聯合大会費、国民精神総動員費、国語講習所用教科書の改訂費、事変後の南支事情映画作製費」が計上された。

２　会員の募集

会員の入会は、教育会の地方委員、学校長による勧誘によって行われた。主な会員は、各州庁教育関係当局の職員、大学、各専門学校から小公学校までの教職員、社会教育関係者まで網羅し(29)、中でも小公学校の教員が大多数を占める。初期の会員募集は自由であり、会員の内訳は不明であるが、日本人会員が多数であった。一九〇二（明治三五）年、台湾人会員を増やすために、会誌に漢文欄が設けられた(30)。一九三一（昭和六）年に社

〔表 2〕日本統治期における台湾教育会会員数と各級学校教員数

年　次	台　湾教育会会員数	各級学校教員数		年　次	台　湾教育会会員数	各級学校教員数	
		国民学校（旧小公学校）教員数	各級学校教員数合計			国民学校（旧小公学校）教員数	各級学校教員数合計
1899（明治 32）	—	359	1847	1922（大正 11）	5229	5702	6705
1900（明治 33）	—	497	1978	1923（大正 12）	5658	5873	7061
1901（明治 34）	242	550	2185	1924（大正 13）	5916	5918	7205
1902（明治 35）	425	624	2360	1925（大正 14）	5881	5840	7157
1903（明治 36）	762	726	2216	1926（大正 15）	5974	5985	7408
1904（明治 37）	834	696	1862	1927　（昭和 2）	*6000	5934	7495
1905（明治 38）	874	800	2003	1928　（昭和 3）	*6900	5925	7613
1906（明治 39）	1050	878	1932	1929　（昭和 4）	7116	6215	8004
1907（明治 40）	1048	923	1933	1930　（昭和 5）	7351	6320	8211
1908（明治 41）	1077	1091	1869	1931　（昭和 6）	—	6453	8316
1909（明治 42）	1084	1189	1999	1932　（昭和 7）	*7850	6544	8466
1910（明治 43）	1412	1287	2023	1933　（昭和 8）	*7921	6785	8654
1911（明治 44）	1568	1476	2251	1934　（昭和 9）	*7697	7025	8876
1912（明治 45）	1689	1661	2447	1935（昭和 10）	—	7307	9236
1913　（大正 2）	1870	1792	2632	1936（昭和 11）	*7760	7772	9813
1914　（大正 3）	2084	2003	2911	1937（昭和 12）	*10835	8350	10540
1915　（大正 4）	2211	2166	3049	1938（昭和 13）	*11000	8947	11411
1916　（大正 5）	2472	2428	3384	1939（昭和 14）	*12000	9918	12480
1917　（大正 6）	2795	2882	3898	1940（昭和 15）	—	10866	13664
1918　（大正 7）	3000	3391	4350	1941（昭和 16）	—	12292	15357
1919　（大正 8）	3362	4049	5014	1942（昭和 17）	15639	13862	17268
1920　（大正 9）	3918	4718	5656	1943（昭和 18）	—	14666	17444
1921（大正 10）	5300	5464	6544	1944（昭和 19）	—	15483	18548

注：*を付した数は会費の額から計算した人数。
出所：『台湾教育』の総会関連記事及び『台湾省五十一年来統計提要』のデータにより、筆者が作成。

団法人になった時、団体会員の入会も可能となった。昭和年間の会員名簿からは日本人と台湾人の割合を知ることはできないが、毎年各州庁機関や支会から報告される名簿によって、台湾教育会が毎年度の各校や各機関別に会員数の確認を行っていたことがわかった。

戦時期の代議員会記録から、台湾教育会の会員数は翌年の新入会者数が新人教師の数から推定できるようになっていた。すなわち、台湾教育会への入会は過去より強制的になっていたのであり、殆ど全台湾の教育関係者が加入していた。一九四六年七月に復活した前台湾教育会である「台湾省教育会」の会員数について調べてみると、復旧会費納付記録によって会員の資格が認定され、再成立当時はすでに五、九三六人が会員資格を認められている。(31)もちろん、この五、九三六人はすべて旧台湾教育会時代の台湾人会員であった。終戦前の一九四二（昭和一七）年段階に総会員数一五、六三九人だった台湾教育会において、日本人と台湾人会員の割合は不明であるが、終戦後の台湾省教育会成立当時の会員数から判断すれば、会費を納めていた台湾人教員は会員数の約三分の一を占めていたのである。

3　支会に関する会費収入と交付金制度

一九〇二（明治三五）年の台湾教育会会則の改正に伴い、「台湾教育会支会設置廃止ニ関スル規程(32)」が公布された。同年一〇月に彰化支会が発足、台南支会、台中支会などの支会も続々と設立された。会則によると、支会は会員一〇人以上の請求により、評議会の決議を経て設立することができる。本会・支会の両方に入会を希望する場合、会費は本会への納入のみとなる。

従来州庁教育会は台湾教育会の支会であったが、台湾教育会が法人化されて以降、支会も独立した団体として運営されるようになった。新定款第二六条により、会費の徴収は各州庁教育会に委託し、台湾教育会が毎年、取扱金額の四割を交付金として州庁教育会に交付することとなった。それぞれ、地域の教育事業や台湾教育会に依頼された活動をこなす立場にあるため、毎年台湾教育会によって会費収入から一定の割合の金額を運営用の交付金として交付され、その状態が終戦まで続いた。

二　明治・大正期台湾教育会の教育事業

1　明治期から台湾教育令実施までの事業内容

明治期には、総督府が採った「無方針主義」の影響でとにかく目の前の急務を解決することが最優先とされた。当時の台湾の教育において最も重要な課題は「国語教育」政策と基礎教育の確立であり、台湾教育会の活動も教育者対象の講演会、例会など学校教育関係の行事や、会誌の発行を中心に行われていた。『台湾教育』には国語教育の論争とこれに関連する研究記事が多く載せられた。教育会が多彩な活動を始めたのは大正期以降のことであるが、その内容は、通俗教育部の設置、幻灯及び活動写真を利用した全島各地への通俗教育の実施、教育関係図書の刊行、国語演習会の開催、活動写真撮影事業の開始、全島教育者及び教育関係者の中から選ばれた教育功労者の表彰などである。

（一）学校教育に関する教育研究・調査活動

創立当初の主な事業は、会則の第四条に次のように掲げられている。

一　教育社会ノ意見ヲ発表スルコト
二　教育学術ノ事項ヲ研究スルコト
三　教育上主要ノ事項ヲ調査スルコト
四　教育学術ニ関スル講談会及講習会ヲ開設スルコト
五　教育ニ関スル雑誌ノ《ママ》発行シ教育上有益ノ図書ヲ印行スルコト

これらの教育研究事業は、創立してから終戦まで様々の具体的な活動内容や形式を通して続けられた。

（二）芝山巌に関する記念事業

一九〇三（明治三六）年に会員の和田貫一郎など一二名の建議により、「芝山巌六先生」を始め、殉職した台湾教育家たちの招魂祭執行を決定した。[33]その建議案の内容は次の通りである。

一　台湾教育に従事し匪害風土病其の他職務に斃れしもの丶為に毎年招魂祭を開設すること
一　招魂祭期日は毎年二月一日とす
一　祭典費用は教育会員の醵出及其他の支出による
一　匪害に斃れし者の分は其遭難地に相当の記念碑を建設すること

以降、芝山巌祭典は恒例となり、一九三三（昭和八）年には『芝山巌誌』を編纂して出版した。

（三）国語演習会の開催

一九一四（大正三）年に国語奨励を目的とした国語演習会が開催され、終戦まで続いた。実際の開催方法や構成については時期によって少しずつ違っているが、国語普及運動が正式に執行されて以来、活動の規模や出場者の募集範囲は拡大した。一九三四（昭和九）年の「開催要項」によれば、出演者の募集対象は各州庁の「国語講習所生徒」、「青年教習所、公民講習所、卒業生指導講習会等の青年補導教育施設」の学生、「公学校児童」、満一六歳以上二〇歳未満の「青年団員」などであり、いずれも成績と徳性が優秀であることが条件である。(34)

演習の方法と内容について見てみると、公学校生徒の即題の演習以外にも、ほかの出演者の演習、談話、舞踊劇などがあり、バラエティに富んだ内容であった。青年団員の演習に関しては、各州の青年劇（一組一〇分以内）、各州庁青年団員の一人一研究の発表（五分以内）などがあり、青年劇は地方における社会教化、国語普及、「陋習改善」、産業開発などの趣旨を取り入れたものであった。以来、毎年の国語演習会は各日本語学習施設から参加者が集まって開催されており、演劇や即席講演などのコンクールによって、各施設が行う国語教育の成果が示された。

会誌の『台湾教育』にこの国語演習会の様子と出場者の成績に対する審判者たちのコメントが毎年掲載されており、各参加者に対する講評とアドバイス、及びその年の国語講習会に対する全体的な講評が詳しく書かれている。よって、その記事も国語教育の宣伝となり、台湾における国語教育の実施効果を評定するための指標になった。

（四）会誌や教育図書などの出版事業

1　会誌『台湾教育』

『台湾教育』は総督府中央の教育政策を直接伝達するメディアであり、教職員を中心とする会員達の交流の場でもある。『台湾教育』の編輯者は基本的に総督府の教科書編修担当者である。[35]第一期は最初に『台湾教科用書国民読本』の編修者杉山文悟が、次いで山口喜一郎・畠山慎吾が担当した。大正期からは第二期『公学校用国民読本』の栗田確が、栗田歿後は同窓の加藤春城が引き受けるようになった。一九二八（昭和三）年に教育会の組織が変更になり、庶務部、学校教育部、社会教育部、出版部、写真部などに分かれた。雑誌編輯は出版部に属し、出版部長の指揮を受けることになった。出版部長は総督府編修課課長が兼任した。一九三九（昭和一四）年一二月[36]に『台湾教育』の編輯室は総督府編修課に移され、この編輯体制は休刊となる一九四三（昭和一八）年の『台湾教育』第四九七号まで続いた。

2　教育図書

台湾教育会は創設当時から幅広く教育図書の編纂出版に着手していた。中身としては、一般社会教育用の日本語教科書や、青少年の参考補充用図書としての読み物が多かった。それは国語教育を広めただけでなく、昭和期に入ってからは重要な収入源の一つにもなった。そのほか、前述した『芝山巌誌』や『台湾教育沿革誌』など、台湾教育にとって重要な歴史や記録の出版物も多数刊行している。

（五）活動写真事業

一九一三（大正二）年に、新たに「通俗教育部」を設置し、全島各地をまわり、幻燈や活動写真を利用して一般台湾人民衆を対象に通俗教育を実施するようになった。一九一七（大正六）年に通俗教育活動写真部として活動写真の撮影・製作事業に着手し、一九二〇（大正九）年には、活動写真を利用して台湾事情を内地に紹介する活動をも始めた。活動写真の事業はのちの国語普及事業にも役立ち、終戦まで続いた。事業の具体的な内容に大きな変更はなかったが、概ね「内地教材映画其他の教育映画を作製」、「教育映画の購入」、「出張映画又はフィルムの貸出を為したること」、「映画教育」に関する研究会・講習会の開催などがある。[37]

2　台湾教育令実施後の台湾教育会事業

一九二二（大正一一）年に新台湾教育令頒布によって台湾教育系統が完備するに至り、翌一九二三（大正一二）年、学租財団の財団法人化に伴って、学租の補助金は台湾教育会の固定財源となり、台湾教育会の教育事業や行事内容も安定した運営状況のもと次第に定着していった。教育会は、学校教育研究を一段と推進させるとともに、総督府が主催していた学事講習会、研究奨励事業などの教員関係の活動をも引き受けたことで、総督府教育当局との二人三脚の関係を確立させた。

（一）学事講習会の主催

学事講習会は元々台湾総督府学務関係の部局が主催する行事であるが、一九二二（大正一一）年以降は台湾教育会の実質主催となった。ただし、一九三九（昭和一四）年の『台湾教育』の記事には、大正一一年度に「本会主催各種学事講習会を開催」すると記されているが、[38]筆者が一九二二（大正一一）年から一九二四（大正一三）年までの『台湾教育』を確認したところ、大正一一年度の学事講習会は名義上はまだ「台湾総督府学事講習会」という名称で記載されていた[39]。学租財団の補助金を受けて名実ともに台湾教育会の事業として行われるようになったのは、大正一三年度からの学事講習会である[40]。

なお、この講習会の受講対象は各地方から選ばれた現職教員である。基礎教員養成の事業は、時期によって時々行うこともあったが、基本的に各地方の教育会において行われた。台湾教育会のほうはリーダー的存在の教員を訓練するために開催されていたと言えよう。

講習会の内容は毎年変更され、時局の必要性に合わせた各種の講習会が行われていた。例えば大正一四年度の講習会にはレギュラーの新渡台教員講習会のほか、教員学力向上講習会のほか、学校長講習会、小公学校算術科主任講習会、体操講習会などがある。ほかの時期においても、公学校訓導養成講習会や文検講習会、少年団組織準備講習会など、必要に応じて各種の講習会が行われていた。なお、他の教育関係の会議の開催については、台湾教育会は実際上発議する権利はなく、斡旋を依頼された場合にのみ主催することが多かった。

（二）学校職員奨励事業の開始

一九二二（大正一一）年一一月には、台湾教育会による「学校職員研究奨励規程」に基づき、学校の教職員による研究費の申請を審査して奨励金を交付する事業を始めた[41]。ほかにも、懸賞論文の募集、内外地の教育視察派遣事業、教育関係調査の補助事業などが漸次行われるようになった。

三　昭和期の台湾教育会――社会教育事業の拡大

1　社団法人化に伴う組織変更と事業の拡大

（一）社団法人化後の台湾教育会

一九三一（昭和六）年の新たな「社団法人台湾教育会定款[42]」によれば、台湾教育会の組織は庶務、会計、学校教育、社会教育、出版、写真の六部署を置くことになった（第五条[43]）。会員に関する最も重要な変更は団体会員（青年団など）の加入を認めるようになったことである（第六条）。その参加資格は「本会ノ趣旨ヲ賛シ　会費トシテ年額五圓を納ムル青年団体」である。各地方青年団会員の認可をとおして、台湾教育会の活動力が大幅に増強することが期待されている。

役員制度と議事制度の変更については、社団法人台湾教育会は従来の幹事と評議員制に代わって理事を置き、重要事項を審議し、監事を置いて会務と会計の監督をすることにした。予算や会務の審議には代議員制を採り入れた[44]。代議員会は理事と代議員から成り、代議員は会長の指名によって選出され、任期は二年である。各州庁の代議員数や比率などは明示されていなかった。定款第一九条により、この会で附議すべき事項は会務の報告、収支予算決算、定款の変更及びその他会長より附議したる事項とされた。台湾教育会は、このような代議員制をとることで形式上の独立を果たした。但し、筆者の調べた限りでは、台湾教育会の職員の中には台湾人が採用されていたが、重要な役員や代議員などの人名のなかに台湾人らしき名前はなかった。台湾人が台湾教育会の運営中心部に入ることは難しかったのである。

また、社団法人となった台湾教育会は、この時から土地や資産の所有権が認められるようになった。しかし、台湾教育会はこの法人化によってより多額の補助と運営上の自由を得た一方、総督府行政側の政策を補完するために社会教育に関する膨大な新事業や活動を行うようになり、よって事業の中心は社会教育に移り始めた[45]。台湾教育会の社会教育部は設立された当初から、そのオフィスが総督府の社会課に設置されており、また社会教育に関連する活動の多さから、台湾教育会自体が文教局社会課に所属していると誤解した論説まで出たほどであった[46]。

（二）事業内容の増加と変化

法人化後の台湾教育会の事業内容は次のように定められている（定款第四条）。

一　教育に関する諸般の研究調査意見の発表
二　台北女子高等学院の経営
三　講習会、講演会及び国語演習会などの開催
四　台湾美術展覧会其の他の展覧会の開催
五　雑誌の刊行及び教育上有益なる図書の編纂刊行竝に推薦
六　教育映画の作成、頒布竝に推薦
七　教育功労者の表彰
八　芝山巖祠の祭典及び維持
九　教育上有益なる事の助成奨励
一〇　奨学に関する事業
一一　その他必要と認める事業

従来の主要事業以外、法人化後新たに加わった新事業は女子高等学院の経営と奨学関係事業である。旧会則に比べると、事業の量は遥かに増加し、教育関係の活動を幅広く行うようになった。なお、一一番目の「その他必要と認め

る事業」の規定も、台湾教育会が総督府の補助役として時局に応じて適切な事業を起こすことが認められ、のち国語普及運動の最も強力なサポート役となる大きな根拠となった。

2 国語普及運動との連動

昭和初期の台湾教育会の活動経費の配分は[47]、一九二九（昭和四）年以前においては、台湾教育会事業の中でも国語演習会や活動写真などの通俗教育とされた社会教育関連の活動のみ計上されていたが、国語普及という目標が明確に打ち出されてからは、一九三〇（昭和五）年以降に新しい財団からの補助が増加し、新たに社会教育関係の経費も設けられた。さらに、法人化後の財団補助金は前年より大幅に増加し[48]、台湾教育会における「国語普及十ヶ年計画」の執行へ向けた準備態勢も整えられた。このような社会教育の強化という事実から、それによって台湾教育会の経費配分にアンバランスが生じたであろうことも推測できる。実際、一九三二（昭和七）年の代議員会において、宮島代議員が社会教育経費と学校教育経費とのバランス問題について、「中央に於ける社会教育が最近非常に発達しまして、夫れが為に街庄の予算の内に毎年々々社会教育の予算を増やすと云う状態でありまます、段々と発達しますに就きましてやはり夫れが為に学校教育の方にも遠慮しなければならないので、社会教育に加勢をすると云う風になりまして非常に苦しい立場になって居ります」と述べている[49]。元々台湾教育会の重心であった学校教育部の活動が社会教育の発達によって縮小されており、国語普及事業とされる台湾教育会社会教育部の新事業が激増した変化がそこからもみてとれる。

この時期の社会教育部の新事業には、国語講習所、青年団の指導活動、それに関連する出版物の編修発行などがある。大正期から毎年開催している国語演習会も強化され、前述のように国語普及の指標を与えるものとなった。また、出版部においても青年読本や国語講習所用の『新国語教本』などの図書を発行した。以下ではこの『新国語教本』の編纂過程を例にし、その背後にある代議員会における討議や争論を明らかにしつつ、台湾教育会が国語教育の推進や発展にどのような役割を担っていたのかを考えてみたい。

四　台湾総督府文教局と台湾教育会――『新国語教本』の編纂をめぐって

前述の国語講習会用の『新国語教本』の編修に関して、台湾教育会の昭和七年度と昭和八年度の代議員会議事録にその編修計画に関する発言が記録されている。

一九三二（昭和七）年に、翌年の予算案について、台湾教育会阿部庶務部長は各地方からの要望を次のように述べていた。「出版部の新しい計上費目は御承知の通り国語講習所は年々其の数を増やしまして国語講習所に使います種々の教本を、各州庁とも非常に要望して居りまして、是非教科書とも云うべき教本を出版して欲しいと云うご要求を根拠としまして、国語講習所用国語教本の出版費を計上致しました」[50]。さらに、編修を担当する出版部長三屋静の説明によれば、「之れは各州に於ても夫れ〳〵出して居り又出すと云う計画もある様であります。大体に於て各州当局者の諒解を得ましてそして教育会に於て夫等を統一したものを編纂」することにしたのであり、「教育会」において編修するために、各州からの諒解や意見を事前に求めたことが強調されていた[51]。

しかし、このような説明を重ねたにもかかわらず、翌年の一九三三（昭和八）年の代議員会議において、新竹州の西田吉之助代議員より、「図書出版の方で国語教本青年読物と云うものは地方庁と連絡を取って貰ったら都合がよいと思ひます。私は新竹でありますが、私の方は国語教本を作っております。内容を見まして教育会の方が悪いと云う訳ではありませんが、事情の違う処がありますので、寧ろ教育会の方の国語教授用の教科書は遠慮して貰ふ様にしたならばどうかと思ひます」との、台湾教育会が発行する国語教本への反発があった[52]。

この反発に対し、三屋部長は再び、昨年の地方教育課長会合において地方の要望があったことと事前に意見を求めたことを強調した。さらに、「将来中央でさういうものを作るならば各地方で出す要もなからう」と述べて、国語講習所の統一教科書を出すという目標を明らかにし、地方で国語講習所の教材を作る必要をなくそうとした。

ここで注目すべきことは、台湾教育会の出版部部長職は、一九三一（昭和六）年に教育会が社団法人に変わってからは台湾総督府の編修課長が兼任することになったことである。三屋静部長が述べた地方教育課長の会合というのは定期的に総督府が各地の教育課長を集める会合であるため、彼は「総督府編修課長」という立場から、「教育会に於て編纂」する教科書に関して意見を求めていたのである。さらに、彼は「中央」という言葉をも用いた。つまり、『新国語教本』の出版において、総督府＝「中央」＝教育会という図式が成立していることになるのである。

総督府が中央から教科書を発行したい理由としては、国語講習所の教育内容に対する統制以外に、経済的な考量も重要だったであろう。統一教科書の出版により、一つの教材で最大の効果を出し、地方が教材編修にかけるコストも最低限に抑えることができる。さらに、台湾において各州の経済的発展や文化的発展のレベルは不均一であったため[53]、全面的な国語普及が目標であれば、各州の発展の差異によって教育の質や効果の落差が生じることを防ぐためにも、統一教科書は有効な解決方法であったろうと考えられる。しかし、実際に国語教本を出版するのは、総督府という「中央」ではなく、社団法人台湾教育会という「中央」であった。この『新国語教本』以後、国語教本は全面配布という形で全島の国語講習所で使われるようになった。

台湾教育会において編修・出版することにしたのは、今まで国語普及用の参考書は殆ど台湾教育会が編修・出版してきたからということもあったが、国語講習所の事情を考慮した上の決定でもあった。前述した通り、国語講習所教育に関しては、各州の規則や実際の必要はそれぞれにあり、総督府が教科書を編輯した場合、公式の統一教科書という形になるが、数年間実際に講習所を経営してきた各州にとっては、その土地に合わせた教材こそ最も適切な教科書となるし、すでに地方において編纂され、使われている教材もあったのであるから、反発を招くことは予想できたであろう。実際、反発の意見が出されていたのである。

さらに、現実の状況から考えてみれば、この時期の講習所の国語授業は国民的性格の養成というよりも、まだ国語の習得を最優先としていた。また、地方的特異性に対して一冊の教科書で全て対応することも相当困難であった。それにもかかわらず、最初から総督府「中央」の主導で出版されたこの『新国語教本』の編修経費は、総督府の経費補助ではなく台湾奨学会の補助金から支出されたものであり、従って総督府の財政に負担をかけることもなかった(54)。

以上のことを含めて考えると、統一教科書よりも、講習所が教材を選ぶときの最優先の選択肢として、台湾教育会において『新国語教本』を出版したのは適切であろう。加えて、『新国語教本』の編修責任者である教育会出版部長について言えば、実は総督府編修課長が兼任しており、従って実質上『新国語教本』の編修方針や教材内容の選択基準などに、総督府側の政策方針は相当な影響を与えることもできたのであるから、『新国語教本』を台湾教育会において編修・出版することは、総督府にとっても有利な選択であったと考えられる。

おわりに――植民地支配下台湾教育会の役割と位置づけ

台湾教育会は、成立した時から台湾総督府が育成し、政策遂行に活用した団体である。本稿を通して、台湾教育会自体の運営の仕組み、経費の構成、事業内容の概要を通覧することができた。台湾教育会は日本統治時代に総督府の補助役として、様々な任務や教育事業を遂行してきた。すなわち、総督府だけでまかないきれない事柄が総督府から台湾教育会へ依頼されるか、或いは総督府主催の名目で実際には台湾教育会によってなされてきたのである。なお、学租財団が総督府から独立したことにより、学租収入は台湾教育会専用の補助財源となり、各教化財団からの補助金も使途限定の形で台湾教育会に長期寄付され、総督府の教育経費を受けなくても、台湾教育会運営の安定性が保証されることとなった。しかし、こうして財源が確保される一方、実質上、台湾教育会は自由裁量権のない執行機構であることは明らかであった。各財団の補助金を受け、指定された事業を行い、総督府文教官僚役員の指示や依頼で教育活動を行うようになったのである。

つまり、台湾教育会に対する総督府による事業施行や経費への強い支配は、依然として存在していた。また、社会教育部の様々な国語教育活動の実施において、総督府においても台湾教育会においても、その実際の主導者は同じ総督府社会課の人々であり、総督府は「社団法人台湾教育会」の名義で行うことによって、強制で執行することができない改革や施策を推進しようとし、或いは地方の反発を防ぐために教育会をうまく利用することもあった。法人化後の台湾教育会は表向きは独立した法人であったが、役員や各部の部長は総督府の文教官僚が担当した以上、事業内容や予算配分の最終決定に総督府からの影響は避けられないのであり、総督府と台湾教育会の上下支配関係も明らかであった。

この時期の台湾教育会はまさに総督府文教局の別働隊として、総督府の力ではこなせない部分を補填し、台湾での教育事業を展開していたと位置づけることができる。しかし、このような完全サポート的な立場となると、教育会が元来持つべき、教員の意見を聞き入れ教員が主体となって教育活動を企画して行う機能を発揮するような動きは、現有の史料からは見えてこない。むしろ、総督府による経費使用の制限から、地方の意見を聞き入れる余裕もなかったのである。よって、本論文での分析も台湾教育会の運営側の動きを説明するのが中心となった。今後はさらに、教育会の主役であるべき教員たち、特に台湾人教員の動きに注目して研究を進めていきたい。

注

(1) 又吉盛清、「『台湾教育会雑誌復刻版　別巻』解説」三〇頁。
(2) 『教育時論』五二八号　一九〇〇年　二〇頁。
(3) 『教育時論』五三四号　一九〇〇年　一九頁。
(4) 町田則文「本会第一回例会に於ての演説」（『国語研究会会報』一号　一九〇〇年）七頁。
(5) 国語研究会「国語研究会規則」（『国語研究会会報』一号　一九〇〇年）。
(6) 又吉盛清『台湾教育会雑誌（復刻版）別巻』の解説により再整理したもの（二七頁）。
(7) 台湾教育会「本会沿革」（『台湾教育会雑誌』一号　一九〇〇年　一二八頁）。
(8) 又吉盛清　前掲（6）に同じ（三〇―三一頁）。
(9) 台湾教育会『台湾教育会雑誌』一号　一九〇一年　巻頭。
(10) 同右掲載の会則第三条に、「本会ハ台湾総督ヲ推戴シテ総裁トス」とある。
(11) 一九三三（昭和八）年に実施予定。
(12) 台湾教育会「台北通信　台湾教育会の飛躍」（『台湾教育』三四三号　一九三一年）一〇一頁。
(13) 台湾教育会「経済緊縮に関する総務長官の依命通牒」（『台湾教育』三二九号　一九二九年）一六〇頁。
(14) 台湾教育会「第二回代議員会記事」（『台湾教育』三五二号　一九三一年）五一―七三頁。
(15) 陳培豊『「同化」の同床異夢―日本統治下臺灣の國語教育史再考』三元社　二〇〇〇年　二五四―二六〇頁。
(16) 同右、二五四頁・第六章・第七章を参照。
(17) 台湾教育会「台湾教育会昭和五年度歳入歳出予算書」（『台湾教育』三三四号　一九三〇年）一〇八―一二四頁。
(18) 台湾教育会「台湾教育会第二十次総会」（『台湾教育』三〇〇号　一九二七年）一四七―一五四頁。
(19) 台湾総督府『台湾総督府民政事務成績提要（全編）』現国立台湾図書館所蔵。
(20) 台湾総督府民政部財務局税務課内税務職員共慰会編『台湾税務史（下）』第八編第七章「学租」台湾日日新報社　一九一八年　六四〇―六五九頁。
(21) 主に米である。

(22) 前掲(20)第一三編での「学租」に関する記述による。
(23) 前掲(20)第二九編での「学租」に関する記述による。
(24) 台湾行政長官公署教育処「学産の管理」(『台湾省教育概況』台湾行政長官公署教育処編印 一九四六年)一一八頁。
(25) 台湾教育会「台北通信」(『台湾教育』二五八号 一九二三年)。
(26) 『台湾教育』に掲載された詳細な決算報告や予算書は一九二九年から一九四〇年までであるが、中には公表されなかった年度もある。
(27) 台湾教育会「昭和十三年度代議員会竝総会記事」(『台湾教育』四四三号 一九三九年)一〇二―一〇三頁。
(28) 台湾教育会「昭和十二年度代議員会竝総会記事」(『台湾教育』四二九号 一九三八年)一一〇―一二九頁。記録によれば、代議員野崎秀雄から「昭和一三年度の予算が戦時に即応するよう編成された」との発言もあった。
(29) 台湾教育会「台北通信」(『台湾教育』三二二号 一九〇四年)。
(30) 一九一九年に『台湾教育』は財政上の問題から漢文欄のページ数が削減され、一九二六年頃に国語普及の影響を兼ねて漢文欄廃止に至った。その内容は、日本語版の重要論文や記事を選択して漢文に翻訳したものや、投稿された漢文詩などの掲載が主であった。
(31) 台湾省教育会『十年来的台湾省教育会』一九五六年七月 三五―三六頁。
(32) 台湾教育会 前掲(9)。
(33) 台湾教育会「台湾教育会発達のあと」(『台湾教育』三〇〇号 一九二七年)一三二頁。
(34) 台湾教育会『第二十一回全島国語演習会順序』一九三四年一二月 一―一八頁。
(35) 矛盾生「第三百号」(『台湾教育』三〇〇号 一九二七年)一一九頁。
(36) 台湾教育会「台北通信」(『台湾教育』四四九号 一九三九年)七六頁。
(37) 同右、並びに「昭和九年度代議員会竝総会記事」(『台湾教育』三九三号 一九三四年)一二八頁。
(38) 同右。
(39) 台湾教育会「台北通信」大正一一―一三年分(『台湾教育』二三六―二七〇号 一九二二―一九二四年)。
(40) 台湾教育会 前掲(18)一四九頁。
(41) 台湾教育会「台湾教育会総会」(『台湾教育』二七〇号 一九二四年)九〇頁。
(42) 台湾教育会「社団法人台湾教育会定款」(『台湾教育』三四三号 一九三一年)巻頭。

(43) 同右、及び同誌「台北通信」。
(44) 台湾教育会　前掲(42)。
(45) この時期の台湾教育会の事業重心の変更は、年度経費支出の構成から読み取れる。経費に関する資料としては、「台湾教育会昭和五年度歳入歳出予算書」(『台湾教育』三三四号　一九三〇年)一〇八―一二四頁、「第二回代議員会記事」(『台湾教育』三五二号一九三一年)、「昭和八年度代議員会並総会記事」(『台湾教育』三三二号　一九三四年)一〇八―一一一頁、「昭和九年度代議員会並総会記事」(『台湾教育』三九三号　一九三五年)一二六―一三七頁の予算書及び報告書を参照。
(46) 頼昭珠「台湾総督府教育体制下的殖民美術」(『何謂台湾？近代台湾美術与文化認同論文集』雄獅美術社　一九九六年)二〇一―二二八頁。この論文は台湾教育の組織構成について論じたものであるが、美術教育活動だけを中心に台湾教育会の事業を論じ、誤って台湾教育会を総督府文教局社会課の所属と見なしている。
(47) 前掲(26)報告書を参照。
(48) 前掲(45)報告書を参照。
(49) 台湾教育会「(付録)第三回代議員会」(『台湾教育』三七一号　発行年不詳)一四―一五頁。
(50) 台湾教育会「台北通信」(『台湾教育』四八四号　一九四二年)一二二頁。
(51) 台湾教育会「編修課便り」(『台湾教育』四九六号　一九四三年)一一九頁。
(52) 台湾教育会「昭和八年度代議員会記事」(『台湾教育』三八三号　一九三四年)七頁。
(53) 台湾教育会「台北通信」(『台湾教育』四三〇号　一九三八年)一一〇頁。
(54) 台湾教育会「台北通信」(『台湾教育』四四二号　一九三八年)一一九頁。

あとがきに代えて

本書は、日本学術振興会平成14年～17年度科学研究費補助金（基盤研究C―2）交付による研究「近代日本における教育情報回路形成の歴史的研究(1)―情報回路としての地方教育会―」、および平成18年～20年度科学研究費補助金（基盤研究B）交付による研究「近代日本における教育情報回路としての中央・地方教育会の総合的研究」の成果の一部である。

二〇〇四年七月に東北大学大学院教育学研究科において共同研究「教育会の総合的研究会」を発足させ、隔月で研究会を開催してきた。本書は共同研究の第一次論文集である。このたび、梶山が東北大学を定年退職するにあたり、これまでの研究報告をひとまず一書にとりまとめた。引き続き全メンバーによる研究総括論文集の刊行を企図していることを付記しておく。

「教育会の総合的研究会」のこれまでの研究活動を記録として付す。

1　二〇〇四・七・三
梶山雅史　＊「教育会の総合的研究会」発会趣旨説明
須田将司　＊昭和前期福島県における報徳運動と地方教育会―太田村の教化村運動を支えた福島県教育会相馬部会―

2　二〇〇四・九・二五
梶山雅史　＊『岐阜県教育史』編集にみる地方教育会の歴史像
大迫章史　広島県私立教育会の設立に関わる実業補習教育機関

3　二〇〇四・一一・一三　千田栄美　＊明治末期における教育勅語趣旨徹底と地方教育会
　　清水禎文　＊群馬県における教育会の成立過程

4　二〇〇五・一・二九　笠間賢二　＊小学校教員検定に関する基礎的研究―宮城県を事例として―
　　佐藤幹男　戦後教育改革期における現職研修の成立過程に関する研究

5　二〇〇五・四・二　山谷幸司　森有礼の教育会構想について
　　田島　昇　＊福島県の教育会1―新旧『福島県教育史』の紹介と検討―

6　二〇〇五・五・二八　佐藤高樹　宮城県における大正自由教育の受容―宮城県教育会雑誌『宮城教育』のドルトン・プラン特集に着目して―
　　清水禎文　＊明治期における群馬県の教育会の展開

7　二〇〇五・七・二三　田島　昇　明治二〇年代の学校事情
　　陳　虹彣　植民地台湾における台湾教育会の成立と発展―会誌「台湾教育」の記事を中心に―

8　二〇〇五・一〇・九　梶山雅史　教育史学会第四九回大会コロキウム「近代日本における教育情報回路としての中央・地方教育会」企画の趣旨
　　渡部宗助　植民地における教育会―「外地」の教育会と「内地」の教育会―
　　笠間賢二　＊地方教育会の教員養成事業―宮城県教育会を事例として―
　　山田恵吾　＊教員統制と教育会―一九二〇年代後半から一九三〇年代前半における千葉県教育会を事例に―

9　二〇〇五・一一・二三　大迫章史　＊広島県私立教育会における教員養成事業

板橋孝幸　昭和戦前期秋田県における郷土教育運動と地方教育会—由利郡西目村教育総合視察の分析を通して—

10　二〇〇六・一・二八　須田将司　＊教化町村運動における教育情報回路の形成—指定教化町村下の小学校に生み出された報徳教育—

清水禎文　地方教育会における国語国字問題—上野教育会を事例として—

11　二〇〇六・四・一　千葉昌弘　＊地方教育史研究の課題と方法—私的な研究活動歴を辿りつつ—

山谷幸司　富山県における教育会の組織と活動

12　二〇〇六・五・二七　佐藤高樹・板橋孝幸　＊〈村教育会〉にみる学校と地域—宮城県名取郡・中田村教育会を事例として—（その1）（その2）

千田栄美　＊明治末期における教育勅語趣旨徹底と地方教育会（その2）—一九〇九年文部省の全国連合教育会に対する諮問に着目して—

13　二〇〇六・七・一五　梶山雅史　＊共同研究の課題と展望

渡部宗助　教育会と「外地」

石島庸男　山形県教育会成立前史

七・一六　清水禎文　地方教育会成立事情—群馬県における自由民権運動の発生—

佐藤幹男　地方教育会の終焉と教職員組合の発生

竹内敏晴・森川輝紀　埼玉私立教員会の動向

14　二〇〇六・九・一七　谷　雅泰　＊森文相の地方教育会改良論と福島県教育会

梶山雅史　＊岐阜県教育会への組織改革論と郡部教育会

15　二〇〇七・一・六　田島　昇　＊福島県私立教育会の誕生
千葉昌弘　＊自由民権運動の展開と教育会の源流小考
山谷幸司　明治期　石川県教育会の組織化
一・七　坂本紀子　北海道の教育会
新谷恭明・永江由紀子　明治後期における福岡県教育会会報について
前田一男　一九三〇年代以降の帝国教育会の再編
16　二〇〇七・五・二六　梶山雅史　大正期　岐阜県下地方教育会の動向（一）
17　二〇〇七・七・一四　大迫章史　＊広島県私立教育会における教員養成事業
小山静子　全国小学校女教員会議の開催
七・一五　軽部勝一郎　熊本県の教育会について
板橋孝幸・佐藤高樹　＊農村小学校の学校経営と村教育会

（本書収載論文の元をなす報告に＊印を付した）

勤務校その他の激務が重なり、論文として本書に収録できなかった幾つもの報告については、第二次論文集に収めたい。

本論文集は、研究会メンバーの各担当領域・時代の基礎資料の調査・研究、未開拓分野の事実確認作業の成果を時系列的に配することとした。「教育情報回路としての教育会」の総合的研究に向けての第一歩である。

出版事情の厳しい中、本書の出版をご快諾くださった学術出版会の高野義夫社長、終始行き届いた配慮と卓抜な対応を以て本書刊行を実現してくださった編集担当者、久間善定氏と高野愛実さんに、執筆者一同を代表して心から謝意を表したい。

（梶山雅史）

や　行

ら　行

わ　行

は　行

ま　行

た　行

な　行

さ　行

索　引

本書の初版は二〇〇七年、学術出版会より刊行された（明誠書林）

【執筆者一覧】（執筆順）

梶山 雅史 （かじやま まさふみ　東北大学、岐阜大学名誉教授・岐阜女子大学客員教授）
千葉 昌弘 （ちば まさひろ　元 北里大学教授）
田島　 昇 （たじま のぼる　元 桑折町史編纂室長）
谷　 雅泰 （たに まさやす　福島大学教授）
清水 禎文 （しみず よしふみ　宮城学院女子大学教授）
笠間 賢二 （かさま けんじ　宮城教育大学名誉教授）
大迫 章史 （おおさこ あきふみ　東北学院大学准教授）
山田 恵吾 （やまだ けいご　埼玉大学准教授）
板橋 孝幸 （いたばし たかゆき　奈良教育大学教授）
佐藤 高樹 （さとう たかき　帝京大学准教授）
須田 将司 （すだ まさし　東洋大学教授）
白石 崇人 （しらいし たかと　広島文教大学准教授）
千田 栄美 （ちだ ひでみ　東北大学大学院博士課程単位取得退学・学習塾講師）
陳　 虹彣 （ちん こうぶん　平安女学院大学准教授）

【編著者略歴】

梶山 雅史（かじやま　まさふみ）
1943 年　兵庫県に生まれる
1974 年　京都大学大学院教育学研究科博士課程単位取得退学
　　　　花園大学文学部講師、岐阜大学教育学部助教授・教授を経て東北大学大学院教育学研究科教授
2007 年　東北大学定年退職、東北大学名誉教授、岐阜大学名誉教授
現　在　岐阜女子大学客員教授、教育学博士（京都大学）

単著　『近代日本教科書史研究——明治期検定制度の成立と崩壊』（ミネルヴァ書房）
編著　『続・近代日本教育会史研究』（学術出版会）、『近・現代日本教育会史研究』（不二出版）
共著　『明治教育世論の研究　上』（福村出版）、『世界史のなかの明治維新——外国人の視角から』（京都人学人文科学研究所）、『帝国議会と教育政策』（思文閣出版）、『京都府会と教育政策』（日本図書センター）、『一九世紀日本の情報と社会変動』（京都大学人文科学研究所）、『雑誌『太陽』と国民文化の形成』（思文閣出版）、『岐阜県教育史　通史編　近代１』（岐阜県教育委員会）、『講座日本教育史』第三巻（第一法規）、『日本教育史論叢』（思文閣出版）、『教育史研究の最前線』（教育史学会）

近代《きんだい》日本《にほん》教育会《きょういくかい》史《し》研究《けんきゅう》　新装版《しんそうばん》

2019 年 5 月 30 日　第 1 刷発行
定価（本体 4,600 円＋税）
編著者　梶山雅史
発行者　細田哲史
発行所　明誠書林合同会社
　　　　〒 357-0004　埼玉県飯能市新町 28-16
　　　　電話 042-980-7851
印刷・製本所　藤原印刷
装丁　田村奈津子

ISBN 978-4-909942-00-5